创新创业与数字管理系列教材

THEORY AND APPLICATION OF ENTERPRISE CAPITAL OPERATION

企业资本运营理论与应用

边俊杰 闫冬 黄绍忠 余来文 编著

中国财经出版传媒集团

经济科学出版社

Economic Science Press

图书在版编目（CIP）数据

企业资本运营理论与应用／边俊杰等编著 . －－北京：
经济科学出版社，2023.1
创新创业与数字管理系列教材
ISBN 978 - 7 - 5218 - 4472 - 6

Ⅰ.①企…　Ⅱ.①边…　Ⅲ.①企业管理－资本经营－
研究－中国－教材　Ⅳ.①F275.6

中国国家版本馆 CIP 数据核字（2023）第 007890 号

责任编辑：杜　鹏　胡真子
责任校对：齐　杰
责任印制：邱　天

企业资本运营理论与应用

边俊杰　闫冬　黄绍忠　余来文　编著
经济科学出版社出版、发行　新华书店经销
社址：北京市海淀区阜成路甲 28 号　邮编：100142
编辑部电话：010 - 88191441　发行部电话：010 - 88191522
网址：www. esp. com. cn
电子邮箱：esp_bj@ 163. com
天猫网店：经济科学出版社旗舰店
网址：http://jjkxcbs. tmall. com
固安华明印业有限公司印装
787 × 1092　16 开　20.5 印张　500000 字
2023 年 2 月第 1 版　2023 年 2 月第 1 次印刷
印数：0001 - 4000 册
ISBN 978 - 7 - 5218 - 4472 - 6　定价：59.00 元
（图书出现印装问题，本社负责调换。电话：010 - 88191510）
（版权所有　侵权必究　打击盗版　举报热线：010 - 88191661
QQ：2242791300　营销中心电话：010 - 88191537
电子邮箱：dbts@esp. com. cn）

前　　言

　　随着时间的推移和国家金融形势的变化，关于企业资本运营方面的理论与实践也在不断更新。为了适应形势，紧跟时代前沿，我们编写了本教材。

　　资本运营是所有企业的核心议题！它对于当代中国企业，无论是传统企业还是新兴企业具有特殊的意义。在金融创新日新月异和我国全面深化改革的背景下，目前中国企业的改革是前所未有的。

　　多数从事企业运营的研究者认为，通过跨行业扩张和合并收购行为，企业的规模在全国范围乃至世界范围内逐渐扩大的同时，对资本需求的增长也是史无前例的，这迫使公司从证券市场和业外资本中寻求新的资本。

　　在中国改革之初，国有企业改制使许多企业在成立之初就拥有大量资本，但由于国内资本市场的不成熟，以及对资本性质和投资者动机的理解不够充分，使得它们吸引外来资本、跨国扩张的能力受到了很大限制。而对于民营企业，多数企业资本运营在理念上存在不同程度的误区，例如，在当前中国企业融资难的大背景下，这些企业将筹集资金作为资本运营的唯一目的，为上市而上市，对企业进行过度包装，制造和发布虚假信息；又如，有的企业脱离生产经营活动进行资本运营，不是以搞好自身的成长性、提高自身的核心竞争力作为资本运营的基础，而是盲目实行多元化经营，最终失去了长期的发展机遇。

　　随着我国改革的深入，资本的重要性不仅在于它是所有权的标志，而且在于它是企业运营、发展、成长所依赖的最基础和最根本的资产来源。一个运营良好的企业首先应当获得资本、保护资本、有效地利用资本，最终使资本得以升值。当企业金融资源用于生产和服务时，企业的资本将得以再造和增长。从另一角度而言，资本也可被视为一种成本。企业获得资本是为了进行再投资，如购买机器设备、原材料和劳动力以及给经营活动提供资金。在这些情况下，企业可获得的资本是随宏观经济状况而变化的。在目前我国经济下行压力增大的背景下，这一表现更为突出。许多中小企业正面临资金短缺的困境，它们必须越来越多地依靠自己从经营活动中达到资本保值增值，同时也在千方百计寻求资本运营，拓展市场。

　　资本以及资本运营对于企业的重要性不言而喻，考核企业的稳定性、成长性和经营绩效的许多重要指标都以资本作为基础，如投资回报率、市盈率、权益负债比率以及流动资产比率，都与发行股票、出售资产密切联系。因此，企业经营者们需要了解他们的决策将如何影响绩效。

近年来，大量企业投资机会逐渐出现。在快速获益动机的驱使下，国内和国外许多的资本流向各类市场。投资哪种类型的企业对于投资人和经营者提出了重要挑战。投资行为本身并非投资者的目的，而是希望他们的投资获得可观的回报，以及他们所投资的公司有着良好的发展。

然而，大量企业经营者们没能够有效地利用这些资本，甚至陷入了就资本谈资本的误区，即便是获取了渠道，其结果也使投资者们感到失望。可以说，资本运营是一柄双刃剑，运作成功可以使企业获得超常规的几何级数增长，运作失败则会把企业带入分崩离析的境地。中国企业尤其是中小企业的资本运作需要的不仅是激情，还需要不断地吸取资本运营实践的经验教训，更需要的是理论的指导。

基于上述逻辑，本教材编写过程中围绕中国中小企业的资本运营行为，聚焦前沿性资本运营理论，注重理论与应用的有效结合，具体有以下特点。

第一，本教材主要围绕资本运营的特点和性质出发，重点关注中国中小型企业的资本运营，每章收集了大量的案例。为了体现案例的实质性内容和启发作用，本教材尽量选取多个行业的案例，避免行业单一、涉及范围狭隘、代表性不强的情况。

第二，本教材在编写过程中，理论部分力求简明扼要，同时注重知识更新和前沿性的资本运营知识，力图建立一套注重企业成长性的资本运营理论体系。在此体系基础上，案例部分占总字数的50%左右，每章都有丰富的具有代表性的案例。其中，开篇案例引入主题，章末案例总结知识要点，章中小案例主要根据各要点和主题编写，使读者更容易理解与阅读。

第三，本教材在案例编写上，一方面，注重吸纳国内的代表性案例，如教材中的大部分案例都是2011～2020年媒体公布的国内十大资本运营典型案例；另一方面，吸纳了编者在自身的教学、工作实践中遇到的本土案例，使教材的案例更具新颖性。

本教材共分九章。第1章主要介绍了企业资本运营的概念、基本模式以及分析框架，并指出了资本运营的问题、风险控制与对策。第2章分析了资本运营与企业成长的关系。第3章分析了资本运营与商业模式的关系。第4～7章主要围绕风险投资、企业上市、企业重组、兼并收购四个方面的概念以及操作程序等内容进行编写。第8章和第9章主要介绍了企业资本运营的风险管理与公司治理等。

本教材由赣南师范大学边俊杰教授团队组织完成，由余来文、黄绍忠博士团队提供总体指导。具体编写分工如下：第1章（边俊杰、段可仪）；第2章（段可仪、黄绍忠）；第3章（边俊杰、黄绍忠）；第4章（段可仪、朱淑瑜）；第5章（边俊杰、林琪）；第6章（边俊杰、林鑫）；第7章（边俊杰、闫冬、段可仪）；第8章（边俊杰、闫冬、段可仪）；第9章（黄淞柏、黄绍忠）。在原有编写人员的基础上，增加了部分编写人员。

江西应用技术职业学院曾伟老师、江西财经大学赖春泉和丁小迪研究生、江西师范大学孟鹰老师以及赣南师范大学金融硕士研究生胡海、汪艳莉、陈恕云、陈志鹏等同学也参加了部分编写工作，在此一并表示感谢。

在这里，我们必须感谢本教材参考文献的所有作者！没有你们的前期贡献，就不会有"巨人肩上的我们"。我们还必须感谢本教材案例中的中国企业！没有你们的业界实践，《企业资本运营理论与应用》将成为"无本之木"。特别需要说明的是，本教材在编写过程中，学习、借鉴、吸收和参考了国内外众多专家学者的研究成果及大量相关文献资料，并引用了一些书籍、报刊、网站的部分数据和相关资料，已尽可能地在参考文献中列出，也有部分由于时间紧迫，未能与有关作者一一联系，敬请见谅，在此，对这些成果的作者深表谢意。

限于编写者的学识水平，教材中难免还有这样或那样的瑕疵，敬请广大读者批评指正！如您希望与编写者进行沟通、交流，扬长补短，发表您的意见，请与我们联系。联系方式：76060742@qq.com 和 eleven9995@sina.com。

作者

2023 年 1 月

目 录

第1章 资本运营概论

【学习要点】

☆ 了解资本运营的概念、功能以及特点；

☆ 把握资本运营的类型与方式；

☆ 知晓资本运营的基本模式；

☆ 重视资本运营的问题与风险控制对策。

【开章案例】

资本运作助推金力永磁走向全球领先

一、金力永磁简介

江西金力永磁科技股份有限公司（以下简称"金力永磁"，股票代码：300748）成立于2008年8月19日，是一家集研发、生产和销售高性能钕铁硼永磁材料于一体的高新技术企业，是国内新能源和节能环保领域核心应用材料的领先供应商。该公司产品被广泛应用于新能源汽车及汽车零部件、节能变频空调、风力发电、3C、节能电梯、机器人及智能制造、轨道交通等领域，并与各领域国内外龙头企业建立了长期稳定的合作关系。

钕铁硼永磁材料与其他磁性材料相比磁性能优势突出，具有高的磁能积、矫顽力和能量密度。该公司目前已具备全产品生产能力，具体涵盖产品研究与开发、模具开发与制造、坯料生产、成品加工、表面处理等各环节，并对各工艺流程进行全面控制和管理。该公司掌握毛坯生产和晶界渗透技术等核心技术，可长期稳定地给客户供应高性价比的高性能稀土永磁体，并根据应用领域的需求，配备生产、检验和研发设备，建立完善的生产工艺流程和质量管理体系，已获得环境管理体系认证（ISO 14001：2015）、质量管理体系认证（ISO 9001：2015）、汽车质量管理体系认证（IATF 16949：2016）等。目前已批量供应N58、56M、56H、56SH、54UH、50EH、45AH、38VH等牌号系列高性能烧结钕铁硼磁钢，同时可提供注塑磁和模压磁，产品种类齐全，稳定性强，综合品质及性价比较高，在行业中具有较强的竞争力。

稀土是我国的战略资源。该公司总部位于重稀土主要生产地江西赣州，在轻稀土主要生产地内蒙古包头投资建设一期8 000吨的高性能稀土永磁材料基地，与包括南方稀土集团、北方稀土集团在内的重要稀土原材料供应商建立了稳定的合作关系，并与南方稀土集团、北方稀土集团签署长期供货协议，能够保障公司稀土原材料的长期稳定供应。截至 2020 年末，该公司的毛坯产能已经具备年产 15 000 吨的生产能力。结合包括新能源汽车在内的未来市场需求，以及"碳达峰""碳中和"事业的需求，该公司制订 2021～2025 年发展规划：公司规划在 2022 年具备 23 000 吨高性能稀土永磁材料产能的基础上，逐步配置资源和能力，建设好赣州、包头、宁波生产基地；规划到 2025 年建成 40 000 吨高性能稀土永磁材料产能。

2020 年 9 月 22 日，习近平主席在第七十五届联合国大会上庄严宣布："中国将提高国家自主贡献力度，采取更加有力的政策和措施，二氧化碳排放力争于 2030 年前达到峰值，努力争取 2060 年前实现碳中和。"该公司的愿景是"成为世界稀土永磁行业领军企业"。该公司创办十三年来，牢记"用稀土创造美好生活"的使命，专注于新能源和节能环保领域，将秉承"客户导向、价值共创"的核心价值观，践行"技术领先、质量可靠、交付准时、管理（服务）升级、资本助力、跨越发展"的经营理念，为"碳中和"的伟大事业贡献磁动力。

二、金力永磁资本运作过程

江西金力永磁科技股份有限公司是国内新能源领域核心应用材料高新技术企业，主要从事高性能钕铁硼永磁材料的研发、生产和销售。该公司永磁材料主要应用于新能源汽车及汽车零部件、风力发电等各大板块。公司成立于 2008 年，2015 年 12 月，其正式在新三板挂牌；2017 年 6 月 21 日向中国证监会提交了首次公开发行股票并上市的申请。2018 年 1 月从新三板正式摘牌退市；同年 8 月获得证监会 IPO 批文；9 月 21 日，公司在深圳证券交易所创业板成功上市。从首次申请到成功转板上市，总共历时 15 个月的时间。

2008 年 8 月 19 日，江西金力永磁科技有限公司在赣州开发区注册成立，专注于永磁材料行业。2014 年 3 月，该公司完成对赣州劲力磁材加工有限公司的收购。2014 年 9 月，公司成立香港子公司。2015 年 6 月，公司完成股份制改造，整体变更为"江西金力永磁科技股份有限公司"。2015 年 12 月，该公司正式登陆新三板，证券简称为金力永磁，证券代码为 835009。

2016 年 3 月，金力永磁入选 3 月 14 日生效的新三板成分指数（899001）及新三板做市指数（899002）双样本股。2016 年 6 月，该公司荣登《证券时报》新三板百强榜。其正式进入创新层，成为进入新三板创新层的挂牌公司；2017 年 1 月，成立江西金力粘结磁有限公司；2017 年 6 月 21 日向中国证监会提交了首次公开发行股票并上市的申请。

2018 年 1 月该公司从新三板正式摘牌退市；2018 年 7 月，其通过证监会上市审核；同年 8 月获得证监会 IPO 批文，即将在 A 股上市；8 月 29 日开展项目投资，生产线自动化升级改造项目计划投资 5 020.3 万元，企业技术中心建设项目计划投资 7 991.37 万元，新建年产 1 300 吨高性能磁钢项目计划投资 2.023 5 亿元；9 月 21 日，该公司在深圳证券交易所创业板上市，证券简称为金力永磁，证券代码为 300748。从首次申请到成功转板上市，其总共历时 15 个月的时间。

2019 年 6 月，金力永磁被纳入深证成分指数和创业板指数样本股，并纳入深港通股票名单；7 月 26 日，证监会发审会审核通过该公司公开发行可转债申请；11 月 25 日，该公司可转债在深圳证券交易所上市，债券简称为金力转债，债券代码为 123033。2019 年实现营收 16.97 亿元，同比增长 31.61%；实现扣非净利 1.47 亿元，同比增长 38.79%。

2020 年 4 月该公司与风电龙头金风科技签订采购框架协议升级至 9.05 亿元。5 月该公司董事会审议通过定增预案，主要用于赣州"年产 3 000 吨新能源汽车及 3C 领域高端磁材项目"。截至 6 月 30 日，该公司的毛坯产能已经具备年产 12 000 吨的生产能力。8 月该公司包头子公司完成工商注册登记手续，正式成立运营。10 月该公司董事会通过向包头子公司增资及项目建设议案，拟投资建设年产 8 000 吨包头"高性能稀土永磁材料基地项目"。2020 年该公司营业收入 24.19 亿元，同比增长 42.58%；净利润 2.44 亿元，同比增长 55.84%。

2021 年 1 月该公司成功完成向特定对象发行股票，募集资金 5.32 亿元，发行股票 1 573 万股。2021 年 5 月该公司拟发行境外上市外资股（H 股）并在港交所上市，公司董事会授权公司管理层启动 H 股上市的前期筹备工作。11 月，该公司首次公开发行境外上市外资股（H 股）获得中国证监会批复。同时，该公司股票（300748.SZ）被 MSCI 纳入中国 A 股在岸指数成分股。

三、金力永磁转板上市分析

在我国多层次资本市场上，各板块都有其不同的功能。随着资本市场的不断完善，我国的转板制度也在不断地健全。新三板市场是全国中小企业股份转让与融资的平台，近年来其规模不断扩大，与此同时，其股票流动性小、融资效率低和规模小的缺点也日益暴露出来。企业想要获得更好的发展，一般会通过转板来寻求更有效的融资方式，使公司的经营更有保障。金力永磁作为新三板企业，通过转板上市，拓宽融资渠道，进而支持了公司业务的发展，实现了较好的财务效应。

金力永磁转板到创业板之后拓宽了融资渠道。在新三板市场挂牌时，公司在 2016 年进行了三次定向发行股票融资，募集资金总额为 22 372.91 万元，融资方式较为单一，融资效率较低。自 2018 年 9 月转板到创业板之后，金力永磁通过公开发行股票、公开发行可转债、定向发行股票等方式，共融资 118 022.4 万元，是在新三板市场上融资总额的 5.28 倍。可见，转板到创业板之后，金力永磁在融资规模和融资效率上都有显著的成效，融资方式也更加灵活，融资能力显著增强。

偿债能力反映企业在面临债务时是否有足够的资金来偿还，包括短期和长期债务偿还的能力。金力永磁转板上市在一定程度上是为了获得更大的发展空间，达到预期效果，企业在转板当年拓宽了生产和销售范围，为了防止资金链断裂而发生风险，2018 年采取了对营运资金进行储备的经营战略，短期借款增加 9.74%，由表 1-1 可知，流动比率下降为 1.90，速动比率下降为 1.20，资产负债率上升为 46.49%。另外，2019 年，流动比率、速动比率和资产负债率都有上升的趋势，这是因为企业转板到创业板之后，融资方式多样化，2019 年，公司发行了可转债，使得非流动负债增加。总的来说，金力永磁转板后的偿债能力得到增强，流动比率和速动比率整体有所上升，资产负债率整体有所下降，满足了对于融资的需求，财务风险有所降低。

表 1-1   金力永磁 2015～2020 年偿债能力指标分析

项目	2015 年	2016 年	2017 年	2018 年	2019 年	2020 年
流动比率（倍）	1.54	2.26	2.38	1.90	2.61	2.17
速动比率（倍）	0.97	1.53	1.59	1.20	1.87	1.40
资产负债率（%）	58.91	41.67	43.37	46.49	52.93	55.70

资料来源：根据公司 2015～2020 年年报整理。

营运能力是指企业运用各种资产获得利润的能力，是衡量企业对各种资产管理水平的重要指标。与新三板相比，创业板对上市公司的规范性要求较高。金力永磁在转板后对各种资产的管理水平进行了强化，治理效率有所提高，营运状况有所改善。由表 1-2可知，金力永磁 2015～2020 年的应收账款周转率维持在 3～4 次/年，整体波动幅度不大，2015～2017 年，该指标有下降的趋势，而转板后，2018 年应收账款周转率回升，是因为公司上市后加强了对应收账款的管理，对账款的回收力度加大，使得收账速度加快。同时，金力永磁 2015～2020 年的存货周转率先下降后上升，从 2018 年开始存货周转率逐年上升，是因为企业在转板后，市场定位更加明确，充分利用上市所带来的品牌效应积极地进行市场开拓，其主要产品高性能钕铁硼永磁材料需求不断增加，存货周转速度加快。另外，随着转板后公司筹集到大量的资金，资产规模得到了扩张，在公司的有效治理下，销售收入也有所提升，2018 年总资产周转率上升到 0.73 次/年，2020 年在新冠肺炎疫情的影响下，周转率仍提高到 0.76 次/年。因此，转板在短期内促进了资产周转速度的提升，从长期来看，公司的营运状况也较为稳定。

表 1-2   金力永磁 2015～2020 年营运能力指标分析   单位：次/年

项目	2015 年	2016 年	2017 年	2018 年	2019 年	2020 年
应收账款周转率	3.82	3.50	3.06	3.57	3.16	3.34
存货周转率	2.45	2.17	1.99	2.09	2.15	2.35
总资产周转率	0.91	0.73	0.69	0.73	0.69	0.76

资料来源：根据公司 2015～2020 年年报整理。

盈利能力是指企业获取利润的能力。如表 1-3 所示，金力永磁 2015～2020 年销售毛利率较为稳定，始终维持在 20%～30%。销售毛利率和销售净利率 2015～2020 年的变化趋势基本保持一致。2018 年转板后，随着企业生产规模的扩大，人工成本和原材料采购成本也在增加，2018 年销售毛利率下降为 22.70%，销售净利率下降为 11.36%。2020年在新冠肺炎疫情的影响下，销售毛利率仍达到了 24.15%，销售净利率达到 10.11%，是因为企业转板上市后的募投项目陆续投入使用，产能不断扩充，使企业很好地把握住了需求端新能源汽车等以钕铁硼永磁材料为主要原材料的行业市场的发展机会，提高了市场竞争力，从而企业的业绩不断提升，形成了良好的盈利水平。另外，企业上市后对研发投入的力度较大，2020 年研发支出同比增长 60.44%，占营业收入的 4.26%，这也是提升业绩的关键，因此，金力永磁未来的盈利能力将会更加稳定。

表 1 - 3 金力永磁 2015～2020 年盈利能力指标分析　　单位：%

项目	2015 年	2016 年	2017 年	2018 年	2019 年	2020 年
销售毛利率	24. 21	24. 38	28. 87	22. 70	21. 58	24. 15
销售净利率	12. 29	8. 54	15. 24	11. 36	9. 23	10. 11

资料来源：根据公司 2015～2020 年年报整理。

金力永磁转板的一个重要原因是随着企业资产规模的不断扩大，各种升级改造项目都需要大量的资金投入，而新三板市场无法满足其大量的资金需求，市场流动性差的缺点也日益凸显。市场投资者数量相比于证券市场还有很大的差距，即便 2020 年末新三板合格投资者数量增长为 2019 年末的 7.12 倍，但仅为证券市场投资者数量的 0.93%。公司转板到创业板之后，股票的流动性得到了很大的改善，交易更加活跃，日成交量和成交额都有显著的提升，总市值达到 164.1 亿元，融资的负担减轻，有利于企业的长期稳定发展。

金力永磁转板实现了融资渠道的扩张，增强了融资能力，从而提高了偿债能力，降低了财务风险。另外，转板后募集的大量资金对资产规模的扩张起了很大作用，这也促使管理层提高了对资产的管理能力，公司业绩持续增长，盈利能力提升，同时股票流动性也在增强，公司实力较为雄厚，成长能力显著，未来发展空间广阔。

首先，转板上市对企业的盈利等方面都有一定的标准，企业要努力提高核心竞争力，不断提升公司业绩，因为业绩表现是投资者衡量其投资价值的重要尺度，同时要推进产品的技术创新，打造独特的产品优势。其次，企业要及时有效地进行信息披露。截至 2021 年 4 月 30 日，由于年度报告未披露而被停牌的新三板公司有 418 家。为了防止以上问题的出现，企业要严格按照规定对各种临时公告和定期报告进行信息披露。另外，对于公告中有误的信息，要及时发布更正公告进行更正。最后，企业要根据自身的实力衡量是否能承担转板所需要的成本，不仅是资金成本，还有时间成本和机会成本，金力永磁从首次公开募股（initial public offering，IPO）申请到成功转板上市花费了一年多的时间，但很多企业转板并没有那么顺利，企业会因为各种原因而出现上市延期的情况。另外，企业在申请 IPO 时一般要暂停在新三板的股票转让，这也会对企业的经营有一定的影响。因此，企业要综合考虑各方面的因素，从长远出发，做好企业的战略布局，促进企业的可持续发展。

资料来源：
①王基名．2016 新三板投资峰会在深举行　百强榜单隆重发布 ［N］．证券时报，2016 - 06 - 13 （A05）．
②稀土相关上市公司动态 ［J］．稀土信息，2022 （7）：33.
③黄晓红，常军委，蔡金雨．新三板企业金力永磁转板上市财务效应分析 ［J］．现代营销（学苑版），2021 （7）：144 - 145.

1.1　资本与资本运营

1.1.1　资本的概念、功能及其特性

想要清楚地理解资本的概念，必须通过了解"资本"与"资产"的相同点与不同点

来区分它们。资本是用于生产的基本生产要素之一，通俗而言就是企业刚开始经营所拥有的本钱，主要目的是创造价值。资产一般划分为会计学范畴，主要作用在于其自身附有的价值，一般包括有形资产和无形资产两大部分，有形资产主要是指商品、存货等，无形资产主要是指商誉、专利权等。对于资本的概念，不同学派从不同角度的分析如下。

第一，货币价值派的观点。货币价值派的资本侧重点在生产过程中货币所起到的具体作用。杜尔哥（Anne Robert Jacques Turgot）把资本与实物货币相等同，他认为，只要人们的需求不断，生产不停，我们就需要货币这一资本的具体表现形式。据此，资本可以定义为储存着的购买力，而因为这种购买力存在，资本同时具有很强的流通力。虽然资本可以用货币代表，但它并不可以用商品代表，不同所有者所需要的购买能力也是不同的，资本只能在货币流通过程中体现出所有者有能力的消费需求。

第二，古典经济学派的观点。古典经济学派的资本侧重点不在流通领域的增值，而是在生产领域，并且由此首次提出"生产资本"概念。顾名思义，生产资本并非前面提及的货币，它是在生产过程中发挥其本身作用的标的物，一般包括生产资料和劳动力。据此，资本可以定义为生产过程中储存着收入或者利润，这时的资本不再是购买力那么具体化而是赋予了生产力的高度。古典经济学派对资本的定义可以追溯到原始人使用的工具，原始人是靠打猎生存的，如果缺乏需要的工具，就很难甚至不能捕食到猎物，因此，这些猎物的价值不仅是由捕猎所需的时间和劳动决定，同时也是由协助捕猎的资本物（工具）决定的。这实际是尝试着将资本大众化，将生活中的各种生产活动都用生产关系来解释。

第三，边际效用学派的观点。边际效用学派的资本侧重点分为两个方面：一方面是指具体化的，即生产资料，如原材料、存货、库存商品等，这些生产资料会影响生产的质量与结果，因此被看作是生产力的具体表现方式；另一方面是抽象化的，虽然存在于各式各样的生产资料之中却又完全超越了其具体形式。由此可见，资本一边以整体的形式来获取收益，另一边又以其本身具体的存在形式来充当生产力的角色。该学派的代表人物克拉克（John Bates Clark）认为，所有资本其本身都拥有创造价值财富的力量。早期的生产点要素论与此观点在本质上是相同的，相异之处只在于克拉克把自然资源归到资本品的范畴中去了。

第四，奥地利学派的观点。奥地利学派的资本侧重点也有两个方面：一方面是生产资本，即在生产领域需要用到的各种生产用具、手段；另一方面是获利资本，即在分配领域需要用到的各式盈利性的手段。该学派所有观点的核心在于资本主义生产属于迂回生产方式，也就是不直接生产产品，而是先通过生产资料这些中间产物来提高生产效率迂回生产最终所需要的物品的方式。代表人物庞巴维克（Boehem-Bawerk）将资本定义为在迂回生产的各个过程中所出现的全部生产资料的集合体，同时通过劳动力制造所需的生产工具，最后再利用生产工具本身的作用来生产最终满足人们需要的产品。他认为，一切用迂回方式的生产都表示利用了比我们人类的手更加有力量或者更加灵活的力量服务人类。这些优势的具体表现方式为生产过程中所耗费的时间长短，因此可用时间来判定迂回程度的深浅和资本量的多少。生产资本可以很好地反映生产过程中的迂回特点，但获利资本与生产资本大不相同。生产资本仅仅是生产过程中各种中间生产资料的集合体。虽然此集合体总量的大小会直接影响到生产效率的高低，但与获利是没有直接关系的。如果把资本脱离具体物中单独拿出来，这时再考虑是什么投入了资本使得具体物可以集中到一块进行生产，就不再是生产资本而是获利资本，获利资本是指所有者可以从中获取到一定的收入，即利息。将之前的分析连起来就不难发现，获利资本的利息是源自生产过程中的时间差距，它们之间呈正相关关系，时间越长，利息越多，时间越短，利息越少。

第五，新古典学派的观点。新古典学派的资本侧重点除了之前其他学派提及的生产领域，更多地放在了利润分配领域上。创始人马歇尔将资本定义为可以获得以货币形态为表现形式的一切收入的财富，但资本本身不一定以货币的形态存在，它可以是一种所有人的权利，一种支配权，包括了以营业或获利为最终目的而持有的所有，其职能定义为获取因资本所有权而应该得到的纯收入，即利息收入。新古典学派的观点几乎涵盖了之前各家的理论，不仅是站在资本所有者的高度论述了资本获利的可行性与必然性，同时站在了使用者的高度论述了资本生产力的表现力与重要性，最后更是用资本市场的产物——利息将它们串起来形成了整个资本市场的供求，把资本看作在生产过程中与人、物都不加以区别的一种重要因素和资源，这一表述成为西方经济学在资本问题上的经典。

上述学派的观点虽然不尽相同，但它们都有一个共通的逻辑，即资本是会参与到价值创造的每一个过程、每一阶段中的，根据资本动态的演进历程，企业在发展壮大时存在的价值创造中的每一种要素、资源都可以定义为不同形态的资本，它主要有以下两大功能：第一，资本的警示功能。对于采用公司制的企业，警示功能可以通过对股东的出资形式及其构成比例进行一定范围内的限制来实现。现行《公司法》第二十七条规定："股东可以用货币或者实物、知识产权、土地使用权等可以用货币估价并可以依法转让的非货币财产进行出资；但是，法律、行政法规规定不得作为出资的财产除外。"这里"不得作为出资的财产"是指劳务、信用、自然人姓名、商誉、特许经营权或设立担保的财产。另外，第二十七条还规定："全体股东的货币出资金额不得低于有限责任公司注册资本的30%。"股东的货币出资和非货币出资的比例大小会影响公司相关人的各项决策，因为其出资的财产本身是具有价值的，它们共同构成了公司的总资本额并被明确记载在公司章程中，公司的相关人可以通过这些数据大致地了解到公司的经营状况和财政信息，从而可以帮助他们决定是否愿意与该公司进行交易，进行的交易又是多大数额的。第二，资本的担保功能。资本的担保功能一般体现在企业成立的初期，它是通过法律规定每种类型的企业在登记的时候必须达到的最低注册资本额才能够成立来实现的。注册资本一旦确定，就会成为一个相对固定的金额数，未经法定程序增、减资也是不被允许的，旨在确保公司在经营的过程中不会出现低于法定最低注册资本额的不利情况，从而为公司的债权人发挥到有效的担保作用。最低注册资本制度是通过法律对从事商业活动的企业经营者进行强制性的要求，也算是一次粗略的过滤和筛选，排除那些不具备一定的经济实力从事商业活动的经营者，从而保护该公司的相关人利益，发挥出资本的担保功能。资本主要有以下几个特点：第一，资本是能够带来剩余价值的价值。资本最根本的特性就是追求剩余价值，即利润或者收益，其他特性都是由此决定的。第二，资本是一种运动。资本只有在不断的运动当中，由货币资本转化为生产资本、生产资本转化为商品资本、商品资本再次转化为货币资本，以此循环反复，不断创造价值和利润。第三，资本具有风险性。资本的风险性是由投资环境的不确定性和资本管理主体的主观因素共同决定的。资本的收益与风险成正比，收益越大风险越大，收益越小风险越小。

1.1.2 资本运营的概念

第一种观点强调企业通过资本运营带来的增值。当企业从一开始最基本的生产、销售经营开始寻求更大的发展空间时，就会以其所拥有的部分先育资本为经营对象，通过使资本向更大范围的领域展开流动，实现企业自身内外部有限资源的最优化配置，不但能够提高企业的综合竞争力，而且可以使企业达到最大限度的增值，将企业发展提高到另一个高度的层次。

第二种观点强调企业外部交易型战略的运用。企业经营一般主要关注两大战略的有效运用，即企业内部管理型战略与企业外部交易型战略，两大战略能否有限运用的关键是能否把培育核心能力作为企业资本运用的根基。此时的企业资本运营指的就是企业外部交易型战略中最常见也是最为复杂的兼并、收购、重组等。

第三种观点强调马克思主义中的资本增值。按照字面意义，资本运营就是赋予一定资本的一定范围内的运动空间，在放任资本市场化自由运动的同时也要对其进行一定的管理操作，最终能够完成资本运动的最初使命，即通过不断地循环进行不断地增值。

无论以上的哪种观点，就资本运营的本质而言，就是资产、资本两者之间的协调发展，通过资本的使用或者交易来获取一定的利润，从而得到资本的增值甚至产生更大的利益效果。

1.1.3 资本运营的基本类型

第一，扩张型资本运营模式。资本扩张是指在现有的资本结构下，通过内部积累、追加投资、吸纳外部资源，即兼并和收购等方式，使企业实现资本规模的扩大。根据产权流动的不同轨道可以将资本扩张分为三种类型：横向性资本扩张、纵向型资本扩张、混合型资本扩张。横向型资本扩张是指交易双方属于同一产业或部门，产品相同或相似，为了实现规模经营而进行的产权交易。横向型资本扩张不仅减少了竞争者的数量，增强了企业的市场支配能力，而且改善了行业的结构，解决了市场有限性与行业整体生产能力不断扩大的矛盾。纵向型资本扩张处于生产经营不同阶段的企业或者不同行业部门之间，有直接投入产出关系的企业之间的交易称为纵向资本扩张。纵向资本扩张将关键性的投入产出关系纳入自身控制范围，通过对原料和销售渠道及对用户的控制来提高企业对市场的控制力。混合型资本扩张是指两个或两个以上相互之间没有直接投入产出关系和技术经济联系的企业之间进行的产权交易。

第二，收缩型资本运营模式。收缩型资本运营是指企业把自己拥有的一部分资产、子公司、内部某一部门或分支机构转移到公司之外，从而缩小公司的规模。它是对公司总规模或主营业务范围进行的重组，其根本目的是追求企业价值最大化以及提高企业的运行效率。收缩型资本运营通常是放弃规模小且贡献小的业务，放弃与公司核心业务没有协同或很少协同的业务，宗旨是支持核心业务的发展。当一部分业务被收缩后，原来支持这部分业务的资源就相应转移到剩余的重点发展的业务，使母公司可以集中力量开发核心业务，有利于主流核心业务的发展。收缩型资本运营是扩张型资本运营的逆操作，其主要形式有：资产剥离、公司分立、分拆上市和股份回购。资产剥离是指把企业所属的一部分不适合企业发展战略目标的资产出售给第三方，这些资产可以是固定资产、流动资产，也可以是整个子公司或分公司。公司分立是指公司将其拥有的某一子公司的全部股份，按比例分配给母公司的股东，从而在法律和组织上将子公司的经营从母公司的经营中分离出去。分拆上市是指一个母公司通过将其在子公司中所拥有的股份，按比例分配给现有母公司的股东，从而在法律上和组织上将子公司的经营从母公司的经营中分离出去。股份回购是指股份有限公司通过一定途径购买本公司发行在外的股份，适时、合理地进行股本收缩的内部资产重组行为。通过股份回购，股份有限公司达到缩小股本规模或改变资本结构的目的。

1.1.4　资本运营的特点及其动因

第一，资本运营具有价值性。资本运营最重要的特征就是价值性，资本运营的对象——各类资产都必须具有一定的价值。资本运作的过程中，使用的所有生产要素都是需要支付相应成本的，只有根据它们所含有的价值大小才能综合表现出资本运作所占用的成本比例，从而将机会成本和边际成本的价值进行比较分析，做出能够提高资本效益和运营效率的最佳决策。

第二，资本运营具有流动性。资本运营最明显的特征就是流动性，资本如果停止运动是无法实现最优化的资源配置以及持续性的价值增值的。资本运营不仅要求资本需要有完整的实物形态，而且需要有较高的资本利用效率，资本利用效率就是在资本的不断流动中才得以体现的。想要提高资产的利用效率，就必须要进行资本的流动和重新组合，这是一个互惠互利的良性循环。

第三，资本运营具有市场性。资本运营自然是资本在资本市场上的运作经营，从本质上可以说，资本就是市场经济发展到一定程度的产物，市场性是资本运营的先天特征。无论将资本按照哪种学派的观点加以定义，无论资本自身的价值大小如何，无论资本运营的效率高低，它都必须要经过市场的检验才能称得上真正意义上的资本，也就是说，资本是无法脱离市场单独活动的。资本运营需要一个健康、成熟的资本市场才能够充分地体现出来，资本运营的市场化早已成了趋势。

第四，资本运营具有增值性。资本运营的最终目的就是实现资本的不断增值，这不仅是外界赋予的责任，也是其本性所要求的。无论是什么形式的资本运营，其核心任务就是实现公司利润的最大化，也就是说用最少的资本成本来获得最多的资本收益。资本运营不单单注重企业资产规模的扩张，而是更加侧重于增加公司价值的追求。

资本运营的动因：第一，获取利润最大化。资本的最根本特性就是追求剩余价值获得利润。由于企业经营方式不同、运营模式不同，同样的资本所获得的产出和利润也可能不一样。作为一种崭新的企业运营模式，通过风险投资、上市、资产重组、兼并收购等方式及其组合方式的综合运用，能够在较短的时间内获得更多的盈利。第二，外部竞争压力驱使。在日益激烈的市场竞争环境下，企业不仅要面临同行企业的竞争，还要面临来自潜在进入者和替代品的竞争，更有供应商的价格控制和消费者的挑三拣四的无形竞争。企业为了追逐更大的收益，必须顺应时代潮流和市场经济的变化趋势，才能在外部激烈的竞争环境下占有一席之地。

1.1.5　资本运营的原则

第一，资本运营要立足于企业的产品经营和持续性发展。现代化制度下的企业正常经营过程中需要资本运营的支持，其超常发展更离不开对资本运营的合理把握。凡事都贵在有个度，资本运营更是如此，企业必须合理分配好资本运营和产品经营之间的度，做到相互约束和相互平衡。资本经营必须立足于企业的产品经营，具体而言，资本的运营规模以及方式方法都需要依据产品经营的特点进行选择和设立，这就是产品经营对资本运营的约束力；同时，还需要时刻关注两者之间的相互平衡关系，当企业发展到资本运营的时候都属于自身的产品经营到达了一定的稳定和成熟阶段，这个时候发展资本运营固然重要，但切不可过分追求资本运营带来的眼前利益而忽视了对产品经营的加强。毕竟强大的产品经营才是一家企业生产的基础和根本，如果资本运营缺乏必需的技术、产品、金融工具等载体，那巧妇也难为无米之炊。在软件不断改善的同时，企业的硬件也必须跟上步伐，不然资本运营的成果就没有用武之地，那就是在做无用功。因此，只有立足于企业产品经营上的资本运营才能维持企业的可持续性发展。

第二，资本运营要有助于增强企业的核心竞争力。企业的核心竞争力一般可以通过内、外部两种途径增强。内部途径就是依靠企业的不断内部开发、积累和不断改进形成的，但一般都需要消耗较长时间和精力。外部途径就是通过资本运营中的兼并、收购等方式进行外部资源整合，从而获得自身所缺乏的核心竞争力要素。最重要的是，企业利用资本运营中的并购来增强企业的核心竞争力具有内部途径无法比拟的优势：快速、直接、有效。

资本运营概论专栏1：

共同药业2021年资本运作大事件

共同药业股份有限公司是一家专业从事甾体药物原料的研发、生产及销售的高新技术企业，主要产品为甾体药物生产所需的起始物料和中间体。公司2017年、2018年、2019年归属于母公司所有者的净利润分别为4 743.87万元、7 067.79万元、7 299.64万元。公告显示，2020年度（经大信会计师事务所审阅，未经审计）发行人销售收入为4.68亿元，较2019年度增长0.71%；净利润为5 309.42万元，较2019年度下降27.26%；扣除非经常性损益后归属于母公司股东的净利润为4 602.12万元，较2019年度下降20.90%。根据管理层初步测算，公司2021年1~3月营业收入预计为1.1亿~1.5亿元，较上年同期增长197.87%~306.19%；归属于母公司股东的净利润为1 400万~2 000万元，扣除非经常性损益后归属于母公司股东的净利润为1 200万~1 800万元，与2021年第一季度相比，实现扭亏为盈。公司拟首次公开发行不超过2 900万股，占发行后总股本的比例不低于25%。本次发行初步询价日期为2021年3月24日；申购日期为2021年3月29日。

2021年3月19日，为延伸激素系列产品产业链，增强市场竞争优势，结合公司实际及发展规划，湖北共同药业股份有限公司（以下简称"共同药业"）与山东新华制药股份有限公司（以下简称"新华制药"，证券代码：000756）于2021年4月13日在淄博签署出资人协议，协议规定双方共同出资设立山东同新药业有限公司（暂定名，以下简称"同新药业"或"合资公司"），并投资建设年产300吨醋酸阿奈可他和200吨17α-羟基黄体酮项目。同新药业注册资金12 000万元，其中，共同药业以现金出资人民币4 800万元，持股比例40%；新华制药以现金出资人民币7 200万元，持股比例60%。公司与新华制药不存在关联关系，本次交易不构成关联交易。

资料来源：

①夏治斌，曹学平. 强化起始物料优势 共同药业上半年营收净利双增长［N］. 中国经营报，2021 - 09 - 06（B21）.

②刘正午. 共同构想，携手共创药业黄金十年［N］. 医药经济报，2010 - 04 - 07（A02）.

第三，资本运营必须谨慎防范投机心理。鉴于资本运营存在高智力性、非生产性、高效益性三大特点，企业经营人在进行资本运营时很有可能存在投机心理，这是需要尽可能避免的。高智力性是指资本运营过程中需要进行大量的脑力劳动对相关战略措施进行仔细地研究、推敲来确定其可行性；非生产性是指资产运营是不需要进行产品生产的，只需要将原有的资源进行流动和重新配置即可，不需要消耗实物资源就可以获得收益；高效益性是指通过资本运营，企业可以获得比产品经营更大的效益。总的来说，资本运营就是不需要耗费实物资源，只需要通过一些脑力劳动将原本存在的资源进行重新组合就可以在短时间内获得较大的收益，利益当前，防范经营者的投机心理显得十分重要。

第四，资本运营必须谨慎防范"低成本扩张"。有些企业在进行资本运营中的兼并、收购和重组中过于重视眼前的利益，只想着如何利用最小的成本完成资本运营目标，简单地获得规模上的快速扩张，而忽视了资本运营的核心目标。对于并购企业而言，真正重要的不是能否以最低的价格得到目标企业，而是能否在获得目标企业的同时把目标企业各个方面所拥有的优势为己所用。一些并购企业就是过于看重快速的低成本扩张，不但没有将目标企业的资源整合好，还使得企业自身都陷入了难以挽救的困境，有时甚至会成为其他企业的目标，这种并购失败的案例可以说是数不胜数。缺少这些优势，即便无偿取得了目标企业，并购后的经营也可能失败。所以，资本运营的关键是企业对资本能否很好地使用以及支配，这样才能获得最大化的资本增值，使企业真正地实力壮大。

1.1.6 资本运营的分析框架

根据资本及资本运营的发展逻辑，企业资本运营的分析框架如表1-4所示。

表1-4 企业资本运营的分析框架

项目	资本及资本运营的发展逻辑		
资本内涵拓宽	产业资本	金融资本	无形资本
资本运营的演化	产业资本运营	金融资本运营	无形资本运营
主要内容	扩大再生产 联营与战略联盟 ↓ 优化产业链	投融资选择 并购与重组 ↓ 优化资本结构	品牌、人力、信息 资本运营 ↓ 提升运营效率

续表

项目	资本及资本运营的发展逻辑
制度基础	外部市场竞争机制与企业内部治理机制
外部环境	经济、法律、国际环境
风险管理	风险识别→风险计量→综合风险管理
绩效评价	财务绩效分析→非财务绩效分析→综合绩效评价

第一，企业资本运营的主要内容。想要更加全面、详细地了解资本运营，可以从它的分类着手，其主要有以下六种分类方式，具体如表 1-5 所示。

表 1-5   企业资本运营的分类

分类依据	分类结果
资本运营内容	实业、金融、产权、无形
资本运营运动方式	筹措型、投入型、扩张型、流动型
资本运营规模变化	扩张型、收缩型、整合型
资本运营战略决策	激进型、保守型
资本运营运动状态	存量型、增量型
资本运营方式	兼并、收购、重组

下面着重分析按照资本运营内容分类后的四大部分：实业资本运营所有运作方式中最基础的，就是以企业的产品为运营对象，为了提高企业的实际生产、经营能力，更好地为企业的具体实业经济活动而服务；金融资本运营就是指以金融产品为运作对象在资本市场上进行的一系列活动，一般表现为有价证券，如股票、证券等；产权资本运营是以产权为运营对象进行收购、出让等交易活动，包括并购、重组等；无形资产运营是指以无形资产为对象进行运筹、谋划达到增值效果的经济活动，一般包括专利权、著作权、商誉等。笔者认为，资本运营的内容远远不止这些，还应该包括上市融资（IPO）涉及股权交易、债权融资、投融资等。以上四种资本运营方式之间不存在替代性，它们都有自己的运作领域，但这些领域也并不是完全独立无关的，必须相互依存才能共同发展。

当然，时代在不断的发展与进步，各类创新层出不穷，每一家企业每天都在面临着巨大的威胁与挑战，为了更好地生存，企业只能不断进行经营理念、绩效评价系统、企业管理模式等的改革，这就必然会导致企业品牌、人力资源、信息等被发掘成为新的运营对象，创造出更多有效的运营方式。

第二，资本运营的制度基础与外部环境。企业要进行良好的资本运营必须要建立合理的制度作为规范基础。资本运营的外部制度就是由市场决定和约束的竞争机制，内部制度就是完善的公司治理机制，包括治理对象、治理结构以及治理形式等。

构成资本运营的外部环境一般有经济环境、法律环境、国际环境，其中，经济环境对企业资本运营的影响是最大的，企业在制定资本运营的策略时必须和当时的国家、行业、地区的经济环境相互吻合。当然，企业的资本运营一定要做到合法合规，同时，合理、完善的法律体系可以为资本运营营造一个良好的氛围，指引方向，客观上一定程度地刺激企业的发展。现如今的每一个国家都不是自生自灭的，而是相互影响的。随着经济全球化、一体化的逐渐深入，一个企业的资本运营情况也将越来越受到国际环境的刺激影响，同时也会反作用于其他企业的资本运营规划、实施情况。

资本运营概论专栏 2：

清华同方的 25 年发展之路

清华同方股份有限公司（以下简称"清华同方"）是由清华大学控股的高科技公司，于 1997 年 6 月成立并在上海证券交易所挂牌交易。2005 年清华同方位列"中国电子信息企业 500 强"第 23 位，清华同方的发展战略一直遵循的是"技术＋资本"。2013 年，投入 14 亿元收购 E 人 E 本用以发展平板和手机市场，借此大力发展自身推动互联网业务。

2014 年 6 月，同方股份成立 17 周年之际，E 人 E 本被曝光将发布型号 M1 的高端智能手机，将有可能完胜小米 3。此消息一出，便在市场上引起了轩然大波。M1 高端智能手机，其配置高端，最重要的是安全性能高，这是其一特别之处。而这一特点，将有可能为清华同方带来巨大的效益。

在国家大力倡导安全的条件下，安全需求点便体现在了市场经济方面，E 人 E 本从安全需求点出发布高端智能安全手机移动终端，这便是清华同方的"独具慧眼"。一款高端智能安全手机离不开国际领先的移动终端自主安全可控技术，也离不开清华同方芯片研制、硬件设计、软件研发、系统集成及互联网服务的全产业链自主研发与制造优势。

2013 年，清华同方要求整合优化资源，实现多元化发展，以"信息安全""安防服务""国防军工"等为核心，在"二代证专用芯片模块""SIM 卡芯片""金融 IC 卡""军工芯片"等安全技术领域全面发展布局并取得卓越的成绩。在清华同方安全理念下的产业布局，手机 M1 的上市是其一块不可或缺的拼图。尤其受 2014 年"总体国家安全观"政策利好消息影响，清华同方"大安全"产业矩阵增长前景持续看好。

2014 年，清华同方在公司经营管理一切正常前提下，在同期中国股市科技股票大涨前提下，资本市场上清华同方股票价格却无故连续下跌 13 周，跌到历史底部区域 7 元左右，然后清华同方紧急停盘，清华同方涉嫌信息披露违法违规、涉嫌违法资本市场三公开原则（公开、公平、公正）。参与非法违规定向增发股票的利益集团是：清华控股 20 亿元，清华紫光 5 亿元，工银瑞信基金 15 亿元，博时基金 15 亿元。

2016 年第三季度，清华同方公司高管杜×楹违规未提前公告清仓式减持仅 7 893 万股，减持价格在 14 元左右，造成清华同方股票价格短时间大幅、巨幅下跌，广大投资者怨声载道，损失惨重。

截至 2017 年底，清华同方在两年半的时间里总市值缩水 700 多亿元，国有资产大幅缩水，公司经营管理不善，公司主业不清，公司百业不振，公司主营持续亏损，清华同方本该在中国资本市场树立一面正面榜样的旗帜，结果恰恰相反……清华同方股息分红常年不及银行存款利率的一半、清华同方公司主营持续亏损，清华同方却一再融资，巨额资金用来低息理财高息发债。清华同方近几年资本运作结果：变卖国芯股权税后 50 多亿元、清华同方仅仅三家分公司就巨额亏损 61 亿元、两家分公司（南通 LED 公司和深圳多媒体公司）低价折价利益输送变卖股权10多亿元、哈尔滨水务变卖股权几个亿元，2018年第一季度又继续亏损。

2018年1月24日，清华同方下属全资子公司同方金融控股（深圳）有限公司（以下简称"同方金控"）拟进一步通过全国中小企业股份转让系统或其他方式收购国都证券股票，预计收购金额不超过8亿元人民币。同方金控已持有国都证券227 755 857股股票，占国都证券总股本的4.30%。12月25日，同方股份下属全资子公司同方科技园有限公司（以下简称"同方科技园"）拟将参股公司北京科技园置地有限公司1%的股权转让给北京科技园建设（集团）股份有限公司，转让价格为1 604.9147万元。12月28日，清华同方收到公司控股股东清华控股有限公司（以下简称"清华控股"）通知，清华控股于2018年12月28日与中国核工业建设集团资本控股有限公司（以下简称"中核资本"）签署了《清华控股有限公司与中国核工业建设集团资本控股有限公司之合作框架协议》（以下简称《合作框架协议》），清华控股拟向中核资本转让其持有的全部公司股票，共计763 310 997股（占公司总股本的25.75%）。若本次转让实施完成，则清华控股不再直接持有公司股份，其通过其下属控股子公司紫光集团有限公司持有公司69 637 883股（占公司总股本的2.35%），中核资本持有公司763 310 997股股票（占公司总股本的25.75%），中核资本成为公司的控股股东，公司实际控制人由教育部变更为国务院国资委。

清华同方于2019年4月3日收到公司控股股东清华控股有限公司通知，清华控股于2019年4月3日与中国核工业集团资本控股有限公司（原名称为"中国核工业建设集团资本控股有限公司"）签署了《清华控股有限公司与中国核工业集团资本控股有限公司关于同方股份有限公司之股份转让协议》（以下简称《股份转让协议》），清华控股拟向中核资本转让其持有的622 418 780股公司股票（占同方股份总股本的21%）。若本次转让实施完成，则清华控股直接持有公司140 892 217股股票（占同方股份总股本的4.75%），其通过其下属控股子公司紫光集团有限公司持有公司69 637 883股股份（占同方股份总股本的2.35%），合计持有公司7.10%的股份，中核资本持有公司622 418 780股股票（占同方股份总股本的21%），中核资本成为公司的控股股东，同方股份实际控制人由教育部变更为国务院国资委。2019年11月22日，同方股份接到股东清华控股发来的通知，清华控股与中核资本自签署《股份转让协议》以来，根据协议约定双方积极推动了相关工作，经友好协商，清华控股与中核资本签署了《补充协议》，双方同意，将本次股份转让的价格调整为每股10.28元，即清华控股转让其持有的同方股份622 418 780股股票（占同方股份总股本的21%）的转让价款合计为人民币6 398 465 058.40元。2019年11月29日，同方股份接到股东清华控股发来的通知：2019年11月28日，中核资本已根据《补充协议》约定支付了股份转让价款30%的保证金。

清华同方于2020年1月8日收到控股股东中国核工业集团资本控股有限公司发来的通知及《中国证券登记结算有限责任公司过户登记确认书》（以下简称《过户登记确认书》），清华控股有限公司将持有的622 418 780股公司股票（占公司总股本的21%）转让给中核资本的过户登记手续已于2020年1月7日办理完毕。12月5日，清华同方拟通过将全资子公司同方科技园有限公司的全资子公司南通同方科技园有限公司（以下简称"南通同方科技园"）持有的南通同景置业有限公司（以下简称"南通同景置业")以及全资子公司同方科技园持有的九江同方实业有限公司（以下简称"九江同方实业"）的全部100%股权转让给中核兴业控股有限公司（以下简称"中核兴业"），转让价格根据评估报告的评估值（如该评估值与有权国资管理部门备案的评估值不一致，以备案结果为准）为标准确定。其中，南通同景置业的股权转让价格为20 906.53万元，九江同方实业股权的转让价格为1 807.42万元，合计股权转让价款为22 713.95万元。由于中核兴业为公司控股股东中国核工业集团资本控股有限公司的控股股东中国核工业集团有限公司（以下简称"中核集团"）的全资子公司，本次交易构成关联交易。

2021年9月18日，清华同方合计持股18.17%的参股公司天诚国际投资有限公司拟出售其全资子公司天诚英国（Naga UK Top Co）和天诚德国（Germany Pharma ceutica Holdings AG）100%的股权。

2022年1月25日，天诚英国的出售已确定最终的交易对手方及交易价格，现将该次交易进展情况披露如下：天诚国际拟在交割时点，以企业价值4.65亿美元扣除交割时点的净债务和运营资金的调整金额（含天诚国际提供的卖方贷款票据），加上根据获利能力机制从未来业绩中获得的额外支付部分，向凯夫拉公司（Kevlar S. p. A.，以下简称"KEVLAR"）转让其持有的天诚英国的股权。KEVLAR由全球私募股权基金柏米拉创投（Permira VII Investment Platform Limited）提供咨询的基金所控制。

资料来源：
①产教融合多方联动 金华教育信创试点取得新突破［J］. 基础教育参考，2022（6）：2.
②郭登峰，潘剑波. 新时代科技成果产业化及其转化机制——以斯坦福大学、清华同方为例［J］. 开发研究，2018（2）：33－37.
③许君英. 中文期刊全文数据库利用比较研究——以"清华同方""万方""维普"三大数据库为例［J］. 内蒙古科技与经济，2016（12）：108－110，113.

第三，资本运营的风险管理与绩效评价。随着各类资本开始趋向两两之间，甚至是三者之间相互融合的时候，资本运营的风险管理模式也应该相应地由单一模式转为综合多变的视角，对于一些由于资本融合才出现的风险需要重点防范。相应地，资本运营的绩效评价也不能一直停留在单纯的财务绩效分析上，而是要考虑一些看不见、摸不着的成果，完善向综合绩效分析的前进。

1.2 资本运营的基本模式

1.2.1 风险投资

风险投资是指向主要属于科技型的高长性风险企业提供股权资本，并为其提供经营管理和咨询服务，以期在风险企业发展成熟后，通过一定的退出方式获得中长期资本增值收益的投资行为。风险投资一般是针对正处于初创期或发展初期但却在快速成长的高科技中小型企业。

资本运营概论专栏3：

达晨创投：中国风险投资50强

达晨成立于2000年4月19日，总部位于深圳，是我国第一批按市场化运作设立的本土创投机构。自成立以来，达晨伴随着中国经济的快速增长和多层次资本市场的不断完善，在社会各界的关心和支持下，聚焦于信息技术、智能制造和节能环保、医疗健康、大众消费和企业服务、文化传媒、军工等领域，发展成为目前国内规模最大、投资能力最强、最具影响力的创投机构之一，并被推选为中国投资协会股权与创业投资专业委员会、中国股权投资基金协会、深圳私募基金业协会、深圳市创业投资同业公会、深圳市投资基金同业公会、深圳市企业家联合会等专业协会副会长单位。

2006年之前，电广传媒在达晨创投一直亏损的情况下甚至有意撤销这一公司。可谁料，几年后它成了电广传媒旗下的王牌公司。

2001～2005年是达晨最困难的时期，公司陷入了难以生存的困境。公司盈利几乎不可能。刘×及其团队为了使公司继续生存下去，也曾做过多种努力，但均不理想。公司处在一没人二没钱的状态下，就连刘×及其团队都处在失信的尴尬境地。公司一直亏损，一回湖南开会，刘×便时常被批评。不过这些他都已经习惯了，最让他忐忑的是有人建议破产。

在当时的中国的整个创投行业领域内，成功生存下来的屈指可数。达晨的困境不是一个个例，而是创投行业领域的现象。相关数据显示，2000年时的196家创投公司经历退出或转型后，到2005年只剩10多家。面对着达晨被撤销关闭的威胁，刘昼想做最后的努力。他给龙秋云写了一封诚恳的信，其内容主要是关于在资本市场刚刚起步的中国，经济的稳步持续增长必将迎来资本市场发展的高潮，中国已经对股权制进行了改革，一定会继续下去。在这样的一种情况下，中国创投业是很有发展前景的。最终，达晨保住。

随着禽流感的暴发，2006年圣农发展经营举步维艰。当时唯有达晨创投毅然选择圣农发展，而其他基金都望而却步。肖冰经过调查坚定地认为达晨创投可以投资圣农发展。事实证明，达晨创投的这一举动带来了巨大利益。达晨通过调整发展战略以及业务模式，迅速发展壮大起来，并成为肯德基、麦当劳的供应商。达晨的这一举措，使其在短短几年内净挣十几二十倍利润，在当时的资本市场上掀起一阵飓风，备受瞩目。

达晨第一个通过上市成功退出的投资案例是在2006年同洲电子成功登陆中小企业板，这一举措在中国创投领域内具有里程碑意义。其中的原因和电广传媒有着密切的关系。一是在达晨创投的帮助下，同洲电子在湖南省电视机机顶盒市场占到六成左右；二是，同洲电子得到了银行的大力支持。

2009年，达晨创投迎来了高潮。达晨创投开始批量IPO上市，在当时稳稳占据了第一名，其中便有亿伟锂能、爱尔眼科和网宿科技等公司，其投资的圣农发展也在中小板上市；到了2010年，又有10个投资项目上市。

A股IPO起起停停，每一次重启都成为达晨创投的高光时刻。也因此，市场言说，这家机构似乎总能知道中国资本市场需要什么样的公司。现在是达晨创投最好的时代。募资方面，达晨创投能找到长线、专业的机构投资人；投资方面，只要达晨创投想投的，基本都能够进得去。退出方面，一批项目经过数年的积蓄和等待，正在集中IPO，而

2014 年、2015 年投资的项目已有若干家率先 IPO，之后的项目预计 2018 年也会出现大规模的申报上市。

2016 年的资本市场，注册制放缓、战新板搁置、创业企业迎来倒闭潮，多数投资机构放缓节奏、减少投资。然而，达晨从未停下脚步，抓住"寒冬"机遇积极布局，全年投资项目 84 个，数量和金额均创历史新高。2017 年第一季度，达晨有 6 家企业完成 IPO 上市挂牌：吉比特、利安隆、华凯创意、拓斯达、高斯贝尔、尚品宅配。

2017 年，达晨再次迎来 IPO 大丰收，全年实现 18 家企业 IPO 上市，创年度 IPO 历史新高。2 月 27 日，经创业板发行审核委员会 2017 年第 14 次会议、主板发行审核委员会 2017 年第 31 次会议分别审议，达晨系企业光莆股份、洁美科技 IPO（首发）获通过。这是达晨第三次收获同一日两个项目 IPO 过会。3 月 6 日，经创业板发行审核委员会 2017 年第 18 次会议、主板发行审核委员会 2017 年第 34 次会议分别审议，达晨系企业凯普生物、瀚通通讯 IPO（首发）获通过。这是达晨第四次收获同一日两个项目 IPO 过会。9 月 15 日，达晨第五批全面战略合作联盟签约仪式在深圳华侨城洲际大酒店隆重举行。达晨与招商银行深圳分行、国金证券、德勤（中国）会计师事务所、华营管理培训 4 家各领域优秀机构签订战略合作协议。

2018 年，达晨创通基金成立，基金规模超过 50 亿元，为当年度规模最大的人民币基金。在募资市场两极分化、强者恒强的背景下，达晨凭借强大的品牌效应和优异的投资业绩，持续获得国家级基金、深圳和福田政府引导基金、银行保险等金融机构、上市公司、产业机构、市场化母基金的高度信任，重磅级机构投资人占比超过 98%。1 月 12 日，达晨创景基金成立。基金投资人包括分众传媒、蓝色光标、创业黑马、艾瑞咨询、洛可可等达晨 B2B 联盟企业及东莞金控母基金，聚焦消费升级、连锁品牌、消费服务等行业领域，标志着达晨与分众传媒等 B2B 产业龙头发起设立专业聚焦的专业基金模式创新，在项目筛选、增值服务、产业赋能等方面实现联动合作。

2019 年 3 月 5 日，达晨财智与中信建投签署全面战略合作签约仪式。3 月 28 日，达晨投资的康希诺生物在港交所挂牌上市。这是港交所上市的第一支疫苗股，也是港交所第 7 家未盈利公司。7 月 22 日，上交所科创板正式开板。达晨系企业沃尔德作为首批上市成员正式登陆科创板。8 月 20 日，苏晨汇成立大会在南京成功举行。苏晨汇的成立，将与已成立的海晨汇、浙晨汇形成区域融合，进一步推动达晨在长三角区域的渠道整合和产业链深度协同。10 月 23 日，达晨系企业紫晶存储、万德斯、龙软科技 3 家企业同日科创板过会，创下行业 IPO 记录。

2020 年第一季度 VC/PE 行业的成绩单出炉，虽然行业整体因新冠肺炎疫情受到一定程度影响，但达晨第一季度共 6 家公司在中美市场实现 IPO 上市，分别是紫晶存储、双飞股份、慧择保险、道通科技、瑞芯微、万德斯，堪称逆势中的亮点。4 月 30 日，经科创板上市委第 21 次、22 次会议分别审议，达晨系企业康希诺生物、慧辰资讯双双过会，康希诺成为"港股＋科创板"疫苗第一股。这是达晨第六次收获同一日两个项目 IPO 过会。5 月 28 日，达晨系企业昆山佰奥智能装备股份有限公司（以下简称"昆山佰奥"）在创业板上市。6 月 16 日，达晨财智华东总部成立，将以更好的姿态助力长三角"硬科技"发展，迎接和创造这个不平凡的时代。7 月 8 日，达晨系企业青岛酷特智能股份有限公司（以下简称"酷特智能"）在创业板上市。7 月 9 日，2020 年上半年 IPO 成绩单出炉，达晨财智以实现 9 家 IPO 退出的成绩，成为 2020 年上半年 IPO 之王。7 月 16 日，达晨系企业北京慧辰资道资讯股份有限公司（以下简称"慧辰资讯"）在科创板上市。8 月 13 日，达晨系企业康希诺生物股份公司在科创板敲钟上市，成为首只"A＋H"的疫苗股。8 月 24 日，创业板首批注册企业今开锣，达晨投资企业杰美特挂牌上市，成为创业板注册制的首批上市公司之一，股票代码：300868。8 月 28 日，江苏中信博新能源科技股份有限公司在科创板敲钟上市，成为科创板首家光伏支架企业，股票代码为 688408。9 月 28 日，达晨投资企业无锡新洁能在上交所主板挂牌上市。公司证券简称：新洁能，证券代码为 605111。11 月 11 日，达晨投资企业利扬芯片在上海证券交易所科创板上市，公司证券代码为 688135，发行价格 15.72 元/股，发行市盈率 36.58 倍。12 月 2 日，达晨投资企业兰剑智能在上海证券交易所科创板上市，公司证券代码为 688557，发行价格 27.7 元/股，发行市盈率 31.69 倍。

2021 年 1 月 11 日，达晨投资企业征和工业在深圳证券交易所中小板上市，公司证券代码为 003033，发行价格 23.28 元/股，发行市盈率 22.99 倍。2 月 10 日，达晨投资企业上海德必文化创意产业发展（集团）股份有限公司成功在深交所创业板挂牌上市，股票代码为 300947 股票简称"德必集团"。3 月 11 日，达晨投资企业中望软件在上海证券交易所科创板上市，公司证券代码为 688083，发行价格 150.5 元/股，发行市盈率 119.49 倍。4 月 8 日，达晨投资企业智明达在上海证券交易所科创板上市，公司证券代码为 688636，发行价格 34.5 元/股，发行市盈率 30.03 倍。4 月 7 日，达晨投资企业盛剑环境在上海证券交易所主板上市，公司证券代码为 603324，发行价格 19.87 元/股，发行市盈率 22.99 倍。6 月 3 日，达晨成立 21 周年；达晨旗下新基金达晨创鸿完成首轮关账，关账金额超 55 亿元，最终总规模约 68 亿元；达晨投资企业成都圣诺生物科技股份有限公司（以下简称"圣诺生物"，股票代码为 688117. SH）在上交所科创板上市。6 月 8 日，达晨投资企业、K12 在线教育机构掌门教育（股票代码为 ZME）成功在纽交所上市。6 月 18 日，达晨投资企业万物新生集团上市，股票名称"爱回收"，纽交所迎来"中概股 ESG 第一股"。6 月 29 日，达晨投资企业叮咚买菜在纽交所上市（股票代码为 DDL），发行价为 23.5 美元/ADS。7 月 13 日，达晨投资企业、武汉中科通达高新技术股份有限公司成功在上交所科创板挂牌上市（股票代码为 688038）。8 月 5 日，达晨投资企业、小批量印制电路板领先企业本川智能（股票代码为 300964. SZ）正式在创业板上市。8 月 11 日，达晨投资企业、PCB 细分领域领跑者深圳市金百泽电子科技股份有限公司，在深交所创业板上市（股票代码为 301041）。9 月 13 日，达晨投资企业、上海兰卫医学检验所股份有限公司（以下简称"兰卫医学"）在深圳证券交易所创业板上市（股票代码为 301060）。9 月 29 日，达晨投资企业、创新生物医药公司创胜集团（Transcenta Holding）在港交所正式上市（股票代码为 6628. HK）。10 月 25 日，可孚医疗正式在深交所创业板挂牌（股票代码为 301087），本次发行价格为 93.09 元/股，共募集资金 37.236 亿元，是截至目前湖南本土民营上市公司首发募资最高的企业。达晨于 2019 年投资可孚医疗，这也是达晨在湖南投资企业中的第 14 家上市公司、达晨文旅基金的第 8 家上市公司。11 月 15 日，达晨投资企业、精密核心零部件制造商丰光精密（股票代码为 430510. BJ）正式登陆北交所，成为北交所开板首批星宿企业之一。

2022 年 1 月 27 日，达晨投资企业、国内工业互联网信息安全行业领先企业纬德信息在科创板上市（股票代码为 688171. SH）。1 月 28 日，达晨投资企业、医疗净化系统领先企业华康医疗在深交所创业板敲钟上市（股票代码为 301235）。3 月 15 日，达晨投资企业、国内数字技术服务龙头软通动力（股票代码为 301236. SZ）正式在深交所创业板挂牌上市。截至 2022 年，达晨财智管理基金总规模 360 亿元，投资企业超过 650 家，成功退出 235 家，其中，122 家企业上市，累计 96 家企业在新三板挂牌。

2001～2021 年，达晨创投行业荣誉见表 1 - 6。

表 1 - 6 达晨创投行业荣誉

时间	荣誉
2001～2013 年	中国风险投资 50 强
2009～2011 年	年度最佳创业投资机构 TOP10
2008～2011 年	中国本土最佳 PE 管理人
2009 年	6 个项目荣获"清科—2009 年中国最具投资价值企业 50 强"
2010 年	中国风险投资十佳卓越管理团队奖 中国 VC 十强 中国科技投资业务创新奖 8 个项目荣获"清科—2010 年中国最具投资价值企业 50 强"
2011 年	11 个项目荣获"CVAwards 年度最具潜力企业 100 强" 9 个项目荣获"清科—2010 年中国最具投资价值企业 50 强" "清科—2010 年中国最具投资价值企业 50 强" "最佳创业投资机构"榜第三名 "优秀创业投资机构金奖"
2012 年	中国最佳创业投资机构、中国最佳退出创业投资机构 中国先进制造业领域投资机构 10 强 中国快消品领域投资机构 10 强 2012 年中国全方位增值服务 VC/PE 机构 10 强 15 个项目荣登《福布斯》"2012 年中国最具潜力非上市公司"100 强榜单 金融资·TOP5 卓越投资机构奖 先锋机构奖 中国现代农业产业最活跃投资机构 TOP10 4 个项目入选"2012 年中国高成长连锁 50 强"
2013 年	最具竞争力、最佳品牌、最佳融资、最佳退出创投机构
2014 年	"中国科技创业市场最佳投资机构 TOP60"第五位 "CVCA2014 年大中华地区 VC 基金管理机构 10 强"（中华股权投资协会） "金融资·卓越投资机构奖"（上海证券报） "2013 年福布斯中国最佳创业投资机构"第五名
2016 年	融资中国"2016 年中国十佳创业投资机构"第 2 名 中国股权投资基金协会"2016 中国创业投资机构 20 强" 《品途商业评论》"2016 年度最受创业者欢迎投资机构" 《21 世纪经济报道》"2016 年度创业投资行业竞争力 10 强"
2017 年	融资中国"2017 年度中国创业投资机构 TOP10" 华兴资本"2017 年度影响力 PE 投资机构" 清科集团"2017 年中国创业投资机构 100 强"（第 4 名） 融资中国"2017 年度中国最佳投后管理股权投资机构" 融资中国"2017 年度中国最佳回报创业投资机构" 融资中国"2017 年度中国最活跃私募股权投资机构"

续表

时间	荣誉
2018 年	"2018 年度中国最佳创业投资机构 Top10" "2018 年度中国最活跃创业投资机构 Top10" "2018 年度中国最佳募资创业投资机构 Top10" "2018 年度中国最佳回报创业投资机构 Top10" "2018 年度中国最佳投后管理股权投资机构 Top10" 肖冰总裁荣获"2018 年度中国股权投资人物 Top30" 达晨荣获"中国创投二十年创投机构 20 强" 刘昼董事长荣获"中国创投二十年二十大创投人物"。 达晨荣获清科"2018 年中国创业投资机构 50 强"。
2019 年	清科"2019 年中国创业投资机构 50 强"肖冰总裁荣获清科"2019 年中国创业投资家 10 强"。
2020 年	粤港澳大湾区最佳创业投资机构 TOP30 获 21 世纪经济报道 2019～2020 年度中国创业投资与私募股权投资机构 TOP30 获猎云网最佳 IPO 表现投资机构 最佳先进制造领域投资机构 最佳企业服务领域投资机构 获 36 氪中国医疗器械领域投资机构 TOP10 中国医疗健康领域投资机构 TOP20 中国芯片半导体领域投资机构 TOP20 2020 中国风险投资年度榜单·金投奖榜单 "2020 深圳四十周年投资行业特别贡献投资机构"TOP2 投中"2020 年最受 LP 关注投资机构"TOP5 2020 年中国最受创业者欢迎创业投资机构 TOP100 21 世纪经济报"医药健康领域投资竞争力创业投资机构 TOP20"
2021 年	清科 2021 年中国创业投资机构榜 10 强（本土创投第二名） 2021 年 VC 基金最佳回报 TOP5 达晨财智创始合伙人、董事长刘昼获 2021 最佳回报直投基金投资人 TOP30 2021 年中国最受创业者欢迎创业投资机构 TOP20 2020～2021 年度中国 PE/VC 行业评选·中国创业投资机构 20 强 2021 年中国最受赞赏的创业投资机构 2020～2021 年度医药健康领域投资竞争力 TOP40

资料来源：
①王晓晴. 国内最大创投基金落户深圳 [N]. 深圳特区报, 2011 - 04 - 23 (A01).
②肖冰. 达晨创投 历史高峰 [J]. 投资与合作, 2011 (Z1)：50.
③龚雷豫, 陈波. 国有创投机构的成功经验浅析 [J]. 中国中小企业, 2019 (8)：34 - 37.
④魏格格, 邱清月, 何冰. 创投机构为初创企业引"活水" [N]. 深圳特区报, 2022 - 12 - 27 (A05).

1.2.2　企业上市

公司上市的形式一般分为直接上市以及买、借、造壳上市等。直接上市是指股份有限公司经国务院或国务院授权的证券管理部门批准在证券交易所上市交易，即公开发行股票。买壳上市一般是指非上市公司先选定一家已经上市的公司作为目标对象，再对其进行股权收购并成为控股公司，最后将自身的资产注入上市公司，从而实现间接上市。借壳上市，是指公司自身已经拥有一家上市的公司，该下属公司将上市后所筹集的资产用来收购总公司的其他下属公司资产或股权，从而达到整个公司集团的上市目的。造壳上市一般是科技型企业经常选择的融资模式，需要在海外的某地先注册成立一家控股公司，通过不断收购企业股权并且纳入该家海外控股公司的名下，在海外上市筹资后实现滚动收购。

企业四种上市形式的优缺点如表 1-7 所示。

表 1-7　　　　　　　　　　　　企业四种上市形式的优缺点

上市形式	优点	缺点
直接上市	可以在发行同时进行融资； 企业在股票公开发行推介时，有助于企业形象宣传	申请程序复杂，所需时间长，约 1 年以上； 上市费用比较高； 不能保证发行成功，容易受市场波动影响
买壳上市	手续简单，上市条件灵活； 时间短，成本低，6~8 个月以内，节省许多时间和费用； 避免复杂的财务、法律障碍，对上市中的审计与法律审核方面的要求要轻松得多	先上市，后融资； 需要聘请专业的美国投资银行为企业寻找合适的壳公司，并充分指导企业进行财务和法律等方面的清理
借壳上市	审核程序简单，审核周期短，审核标准较宽松； 由于进行了资产置换，其盈利能力大大提高	本身不能为企业带来资金，相反还需要支付巨额买壳费用； 受二级市场影响较大
造壳上市	风险和成本相对较低； 获得境外证券市场的法律认可，进而可以引进外资； 获得广泛的股东基础，提高壳公司知名度	需要企业拿出一笔外汇或者其他资产到境外注册公司，而目前大部分境内公司资金短缺； 从海外到设立上市一般需要经历数年

1.2.3　企业并购

企业并购，又称购并，泛指企业通过市场中的产权购买等交易活动实现对其他企业控制权的行为，是企业兼并、收购两种资本运营方式的统称。兼并是指通过有偿转让产权使目标公司丧失其原本的法人资格或者法人实体发生改变，从而并入本公司或集体的经济行为。收购是指企业通过产权交易活动获得目标企业一定程度控制权的经济行为。现代企业并购在资本市场中是一种尤为常见的运作模式，一般包括企业合并、资产收购、股权收购三种形式。

第一，企业合并，是指将两个或者两个以上单独的企业合并形成一个报告主体的交易或事项。根据合并前后的被合并企业是否均受到同一方或相同多方的最终控制，企业合并分为同一控制下的企业合并和非同一控制下的企业合并。

第二，资产收购，是指企业通过支付有偿的对价来获得另外目标企业部分或是全部资产的一种民事法律行为。资产收购主要是为了获取目标企业的优质资产，同时扩大自身的经营规模。

第三，股权收购，是指收购目标公司的股东所拥有的全部或者部分股权的经济行为。控股式收购目的仅仅是对目标公司有足够大的控制权和影响力，并不会直接影响到目标公司的法人实体存在。

1.2.4　企业重组

企业的本质是各种生产要素的组合，企业重组就是要对这些生产要素进行重新组合，提高本企业的综合竞争力，获得更高的市场占有率。企业经过的每一个阶段都需要企业重组的存在，因为市场环境是在不断变化进步的，企业为了跟上时代的潮流，保持竞争优势，就必须要最大化地利用自身拥有的有限资源。广义的企业重组是指企业拥有的所有要素的重新组合。狭义的企业重组主要是指通过资产重组、负债重组和产权重组三种方式对企业的资产结构、负债结构和产权结构进行优化，最后达到资本保值增值的目的。不管是广义的企业重组还是狭义的企业重组都是为了对自身资源进行优化配置，使资源得到充分利用。

企业重组主要分为业务重组、资产重组、债务重组、股权重组、人员重组、管理体制重组等几种模式。

第一，业务重组是企业重组中最基础的模式，指先按照一定的依据划分重组企业的业务类型，然后再将某部分的业务划入上市公司的行为。具体运作过程如图1-1所示。

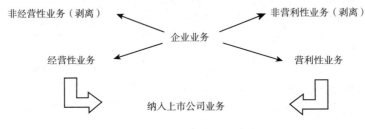

图1-1 业务重组运作过程

第二，资产重组是企业重组中的最重要、最核心的模式，指在一定范围内对重组企业进行资产整合，寻找最优组合的经济行为。

第三，债务重组也称负债重组，是指企业通过负债进行相关的重组行为，如对债务人的负债责任进行转移、将负债转化为股权等。

第四，股权重组是与其他的重组关联度最大的模式，因为它经常和其他模式同步进行，具体指对调整企业股权的经济行为。

第五，人员重组是通过合理的人事安排，合理地删减人员，来提高整个企业的劳动效率的行为。

第六，管理体制重组是通过完善企业的相关管理制度来达到现代企业制度的基本要求的行为。

1.3　资本运营的问题、风险控制及对策

1.3.1　资本运营存在的问题

第一，资本市场发育不完善。企业的资本运营是要依靠资本市场来完成的，可想而知一个国家资本市场的发育程度严重影响到资本运营的结果。我国的资本市场从1979年才起步发展，但是在接下来的几十年里却发展得尤其迅速，这必然会导致许多问题的存

在：我国资本市场上的资本总量过少，金融品种的类型匮乏；我国资本市场上的资本流动性较差，尤其是国有股份这一块，因为国有股份一般采取净现值法或者原值法定价，这样难以评估国有股份的市场价格和获利能力，所以导致其经常会处在停滞的状态；我国资本市场上的资源配置效果不高，不利于市场这只"无形的手"从中发挥调节的作用，同时也失去了应有的风险防范能力。

第二，企业对资本运营认识不足。企业对资本运营是仅停留在表面上的认识，这就会导致一些盲目性的操作，也就是说企业资本运营所确定的目标不符合企业实际发展的需要，具体表现在两方面：一方面，企业相对比较重视自身的产权资本，相反会轻视生产要素等产业资本，盲目性地在行业内不断扩张，忽视最基本的主营业务，导致企业收益不佳；另一方面，企业在进行资本运营的时候只是一味地追求自身多元化，多元化的经营方式的确可以一定程度上降低企业风险，但一些关联性不大的资本运营使得企业进入多个完全陌生的行业，这样反而会使得企业经营风险大大增加。

第三，缺乏专业的资本运营人才。资本运营是一项十分复杂精细的业务，必须由具有丰富经验以及相关专业知识的高端人才任职。这样的人才不但需要具备详细和整体上的理论知识，还需要很强的实践能力，因为我们不仅需要一个操作员，还需要一个管理者，专业的资本运营人才必须是两者的综合体。然而，越是优秀的人才越是稀缺，这就是企业在资本运营过程中需要克服的一个大难题。

第四，缺乏规范的中介媒体。我国的金融体系中最重要的组成部分自然是银行业，最重要的业务自然是借贷交易，没有给予产权交易足够的重视，自然就缺乏一个相应的中介媒体。就像声音的传播，如果没有空气作为介质，我们是无法接收的，也就是说人与人之间就不能沟通交流。同理，没有中介的资本运营是十分困难的，资金只能缓慢地流动，这样会增加交易成本。最重要的是，缺失规范有效的中介作为资本运作的润滑剂，供需双方可能会出现信息流动不对称，产生逆向选择，这样会降低资本运营的效果以及效率。

1.3.2　资本运营的风险控制

风险和收益始终相伴相生，可想而知企业在资本运营的过程中会存在一定的风险，只有正确识别出来并迅速解决掉，才能保证企业经营的安全，也就是说整个风险管理中最基础的部分就是如何进行风险识别，不能正确识别风险，就无法对其进行治理。识别风险不是简单地知道风险的存在，而是同时了解风险的来源以及存在的地方。风险识别需要通过了解和分析大量可靠的信息资料，明白企业可能存在的各种风险因素，确定企业会面临的风险类型和性质，使之完整地被识别出来。合理使用企业资本运营风险管理的基本方法有以下几点。

第一，风险规避。风险规避是风险管理中最彻底、最基本、最全面的方法，指在风险发生之前采取一定措施避免风险的发生。例如，当资本运营中预知到风险的发生，就可以选择放弃会带来风险的某些项目。风险规避是可以完全阻止某一特定风险带来的损失，而剩下的方法都只是在一定程度上降低损失发生的概率或者减小损失发生的严重程度。

第二，风险控制。风险控制是努力采取一定措施使得风险发生的损失程度尽量降到最小，风险控制是控制风险的发生以及损失的程度，一般分为事前、事中、事后控制三部分。当风险从一种可能性转变为事实的时候，企业这时就不能再通过前面提及的风险规避彻底避免风险带来的损失，只能采取相应措施把损失尽量控制在一个合理适当的范围。

第三，风险隔离。风险隔离是把某一可能导致风险发生的因素从时间上或者空间上进行隔离，从而减少该风险可能会带来的损失。风险隔离是一种效果比较明显的风险控制方式，可以降低整体的损失程度。但是风险隔离会增加风险单位的数量，管理成本更大。

第四，风险转移。风险转移是通过转移风险以减少损失，一般资本运营的过程中是以签订正式合约的形式将风险转移到其他人身上，例如保险就是一种风险转移方式。风险转移虽然不能使得风险消除，但可以在一定程度上降低某方面的损失程度，把一部分损失转移给其他有承受能力的主体。

第五，风险分散。风险分散是指企业将自身承受的压力分散出去，减轻企业在进行资本运营时的负担。风险分散主要有选择合适的资本运营方式和扩大资本运营主体的优势覆盖面两种方法，通过不断地进行内部条件的改善，使得优势更加突出的同时增大其覆盖面，从而减少风险带来的损失程度。

企业无论是在初步筹措资本阶段，还是在资本运营阶段，都伴随着许多的不确定因素，正是这些因素的存在才会导致风险的发生。在风险识别的同时，还必须建立一个合理有效的风险管理机制，资本运营才可以正常进行。具体建立企业资本运营风险管理的机制包括以下三点。

第一，建立风险报告制度。建立风险报告制度是风险管理中最基础的一项工作，通过阅读风险报告可以及时了解资本运营中存在的风险信息，从而在第一时间采取有效的措施进行防范或者降低经营风险，保证各项业务的健康迅速发展。图1-2为风险报告线路。

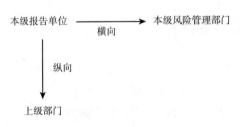

图1-2　风险报告线路

第二，加强资本运营经营整合风险控制。企业资本运营活动结束后，还有很重要的一步需要完成，就是对企业资源进行有效合理的整合，只有这样才算真正意义上完成了整个的资本运营。然而，一部分企业并没有给予最后的资源整合足够的重视，这种做法很有可能会引发潜在风险的发生。整合过程实际上就是企业的经营由资本运营后的扭曲状态向正常状态转变的一个过程，整合的好坏会直接决定企业未来经营状况的好坏。因此，企业一定要加强对资本运营中经营整合风险的控制。

第三，建立企业财务风险防范制度。财务风险是指企业借入资金过多，为偿还利息而使自身的盈利水平下降到很低，难以维持企业运营时产生的风险。所以，建立企业财务风险防范制度来科学合理地预测、规避财务风险，企业可以为自身谋求最大化的经济利益。

1.3.3　更好进行企业资本运作的对策

第一，健全相关的法律法规体系。营造有一个完善的法律环境是企业资本正常运营的首要保证，企业在进行资本运营中获得的其他企业的部分或者全部的财产、经营权时，交易双方的行为必须要符合国家的相关法律法规要求。当前，虽然我国已颁布实施了《公司法》《证券法》《经济法》《合同法》等，但法律中尚有许多不足之处。所以，政府应该继续健全相关的法律法规，从而确保企业在资本运营的过程中保持行为的规范化。

第二，明晰国有资本和企业资本间的界限。目前，国有资本与企业资本之间并没有明确清晰的分界线，这会导致在资本运营时企业决策的无所适从，因而，有关部门需要尽快地积极采取行动，明晰国有资本与企业资本之间的界限。只有真正做到政企分离，企业才能独立地作为市场主体以及法人主体从事资本运作。

第三，提升企业自身素质。资本运营并非易事，企业要想在这方面有所成就，必须要提高认识上的高度，可以在前期开展一些内部员工的培训活动，增强工作人员的专业性，提高相关素质。同时，企业还应该做好具体计划安排，并善于学习国外企业的先进经验。最重要的是要引进专业的资本运营高端人才。其实，市场占有率的竞争本质是人才专业水平的竞争，企业一定要充分重视，积极引入外部人才、培训内部人才、留住先进人才，提高企业自身的素质。

第四，发展多样化资本运营方式。企业资本运营的方式有多种可以选择，企业应该根据自身的实际情况挑选一种或几种适合自己的资本运营方式，如地区经济、行业经济等。例如，在汽车、机电、化工以及电子等行业，规模经济效益十分明显，因而可以选择横向并购型资本运营方式。

1.3.4　资本运营应注意的几个问题

第一，正确处理资本运营与生产经营的关系。企业经营活动是由市场经济条件下的生产经营与资本运营两部分组成的，即二者之间紧密结合形成的企业保值、增值过程。生产经营支撑资本运营的存在，资本运营保证生产经营的发展。两者相辅相成，不可或缺，离开生产经营的资本运营容易产生经济泡沫；离开资本运营的生产经营会受到束缚，难以扩张。所以，必须正确处理企业经营过程中资本运营和生产经营之间的有机结合问题，这样才能一起为企业的发展贡献一份力。

第二，注意加强资本运营的风险管理。风险和收益始终相伴相生，可想而知企业在资本运营的过程中会存在一定的风险，只有正确识别出来并迅速解决掉，才能保证企业经营的安全。为此，资本运营应该加强风险管理，建立风险管理的识别机制、防范机制和控制机制等基本机制，通过科学合理地预测来减小资本运营风险带来的损失。

第三，准确把握资本运营范围，避免盲目性。资本运营虽然可以为企业带来许多生产经营难以给予的价值，但并非所有企业都需要进行资本运营，一般来说，在比较小的范围内或是单个企业内就最好不要进行资本运营。因为一项资产的好坏优劣都是相比较而言的，普遍会因为狭小的运作范围而产生孤立性，成为劣质资产，但如果能进入更大范围内进行运作，和其他资产混合在一起并进行有机整合，就有可能会变成优质资产。这是因为大范围的集团公司能够冲破内部划分的障碍，使资产之间形成优势互补，发挥综合整体的优势，获得异于原资产运作效率的新效益，这是在小范围内或者单个企业内无法达到的效果。

第四，不可把资本运营异化为政府行政行为。资本运营是资本市场的经济行为，其主体应该是具有独立法人资格的企业而非政府，因此，在资本运营过程中必须谨遵市场经济的规则，由企业平等自愿协商交易，政府部门应该减少相关的行政干预。但由于我国资本市场尚不成熟，国有资产管理体制及企业产权改革尚未到位，政府作为国有资产的所有者和管理者，是有必要介入到企业资本运营中取得。但是，政府的参与不应该违背原有的市场经济规律和成本效益原则，给予企业自主选择权，否则可能把一个优秀的企业拖垮。因此，政府参与行为应该保持在一定范围内，不可把资本运营异化为政府的行政行为。

第五，正确看待"低成本扩张"现象。企业有时只会看到在资产交易的环节中支付的成本，但对于并购企业来说，其真正付出的成本是远远不止这些的，它包括企业在并购前、并购中及并购后发生的一切支出及机会损失，包括并购直接支付的费用、前期交易成本、改组改制成本、运营启动成本和机会成本等。假若将这些成本全面考虑，"低成本"就一点都不低了。同时，这种"低成本扩张"在国有产权不够清晰、国有资产控制不完全到位的情况下，很有可能在并购过程中出现低估国有净资产价值，以牺牲国家利益的方式达到"低成本扩张"的现象，不仅严重影响了国有资产的保值增值、资产评估的规范运作，而且严重影响国有资产的正常交易秩序和盘活国有资产存量的正常进程，并将企业并购活动引入歧途。更为严重的是，有的企业通过兼并、收购活动逃避债务，使企业的成本降低，而将负担转嫁给国家。因此，应慎重地对待"低成本扩张"现象。

【章末案例】

中航工业的资本运作

2013 年 12 月 10 日，航空动力（600893）通过公告宣布，公司将募集 127.6 亿元资金用于购买 8 家中国航空工业集团公司（以下简称"中航工业"）旗下的公司与有关航空发动机及其修理等业务的资产；成飞集成和洪都航空在 2013 年 12 月 23 日停牌一整天，并且于 25 日发布公告宣称，中航工业公司的实际控制人在 23 日发来书面通知，决定进行以成飞集成为主体的重大事项筹划，并启动相关工作。考虑到此项决定涉及公司重大事项的统筹策划、论述证明，公司的股价很有可能会受到较大的影响，因此，公司选择自 24 日开市时采取继续停牌的策略。

以上的资本运作可以间接反映出，中航工业经过在资本市场上多年的历练，当出现相关资本运作需要的时候不但会考虑得更加细致周到，而且由于真实丰富的经验教训，其操作方式也更加理性成熟。截至 2013 年 12 月 31 日，中航工业通过对 100 多家所属企业的整合，重组为 19 家具有专业化特色的子公司。中航工业由此增加到拥有 27 家旗下上市公司，上升到匹配将近 52% 的资产证券化率。2013 年全年实现年收入与年利润距上一年同比增长 16% 和 6%，分别达到 3 489 亿元、140 亿元。中航工业在很多方面都走在了十大军工集团的前列，如国企改革、股权激励、专业化整合、军工资产证券化等，已经成为央企尤其军工企业集团进行改革的模范，值得引起类似航天企业的重点关注。

（1）中航工业股份制改造。与中航工业股份制改造相类似，资本化运作的发展历程不但具有比较鲜明的时代特征，而且与国家的经济政治体制改革难以分离，一般划分为以下三个阶段：探索起步阶段、分兵突围阶段、整体突破阶段。这里面的每一个阶段都存在与其相对应的典型性公司。

①第一阶段：探索起步阶段。

当航空工业获得的军品任务指标不够饱满的时候，很多公司就会面临严重的生存压力，为解决相关问题国家选择采取"军转民"的战略，探索起步阶段就是在这种背景下起始的。这一阶段主要是以集中在深圳的一些航空企业进行"体制外"的多元化投资尝试、探索股份制改革以及股份有限公司第一次将其股份向社会公众公开发行（IPO）的方式为主，同时可以利用一些非航空民品企业的成功上市案例经验来激活"体制内"的企业股份制改革。

第一，"体制外"股份制改造与 IPO 探索。改革开放之后，一批生产非航空产品的企业在深圳特区依次设立，并进行了"体制外"的多元化投资探索，飞亚达手表（SZ000026）、深天马微电子（SZ000050）、天虹商场、深南光（SZ000043）等合资合作企业在这些生产非航空产品的企业平台上得以筹建，然后进行股份制改革成为股份制公司，为之后的上市做好充足准备。1993 年 6 月，中央决定推行现代企业制度，将之前的航空航天工业部划分为两个公司，即中国航空工业总公司和中国航天工业总公司。同时，深圳的飞亚达作为中国航空工业第一支股票在深交所上市。就此，中航工业开始了股份制改革的快速发展阶段。1994 年 9 月，深南光在深交所上市，现在已经改为中航地产，其主营业务也从旅游、物业等在进行更名时做了相应的调整。1995 年 3 月，深天马在深交所上市，主营业务为液晶显示器（LCD）的生产销售。1997 年 9 月，航空工业的第一支 H 股——中航实业（HK161），在香港联交所上市。该企业包含了前面提及的三家在深交所上市的企业以及当时中国航空技术深圳有限公司（以下简称"深圳中航技"）的主要业务，其实这是深圳中航技想要整体上市所进行的一次探索。

为解决军品不足问题，"体制内"的企业也积极开发了各式各样的民品，但都没有经受住市场和实际的考验，逐渐消逝。相比之下，借助于股份制改革和市场经济发展的中航工业依旧走在时代的前端，其非航空民品普遍被接受并受到欢迎，成为"军转民"的成功案例。例如，飞亚达、深天马分别成为我国手表、液晶显示器的知名品牌；中航实业已被中航国际视作为进行下一步的整体上市平台。

第二，"体制内"股份制改造与 IPO 探索。在"体制外"的企业成功股份制改革光环的笼罩下，"体制内"的企业也蠢蠢欲动开始股份制改革的探索之路，并尝试最终上市。但是，由于当时受限的军工环境，"体制内"的企业主要是利用军民分线把其中的民品业务顺利改造成为股份制企业才得以上市。1993~1998 年，虽然一共有 7 家"体制内"航空企业成功上市，但其主营业务为大部分的非航空产品以及极少量的航空零部件。1996 年 11 月，被誉为"中航工业第一股"的力源液压股份公司（SH600765）在上交所上市，拉开了中航工业中"体制内"的股份制改造帷幕。之后更名为中航重机，是中航工业一个十分重要的组成部分。1997 年 6 月，西飞国际（SZ000768）在深交所上市，其主营业务分为航空和非航空两个部分的生产和销售，非航空部分主要包括民用铝合金产品、PVC 塑料薄膜复合板等。1998 年 10 月，以生产和销售小排量汽车发动机为主营业务的东安动力（SH600178）在上交所上市。

②第二阶段：分兵突围阶段。

1999 年 7 月，中国航空工业总公司分别成立了中国航空工业第一、第二集团公司，两大集团在重新组合之前依旧继续分头促进股份制改革，之间有 11 家企业得以成功上市。分兵突围阶段是指中航工业的股份制改造分成两股势力向航空产品和军品延伸，探索整体上市的同时尝试与民营企业合作的可能性。

第一，中国航空工业第一集团公司。这一阶段中国航空工业第一集团公司有 5 家企业成功上市：2004 年，中航精机（SZ002013）在深交所上市；2007 年，中航三鑫（SZ002179）、中航光电（SZ002179）、成飞集成（SZ002190）三家公司在深交所上市。作为国内第一支整体上市的军工类股票，中航光电现已成为接插件行业的领军人物。

第二，中国航空工业第二集团公司。这一阶段中国航空工业第二集团公司有 6 家企业成功上市：2000 年，洪都航空（SH600316）、哈飞股份（SH600038）在上交所成功上市；2001 年，昌河股份（SH600372）、成发科技（SH600391）、贵航股份（SH600523）在上交所上市；2003 年，中航科工（HK2357）在香港上市，东安公司在收购民营企业黑豹股份（SH600760）的基础上成立了东安黑豹。洪都航空生产的 K8 等教练机、强 5 主要零部件，哈飞股份生产的直 9、运 12，都是航空业的核心产品；东安黑豹应该属于较早的航空企业与民营企业的合作尝试；中航科工是由哈飞、昌河、洪都、东安组合后构建的，在香港的整体上市获得圆满成功，这是航空业首家在境外上市的军工企业。

③第三阶段：整体突破阶段。

2008 年 11 月，中国航空工业第一集团公司和中国航空工业第二集团公司重新合并为中国航空工业集团公司。整体突破阶段是指两大集团重新合并后，中航工业将资本化运作战略正式提上日程并实施的一段时期。"两融、三新、五化、万亿"是中航工业提出的发展战略，不但明确表示对各个业务板块要进行专业化的整合，而且要求尽快完成主营业务和主要资产上市，达到集团公司和直属单位两级整体上市的最终目标。2008 年底至今，12 项资产重组项目得以完成，其中涉及 46 家集团所属单位，共计注入资产净值 333 亿元，集团资本证券化率从 15% 剧增到 51.79%。

该阶段中航工业借助资本市场进行的专业化整合主要有：2008 年 11 月，西安航空发动机公司（后更名为航空动力）成功借壳 ST 吉生化上市；2009 年 5 月及 2011 年 4 月，航电系统公司将其所属的 8 家企业分为两期注入 ST 昌河，中航电子由此获得重生；2010 年 7 月，东安黑豹通过资产重组将中航特种车业务成功注入；2010 年 10 月，ST 宇航成功扭转连续两年亏损的局面，摇身一变为中航动控；2012 年 6 月，获得国资委批准的中航国际通过将主要资产分两次注入上市公司的方式、以 H 股上市公司深圳中航集团为平台进行重大资产重组；2012 年 8 月，中航投资通过借壳 ST 北亚成功实现整体上市，完美构建出集团金融业所需要的上市平台；最近几次中航工业借助资本市场进行的专业化整合见表 1 - 8。

表 1 - 8　　　　　　　　　　　中航工业近几年专业化整合

时间	重大资产重组企业	资本运作措施	资本运作结果
2012 年 11 月	西飞国际	将飞机板块所属 4 家企业注入	实现飞机业务整体上市
2012 年 12 月	中航精机	将机电板块所属 7 家企业注入	基本实现机电板块整体上市
2013 年 2 月	哈飞股份	将直升机所属 4 家企业注入	实现直升机整体上市
2013 年 3 月	中航电测	收购汉中一零一航空电子设备有限公司	实现资源优化配置

专业化整合、资本化运作战略的主线始终贯穿着上述中航工业资本运作措施，通过重大资产的重组来实现各业务板块的整体上市。

（2）中航工业资本化运作战略思路。2009 年初，中航工业发布《中国航空工业集团公司党组关于全面加强加快专业化整合资本化运作促进集团跨越发展的决定》（即其资本运营规划二十条），以资本运营为起点，以市场改革为方向，全面完善各个业务板块之间的专业化整合以及资本化运作。中航工业资本化运作战略的整体思路是：第一，集团内部的子公司想要实现整体上市或主营业务上市，主要依靠相互之间的交叉持股，产生资本以及产业结构上的联系互动。第二，集团外部则需要充分地利用已经存在的国内外两个市场中的有利资源，采取并购的方式来发展我国的航空业。

在此思路下，中航工业资本化运作力争实现 4 个目标：建立并完善现代企业制度，争取从体制机制上寻求创新和突破；促进投资体制的改革，形成具有中国特色的金融体系，实现产业与金融业的相结合，支持中航工业的发展；消除过分依赖国家的传统观念，设立一些独立性较强的跨国集团公司，扭转"官办无助"的局面；中航工业的各个子公司将 80% 以上的主营业务和资产都一起注入上市公司，营造"官办商助"的共荣氛围。

（3）中航工业资本化运作主要特点。两大集团合并之前，中航工业重点通过推行下属企业的股份制改革上市；2008 年两大集团合并后，中航工业主要通过资本市场和专业化整合来实施资本化运作。相比之下，中航工业的资本化运作过程中主要存在以下四个方面的鲜明特点。

第一，基于资本纽带的专业化整合。从中航工业的发展历程可以看出，其资本化运作不再像过去的企业一样直接听从行政命令，而是凭借所有者投入资本金所形成的股权、产权连接而成的"资本纽带"来进行企业主要业务的专业化整合，不但可以促进航空业的结构改善，还可以促进航空业的加速健康发展。

专业化整合的最终目标是把中航工业塑造成为一个同时具有多元化母公司、专业化子公司体制以及其所属资产密切相关的大型产业化集团。建立多元化的母公司需要以各个专业化的子公司作为前提，并且能够在这个集团内部相互协调促进发展。专业化整合的优势在于内耗式竞争的减少甚至消除，同时可以达到资源的最优化配置，打造出一个实力强大的大型产业化集团。

目前，中航工业无论在市场化改革方面还是资本化运作方面都取得很大的进展。首先，中航工业通过专业化整合成立了 19 家专业化的子公司，其中包括航空装备、运输机、发动机、直升机、航电系统、航空机电系统、通用飞机、航空研究、飞行试验、贸易物流、资产管理、工程规划建设、汽车等方面。其次，中航工业基于资本纽带调整其原有的组织架构，将之前的 200 余家成员企业分类装入已经进行过专业化整合的 19 家专业化的子公司中。最后，中航工业通过各个板块原有的上市公司平台或者借壳、筹建新的上市公司平台等方式来实施资本化运作战略。

下面重点讲解分析中航工业的航空发动机业务板块在专业化整合中的主要思路和过程：中航工业的航空发动机板块主要包括发动机控制系统、发动机传动系统和航空发动机整机制造这三个子板块，其中涉及沈阳黎明航空发动机公司、成都发动机公司、西安发动机公司、贵州航空发动机研究所四家子公司。其中，三个子板块分别用不同的方式"三管齐下"来实施资本化运作战略：发动机控制系统在集团内部通过借壳 ST 宇航，向其注入一部分的资产，摇身一变为中航动控；发动机传动系统则是在原有上市公司成发科技的平台上，进一步地注入一部分资产；承担航空发动机整机制造业务的西安航空发动机公司则在集团外部通过借壳 ST 吉生化，摇身一变为航空动力。

下一步，中航工业需要成立作为发动机板块的专业化子公司的中航工业发动机控股有限责任公司（以下简称"中航发动机控股"），其中，中航工业持股比例为 100%。之后，中航工业将其旗下主营业务为航空发动机的 3 家上市公司——中航动控、航空动力和成发科技的上层公司股权划转给中航发动机控股，中航发动机控股相当于间接控股了上述 3 家上市公司；此时只需再将一些中航工业集团内部还残留的与发动机业务有关的零散业务股权一并转给中航发动机控股即可。至此，发动机板块的专业化整合得以全部完成，待相关条件完善成熟后，只要以中航发动机控股为主体在港交所整体上市就实现了中航工业发动机板块的专业化整合。

第二，向市场要资源。中航工业积极推进资产证券化，有价证券在资本总量中不断扩大和增强的过程就是在向市场索要资源。中航工业不仅仅致力于推动专业化的子公司整体上市或主营业务上市，而且积极促成母、子公司之间的相互呼应联动的有利格局。中航工业旗下拥有的 26 家上市公司，对市场资源的优化配置有很大的积极影响力。截至 2013 年底，中航工业已经有 15 家上市公司顺利 IPO 或者成功完成再融资，一共募集到 270 余亿元的资金，并且通过投入航空发动机、运输机、高端轴承、教练机、锂电池、重型机械装备等相关领域，为相关产业发展提供充足的资源支撑。以小见大，中航工业可以在资本纽带的专业化整合基础上以较少的资金这一个点，通过资本化运作这根杠杆，撬动难以计数的市场资源。

中航工业集团资本化运作进展及预测如图 1-3 所示。

第三，借壳运作。中航工业在资本化运作的过程中大量采用了"借壳运作"，中航电子内部借壳 ST 昌河实现重组以及航空发动机整机制造外部借壳 ST 吉生化实现整体上市为两个典型案例。下面以前者为例介绍中航工业的借壳运作过程：ST 昌河（SH.600372）于 2001 年上市，最开始其主营业务是汽车生产，之后 2007 年、2008 年连续的亏损使其沦为 ST 股，按照交易所规定，如果 ST 昌河在 2008 年底持续亏损将被迫退市，由此看来中航工业重组借壳已经是迫在眉睫的举措，具体主要通过以下五个步骤：第一步，资产置换。2008 年 6 月 17 日，ST 昌河停牌后宣布进行重大资产重组，停牌价

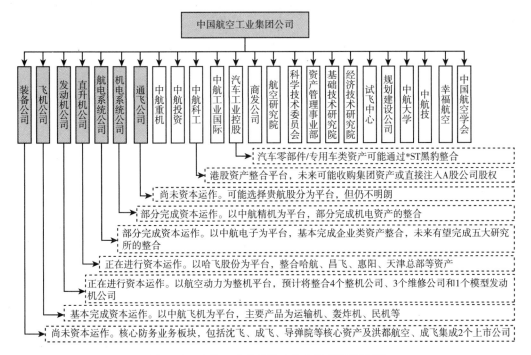

图1-3 中航工业集团资本化运作进展及预测

仅为5.38元。重组需要利用上海和兰州两家电器企业将ST昌河的全部汽车业务置换出来，资产置换方案从开始到结束一共耗时17个月。第二步，更名定位。2010年1月，昌河股份发布公告宣称，公司名称将由江西昌河汽车股份有限公司更名为中航航空电子设备股份有限公司，通过这个全新的名称对公司进行主营业务等的定位。第三步，启动注资，恢复交易。2010年4月，ST昌河启动注资，中航工业、中航科工、中航电子系统公司将6家航空电子企业资产和股权以每股7.58元对价注入ST昌河。2010年9月，停牌一年多的ST昌河终于恢复交易，刚刚恢复交易的ST昌河经过多个涨停板后一直稳定在30元附近。第四步，再次注资，完成整合。2011年3月，ST昌河的重组方案经过证监会重组审核委的审核通过，一共耗时整整3年才完成整合，之后又更名为中航电子。第五步，股市融资。2012年，中航电子实现首次融资。

第四，建立基于战略管控的母子公司管理体系。中航工业根据自身实际情况以及国家政策环境制定了"突出航空主业，业务多元发展"的战略，即一方面严格规划航空业务，制定好比较详细的相关生产规则，统一调控，避免内耗；另一方面灵活控制非航空业务，打造出根据市场环境的实时变化而快速多变的决策机制，下放决策权到每一个经营实体上。中航工业就是以此为指导思想进行资本化运作的，一步步建立起以战略管控为基础的母子公司管理体系。中航工业通过之前的专业化整合，由两级管控体系变更为三级管控体系，每一级都有各自不同的权责，第一级是企业总部，其主要功能是制定战略、配置资源、统筹监控；第二级是直属单位，其主要功能是根据市场导向建立市场主体；第三级是成员单位，其主要功能是构建比较集中的专业化运营中心。

两级管控体系到三级管控体系的转变如图1-4所示。

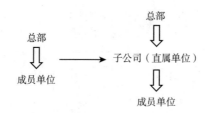

图1-4 两级管控体系到三级管控体系的转变

由此可见，中航工业集团管控体系中的三级分别定位为战略管控和财务管控中心、利润创造和产业化中心、成本控制和专业化中心。其中，企业总部对以航空主业为主营业务的子公司进行战略管控，对以非航空为主营业务的子公司进行财务管控。战略管控主要包括对子公司战略目标、技术发展指标、经济发展指标等的关注。中航工业对其下属的上市公司管控一般是通过构建完善的治理结构来完成的，在进行专业化的整合基础上，中航工业的所有子公司都按照现代化公司制度设立了董事会、监事会、事业部和直属机构。各个机构人事安排需遵照一定的规则，如确保上市公司的董事长不得由集团的领导人兼任，这样可以保证子公司在市场中的自由运作，而不受集团公司的干涉。上市公司还应该制定激励政策，例如董事的收入需要与公司的业绩挂钩，这样才会调动公司人员的积极性，不至于因为所有权和经营权分离就不存在利益约束。上市公司一般会聘请一定数量的外部专家组成公司的外部董事，增强公司董事会的公平性与专业性。

（4）对航天科技、科工两大集团的启示。

第一，以专业化整合和板块化管理应对多元化与专业化的关系。中航工业就通过专业化整合顺利地完成了这项看似艰巨的任务。中航工业各个经营实体的专业化是其集团层面的多元化的基础条件，集团层面的专业化从最高层次统筹各个经营实体专业化之间的相互连接，协调发展，多元化和专业化在全集团范围内实现了有机统一。中航工业通过专业化整合组建属于自己的专业化子公司，在消除内耗式竞争的同时实现资源的最优化配置，构成自身强大的市场竞争力。这些都值得航天科技、科工两大集团进行学习借鉴。

第二，大力推进产融结合和资产证券化，推动企业实现价值倍增。中航工业就是通过建立长期有效的资本纽带，十分充分地利用我国现有的资本市场，不断地向市场索要有价值的社会资源，并且为己所用；中航工业通过大力推进产融结合和资产证券化，拓宽双管齐下地增多一些低成本的融资渠道，令企业的资本结构、资源配置都达到最优，降低企业可能存在的各种风险，如操作风险、经营风险以及破产风险等；与此同时，中航工业也可以从资本市场上寻找收购兼并的有效工具和手段，支撑企业的可持续发展。航天科技、科工两大集团可学习中航工业对资本市场的把握来收集、整合、利用其中的资源，解决由于资源不足或者分散造成的一些历史遗留问题，同时扩宽的低成本融资渠道可以降低生产成本，利于集中一些有限的资源大规模地进行市场开拓，市场占有率的上升自然会推动企业价值的倍增。

第三，构建适合战略的组织模式，优化治理结构，健全现代企业制度。中航工业的母子公司组织模式是军工行业构建合适战略的组织模式的代表，母公司的功能定位具体而言就是决定大方向；制定总战略；统一大规则；配置总资源；掌控大局面；协调总关系；制定大目标；管理总绩效。各直属子公司都是独立法人，在一定范围内享有比较独立的经营权和决策权。中航工业的母子公司功能定位明确了其构建的组织模式是在战略管控的母子公司组织模式上成立的。资本化运作能够推动现代企业制度的建立和完善，这对航天科技、科工两大集团具有重大的发展意义。首先，企业自身不够完善的资产结构和模糊不清的组织模式可以通过重组上市得以优化；其次，重组上市可以促进形成股权的多元化，这样有助于规范公司的法人治理结构，分散决策权，防止股权过于集中导致的一人独圈，同时有助于现代企业制度的构建；再次，企业想要重组上市需要提高资本运作的透明度，这样同时可以增加大众对企业的信任度；最后，企业想要重组上市需要接受更加严格的监督与制约。

资料来源：

①辛阳."我们的舞台是天空和大海"[N].人民日报，2022-06-17（007）.

②吕景舜，李志阳.中航工业资本运作案例分析与启示[J].卫星应用，2014（5）：48-54.

【本章小结】

本章最先介绍了资本与资本运营的概念及功能，并详细论述了资本运营的主要内容和制度基础、外部环境，然后分析了资本运营的基本模式，最后指出了资本运营面临的问题、风险控制及对策。本章是本教材的总纲，希望投资者、管理者及相关读者从本章能够把握教材的总体框架。

【问题思考】

1. 资本运营的功能是什么？

2. 资本运营分析框架是什么？

3. 资本运营的基本模式有哪些？

4. 如何看待企业资本运营中存在的问题？

【参考文献】

[1] 马克思.资本论[M].中共中央马克思恩格斯列宁斯大林著作编译局，译.北京：人民出版社，1974.

[2] 赵晶晶.论近年中国电影产业资本运营的得与失[J].艺术评论，2018（10）.

[3] 肖红军.深化对国有资本运营公司的认识：概念界定与功能定位的视角[J].经济体制改革，2021（5）.

[4] 王顺超，刘楚冰.不同资本运营方式的财务处理分析[J].会计师，2014（3）.

[5] 孙运海.产业经营资本运营"双轮驱动"模式探析[J].煤炭经济研究，2013（2）.

[6] 朱洁莹.对风险投资拟投资的项目作财务尽职调查的案例分析——某化妆品公司[J].现代商业，2013（31）.

[7] 辛旭东，王新坎.风险投资追逐"小肥羊"成功案例的启示[J].东方企业文化，2011（2）.

[8] 宋艳红.国有企业的资本运作分析——基于广州药业吸收合并白云山制药案例[J].商，2012（17）.

[9] 张艳芳.国有企业资本运营风险及防范措施[J].经营管理者，2014（9）.

[10] 崔熙凯，刘玲.国有资本运营问题浅析[J].中国外资，2013（8）.

　　[11] 张炳雷，王振伟．国有企业资本运营管理的问题探析 [J]．经济体制改革，2016 (2)．

　　[12] 何小钢．国有资本投资、运营公司改革试点成效与启示 [J]．经济纵横，2017 (11)．

　　[13] 徐升华，汤敏倩．基于管理情境的社会化媒体：基本要素、整合框架与未来展望 [J]．外国经济与管理，2017, 39 (8)．

　　[14] 付国乐，马悠，张志强．出版传媒企业资本运营模式研究 [J]．中国出版，2019 (2)．

　　[15] 肖红军．深化对国有资本运营公司的认识：概念界定与功能定位的视角 [J]．经济体制改革，2021 (5)．

　　[16] 乔全营．基于企业生命周期的中小外贸企业资本运营模式研究 [J]．长沙民政职业技术学院学报，2013 (1)．

　　[17] 姚瑞军．兼并重组借壳上市——阳煤集团资本运营模式分析 [J]．煤炭经济研究，2012 (12)．

　　[18] 许驰秋．论公司资本的功能和局限 [J]．商场现代化，2013 (8)．

　　[19] 杨雄胜．略论资本概念的科学界定 [J]．财务与会计，1995 (8)．

　　[20] 旋律．企业集团资本运营模式研究 [J]．时代金融，2012 (27)．

　　[21] 王凌．企业家资本运营现状及其能力提升对策——基于宁波市的调研思考 [J]．经济论坛，2014 (2)．

　　[22] 丁泉，戚振忠，曲海潮．企业资本运营的内涵与外延：一个分析框架 [J]．重庆社会科学，2013 (12)．

　　[23] 张伟立，戚拥军．企业资本运营对策研究 [J]．现代商贸工业，2013 (21)．

　　[24] 张轶．浅析企业资本运营及风险管理 [J]．商场现代化，2013 (12)．

　　[25] 郭良勇．浅析资本运营的主要方式及实现措施 [J]．商业会计，2006 (13)．

　　[26] 郑烈兵．谈企业资本运营的风险及对策 [J]．东方企业文化，2013 (22)．

　　[27] 李月秋，李新华．我国企业重组问题趋势分析——以一汽轿车股份有限公司为例 [J]．商业会计，2014 (4)．

　　[28] 乔全营．我国中小企业资本运营的原则与影响因素研究 [J]．中国证券期货，2012 (11)．

　　[29] 黄珏．中国国有企业集团资本运营模式及案例分析 [J]．经济研究导刊，2010 (27)．

　　[30] 吕景舜，李志阳．中航工业资本运作案例分析与启示 [J]．卫星应用，2014 (5)．

　　[31] 邓小清，宋金杰，聂晓萌．中小企业风险投资分析 [J]．合作经济与科技，2014 (6)．

　　[32] 姚江红．中小企业资本运营的类型及其模式选择浅析 [J]．价值工程，2011 (31)．

　　[33] 陈树强，李存英．防范企业资本运营风险的几点对策 [J]．财务与会计，2018 (14)．

　　[34] 付国乐，马悠，张志强．出版传媒企业资本运营模式研究 [J]．中国出版，2019 (2)．

　　[35] 李晓晗．华策影视并购克顿传媒价值提升的案例研究 [D]．哈尔滨：哈尔滨商业大学，2020．

　　[36] 李峥．华策影视股权激励案例研究 [D]．北京：中国财政科学研究院，2019．

第2章 资本运营与企业成长

【学习要点】

☆ 了解资本运营的现状和误区；

☆ 理解企业并购的原则；

☆ 知晓资本运营对企业成长的意义；

☆ 重视资本运营在中国发展的必然趋势。

【开章案例】

中环股份：资本运作决定公司超预期增长空间

天津中环半导体股份有限公司（以下简称"中环股份"）1988 年成立，是深交所上市公司，股票代码为002129。公司致力于半导体节能产业和新能源产业，是一家集科研、生产、经营、创投于一体的国有控股高新技术企业。其旗下拥有 5 家高新技术企业、1 家国家火炬计划重点高新技术企业、4 个省部级研发中心、1 个博士后科研工作站，员工上万人。

一、公司简介

公司围绕"绿色低碳、可持续发展"，致力于半导体节能和新能源两大产业，制造管理上推行自动化、产品创新上实现差异化，在自身快速发展的前提下推动行业的整体发展，实现回报股东、奉献社会。公司产品广泛应用于智能电网传输、新能源汽车、高铁、风能发电逆变器、集成电路、消费类电子、航天航空、光伏发电等多个领域。

公司主导产品电力电子器件用半导体区熔单晶—硅片综合实力全球第三，国外市场占有率超过18%，国内市场占有率超过80%；光伏单晶研发水平全球领先，先后开发了具有自主知识产权的转换效率超过24%的高效 N 型 DW 硅片，转换效率达到26%、"零衰减"的 CFZ-DW（直拉区熔）硅片。单晶晶体晶片的综合实力、整体产销规模位列全球前列，高效 N 型硅片市场占有率全球第一。

为拓宽产业模式，提升盈利水平，公司携手美国 Apple、Sun Power 及内蒙古、四川、河北当地优势企业，利用当地丰富的太阳能光照资源和双方多项具有全球领先水平的科技创新成果，采用集本地化系统制造和电站开发于一体的商务模式，在内蒙古、四川和河北陆续开展光伏电站综合项目开发，辐射全国并共同开发全球市场，并且已成为中国光伏电站和光伏电池—组件产业公司差异化、创新型超越发展的代表和未来市场的有力竞争者。

公司坚持技术创新、差异化、领先化、国际化竞争的指导思想，以与时俱进的开放式思维，积极与东方电气、有色金属研究总院、国电科环集团等大型央企展开科研和产业合作，推动公司的产业升级和结构转型。

目前，公司已形成了一个跨地域、跨领域、规模化、国际化、多元化的发展态势。未来，公司将坚持定位于战略性新兴产业，立足"环境友好，员工爱戴，政府尊重，客户信赖"，以市场经营为导向，全国化产业布局，全球化商业布局，进一步实现可持续发展。

二、中环股份的资本运营

天津中环半导体股份有限公司于 2004 年 7 月 16 日在天津市工商行政管理局注册成立。中环股票在深圳证券交易所上市，股票代码为 002129。2007 年 4 月 20 日，中环在其首次公开发行（IPO）中以每股 5.81 元的价格发行了 10 000 万股。2008 年 6 月 2 日，继首次公开发行之后，中环向控股股东天津中环电子信息集团有限公司（以下简称"中环集团"）发行 2 360 万股股票，中环集团以其持有的天津市环欧半导体材料技术有限公司31.38% 股权资产认购。

中环股份设立的总股本为 26 266.3687 万股，发起人为天津市中环电子信息集团有限公司（59.63163%）、天津药业集团有限公司（35.18240%）、天津经发投资有限公司（2.03956%）、天津新技术产业园区海泰科技投资管理有限公司（1.01978%）及禄大新等九名自然人（2.12663%）。经中国证券监督管理委员会《关于核准天津中环半导体股份有限公司首次公开发行股票的通知》核准，由主承销商渤海证券有限责任公司采用网下询价配售与网上资金申购定价发行相结合的方式发行人民币普通股（A 股）股票 10 000 万股，发行价格为每股人民币 5.81 元。截至 2007 年 4 月 12 日，该公司实际已向社会公开发行人民币普通股（A 股）股票 10 000 万股，募集资金总额为人民币581 000 000.00 元，2007 年 4 月 20 日公司股份在深圳证券交易所正式上市挂牌交易。

随着公司的发展，主要依托创新激励机制，重视各环节先进技术的突破，建立起公司独特自主的知识产权，形成以技术—产品—商业三者协同发展创新机制，推动半导体和新能源产业的互利共赢方针策略，提升了企业品牌特色。近年来，硅材料研发技术逐步走向世界，引领半导体光伏材料向更高的领域前行。

公司在硅材料相关技术和晶体生长相关技术方面在国内乃至世界具有领先的优势，包括区熔单晶生长、直拉单晶生长、蓝宝石晶体生长等，以及相关的工艺改进、流程再造等方面，近年来取得了一系列具有国际、国内领先水平的科技创新成果，并引领了行业的技术创新、产品创新的方向。公司拥有数百项专有技术，拥有的授权专利主要是发明专利 174 项、正在申请中的专利 120 项，并形成了省级（自治区级）研发中心 4 个，高新技术企业 5 家。

近年中环股份的资本运作情况见表 2 - 1。

表 2 - 1　　　　　　　　　　　近年中环股份的资本运作情况

序号	年份	投资内容
1	2007	3 月 14 日用闲置募集资金暂时补充流动资金 1.7 亿元，6 英寸 0.35 微米功率半导体器件生产线项目投资 6.096 亿元
2		12 月 24 日天津市环欧半导体材料技术有限公司 31.38% 股权资产投资 3.986 亿元

序号	年份	投资内容
3	2012	6 月 8 日补充流动资金 6.78 亿元，偿还银行贷款 12.22 亿元
4	2013	9 月 24 日补充流动资金 8.9 亿元，CFZ 区熔单晶硅及金刚石线切片项目投资 12.0656 亿元，CFZ 单晶用晶体硅及超薄金刚石线单晶硅切片项目投资 14.7401 亿元
5	2018	3 月 25 日支付本次交易的中介机构费用、交易税费、人员安置费用等并购整合费用 5 000 万元，国电光伏有限公司厂房及公辅设施的修复与维护投资 3.6616 亿元
6	2019	1 月 8 日补充流动资金 5 亿元，集成电路用 8 ~ 12 英寸半导体硅片之生产线项目投资 57.0717 亿元
7	2021	4 月 28 日 50GW（G12）太阳能级单晶硅材料智慧工厂项目投资 109.7974 亿元

三、中环股份投资价值分析

随着我国能源消耗的逐步转型，新能源的开发利用受到国家重视，太阳能光伏发电作为我国新能源利用的主力军，得到国家大力支持、重点发展。与此同时，光伏产业上市公司如雨后春笋般不断增多，作为市场的新成员，其生产经营将面临更大的机遇和挑战。对企业价值的正确评估，有助于提升企业价值、稳定市场股价。

（一）偿债能力分析

企业的短期偿债能力表明了企业偿还日常短期债务的能力，这部分债务主要由流动资产承担。流动比率表示每增加 1 元流动负债有多少流动资产可作为保障，其说明在短期债务到期时，企业所拥有的用于偿还流动负债的可变现流动资产；速动比率是用于评价企业流动资产变现能力强弱的指标；现金比率反映企业在经营期间能够立刻变现的能力。研究表明，流动比率的指标数值在 2 左右，速动比率的指标数值在 1 左右，现金比率的指标数值超过 20% 的时候较为合理。根据表 2-2 可以得出，中环股份五年来流动比率呈现下降趋势，2018 年在材料与工程设备方面应付账款增长较大，导致流动负债增加，随着规模的扩大，其资金利用率在逐渐提高，闲置资金在减少，均值为 1.15，属于合理举债区间。2014 ~ 2018 年速动比率在正常范围 1 左右波动，均值为 0.95；而现金比率也一直处于 39% ~ 70% 的合理区间，并且均值高达 51.98%，说明公司自有资金充裕，具备短期内的债务偿还能力，并能应对相应的财务风险。

表 2-2　　　　　　　　　　　　　偿债能力分析

指标	2014 年	2015 年	2016 年	2017 年	2018 年	平均
流动比率（倍）	1.48	1.43	0.93	1.10	0.81	1.15
速动比率（倍）	1.14	1.17	0.76	0.94	0.71	0.95
现金比率（%）	39.14	69.54	53.41	58.67	39.15	51.98
资产负债率（%）	52.68	51.09	53.66	58.08	63.17	55.74
产权比率（倍）	1.11	1.04	1.16	1.39	1.72	1.28

资料来源：根据巨潮资讯网中环股份 2014 ~ 2018 年年报数据计算所得。

长期偿债能力是企业对大于一年的债务的所具有的支付保障能力。资产负债率说明了债权人的权益在公司全部资产中的占比，一般情况下，资产负债率越小，说明企业长期偿债能力越强。国际上通常认为资产负债率等于60%时较为适当。从表2-2可以看出，中环股份五年来资产负债率分别为52.68%、51.09%、53.66%、58.08%、63.17%，波动较小，均值为55.74%，处于合理适当水平，有长期偿债能力，财务风险较小。企业的产权比率是从债权人和投资者出资比例的方面来评估公司的财务风险，一般情况下，产权比率越低，表明债权人权益的保障程度越高。根据表2-2中环股份近五年产权比率有上升趋势，均值为1.28，说明中环股份在财务杠杆的利用中有效率提升的趋势，且均值也在1左右，说明其财务结构整体处于稳健状态，对长期债务的偿还压力不大。

（二）盈利能力分析

盈利能力指企业在一定会计期间内能够赚取利润的能力。根据中环股份2014~2018年财务报告数据与相关公式计算得出盈利能力各指标如表2-3所示。

表2-3   盈利水平指标

指标	2014年	2015年	2016年	2017年	2018年	平均
营业利润率（%）	3.01	4.10	5.55	6.73	3.57	4.59
销售净利率（%）	2.76	4.22	5.95	6.13	5.74	4.96
成本费用利润率（%）	4.09	6.17	7.39	7.56	6.82	6.41
总资产报酬率（%）	1.53	1.68	2.14	2.53	2.37	2.05
净资产收益率（%）	2.55	2.50	3.85	4.99	5.49	3.88
每股收益（元/股）	0.1436	0.0869	0.152	0.2211	0.2339	0.1675
每股净资产（元/股）	9.2541	6.5591	4.0296	4.9159	5.9465	6.1410

资料来源：根据巨潮资讯网中环股份2014~2018年年报数据计算得出。

营业利润率（营业利润/营业收入）表示企业一定期间利润占收入的比重。根据表2-3，中环股份在2014~2017年营业利润率呈上升趋势，结合财务报告可知，2018年中环在研发投入77541.4万元，占营业收入的5.64%，导致2018年营业利润率稍有下降，研发费用的大力投入也使中环在将来的盈利能力提升。销售净利率（净利润/营业收入）用来衡量企业在一定的经营期间经营业务的获利水平。中环股份在2014~2018年销售净利率持续上升，平均值为4.96%，自2014年以来，我国政策大力支持，光伏行业进入回暖期，从中环股份的销售净利率也可以看出，其利润逐年提升，稳步增长。成本费用利润率（利润总额/成本费用总额）表示企业为取得利润而付出的代价，其数值越大，说明企业获得相应利润所付出的成本越少。根据表2-3，可以看出中环股份从2014~2017年成本费用率逐年上升，说明其成本费用控制良好，随着技术的提升，成本也逐年在减少。结合中环股份财务报告可知，2018年中环太阳能电池用硅单晶材料产业化工程项目完工转固，本期固定资产折旧增加导致成本费用有所增加，导致成本费用率稍有下降，但下降幅度较小。

总资产报酬率（息税前利润/资产平均总额）测度企业全部资产的获利能力，一般情况下，总资产报酬率越高，表明企业的资产利用效益越好，整个企业盈利能力越强。

从表 2-3 中的数据可以看出从 2014~2017 年中环股份总资产报酬率从 1.53% 提升到 2.53%，说明其资产逐步得到更好的利用，无效浪费减少。

净资产收益率（净利润/平均净资产）反映企业净资产的盈利能力。中环股份在过去的五年中净资产收益率增长了一倍多，从 2014 年的 2.55% 增加到 2018 年的 5.49%，足可以说明其盈利水平一直处于上升状态。

每股收益反映企业普通股股东持有的公司每一股份，或者享有企业利润或者承担企业亏损。根据表 2-3，中环股份每股收益均大于零且波动较小，后四年每股收益逐年递增，代表其盈利能力发展良好。每股净资产（年末净资产/年末普通股总数）反映公司每股股票所拥有的公司净资产的价值，其数值越大，说明公司股票越有投资价值。根据表 2-3，中环股份每股净资产在 2015 年、2016 年有两次下降波动，主要原因是 2015 年、2016 年分别有 340 113 912 股、347 976 307 股解除限售上市流通导致，流通股股数分别较 2014 年增长了 1.17 倍和 2.65 倍，2016 年以后普通股股数未发生变化，但每股净资产呈现了递增，说明其每股拥有的净资产增加，盈利能力提升。

（三）运营能力分析

企业的营运能力是指企业资产的营运效率，企业营运能力的分析着重在于分析企业各资金的周转情况，资金周转得越快，说明资金利用效率越高，企业经营管理水平越高。通过对中环股份 2014~2018 年财务数据计算得出运营能力指标，如表 2-4 所示。

表 2-4　　　　　　　　　　　　　运营指标分析

指标	2014 年	2015 年	2016 年	2017 年	2018 年	平均
应收账款周转率（次）	4.52	4.53	6.45	8.29	6.75	4.52
存货周转率（次）	2.85	2.70	3.70	5.01	6.77	2.85
总资产周转率（次）	0.38	0.29	0.31	0.36	0.37	0.38

资料来源：根据巨潮资讯网中环股份 2014~2018 年年报数据计算得出。

根据表 2-4，可以看出 2014~2017 年中环股份应收账款周转率逐年在上涨，周转天数从 79.65 天缩短到 43.43 天，充分说明其收回资金的速度大大提升，公司的资金使用效率大幅提高，营运能力提升。从 2017 年的 8.29 次下降到 2018 年的 6.75 次，其主要原因是太阳能组件销售规模增加，从而增多了应收账款。

存货周转率越高，即存货占用的资金周转速度越快，企业运营速度越快。从表 2-4 中数据可以看出中环股份 2018 年存货周转率是 2014 年的 2.37 倍，说明公司从投入到完成销售库存投资的时间在逐年缩短，资金回收速度加快，营运能力加强。

总资产周转率体现了企业经营期间全部资产从投入到产出的流转速度，反映了企业全部资产的管理质量和利用效率。根据 2-4，可以得出中环股份 2014~2018 年总资产周转率波动较小，随着总资产的增加，其营业收入也逐年增加，也从另一方面说明中环股份运营能力稳健。

（四）发展能力分析

发展能力是指企业扩大营业规模的能力，同时也是企业可持续经营的基础，发展是企业的生存之本和获利之源。从表 2-5 可以看出中环股份 2014~2018 年营业收入增长率、净利润增长率、资产总额增长率均未出现负值，营业收入除2015年增长较慢以外，整体呈现逐年上升趋势。净利润增长率波动幅度较大，2014～2018年净利润分别为1.32亿元、2.12亿元、4.04亿元、5.9亿元、7.89亿元，其中2016年净利润增长率达到90.07%，五年净利润增长率加权平均值仍高达56.5%，足可以显示中环股份在逐年扩大规模的前提下仍然有着巨大发展潜力。除2016年总资产增长率为9.07%，相对缓慢，整体而言也处于相对稳定增长的状态。总体而言，中环股份在扩大经营规模的同时利润空间没有被压缩，营业收入也相对稳步增长，说明其潜在发展能力雄厚。

表2-5 发展能力分析

指标	2014年	2015年	2016年	2017年	2018年	平均
营业收入增长率（%）	27.95	5.66	34.65	42.17	42.63	30.33
净利润增长率（%）	70.66	61.57	90.07	46.26	33.57	56.50
总资产增长率（%）	32.89	48.86	9.07	34.84	37.70	31.77

资料来源：根据巨潮资讯网中环股份2014～2018年年报数据计算得出。

众所周知，资金是企业发展的血液。由于我国多年的经济发展，特别是民营企业大多起源于私营企业抑或是家族企业，而且行业分布局限，常常表现为规模小、资信低，企业的固定资产也相对较少，因此，在企业需要资金特别是发展所需要的流动资金时，进行银行抵押担保贷款，常常会由于找不到合适的抵押资产而将贷款搁浅，极大地限制了企业的发展。而企业通过资本运营的方式，就可以很好地解决这一问题。同时，资本运作也是提高企业管理水平的一种有效的途径和方式。通常而言，企业通过并购的方式取得对方企业的股权之后，也就意味着相互之间的管理制度、企业文化等众多方面要进行有效的融合。"你不会的，对方会，对方不会的，你会"，通过整合你会发现你什么都会了。而且企业通过有所选择地收购不同行业、不同地区的企业，也可以有效地提高企业形象。业内知名的新奥燃气就通过资本运作的方式，实现了其在国内数十个城市的迅速发展，成为绿色能源的"带头大哥"。不仅扩充了企业的实力，而且也有效地提高了企业的社会形象，在短短的数年间就成为国内顶尖的能源企业，可谓是名利双收。

资料来源：
①马圆平. 中环股份投资价值分析［D］. 包头：内蒙古科技大学，2020.
②董梓童. 中环股份技术创新迎来"丰收期"［N］. 中国能源报，2022-04-25（020）.
③曹恩惠. 中环股份"西北望"［N］. 21世纪经济报道，2022-04-11（008）.

2.1 资本运营的发展状况和误区

资本运营是企业发展的普遍规律，企业的发展过程也就是资本不断扩张的历程。资本运营的目标在于资本增值的最大化，资本运营的全部活动都是为了实现这一目标。并购是企业资本运营的核心，纵观当今世界实力雄厚的大财团、大企业的成长史，就会发现它们无一不是通过兼并、收购等企业外部交易战略的应用来实现资本扩张，以获取资本最大化的目的。诺贝尔经济学奖获得者斯蒂格勒曾经说过："没有一个美国大公司不是通过某种程度、某种方式的兼并发展起来的，几乎没有一家大公司主要依靠内部扩张成长起来的。一个企业通过兼并其竞争对手的途径成为巨型企业是现代经济史上一个突出的想象。"

2.1.1　资本运营的发展状况

马克思的《资本论》从讨论商品和货币开始，进而考察货币转化为资本的过程，以此说明劳动过程中剩余价值的生产是资本获取收益（货币增值）能力的基础。通过价值形态到货币形态的发展，马克思强调了货币对商品生产，尤其是资本主义商品生产的重要性。马克思（Karl Heinrich Marx）认为，货币不仅是财富的一般的物质代表，而且也是资本主义生产中所进行的各种劳动活动的一切产品的形式，即货币的普遍性使得一切不同的劳动活动彼此发生联系。洛克、休谟和斯密、李嘉图的传统经济学中，货币在流通领域中起到的只是交换媒介的作用；凯恩斯的货币理论正是要冲破传统的货币数量论，建立了一种把货币理论与价值、分配理论或产出、就业理论联系起来的新的货币价值理论，从这一点来说，与马克思在对资本主义经济关系的理解上有共同之处；1952 年美国经济学家威廉·鲍莫（William Baumol）提出了依据现金持有量与存货量的相似性，提出了最佳现金持有量模型。

货币基本理论演进示意如图 2 - 1 所示。

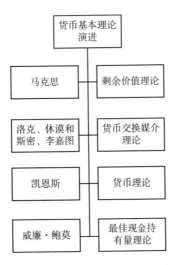

图 2 - 1　货币基本理论演进示意

由于企业的并购活动在发达国家资本运营活动中占相当大的比重，对经济活动影响巨大，特别是美国著名的大企业，几乎没有哪一家不是以某种方式、在某种程度上应用了兼并、收购而发展起来的。国际资本运营的发展状况我们以美国的为例，如表 2 - 6 所示。

表 2-6 美国历次兼并浪潮

次数	时间	背景	特征
第一次	1897~1904 年	美国经济快速扩张期	以横向兼并为主，表现为以重工业为主的产业集中
第二次	1922~1929 年	美国 20 年代经济高涨期	以纵向兼并为主，表现为食品、化工、采矿业为主的产业集中
第三次	20 世纪 60 年代	60 年代经济繁荣期	以混合兼并为主
第四次	1976~1988 年	经济复苏扩张期	服务业的集中加剧，资产剥离与兼并并重
第五次	1993 年至今	美国经济开始复苏	和第四次浪潮一样

从美国五次企业兼并浪潮可以看出：每次兼并浪潮都处在经济繁荣期；每次兼并浪潮都伴随着企业生存的外部环境诸如科学技术、产业演变阶段、相应法律及政策等因素的剧烈变化。这说明，大规模并购活动发生的原因在于企业生存的外部环境的剧变对企业并购的内在动机普遍刺激，即企业兼并浪潮是在内因和外因的交互作用下产生和发展起来的。

反观我国资本运营发展状况，由于我国对外开放相对于发达国家来讲比较晚，所以资本运营即企业兼并也是近年来才出现的新事物，我国的企业兼并浪潮从 20 世纪 80 年代至今，按本国国情也大致可划分为三个阶段。第一次并购浪潮发生在 20 世纪 80 年代末期，其特点是：并购是在政府强力干预下，发生在国有与集体企业间；并购具有横向性、产权不明晰、兼并不规范等问题。第二次并购浪潮是在 1992 年邓小平视察南方后，其特点是：并购范围、规模扩大；"政治并购"开始转向"市场并购"。第三次并购浪潮发生在 2001 年至今，是在国际大环境的带动下，我国企业第三次并购浪潮悄悄兴起，其特点：不再是政治任务使然，而是市场导向使然；不仅限于"大鱼吃小鱼"模式，也有强强联合之式；注重与高技术产业的交流与合作。

2.1.2 资本运营的误区

资本运营是企业扩张的利器。然而并不是每个进行资本运营的企业都是成功的。很多企业在进行资本运营时，没有按照企业发展的内在规律和约束条件去做，在资本运营上进入一些误区。因此，企业要清醒地认识到自己的能力与约束，深入理解企业成长与资本运营之间的密切关系。总起来看，企业管理者在进行资本运营的过程中要警惕以下误区，如图 2-2 所示。

第一，走出"空手道"误区。常见的企业并购、生产重组等资本运营活动有三个特点：一是高智力性，即每一项企业并购重组都需要不同思路予以研究、规划，智力劳动占据主导地位；二是非生产性，不论是企业并购、资产置换，还是项目融资、财务顾问，所改变的只是资源流动和配置状况，本身并不创造任何产品和财富；三是高效益性，由于上述业务都是通过动脑策划（高智力）来促进资产调整（非生产）来获得高收益的，因此，有人将其形象地称为"空手道"。资本运营不仅是企业并购、资产重组这些所谓的产权资本运作，若将此类"资本运营"理解为比工商企业的实业经营更高级，则是有害无利的。

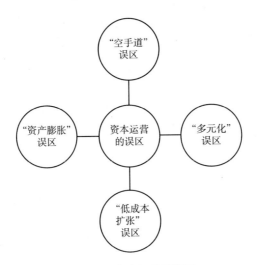

图2-2 资本运营的误区

工商企业应以实业经营为主业,对于任何一个工商企业而言,主营业务只能是生产商品或销售商品和提供服务,它们的主要经营方式也只能是采购、生产、销售等。在经营过程中,以企业并购、重组为特征的资本运营,只是在相关条件成熟时发生的个案,不可能成为日常性业务。由此,将主要精力盯在这种资本运营上,一方面犹如"守株待兔",机会成本较大;另一方面,影响了主营业务的开展,将直接影响企业的经营成效和竞争力,实在是"得不偿失"。

资本运营专栏1:

四川立信投资集团"空手道"命门

空手道有一种很典型的手段就是虚假出资,化"无"为"有",骗取工商登记。一般说来,空手道——虚假出资不外乎以下几种招数,如表2-7所示。

表2-7 空手道惯用招数

序号	招数	内容
1	快进快出型	设立公司或者给公司增加注册资本的时候,短期内将款项转入公司账户,骗取登记后转出,这是最为风行的手法
2	明出暗拖型	以不动产、知识产权、土地使用权等出资,实质上并没有办理财产转移手续,这类也很常见,比如转让方与受让方(需登记注册或增资的公司)签订合同,规定一个办理转移手续的期限,但之后一直没有将约定的权利转移给受让方
3	虚高型	以没有实际货币或者高于实际货币的银行进账单、对账单,甚至用虚假的实物投资手续来骗取验资报告

在四川立信投资集团,张良宾、张斌兄弟可谓三招并举:从重庆国际信托投资公司拆借3亿元、从四川立信拆借1.13亿元走账,变更登记之后迅速归还;用四川立信的专利技术出资1亿元却因真正专利权人不同意而没有办理过户手续;用重庆华祥的房地产

出资，并出具财产转移保证书，但实际并未过户。由于公司设立、变更登记主要采取形式审查，张良宾兄弟的空手道并未被察觉。经过如此一番折腾，张良宾兄弟顺利地将西昌锌业注册资本从不足 1 亿元变更为 5.19 亿元。

出来混总是要还的。公司或股东虚假出资固然可以满足一时之需，但同时也给自己埋下了一颗随时可能引爆的地雷。"空手道"的公司外强中干，一旦发生重大债务纠纷或股东纠纷，极易因债权人主张权利或股东、竞争对手的举报东窗事发。虚假出资的责任根据后果的严重程度，可大可小。小的则如《公司法》的违约责任和对债权人的清偿责任。虚假出资股东得按照出资协议或者章程的规定补足虚假出资的部分，并承担对其他股东的违约责任。如果公司还有债权人，公司财产不足以清偿的，虚假出资股东个人还需在其应出资额限度内对债权人的债务承担清偿责任。稍重一点便有可能要承担行政处罚，由公司登记机关处以虚假出资金额 5% 以上 15% 以下的罚款，情节严重的，还可以撤销公司登记或者吊销营业执照。再重就是承担刑事责任了。刑法规定，构成虚假出资罪的，可以处 5 年以下有期徒刑或者拘役，并处相当比例的罚金。根据有关司法解释，虚假出资、抽逃出资，骗取工商登记，给公司、股东、债权人造成的直接经济损失在 10 万～50 万元的，便可构成虚假出资罪。如果未达到上述数额标准，但是有其他严重情节的，如致使公司资不抵债或者无法正常经营的，发起人、股东合谋的，有前科受过行政处罚的、利用虚假出资、抽逃出资所得资金进行违法活动的，也可以构成该罪。

2009 年 12 月 9 日，四川省高级人民法院二审审理判决，维持凉山州中级人民法院一审判决，张良宾因犯职务侵占罪、虚假出资罪，数罪并罚被判处有期徒刑 18 年，并处没收财产人民币 100 万元；张斌因犯职务侵占罪、虚假出资罪，数罪并罚被判处有期徒刑 16 年，并处没收财产人民币 50 万元。曾经在资本市场风光一时的"朝华系"帮主张良宾及其弟弟张斌，在西南股市纵横十多年后终于受到了法律应有的制裁。所以，仅依靠资本运营，特别是"空手道"这种手段来促使企业发展甚至企业生存都是不可能的。

资料来源：钱卫清. 虚假出资：空手道企业家的命门 [J]. 董事会，2010 (5)：88－89.

第二，走出"资产膨胀"误区。企业并购、资产重组等资本运营必然使单个企业的资产数量和经营规模扩大。一些人由此简单地将企业资产规模和经营规模扩大的过程看作是资本运营的过程，并将"规模"与"经济"简单地连在一起，认为只要有了"规模"，就实现了规模经济；一些企业简单地将经济实力、经营业绩与资产规模画等号，试图通过并购，实现资产规模在尽可能短的时间内达到最大化，并以"规模经济"为自己的行为正名。这一现象提出一个重要问题：资产膨胀是否等于规模经济？

规模经济的形成以资产增加为前提。增加资产的途径主要有两条：一是资金投入的增加，包括利润转化为投资、股东的追加投资和借贷资金投入等；二是企业间的并购重组等。从这个意义上说企业并购重组是实现规模经济的重要机制。但是，资产规模的扩大并不会自然形成规模经济，企业并购重组也并非有利于构造规模经济格局。这要具体问题具体分析，如规模经济的饱和区间有多大、边际变动率以及财务成本、投资成本等相关因素的变动等。

第三，走出"多元化"误区。多元化经营有利于企业分散风险，把握盈利机会，提高资本运作效率，但多元化经营也同样会导致企业资金短缺、经济效益降低、投资膨胀等问题。从我国大部分企业情况而言，尚不具备多元化经营的能力。走出"多元化"的误区，需弄清楚"多元化投资"和"多元化经营"的区别。"多元化经营"是指企业自己投资并经营多个产业部门的业务，以谋求较高收益的运作方式；"多元化投资"则是指企业在集中经营某项业务的同时，将资金投入其他产业部门的企业，以分散资本风险，寻求新的商业机会的运作方式。实行"多元化投资"的一个内在机制是在现代经济中高新技术不断涌现和发展，大量的新产品是多种科技成果结合的产物，企业要保持和提高自己的竞争优势，仅靠独自的技术开发，常常是不够的，为此，需要向相关技术的产业和企业进行投资，以获取科技发展及其他方面的信息，弥补自身不足。因此，以"多元化"战略出发，开展资本运营对我国的绝大多数企业来说，应选择的是"多元化投资"，而不是"多元化经营"。

资本运营专栏 2：

辽宁成大多元化发展

辽宁成大是辽宁省国资委实际控股的跨行业、跨地区综合大型企业。辽宁成大股份有限公司是辽宁成大集团公司的骨干企业，于 1993 年 8 月在辽宁省针棉毛织品进出口公司的基础上改组创立的。辽宁成大主营针棉毛织品及服装的进出口及代理业务，承包境外工程和境内国际招标工程及劳务输出等。截至 2021 年，总资产 423.814 亿元，净利润 18.7207 亿元，年营业收入近 135.0809 亿元，是中国 500 强和中国进出口额最大的 500 家企业之一。

通过经营结构的战略性调整，辽宁成大控股了辽宁成大国际贸易有限公司（以下简称"成大国际"）继承了辽宁成大传统的主业——纺织品进出口业务，主营品种包括毛衫、梭织服装、运动服装、童装、泳装、袜子等。辽宁成大公司实行母子公司管理体制。所有业务均在子公司和控股子公司经营。下设八个专业子公司，均为独立法人企业，三大主营业务——生物制药、商贸流通、能源开发，与投资业务共同构成公司主要利润来源，业务跨亚洲、美洲、欧洲、大洋洲、非洲。辽宁成大贸易发展有限公司（简称"成大贸易"）是经营大宗商品的综合性贸易公司，注册资本 1 亿元人民币，年贸易额达 30 亿元人民币。公司主营水产、木材、粮油、化工等大宗商品的进出口贸易，进、来料加工贸易和国内贸易，销售网络遍布五大洲八十多个国家，与国内外贸易商和供应商建立了良好的合作关系。成大国际和成大贸易作为公司发展之初的主营业务，为公司的规模扩张做出了很大贡献。

1996 年 8 月 19 日，辽宁成大在上海证券交易所挂牌上市（股票代码：600739），成为辽宁外经贸系统首家上市公司。辽宁成大的上市为其建立了一条持续不断的高效直接融资渠道，使得公司进行多元化投资项目获得了稳定的资金支持和财务保障。与此同时，上市有效提高了产权的流动性，能促使企业价值最大化，而且提升了企业的知名度和信誉度。

辽宁成大在上市之后，在经营结构上进行战略性调整，开发现代物流，发展服务贸易；持续开拓资本市场，扩大证券投资；建立跨省医药连锁销售；以风险投资方式进军高科技产业；兴办装饰建材超市；进军新能源开发等。建立各业互为依托、相互促进的经营体系，已经由过去单一经营国际贸易业务，发展为集国内外贸易、生物制药、医药连锁、能源投资、金融投资、商业投资等多业并举和协调发展的综合型大型上市公司。可以看出，辽宁成大不仅注重多元化经营战略，更注重多元化投资战略，两大战略协同促使辽宁成大飞速发展。所以，开展资本运营对我国的绝大多数企业来说，应选择的是"多元化投资"，而不是"多元化经营"。

辽宁成大的多元化投资发展之路如图 2-3 所示。

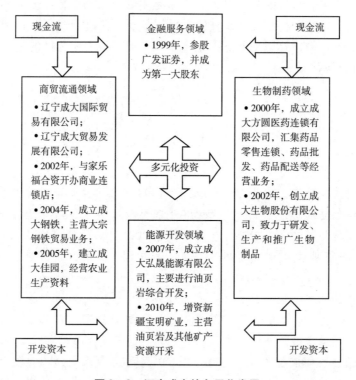

图 2-3 辽宁成大的多元化发展

2017 年数据显示，辽宁成大多元业务稳健发展。①能源开发亏损减少。由于国际油价大幅下跌，公司油页岩业务增速趋缓，不过成大弘晟减值带来的影响已基本体现，新疆宝明技术提升取得进展，2016 年能源开发业务实现营业收入 5 226 万元；同时，税前利润亏损同比减少 51%，预计未来业绩将逐步改善。②生物制药业绩稳步提升。成大生物目前已挂牌新三板，2016 年实现营业收入 10.3 亿元（YoY +9.1%，在营业收入中占比 11%）。③商贸流通业务调整为未来发展蓄力。成大方圆实现销售收入 30.7 亿元（YoY +11%，占比 35%），国内外贸易实现营业收入 45.8 亿元（YoY -13.6%，占比 52%），是营业收入的主要组成部分，此外，公司处臵家乐福股权进行产业调整，为下一步发展蓄力。

2018 年 10 月 23 日，新华联控股将其持有的公司无限售条件流通股 149.145 万股股份在中国证券登记结算有限责任公司深圳分公司办理完成相关股权质押手续，质押给广东粤财信托有限公司，用于新华联控股向广东粤财信托有限公司贷款提供质押担保，质押期限至 2021 年 3 月 29 日。此次质押的股份占公司总股本 152 970.9816 万股的 0.10%。

截至本公告日，新华联控股已累计质押了公司 7 922.7389 万股股份，占其持有公司股份总数的 99.94%，占公司总股本的 5.18%。新华联控股目前持有公司无限售条件流通股 7 927.2774 万股，占公司总股本的 5.18%。

2019 年 9 月 6 日，渤海国际信托股份有限公司申请对特华投资持有本公司 123 273 119 股无限售流通股的证券及孳息进行冻结。冻结时间为 2019 年 9 月 5 日起至 2022 年 9 月 4 日止。冻结期限为三年。公司于 2019 年 12 月 6 日接到股东特华投资关于股票质押的通知，特华投资于 2019 年 12 月 4 日分四笔共计质押 52 467 948 股，质权人为广西鑫益信商务服务有限公司（以下简称"广西鑫益信"），用于偿还相关债务，上述股权质押已在中国证券登记结算有限责任公司办理完成了相关手续。截至公告披露日，股东特华投资控股有限公司持有上市公司股份 123 273 119 股，占公司总股本的 8.06%，特华投资累计质押数量为 123 273 119 股，占有其持股数量 100%。

2020 年 1 月 2 日至 2020 年 12 月 31 日，韶关高腾使用自有资金累计增持公司 157 519 144 股，其中，通过协议转让的交易方式增持公司 79 272 774 股，通过二级市场集中竞价的交易方式增持公司 78 246 370 股。本次增持计划实施前，韶关高腾持有公司 76 485 556 股，占公司总股本的 5.00%。2020 年 1 月 17 日，新华联控股所持公司 79 272 774 股（占其所持公司股份的 100%）及孳息被中国民生信托有限公司申请司法轮候冻结 7 轮。2020 年 1 月 21 日，新华联控股所持公司 79 272 774 股及孳息被解除司法冻结。截至 2020 年 12 月 31 日，韶关高腾持有公司 234 004 700 股，占公司总股本的 15.30%。12 月 22 日，公司于 2020 年 12 月 21 日接到股东广西鑫益信关于股票质押的通知，广西鑫益信的一致行动人广西荣拓装饰工程有限责任公司（以下简称"广西荣拓"）于 2020 年 12 月 21 日将其持有的 16 110 000 股公司股份分 2 笔质押，用于广西荣拓业务发展需要，质权人为浙商证券股份有限公司，上述股权质押已在中国证券登记结算有限责任公司办理完成了相关手续。

2021 年 1 月 29 日，广西鑫益信的一致行动人广西荣择土石方工程有限责任公司（以下简称"广西荣择"）和南宁市火星石广告策划有限责任公司（以下简称"南宁火星石"）于 2021 年 1 月 28 日将其持有的 5 210 000 股和 6 170 000 股公司股份质押，用于业务发展需要，质权人为招商证券股份有限公司，上述股权质押已在中国证券登记结算有限责任公司办理完成了相关手续。3 月 16 日，股东韶关市高腾企业管理有限公司将其持有的公司股份 400 万股质押给招商证券股份有限公司。11 月 26 日，控股股东辽宁省国有资产经营有限公司将持有的公司股份 24 000 000 股质押给银河证券沈阳三经街证券营业部，用于业务发展需要，截至本公告披露日，辽宁省国有资产经营有限公司持股数量 169 889 039 股，本次质押后累计质押数量 61 700 000 股，占其所持股份比例为 36.32%。

2022 年 3 月 16 日，控股股东辽宁省国有资产经营有限公司将公司股 14 800 000 股质押给华夏银行股份有限公司沈阳大东支行，本次质押后，国资公司累计持股数量 169 889 039 股，本次质押后累计质押数量 67 700 000 股，占其所持股份比例 39.85%。

资料来源：

①陈蕾，岳靓. 业财融合发展之路——以辽宁成大为例 [J]. 国际商务财会，2020（8）：48-51.

②董九红. 辽宁成大分拆上市的价值创造效果研究 [D]. 兰州：兰州财经大学，2020.

③邓思琦. 非金融企业金融化对财务绩效影响研究 [D]. 南昌：江西财经大学，2022.

第四，走出"低成本扩张"误区。在企业并购、重组中，一些企业提出"低成本扩张"的思路，试图以尽可能低的投资来最大限度地增加资产数量，实现资产的快速扩张。一些学者也认为，这是一种值得提倡的资本运营战略，并加以论证和宣传。但是，低成本扩张的思想违反市场交易规则，不符合资本运营的内在要求。

以企业来说，"低成本扩张"的成本并不低。"低成本扩张"简单以企业在资产交易环节中付出的代价来计算成本，但对并购企业而言，真正的成本并不以此为限，它还包括并购企业在并购了目标企业后进行的技术开发、项目投资、设备更新、经营管理、产品调整、市场开拓、人员培训及各种复杂事务方面所付出的代价。结果，并购企业非但未能救活目标企业，而且自己陷入了经营困境，甚至成为其他企业并购的目标。这种案例，不论在国际社会还是在我国现实生活中都不少见。

对于并购企业来说，关键的问题并不在于并购目标企业能否以较低的价格获得其资产，而在于是否拥有技术、管理、产品、市场等方面的优势。拥有这些优势，即便按等价交换规则收购目标企业的资产，并购后的营运也能获得成功；缺乏这些优势，即使无偿获得了目标企业的资产，并购后的营运也可能失败。因此，"低成本"不是实现企业并购、重组的关键。应提倡和鼓励的是，并购企业利用技术、管理、产品、市场等方面的优势来展开并购、重组，以促使企业营运方式的市场化和市场竞争力的提升。

资本运营专栏3：

长铝的"低成本扩张"

中国长城铝业公司是中国铝业公司的成员企业，是集生产、建设、科研、经营为一体的国有大型综合性企业。公司前身为始建于1958年的河南铝业公司，先后更名为郑州铝业公司、五〇三厂、郑州铝厂，1992年6月由郑州铝厂、中州铝厂、郑州轻金属研究院、郑铝矿山公司组建成立中国长城铝业公司，为中国最大的氧化铝生产企业。

2001年11月，中国铝业公司重组上市后，中国长城铝业公司也进行了大规模的资产和人员重组。至2007年底，公司共有从业人员5 600人，资产总值34亿元，综合经营收入18亿元。公司具有年产100万吨普通硅酸盐水泥、10万吨钢结构、10万吨铝电解用炭阳极生产能力及10亿元建筑安装能力。主要业务涉及水泥建材、工业建筑施工、钢结构出口加工、多品种氧化铝及化工新材料、炭素制品，以及酒店服务、房地产开发、仓储物流、信息通信、工业自动化控制和软件开发等。

中国长城铝业公司组织机构如图2-4所示。

基于资本运营理念，长铝公司从企业实际出发，选择了裂变式发展，设立股份有限公司和租赁经营两种有效方式，并不一味盲目追求"低成本"。众鑫公司就是从长铝公司母体里裂变出来的一个新型的按新机制运行的现代企业。建立现代企业制度是我国大中型国有企业改革的方向，其组织形式主要表现为股份有限公司和有限责任公司，其中最典型的是股份有限公司。投资主体多元化和股权多元化是建立现代企业制度的前提。

首先，众鑫公司通过招股把职工手中的消费资金转化为生产发展资金，解决了中州铝厂发展目前资金短缺的问题，把分散的个人资本集中为巨额的社会资本，加快了资本的积累和集中速度，通过产品经营实现了企业内部扩张，提高了资本的集中效益。

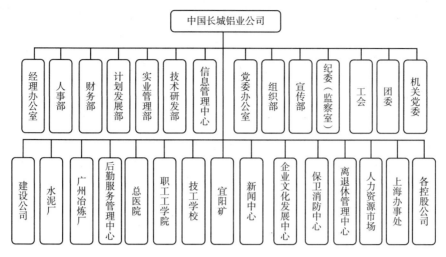

图 2 - 4　中国长城铝业公司组织机构

其次，众鑫公司采取长铝公司投股、工会参股、个人入股的低成本形式，资本共筹，风险共担，利益共享，各投资主体在经济上处于平等地位，企业法人具有法人财产权，可以独立地运用和经营所有经营者投资形成的资本，优化资本的所有制关系，政府对企业的直接干预失去了存在的依据，促进了资本与经营资本专家的有效结合，使资本运行掌握在善于经营和管理的专家手中，从而利用低成本提高了资本的收益。

最后，长城铝业公司看准时机，以低成本收购有前景的企业。为了进一步提高公司炭素制品的市场占有份额，众鑫公司通过对国内铝电行业预焙炭阳极需求增加和出口市场的分析，认为中国加入 WTO 后，作为主要的原材料加工市场，炭素制品前景未来几年内将更趋看好。于是决定租赁收购已停产 3 年的湖北蒲圻炭素厂。经与厂方协商，在当地市委、市政府的协调支持下，2001 年 11 月公司投资 600 万元，注册成立了赤壁长城炭素制品有限公司。经过 2 个多月的改造扩建，已形成 30 000 吨的生产规模。凭借长铝公司成熟的技术、一流的管理和人才优势、低廉的成本、稳定的市场和较高的产量，2002 年赤炭公司的保守利润将不低于 1 000 万元。这家建厂近 30 年、停厂近 3 年的省属大二型国有老字号企业已重新焕发勃勃生机。至此，众鑫公司实现了跨省发展的宏大目标。

因此，"低成本"扩张并不是实现企业并购、重组的关键，有节奏性、目标性的资本运营，看准时机运作才能发挥其最大功效。我国中小上市企业尤其要注意这点。

资料来源：宋培凯，王昕杰，王永德. 资本经营：低成本扩张的有效途径——中国长城铝业公司资本经营的个案研究 [J]. 管理世界，2002 (4)：129 - 136.

综上所述，资本运营最重视的是资本的支配和使用，它将资本运用看得比资本占有更为重要，因为利润来源于使用资产而非拥有资产。因此，它注重通过合资、兼并、控股、租赁等形式来获得对更大资本的支配权，即把"蛋糕"做大，注重通过战略联盟等形式与其他企业合作开拓市场，获取技术，降低风险，从而增强竞争实力，获得更大的资本增值，同时我们也必须注意到资本运营并不意味着"捡到篮子里的都是菜"，只有在收购、融资、联合之前将彼此的发展目标、经营思路、文化氛围、管理规则多加权衡，才能有效地树立起新的权威，而不是"二虎相争，必有一伤"的结局。

2.2 资本运营与企业成长

企业可以在短时间内发展壮大，并且可以获得通过自身努力无法获得的资源，美国经济学家诺贝尔经济学奖得主史蒂格勒（George Joseph Stigler）曾经说过："纵观世界上著名的大企业大公司，没有一家不是在某个时候以某种方式通过资本运营发展起来，也没有哪一家是单纯依靠企业自身利润积累发展起来的。"

2.2.1 资本运营与企业经营的关系

资本运营是企业成长的重要手段，企业经营讲的就是企业的生产经营，是以法人资产保值增值和股东财富最大化为目的，对具体的资产和其他相关生产要素进行管理、配置和运用，使其发挥出最大的功效，以尽可能低的投入创造出尽可能高的产出的过程。企业经营，是企业为了持续、稳定、健康发展，实现企业的经营目标，通过对市场环境、宏观条件、本行业发展趋势和地区同行业的动态分析，研究确定本企业的经营目标和使命。一般来说，企业生产经营所追求的是专业化和特色化，集中在经营者所擅长的资产经营领域内从事资产经营活动，创造出最大的生产利润。企业生产经营的这些特点要求经营者必须具备包括人力资本在内的各项具体生产要素的组合与配置能力；对具体的产品市场与要素市场状况和前景的了解和预测能力；可以看出，企业生产经营作为国民财富的创造过程，是国民经济活动中最基本的内容。从财务会计的角度讲，这些活动主要涉及资产负债表左侧的诸项内容。要实现企业的经营，必须使企业的资本放大、增值，在经济运行中处于较高层次，获得超额利润。资本运营是我国社会主义市场经济体制建立过程中提出的一个新的经济范畴。企业是资本的载体，资本是企业的血液（见图2-5）。搞好资本运作，合理地筹措资本，有效地运用资本，不断地增加资本积累，提高资本运作的效率和效益，才能使企业充满活力。

血液　企业

资本　载体

图2-5 企业与资本

如果说企业生产经营活动主要是管理活动，那么资本运营则主要是投资活动。这一点必须加以澄清，资本运营中的融资问题无论在因果关系上还是在先后顺序上讲，一般都处于从属地位。虽然资本运营也涉及融资内容，但它从根本上讲仍是投资活动，而不是融资活动。从财务运作的程序来讲，资本运营作为企业发展战略的实现方式已经确定，才可能涉及资本预算和融资问题。

资本运营专栏 4：

青岛东方集团搞活资本运营

青岛东方化工集团通过三次成功的资本运营，探索出一条资产重组、优势互补、共同发展的企业改革之路。随着社会主义市场经济的不断完善和现代企业制度的建立，东方集团领导人认识到，在新的形势下，企业原有的经营模式已明显不能适应市场经济的需要，因此，他们把企业腾飞的基石选在了资本运营上，并结合企业实际，确定了资本运营的六项原则，如表 2 - 8 所示。

表 2 - 8　　　　　　　　　青岛东方集团六项结合原则

序号	原则
1	必须实现资本运营与生产经营的有机结合
2	实现低成本扩张和资本收益的有机结合
3	实现资源的优化配置和政府政策扶持的有机结合
4	实现企业经济实力与品牌优势的有机结合
5	实现企业内部完善管理与外部规模经济的有机结合
6	应该实现少数管理、技术人员与全体职工的有机结合

东方集团资本运营的第一步棋是走出去。1996 年 8 月，莱西市玻璃钢厂和青岛科贝尔化工有限公司因资不抵债被依法破产。东方集团的领导看中了这两家破产企业处于城区边缘的地理发展潜力，便积极行动，求得市委市政府的支持，经反复磋商，最终达成了由东方集团全面收购两家破产企业。经"东方人"妙手回春，莱西市玻璃钢厂和青岛科贝尔化工有限公司变成了人人争着要去的好地方，成了东方集团新的经济增长点。

尝到了低成本扩张甜头的"东方人"，又把睿智的目光盯到当地优势企业的身上，走出了资本运营的第二步棋。他们借国家清理党政机关办企业之机，低成本接收了莱西市通达资源开发公司、通达建筑工程公司和莱西金店，把企业的经营范围拓宽到钢材销售、金银饰品交易、建筑工程和汽车交易中，做大了"蛋糕"，降低了企业的经营风险。他们对通达资源公司进行了彻底的体制改革，发挥其商贸服务优势，与中国一汽合作，投资 2 000 万元建起了胶东半岛最大的汽车交易市场——山东汽车交易市场，年销售收入 5 000 万元，年可实现利税 500 万元，成为东方集团又一新的经济增长点。

紧接着，东方集团又走出了资本运营的第三步棋，出资 210.6 万元控股兼并了乳山化肥厂，组建了青岛东方化工集团乳山化肥有限公司，实现了对乳山化肥厂 7 000 多万元资产的有效控制。东方集团派出年富力强的副总经理李尚明去乳山担任董事长。李尚明到了乳山后，大刀阔斧地进行企业内部改革，引进了比价采购、竞争上岗、成本倒推、定置管理等一系列硬碰硬的、已在东方集团证明是极其有效的管理方法。果真是东方亮了西方也亮，这些管理办法在乳山很快就度过了水土不服期，生根发芽了。一年下来，企业节省采购成本 300 多万元。通过公开竞争上岗，后勤科室人员由原先的 100 多人压缩到 40 多人，余下的那 60 来号人又组建了新的复合肥车间。结果，乳山上了一个 10 万吨的复合肥项目，却没有从社会上招收一名工人，内部人力资源的优化配置，实现了"1+1＞2"的效果。乳山重组后的第一年，就创造了巨大的经济效益，实现利税150万元，股东的投资回报率高达20%，受到了乳山政府的高度赞扬，乳山的职工也第一次品尝到高工资的滋味。

青岛东方集团不仅搞好了企业生产经营，更把资本运营搞活了，成功地把企业生产经营和企业资本运营结合了起来，值得其他企业效仿和借鉴。

资料来源：赵安平. 兼并一个活一家 兼并两个活一片 低成本扩张：亮了"东方"亮"西方"——青岛东方集团搞活资本运营纪实［J］. 化工管理，2001（1）：35.

第一，企业生产经营是资本运营的基础和最终归宿。首先，在企业生产经营和资本运营的发展变化过程中，企业生产经营是资本运营的基础，资本运营要服务于企业生产经营，要符合企业生产经营的发展战略和发展方向。其次，资本运营的最终目的是实现资本的增值，但是资本运营本身并不创造价值，从创造价值的角度看，资本需要通过资本所有者的投资活动和企业的筹资活动进入企业，在企业内根据选定的投资项目转化为资产，用于某种生产经营活动。因此，对企业而言，资本运营的收益主要来源于生产要素优化带来的经营利润，其实质是企业生产经营所创造财富的二次分配。

第二，资本运营是企业生产经营发展到一定阶段的客观要求。市场竞争规律是市场经济的一条重要规律，优胜劣汰，适者生存是竞争的基本法则。企业生产经营成本是决定企业市场竞争力的一个重要因素，生产经营成本的高低是衡量企业竞争能力的一个重要标准，在某种程度上，企业的竞争是企业生产经营成本的竞争。因此，各个企业为了提高市场竞争力，都力图降低生产经营成本，而资本运营是企业降低成本、提高市场竞争力的重要途径。企业通过资本运营，既降低交易费用，又利用自己形成的各种优势，在更大的范围内支配生产要素，实现优势互补，追求规模经济效应和范围经济效应，使资源的配置更加优化高效，节约成本，提高竞争力。

资本运营专栏5：

通富微电资本运营

通富微电子股份有限公司成立于1997年10月，2007年8月在深圳证券交易所上市（股票简称：通富微电。股票代码：002156）。公司总股本115 370万股，第一大股东南通华达微电子集团有限公司（占股23.14%）、第二大股东国家集成电路产业投资基金股份有限公司（占股15.13%），总资产210多亿元。

一、通富微电简介

通富微电专业从事集成电路封装测试，总部位于江苏南通，拥有崇川总部工厂、南通通富微电子有限公司（南通通富）、合肥通富微电子有限公司（合肥通富）、厦门通富微电子有限公司（厦门通富）、苏州通富超威半导体有限公司（TF-AMD苏州）、通富超威槟城（TF AMD Microelectronics（Penang）Sdn. Bhd.，TF-AMD槟城）六大生产基地。通过自身发展与并购，公司已成为本土半导体跨国集团公司、中国集成电路封装测试领军企业，集团员工总数超1.5万人。

通富微电是国家科技重大专项（"02"专项）骨干承担单位，拥有国家认定企业技术中心、国家博士后科研工作站、江苏省级工程技术研究中心以及江苏省集成电路先进封测重点实验室等高层次研发平台，拥有 2 000 多人的技术管理团队。

通富微电在行业内率先通过质量管理体系（ISO 9001）、汽车行业质量管理体系（ISO/TS 16949）等质量体系。采用 SAP、MES、设备自动化、EDI 等信息系统，可按照客户个性化的规范自动控制生产过程，实时和客户进行信息交互。实施"通富微电工业4.0"项目，全面构建以物联网为基础的智慧工厂，建立柔性自动化流水线，与客户实现共赢。

通富微电的发展目标，是要成为世界级的集成电路封测企业。在国家政策支持和市场拉动下，在系统厂家的需求牵引、产业链的协同发展、国家产业基金和国家重大专项的支持下，通富微电将不断向着国际级集成电路封测企业的目标迈进。

二、通富微电并购 AMD

2015 年通富微电与产业基金合作收购 AMD 标的子公司，本次并购主要以通富微电与产业基金合作为主，前期通富微电与产业基金共同收购 AMD 苏州 85% 的股权和 AMD 槟城 85% 的股权。但本次的交易方案会导致产业基金持有一部分 AMD 苏州与 AMD 槟城的股权，通富微电未能足额持有目标公司 85% 的股权，因此，通富微电与产业基金在合作完成目标公司的收购后，通富微电还需要向产业基金获取目标公司剩余部分的股权。通富微电与产业基金的合作收购流程如下。

第一步，筹划整合半导体行业相关资产。2015 年 9 月 16 日，通富微电对外宣布，公司正在筹划整合半导体相关行业资产。第二步，宣布关于与半导体行业相关的重大资产重组。2015 年 10 月 17 日，通富微电公布了《重大资产购买预案》，拟与产业基金一起收购 AMD 在苏州和槟城两家子公司各 85% 的股权。同时，公司审议通过了《关于公司与 Advanced micro devices Inc. 签署〈股权购买协议〉的议案》。第三步，审议通过与产业基金签订的相关协议。2015 年 12 月 26 日，通富微电与产业基金签了《共同投资协议》以及《售股权协议》。两者在共同收购了 AMD 的两家标的子公司之后，通富微电应向产业基金购买其持有的标的资产股份。第四步，审议通过的重大资产购买议案披露了具体的交易方案。2016 年 3 月 25 日，通富微电通过了《关于公司重大资产购买的议案》。根据该议案披露的交易方案显示：产业基金分别向通富微电的全资子公司富润达和通润达增资，为实施 AMD 的并购交易做准备。第五步，完成 AMD 标的子公司的股权交割。2016 年 4 月 30 日，通富微电发布公告称，通润达收购的 AMD 苏州 85% 的股权以及矩天投资收购的 AMD 槟城 85% 的股权已经实现交割。

通富微电向产业基金收购标的资产剩余股权。由于产业基金通过增资的方式持有富润达和通润达的股权，上市公司通富微电并没有通过直接或间接方式足额持有 AMD 苏州和 AMD 槟城的股权，因此需要向产业基金收购标的资产剩余股权，以完成整个并购交易过程。具体的收购流程如下。第一步，准备以非公开发行股票的方式募集资金。2016 年8 月 12 日，通富微电发布拟筹划重大资产重组的公告，计划向产业基金发行股份购买其分别持有的富润达和通润达 49.49% 和 47.63% 的股权。第二步，上市公司审议通过了募集配套资金的相关议案。2016 年 12 月 20 日，通富微电召开第五届董事会第二十一次会议，会议审议通过《关于公司发行股份购买资产并募集配套资金暨关联交易符合相关法律法规的议案》。第三步，发行股份购买资产获得证监会核准通过。2017 年 11 月 13 日，通富微电收到中国证券监督管理委员会的批复，核准公司向产业基金发行 1.8 亿股购买相关资产，同时募集不超过 96 900 万元的配套资金补充收购后运营标的公司的流动资金。第四步，标的资产剩余股权完成过户。2017 年 12 月 20 日，产业基金持有的富润达和通润达的股份已经完成过户。通富微电将直接或间接持有通润达 100% 股权以及富润达 100% 股权，并通过持股两家公司，完成了对 AMD 在苏州和槟城两家公司 85% 股权的收购。

三、通富微电并购融资方式的选择分析

通富微电 2015 年年报显示，其总资产为 65.12 亿元，总负债为 27.72 亿元，拥有的货币资金一共为 14.38 亿元，收购 AMD 标的子公司的确立的交割日股权购买价格约 24 亿元人民币，对于通富微电而言，凭其自身能力无法以现金支付的方式支付全部的交易资金。于是通富微电与产业基金进行联合成立了三层持股公司平台，一步一步地完成了整个并购交易活动。通富微电并购 AMD 标的子公司的资金来源如表 2-9 所示。

表 2-9   融资方式选择

步骤	资金来源	性质	方式	金额（万）	占比（%）
第一步	国家开发银行贷款	债务融资	增资富润达	32 468	12.55
	前次非公开发行募集资金	外部股权融资	增资富润达	34 000	13.15
第二步	向产业进行非公开发行募集资金	外部股权融资	收购持股平台富润达、润通达	192 120	74.3
总计				258 588	100

（一）以外部股权融资为主，融资成本较高

按照优序融资理论可以知道，成本最低的是内源资金，其次是债务融资，最高是股权资金。为降低融资成本，企业优先使用内源融资和债务融资。但通富微电在本次并购交易中，使用的最多的是外源融资中的股权融资，成本最高。

通富微电于 2014 年变更部分非公开发行募集资金用途。将原投向智能电源芯片封装测试项目的 3.4 亿元资金变更为富润达增资暨收购 AMD 苏州及 AMD 槟城项目的同时，通富微电在后期收购产业基金手里持股公司股份时，依然应用的是非公开发行股票进行融资。在 2017 年 7 月份发行股份购买资产时，通富微电向产业基金发行了 181 074 458 股，交易对价为 192 120 万元，并且同时发行股份募集了 96 900 万配套资金以支持用于 AMD 标的子公司的后期运营和建设。在本次通富微电并购 AMD 标的子公司的交易里，通富微电一共付出了近 36 亿元人民币，其中，通过非公开发行股票募集资金这个单一渠道的比例就占到接近 90%。通富微电较高比例的外部股权融资说明本次并购融资成本还有很大的降低空间。

（二）融资方式较为单一，风险较高

通富微电几乎完全通过非公开发行股票的方式进行融资，只有符合证监会规定的相关条件，并经过证监会相关部门核准之后，上市公司才允许进行非公开发行股票融资。使用该方式融资并非完全没有风险，如果其程序不合规，也会面临非公开发行股票事项被中止的可能。例如，2021 年 1 月 16 日天齐锂业公布了非公开发行股票的预案，该融资主要用于帮助天齐锂业化解债务危机，偿还银行贷款，优化公司资产负债结构。但由于天齐锂业涉嫌短线交易、内幕交易，可能存在忽悠式定增的情形，2 天以后，公司决定终止本次非公开发行股票。

对于通富微电而言，使用非公开发行股票进行融资能否成功获批，是决定本次并购能否成功的关键因素。2016 年 8 月 12 日通富微电发布公告，准备开展重大资产重组的前期准备工作。此后，通富微电一直处于停牌状态，并不断地进行沟通协调工作。10 月 20 日公司于产业基金达成共识，一致同意 AMD 标的子公司的交易价格确定为 192 120 万元。根据相关要求，深交所将取得审核结果后才会复牌。其间，深交所对本次重组进行了问询，其中询问了选用不同估值方法的原因。公司回复后，对发行股份购买资产的报告书进行了第一次修正，并于 11 月 3 日进行复牌。

11 月 24 日，证监会开始审理了该非公开发行股票的事项，但能否获得批准依然存在不确定性。此后，该非公开发行事项一直处于材料审批阶段，通富微电不断提交有关资料供证监会审批，并更新了数次发行股份购买资产的交易报告书，1 年以后，直到 2017 年 11 月 13 日才获得证监会的正式批准。

由于上述行政审批的时间过长，如果通富微电不能向产业基金发行股票收购其持有的富润达、通润达股权，那么按照通富微电与产业基金签订的《售股权协议》，产业基金有权要求通富微电以现金方式支付标的股权收购对价，支付大量的现金对于通富微电而言，需要找到新的融资方式。因此，依赖于非公开发行能否获得批准，是影响通富微电进行成功并购的重要因素，较为单一的融资方式会导致较高的风险。

（三）产业基金作为战略投资者加强了公司的资源整合能力

本次通富微电并购案例的融资，其资金主要来源于两次非公开发行股票募集所得的资金。其中，第一次非公开发行股票获配的投资者为财通基金管理有限公司等基金管理类公司，其主要目的以财务投资为主。通富微电只能获得这些投资者伙伴们的资金支持。在半导体行业有个特点是赢者通吃。因为我国对半导体行业的商业特征在此前没有形成足够的认知，导致过去三十年中，短期、分散的资金一哄而入，由于我国半导体行业发展较晚，后来者不具有优势，因此，在资金耗尽以后，投资者见不到足够的产出和经济效应之后便不再跟投。

2014 年 6 月，国务院印发《国家集成电路产业发展推进纲要》，国家集成电路产业投资基金应运而生，产业基金初期项目覆盖了芯片全产业链，包含了设计、晶圆、封测、装备、材料。国家大基金的出现，通过国家大基金一级市场和二级市场向半导体企业注入资金。能够撬动大量社会资金参与到半导体行业中的投资，截至 2017 年底，国家大基金一期募资达到 1 387 亿元，但带动的半导体产业社会融资超过 1 500 亿元。

2020 年 11 月，同样有着国家大基金股东背景的芯海科技（KZ.688595）为加强产业链上下游合作，斥资 5 000 万元参与通富微电的非公开发行。通富微电引入国家大基金作为战略投资者，加强了社会上其他投资者对于通富微电前景的信心，有利于改变因为市场上其他投资者由于见不到足够的产出和经济效应之后便不再跟投这一局面，更有利于通富微电加强通富微电的资源整合能力。

资料来源：

①胡文杰. 通富微电并购 AMD 的融资方式及优化研究［D］. 哈尔滨：哈尔滨商业大学，2021.

②卢茜妍. 国家大基金支持下通富微电并购融资案例分析［D］. 广州：广东工业大学，2022.

2.2.2 资本运营对企业成长的意义

当今世界经济格局已进入大公司、大集团时代。中国企业也正面临着以增强核心竞争力为基础的战略转型期。诺贝尔经济学奖获得者、美国经济学家史蒂格勒曾说过：纵观世界上著名的大企业、大公司，没有一家不是在某个时候以某种方式通过资本运营发展起来的，也没有哪一家是单纯依靠企业自身利润的积累发展起来的。随着国内市场的进一步成熟以及竞争的进一步加剧，传统的企业增长方式已无法跟上发展的步伐。只有把企业的各种要素，包括产品、技术、设备、厂房、商标、战略、服务、文化、管理团队等，以资本的形式，进行流动、整合和重构，进一步优化配置，形成合力，才能实现新的突破。一些在改革开放中发展壮大的企业集团，为应对开放的世界市场经济的挑战，提升国际竞争力，把公司做大做强，借鉴跨国公司的发展经验，采取了资本运营模式，增强核心竞争力，以谋求拥有独特的战略地位。

企业作为运用资本进行生产经营的单位，是资本生存、增值和获取收益的客观载体。企业对生产经营进行组织与管理，实质上是对资本进行运筹与规划，任何企业的生产经营都是根植于资本运作的基础之上，都必须借助于资本形式转换。在某种意义上，企业生产经营可以视为资本运营的实现形式。因此，在任何企业的生产经营过程中，都要重视资本运营，都要运用资本运营，都不能仅仅是为产品的生产而生产，为产品的经营而经营。作为资本运营的具体实现形式，企业的生产经营活动必须注重对资本的组织、管理与运营，以达到资本安全、增值的目的，不注重资本的运行，不追求资本安全与增值目标，将严重阻碍企业的发展。一般而言，资本运营至少在以下几个方面对企业发展做出贡献。

第一，有利于完善企业制度。企业制度是企业产权制度、组织形式和经营管理制度的总和，是一个以产权制度为基础建立起来的企业组织形式和经营管理制度体系。企业制度的变革与完善，是民营企业内在成长的标志，资本运营带来的规模扩大、市场占有率提高等企业成长的外在效果，要求企业适时改革和完善企业制度，建立推动企业健康、有序、可持续发展的制度体系，调整企业与内部员工及外部经济主体之间的经济关系。

第二，有利于优化企业资本结构，盘活企业存量资本。一般来说，企业的资本结构是股权和债权的资本比例关系，反映着企业内部的权益关系。资本结构是否合理，不仅关系着企业正常的生产经营活动，而且还对企业的发展、壮大起着不可忽视的作用。合理的资本结构，会使企业的投入资本起到四两拨千斤的效果，而企业有效的资本运作方式，恰恰能优化企业的资本结构，降低资金成本。经过一段时间生产经营的企业，或多或少地都存在一些不可用、无须用或很少用的闲置资产，这些闲置资产长期被置于生产经营活动之外，不仅会占据企业一定的人力、物力资源，形成资源浪费，而且还会造成企业资金沉淀，影响企业经营效益。资本运作能够通过资本交易等方式，将无用资产转换成可用资产，进而提高资本收益水平。

第三，有利于扩张企业规模。作为企业成长的表现形式之一，企业规模的扩张，需要通过优化配置企业内部资源，运用收购、兼并、融资租赁等资本运营手段，整合企业内外部资源，获得企业发展所需的重要资质和技术能力等竞争优势，形成规模经济，获取规模效益，实现企业跨越式的发展。

资本运营专栏 6：

太太药业的巨变

健康元药业集团股份有限公司（以下简称"健康元药业集团"）前身为深圳太太保健食品有限公司。由朱保国董事长于 1992 年创办成立，靠一剂"太太口服液"奠定保健品行业龙头地位；1995 年战略转型进军药业，更名为深圳太太药业有限公司；产品涵盖中药、西药及保健品三大领域；1997 年收购深圳市海滨制药有限公司完成从保健品企业到制药企业成功转型；1999 年股份制改造完成，变更为深圳太太药业股份有限公司；2001 年太太药业上海证券交易所挂牌，成功上市，发行 7 000 万股，募集资金 17 亿元，为当时 A 股上市募集资金最多的民营企业。之后，健康元药业集团相继收购健康药业（中国）有限公司，丽珠医药集团股份有限公司等优质医药企业；2003 年更名为健康元药业集团股份有限公司。

1992 ~ 2000 年，太太药业创业成功，依靠内部资源实现成长。20 世纪 90 年代初，中国保健品市场群雄并起，但没有一家定位于妇女保健品，朱保国敏锐地预见这一巨大商机。1992 年 12 月 18 日，朱保国创立太太药业的前身——爱迷尔食品公司。1993 年 3 月 8 日，首批"太太口服液"上市，成为国内第一种女性内服美容保健品。目睹深圳其他企业"上市"后的变化，朱保国认定上市是迅速做大做强企业的一条捷径。1997 年 4 月，朱保国代表太太药业与广东省海外（深圳）有限公司签订股权转让协议；1998 年 8 月太太药业通过旗下公司受让海滨制药余下 40% 股份，金额达 12 585 万元。至此，太太药业全资拥有海滨制药，跨入西药领域。此次巨资收购被称为"新中国成立以来医药行业一宗最大的现金收购案"。

2001 ~ 2002 年，太太药业转变成长模式，实行资本运作模式成长。2001 年 5 月 9 日，太太药业 7 000 万 A 股股票在上交所上网定价发行。2001 年 6 月 8 日，太太药业 7 000 万 A 股在上海证券交易所挂牌上市募集了 17.36 亿元现金。太太药业 A 股上市对朱保国来说无疑是从依靠内部资源发展扩张的家族企业向资本运作并购型家族企业转化的分水岭。2002 年 3 月太太药业与香港天诚实业有限公司合并完成收购健康药业（中国）有限公司 100% 股权及鹰牌商标的注册商标所有权。3 月 28 日，太太药业开始参股丽珠医药集团股份有限公司，截至 5 月 9 日，太太药业及其控股子公司合并持有丽珠集团 21.32% 股份，成为丽珠集团第一大股东。

2003 年至今，太太药业更名为健康元，资本运作以回购为特征。2003 年太太药业更名为健康元，9 月 29 日健康元药业集团股份有限公司诞生。2009 年 7 月健康元药业集团股东大会通过可交换债提案，全国首例上市公司发行可交换债。2009 年 12 月丽珠集团完成 B 股回购，累计回购股份 10 313 630 股，占总股本 3.37%，健康元药业集团持丽珠集团股份上升近 2 个百分点至 45.31%。2011 年 1 月，健康元提出回购方案：资金总额不超过 3 亿元、回购股份价格不超过 12 元/股的条件下，回购股份不超过 2 500 万股社会公众股。2011 年 4 月，健康元公告首次实施 A 股回购。2011 年 11 月 1 日，健康元成功发行 10 亿元公司债券。2011 年 11 月 28 日，公司发行的健康元药业集团股份有限公司 2011 年公司债券在上海证券交易所竞价系统和固定收益证券综合电子平台上交易，债券简称为 11 健康元，债券代码为 122096。2011 年 11 月 30 日，健康元回购方案实施完毕，回购社会公众股份 29 252 223 股。十多年来，健康元药业集团以振兴民族事业为己任，以跻身中国最优秀的医药行业行列为目标，稳健经营，生产经营规模不断扩大，经济效益稳步增长，集团已拥有多个通过国家 GMP 认证的现代化的大型制药基地，其部分产品线包括太太口服液、静心口服液、鹰牌花旗参、意可贴、正源丹等已经通过了澳大利亚药业管理局 TGA（相当于我国药监局）的 GMP 审核，并获得了澳大利亚 GMP 认证，产品远销美国、澳大利亚、新加坡、马来西亚、港澳台等。

太太药业成长过程如图 2-6 所示。

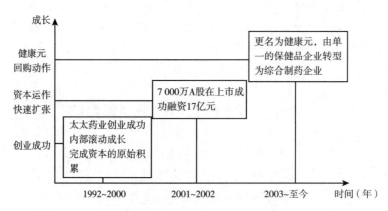

图 2-6　太太药业成长过程

资料来源：郑月龙. 资本运作与家族企业成长——基于太太药业（600380）的案例研究［C］//. 2012 管理创新、智能科技与经济发展研讨会论文集. 2012：709-713.

第四，有利于调整产业结构。为适应不断变化的经济环境，企业必须以市场为导向，调整产业结构，提高企业自身的市场竞争能力。资本运营能借助资本市场，调整产业结构，优化企业生产经营的方向，规避和分散结构变化给企业发展带来的风险，实现企业向本行业或跨行业渗透、扩张的目的。

2.2.3　资本运营如何促进企业成长

企业既要成长，必要有所原因。所谓企业成长动因，是企业内部条件处在成长需求状态时，驱使企业自觉朝着自我发展、自我完善的方向努力的原动力，企业成长动因是推动企业成长的客观条件。企业成长动因是企业内部矛盾运动与外部诱因相互作用的结果，在现代经济社会里，激烈的市场竞争和企业生存环境的急剧变幻，迫使企业不得不在存亡之间做出选择，所以企业成长的内部动因是在外在压力的压迫下释放出来的驱动力量。就此意义而言，诸如企业家、资本、技术、资源、文化等要素在不同的时期都可以成为企业成长的内部驱动性因素，而企业家是企业物质要素的组织者，当他处于被动状态的时候，他所领导的组织活动不能达到最佳的状态，也很难实现企业成长的要求。

企业家对于企业来说很关键。在这里，我们就企业家进行的资本运营如何促进企业成长而加以探讨。

企业家通过股票上市、控股扩张、收购兼并、跨国投资经营等有效合理的资本运营方式，可以促使企业成长为科技水平领先、市场占有率高、规模达省级（国家级乃至世界级）、多元化经营效益可观的优势企业，具体如图 2-7 所示。

图 2-7　资本运营促企业成长

第一，股票上市促企业初步成长。中国的企业现在都有"上市情结"，认为只有上市了，企业才是成功的。企业通过公开发行股票募集社会闲散资本，是资本运作的高级形式，有条件的企业都应积极而且应当争取运用这种方式。一来上市最明显的优点就在于获取资金。非上市公司通常资金有限，也就意味着他们为维持自身运营提供资金的资源有限。公司能够通过上市获得大量的资金获得初步成长。通过公开发售股票（股权），一家公司能募集到可用于多种目的的资金，包括增长和扩张、清偿债务、市场营销、研究和发展以及公司并购。不仅如此，公司一旦上市，还可以通过发行债券、股权再融资或定向增发（PIPE）再次从公开市场募集到更多资金。二来上市可以帮助公司获得声望和国际信任度。伴随公司上市的宣传效应对于其产品和服务的营销非常有效。而且，受到更多的关注常常会促进新的商业或战略联盟的形成，吸引潜在的合伙人和合并对象。从私人公司向上市公司的转变还会增进公司的国际形象，并为顾客和供货商提供与公司长期合作的信心。一个在国际资本市场上市的公司将在中国国内获得显著的品牌认同。这些对于企业的成长是相当重要。

第二，兼并收购促企业壮大成长。兼并指两家或者更多的独立企业，公司合并组成一家企业，通常由一家占优势的公司吸收一家或者多家公司。收购指一家企业用现金或者有价证券购买另一家企业的股票或者资产，以获得对该企业的全部资产或者某项资产的所有权，或对该企业的控制权。一是兼并收购可以扩大企业生产经营规模，降低成本费用。通过兼并收购，企业规模得到壮大，能够形成有效的规模效应。规模效应能够带来资源的充分利用，资源的充分整合，降低管理、原料、生产等各个环节的成本，从而降低总成本。二是通过兼并收购，可以提高企业市场份额，提升企业在行业中的战略地位。规模大的企业，伴随生产力的提高和销售网络的完善，市场份额将会有比较大的提高，从而确立企业在行业中的领导地位。三是通过兼并收购跨入新的行业，企业可以实施多元化战略，分散投资风险。随着行业竞争的加剧，企业通过对其他行业的投资，不仅能有效扩充企业的经营范围，获取更广泛的市场和利润，而且能够分散因本行业竞争带来的风险。

第三，跨国投资促企业高度成长。企业经营的国际化已成为一种发展趋势，过去多数企业的国际化经营主要停留在直接出口、间接出口和补偿贸易等初级形式上，难以在国际市场取得竞争优势。现在搞资本运作，优势企业可更多地采用合资经营、独立经营、跨国并购、海外上市等国际化经营的高级形式，在海外投资办厂、设立公司，充分利用国外的资本和生产要素，从资本运作的高度营运国际资本，提高企业在国际市场的竞争实力。

从国际竞争的要求看，随着国际资本流动速度加快、国际竞争加剧，资本运营已成为开展国际竞争的重要手段。纵观近几年国际上的跨国集团兼并、收购活动，烽烟叠起，一浪高过一浪。加上资本市场愈加开放，资本流动更加快捷频繁，资本运营的大势已不可阻挡。地球已微缩成一个村庄，国际资本在这里寻求最有利可图的缝隙或空间。在这种经济全球化、一体化的浪潮中，存在着无限的商机和巨大的诱惑力，这就激起了企业内在的资本扩张冲动，二者相互推波助澜，遥相呼应，这也给我国企业资本运营增加了热度。

2.3 资本运营在中国发展的必然性

目前，中国最紧要的是如何把沉积在民间的几十万亿元资金调动出来参加流通，扩大内需，繁荣社会，这是国家管理部门头痛的问题。加息、提高准备金、扩大股市、发行基金彩票、宣传保险等多种措施并没有从根本上解决这个问题。庞大的民间沉积资本好比猛虎，一旦不高兴则闯进市场，甚至带动虎群到处发威，即使制服这些猛虎，也是多方受伤，对谁都没有好处。资本只有分流和受控才不会泛滥成灾，而资本运营可以解决这个难题，用高回报自然而然地把资本吸收聚集到一起，自动地从银行走出来，沉积中的资本动起来，猛虎变成了猫，乖乖地听指令表演。

2008 年以来，由于行业竞争加剧，证券市场环境变化，市场监管力度加强以及经济调整的内在要求，我国资本运营出现新的变化，呈现新的趋势。

第一，股东更替型资产重组步伐加快。从公开披露信息看，2008 年以来，已经发生控股权变更的有中商股份、铜城集团、青岛东方、ST 海泰（股权划转）、杭州解百（股权划转）、长百集团（股权划转）；已经签订股权转让协议的有健特生物、ST 昆百大、华一投资、天龙集团、东百集团、豫园商城、济南百货、PT 郑百文和上海九百等。

第二，民营企业成为借壳上市生力军。2001~2005 年，民营企业借商业"壳"资源上市的有 50 余家。而在 2006 年以来的近百家股权已经转让或将要转让的商业上市公司中，国美电器、青岛东方、健特生物、太太集团等 38 家公司的新大股东均为民营企业，并且都具有较强的资本实力和盈利能力。随着国家扶持民营企业发展的力度加大，预计会有越来越多的民营企业加入资本市场的兼并收购活动。

第三，商业资产重组质量在提高。商业资产重组质量的提高，主要体现在两个方面：一是新大股东实力较强，如青岛啤酒的深圳市青岛啤酒华南投资有限公司、太太药业的深圳市百业源投资有限公司和 PT 百文的山东三联集团等都具有一定的资本实力和盈利能力；二是有比较完整的重组方案，新大股东注入上市公司的资产具有较强的盈利能力和较大的发展潜力。投资理念的转变，使商业上市公司更加注重资本运营能否有效提高自身的持续经营能力。

第四，商业通过资本运营实现产业转移。许多商业企业通过另辟蹊径，把发展的眼光投向新的产业，通过资本运营进行产业转移，作为摆脱困境的策略。据统计，2008 年、2009 年两年，共有 134 家商贸百货上市公司进行了不同程度的产业转移。除了 11 家进入综合型行业，44 家重新选择了仓储、房地产和酒店餐饮等轻型结构产业之外，其余 79 家均超越原有产业，借助来自证券市场的资金优势，进入科技含量高、符合国家产业政策、具有广阔发展前景的新兴产业，这些公司选择顺序依次是信息产业、高科技、计算机软件、生物医药、金融业和基础设施等近 10 个新产业，占产业转移总数的 59%。

每一个商务时代，都会锻造一大批富翁，而每一个富翁的锻造都是当别人不明白时，他明白他在做什么，当别人不理解时，他理解他在做什么。所以当别人明白时他已经成功了，当别人理解时他已经富有了。

如何选择资本运营模式、分流资本、有序合理再分配财富是值得探索的课题。财富再分配是关系国富民安的宏观政策。股市、基金、彩票、期货无一不是利用虚拟资本运营方式在分配加入者的财富，但是所有的分配都是预期的，是无序和随机的。尽管可以有人操控，像股市庄家，那也是为私利的不能公开的行为。从学术角度分析，股市可以利用，基金可以利用，彩票可以利用，期货可以利用，资本运营同样可以利用。道路虽然是曲折的，但前途是光明的，历史已做了最好的证明，凡是具有强大生命的新生事物，最终都会得到推广和公认。历史前进的车轮是无人能阻挡的，资本运营的出现是 21 世纪中国商业经济的一次重要改革，是虚拟经济与实体经济相结合的一个新生产物。它带动了企业的生产，促进了国家经济的发展，它的存在不是偶然，它对整个经济领域具有跨时代的意义。当今整个中国都已进入金融、智慧、人脉资源整合时代，谁把握了时代前进的脉搏，谁跟上了社会发展的趋势，谁就拥有财富。随着全球金融风暴的愈演愈烈，消费市场的整体疲软，实体产品的普遍瘫痪，传统行业的日趋衰退，股市行情的长期不稳定，保险市场的全国普及，房产经济的泡沫发展，直销公司的炒作与产品的泛滥。逐渐会有越来越多有超前意识的人把自己闲散的资金投资到这个行业中来，这种模式是中国当前市场经济形成的必然产物，它能够使资金迅速积聚，而这种积聚又迅速转化为生产力和消费资本，从而带动了当地各行各业的发展。

资本运营是一个千载难逢、前所未有、绝无仅有的一个历史性特大机遇，资本运营是特殊的政策、特殊的人群、特殊的时空和特殊的资本运作模式共同创造的一个民族经济大复兴的特大机遇。什么是机遇呢？机遇是客观存在的一种有时间性事物。通俗地说也叫机会，有很多的朋友总是埋怨上天是如何的不公平，总是把机会降临到极少数人的身上，而事实上呢，上天是很公平的，机会对每个人也是公平的，只是机会来了，你看不看得懂，能不能抓住。所以应该说机会总是与那些有准备的人有缘。在这个世界上取得成功的人，都是善于发现并抓住机会的人。一旦失去了机遇，那将终身遗憾。

【章末案例】

恒大高新，资本寻找未来

一、公司简介

江西恒大高新技术股份有限公司坐落在国家级高新技术开发区，创办于 1993 年，前身是江西恒大高新技术实业有限公司。江西恒大高新技术股份有限公司拥有南昌恒大新材料发展有限公司、江西恒大表面工程有限公司等四家控股子公司，公司长期从事防磨抗蚀等新材料的研发、生产、销售以及工业系统设备的防磨、抗蚀、节能等技术服务，是工业设备防磨抗蚀行业的龙头企业，近三年在国内电力等行业燃煤锅炉"四管"等设备的金属热喷涂耐磨抗蚀防护市场中市场占有率第一，经国家人事部批准设立了博士后科研工作站，这是江西恒大高新技术股份有限公司组织机构的一个重要组成部分。

江西恒大高新技术股份有限公司组织机构如图 2-8 所示。

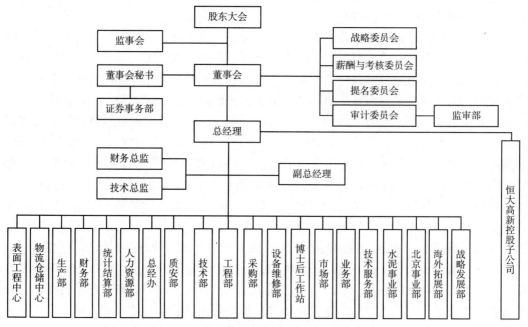

图 2-8 江西恒大高新技术股份有限公司组织机构

公司是经江西省科技厅认定的高新技术企业，拥有热喷涂行业企业从业一级资质，防腐保温工程专业承包二级资质（目前为防磨抗蚀行业最高资质），通过了 ISO 9001：2000 质量管理体系认证。公司秉承"客户的需求是我们前进的动力"的服务理念，坚持

"敬业、求精、高效、创新"的企业精神，通过"产品＋技术工程服务"的业态组合，推动了防磨抗蚀和节能环保产业在我国的快速发展。2002 年，荣获国家质量监督检验检疫总局和中华全国工商业联合会联合授予的"重质量守信誉企业"称号。2005 年，被江西省中小企业诚信工程领导小组评为"江西省 2005 年度特级诚信企业"。2007 年，被全国工商联、团中央、科技部等单位联合评为"2007 年度最具成长性科技型中小企业 100强"。2008 年，公司被江西省国家税务局和地方税务局联合评为"2006～2007 年度 A 级纳税信用企业"。2010 年，被中共南昌高新技术开发区工委和南昌高新技术产业开发区管理委员会评为"2010 年度纳税重大贡献企业"；同年，江西恒大的国家火炬计划项目"循环流化床锅炉用快速升温耐磨新材料产业化"被中华人民共和国科技部批准，获得"国家火炬计划项目证书"。2011 年，被江西省工商管理局授予"AAA 守合同重信用单位"称号。公司还多次荣获江西省高新技术产业协会授予的"江西省优秀高新技术企业"称号。公司是全国热喷涂协作组的理事单位、中国钢铁协会粉末冶金分会硬面技术专业委员会副理事长单位、中国表面工程协会热喷涂专业委员会会员、江西省表面工程专业委员会副理事长单位、江西省百家重点企业之一。目前，受全国热喷涂协作组委托，公司为行业相关标准主要起草单位之一。

　　自创立之初，恒大高新就坚持自主创新，一方面迅速扩大规模；另一方面打造自主品牌，开创了工业设备防护的先河，成为国内防磨抗蚀领域的先锋。二十多年的筚路蓝缕，而今的恒大高新已发展成为国内综合性工业设备防磨抗蚀新材料研发、生产、销售及技术工程服务的龙头企业，产品技术工程服务覆盖电力、钢铁、水泥、石油、化工、造纸、矿山机械的预防护、再制造和修复等领域，能满足客户不同层次的需求，在工程设备上，公司通过自主研发的新型超音速火焰喷涂设备解决了用该技术进行在线服务的世界性难题，在国内首次使用机器人进行在线喷涂作业；在技术工程服务能力上，公司具备了针对不同行业、不同设备、不同部位、不同工况提供防磨抗蚀系统解决方案的能力，并率先进入各类型受热管道（含"四管"）、烟道、球磨机、轧磨辊、各行业输料及除尘系统等工业设备的防磨抗蚀领域。经过多年积累，恒大高新在防护设备、材料上拥有 20 项发明专利、19 项实用新型专利和几十项专有技术，拥有金属热喷涂行业从业一级资质、防腐保温工程专业承包二级资质（目前行业最高资质）、炉窑工程专业承包二级资质，并且在全国拥有 14 个片区、6 个物流配送中心的服务网络，并逐步扩张到东南亚等地区。公司具备较强的产品自主研发和技术创新能力，产品研发水平在行业内处于领先地位，公司自主研发的多个产品和技术列入了国家级项目计划并多次在国内获奖：KM 高温抗蚀耐磨涂料列入了国家火炬计划项目、科技部科技型中小企业技术创新基金项目和重点新产品，并荣获十二届全国发明博览会金奖，达到同类技术的国际先进水平；KJ 高温抗渣防结焦涂料荣获国家重点新产品证书并被列入了科技部科技型中小企业技术创新基金项目；MC 高温抗蚀耐磨衬里材料、KR 高温隔热防超温涂料列入了国家重点新产品；JHU 高温远红外节能涂料被评为国家优秀节能新产品。公司目前拥有多项专利，其中"循环流化床锅炉专用热喷涂材料"耐磨性指标达到国际先进水平。

　　公司目前开发应用的主要产品有：HDS 防磨抗蚀喷涂丝、KM 高温抗蚀耐磨涂料、MC 高温抗蚀耐磨衬里材料、MT 耐磨抗蚀陶瓷片、JHU 高温远红外节能涂料、高耐磨合金衬板。公司目前应用的主要技术有：各类产品的制造技术以及超音速电弧喷涂、超音速火焰喷涂、等离子喷涂等喷涂技术等。

二、恒大高新上市

2011年6月21日，公司在深交所中小板成功上市，股票简称"恒大高新"，证券代码为002591。首次公开发行后总股本为8 000万股，首次公开发行股票增加的股份为2 000万股。公司规定发行价为每股20元，上市首日开盘价每股19.69元。发行前股东所持股份的流通限制及期限：根据《公司法》的有关规定，公司公开发行股份前已发行的股份，自公司股票在证券交易所上市交易之日起3年内不得转让。恒大高新是至今防磨抗蚀行业的唯一上市企业，多年来，恒大高新孜孜不倦的努力，在节能减排、为循环经济作贡献的道路上，逐步发展成为业界第一知名度的企业，走出了一条独具恒大高新特色的企业发展之路。

公司上市后募集的资金将主要投向金属防护项目、非金属防护项目、技术研发中心项目、网络服务体系建设项目等。2012年11月18日，江西恒大高新技术股份有限公司通过增资和受让股权的方式参股主营节能项目的北京信力筑正新能源技术股份有限公司，取得该公司30%的股权，成为公司的第二大股东。北京信力筑正新能源技术股份有限公司是深交所上市公司——荣信电力电子股份有限公司旗下的一家高新技术企业，该公司技术实力雄厚，从钢铁主流程的烧结、高炉、转炉、连铸、轧制的工艺、自动化设计、系统集成和工程总包，到高技术设备的机、电、液一体化设计制造；从上位监控、现场过程控制到管控一体的新型工业IT系统，公司都有针对不同对象成熟的标准化、系列化的精品设计和服务，可供用户进行菜单式挑选，该公司的业务已由冶金、建材、环保行业，迅速扩展到能源、石化、机械、电力、轻工、城建等各个行业和领域。此次收购完成进一步提升了恒大高新在节能环保领域的业务地位及盈利水平。2014年下半年，恒大高新与上海即加信息科技有限公司合资成立的恒大车时代信息技术（北京）有限公司，涉足能源新模式。即以销售加油卡为切入点，通过互联网模式打通油品销售上下游产业链及汽车消费群体相关的各种延伸服务。这种方式能够将互联网这一现代信息技术与传统经营模式有机结合，给公司推动未来产业发展带来极大的空间。

恒大高新的发展在行业界也有目共睹。恒大高新（002591）上市之后，为企业筹集资金发挥了重要作用。资本运营促进了企业生产经营，企业各方面业绩优越，进而使恒大高新这只股票在证券市场上稳步向上发展。图2-9是恒大高新（002591）这只股票在2013年6月到2014年6月的基本走势。从图2-9中可以看出，恒大高新（002591）虽然有些波动，但总体趋势是往上涨的。

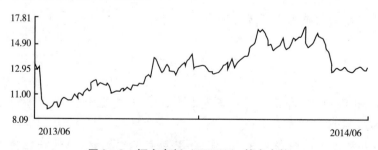

图2-9　恒大高新（002591）基本走势

三、恒大高新资本寻找未来

目前来说，由于恒大高新上市没几年，其资本运营战略实施情况尚不十分明确。这里简单列举 2011 年和 2012 年的一些资本运作情况。

2011 年 6 月 1 日，恒大高新投资 1 000 万元于江西恒大表面工程有限公司，参股比例是 87.5%，另外注资 1 378.77 万元成立全资子公司南昌恒大新材料发展有限公司与各投 100 万元成立全资子公司北京东方晶格科技发展有限公司和北京球冠科技有限公司。其中，江西恒大表面工程有限公司主营耐磨衬里材料的生产和服务；南昌恒大新材料发展有限公司的主营业务是新型陶瓷的生产和销售；北京东方晶格科技发展有限公司主营堆焊材料的技术开发、生产和销售；北京球冠科技有限公司主营金属热喷涂材料的技术开发、生产和销售。子公司为母公司的发展壮大起到了至关重要的作用。

2012 年 3 月 29 日，恒大高新的三个全资子公司和一个控股子公司的经营业务范围在母公司恒大高新的带动下得到扩大。

恒大高新子公司主营情况如表 2 - 10 所示。

表 2 - 10　　　　　　　　　　　　恒大高新子公司主营情况

公司名称	性质	控股比例（%）	主营业务
南昌恒大新材料	全资子公司	100	新型陶瓷、特种涂料、耐火材料及化工产品的科研生产与销售，普通机械、电子产品、建筑材料、轻工产品的生产与销售、新材料和纳米材料及制品，国内贸易，房屋租赁、物业管理，进料加工和"三来一补"业务
江西恒大表面工程	控股子公司	87.5	高温抗蚀耐磨涂料、特种陶瓷、耐磨衬里材料、浇注料、捣扛料、高温胶泥、高温远红外涂抹料、金属热喷涂、节能材料、机电产品及配件开发、生产、技术服务；防磨工程、保温工程施工、技术服务
北京东方晶格科技	全资子公司	100	金属热喷涂材和堆焊材料的技术开发、销售，金属热喷涂和堆焊表面工程技术服务，销售建筑材料
北京球冠科技	全资子公司	100	法律、行政法规、国务院决定禁止的，不得经营，法律、行政法规、国务院决定规定应经许可的，经审批机关批准并经工商行政管理机关登记注册后方可经营，法律、行政法规、国务院决定未经规定许可的，自主选择经营项目开展经营活动

2013 年，恒大高新依然采用兼并收购的方式，取得子公司江西恒大新能源科技有限公司、北京信力筑正新能源技术股份有限公司和江西恒大声学工程有限公司的控股权，继续发挥着资本运营的力量。同年，恒大高新取得子公司、联营企业及合营企业的投资成本小于取得投资时应享有被投资单位可辨认净资产公允价值产生的收益为 289 738.96 万元。2013 年公司实现总收入 33 281.35 万元，比上年同期增长 57.55%，实现营业利润 3 060.38 万元，比上年同期增长 30.98%，实现利润总额 3 671.21 万元，比上年同期增长 22.36%；归属于上市公司股东的净利润 3 167.81 万元，比上年同期增长 24.50%。

四、总结与启示

恒大高新的资本运营十分有效。恒大高新通过优化配置企业内部资源，运用收购、兼并、融资租赁等资本运营手段，整合企业内外部资源，进而获得企业发展所需的重要资质和技术能力等竞争优势，实现了企业的规模扩张。目前的并购控股一两家子公司已经让恒大高新形成小型的规模经济。如果恒大高新合理选择资本运作方式，即根据企业资本运营的实际情况选择扩张型运营、收缩型运营或者内变型运营，看准时机开展合理的资本运营战略，则其可以加快加速企业的发展成长，让恒大高新走向更辉煌的明天。

资料来源：陈亮. 恒大高新经营绩效提升策略研究 [D]. 南昌：江西师范大学，2018.

【本章小结】

企业进行资本运营的主要目的是实现企业利润的最大化以及资产保值增值。企业通过价值管理，将各种资本利用流动、裂变、优化组合等不同方式进行科学运营，从而实现生产要素的合理配置以及产业结构的高效重组，从而实现资本的增值，使得企业的价值达到最大化。首先，本章阐述了资本运营的发展状况，包括国内国际的发展状况，进而指出了资本运营所要注意的四大误区；其次，阐述了资本运营与企业成长的关系；再次，分析了资本运营对企业成长的重要意义；最后，简单描述了资本运营在中国发展的必然趋势。希望投资者、管理者及相关读者通过对本章的学习，可以了解有关资本运营的相关发展动态，这样有利于对后续章节的理解和学习。

【问题思考】

1. 资本运营发展的历程是什么？和现状有哪些不同？
2. 对于资本运营的四大误区，你认同吗？你觉得资本运营的误区是什么？
3. 简要分析资本运营与企业成长的关系？
4. 谈谈你对中国大力发展资本运营的看法。

【参考文献】

[1] 程艳霞. 我国企业资本运营的误区透视 [J]. 武汉理工大学学报，2001 (9).

[2] 马克思. 资本论 [M]. 中共中央马克思恩格斯列宁斯大林著作编译局，译. 北京：人民出版社，1974.

[3] 崔丰慧. 警惕资本运营的四大误区 [J]. 企业改革与管理，2012 (3).

[4] 冯丽美，魏娟. 浅谈企业资本运营的风险及防范 [J]. 中国电力教育，2006 (S2).

[5] 张炳雷，王振伟. 国有企业资本运营管理的问题探析 [J]. 经济体制改革，2016 (2).

[6] 辛宇. 国有资本投资、运营公司与国有经济的高质量发展——基于国企系族的视角 [J]. 财会月刊，2019 (11).

[7] 郭天明. 上市公司资本运营与经营绩效实证研究 [J]. 生产力研究，2005 (7).

[8] 黄辉章. 资本运作是企业做大做强的必然发展方向 [J]. 财经界，2010 (5).

[9] 刘欣华，贾飞. 资本运营与生产经营的辩证关系探析 [J]. 技术经济与管理研究，2007 (2).

[10] 龙建辉，贾生华. 基于股权收购的资本运作模式：一个案例研究 [J]. 江西社会科学，2008 (5).

[11] 马瑞清，安迪·莫，珍妮丝·马. 企业兼并与收购 [M]. 北京：中国金融出版社，2011.

[12] 庞亚辉. 企业资本运营探讨 [J]. 当代经济管理，2010 (5).

[13] 宋培凯，王昕杰，王永德. 资本经营：低成本扩张的有效途径 [J]. 管理世界，2002 (4).

[14] 宋彦，董庆. 试论资本运作对企业成长的作用 [J]. 辽宁工业大学学报，2011 (4).

［15］许秀梅．基于企业成长视角的资本运营新探［J］．改革与战略，2015，31（7）．

［16］夏乐书，李琳．资本运营的几个理论问题［J］．财经问题研究，2000（7）．

［17］夏乐书，姜强，等．资本运营理论与实务（第 4 版）［M］．大连：东北财经大学出版社，2013．

［18］徐洪才．中国资本运营经典案例［M］．北京：清华大学出版社，2005．

［19］徐一千，闫波．中小企业资本运营存在的问题及应对策略［J］．商业文化（下半月），2012（12）．

［20］伊迪丝·彭罗斯．企业成长理论［M］．赵晓，译．上海：上海人民出版社，2007．

［21］曾江洪．资本运营与公司治理［M］．北京：清华大学出版社，2010．

［22］周莉．我国资本运营现状及趋势研究［J］．商业经济与管理，2004（4）．

［23］裴旭东，黄聿舟，李随成．资源识取与新创企业成长的动态匹配机制研究［J］．科研管理，2018，39（8）．

［24］石璋铭，江朦朦．并购、融合与高技术企业成长［J］．宏观经济研究，2019（10）．

［25］莫林虎，杨舒钠．改革开放 40 年来资本运营对出版传媒产业的促进作用［J］．中国出版，2018（24）．

［26］李武威，李恩来．商业模式创新、研发投入与创业企业成长绩效［J］．财会月刊，2021（4）．

［27］郝生宾，卢衡．企业生命周期视角下知识搜索驱动高技术企业成长研究［J］．工业技术经济，2022，41（2）．

第3章 资本运营与商业模式

【学习要点】

☆ 理解商业模式的概念、原则与其他战略的区别；

☆ 了解商业模式与资本运营的联系；

☆ 重视商业模式创新；

☆ 了解商业模式与行业整合。

【开章案例】

小米科技商业模式

"10万台小米3、25万台红米手机、5 000台小米电视、15万个小米移动电源已全部售罄！没有买到的童鞋，别灰心，欢迎关注下午3点小米电视剩余订单专场，立即奔走相告。"这是小米手机官方新浪微博2014年2月25日12点45分发布的一条微博。尤其是小米手机3，在小米手机官网开放购买的5分40秒内，就被抢购一空，小米手机再一次创造了发烧友疯抢的局面。

小米手机、小米盒子、红米手机、小米电视等一系列小米公司产品的销售总牵动着互联网几十万人的心。小米一年能卖出2 000万台手机，截至2013年8月最新一轮融资，小米估值超过了100亿美元。小米公司自创办以来，保持了令世界惊讶的增长速度，小米公司在2012年全年售出手机719万台，2013年售出手机1 870万台，2014年售出手机6 112万台，2015年售出手机超过7 000万台，2017年Q2季度出货量2 316万台，2017年全年售出手机9 240万台。截至2018年1月，小米之家的门店数量已突破300家。2018年5月3日，小米集团向港交所递交了上市申请，被认为将是2018年全球最大规模IPO。照此计算，小米科技将成为位列阿里、腾讯、百度之后的中国第四大互联网公司。

2019年1月6日，TCL集团发布公告，宣布小米集团战略入股TCL集团。2019年1月21日，小米集团再度披露回购信息，公司于1月18日再次在公开市场回购9 849 600股B类股份，占已发行股份0.041%，回购总额接近一亿港币，平均价为每股B类股份10.1527港元。2019年3月12日，小米持股的老虎证券向SEC日前更新招股书。公司将以每股5~7美元的价格发行1 300万股美国存托股票（ADS），最高拟融资9 100万美元。老虎证券于3月20日在美国纳斯达克全球精选板块挂牌，股票代码为TIGR。2019年3月19日，小米公布上市后首份年报。2018年实现总营收1 749亿元，同比增长

52.6%，经调整利润为 86 亿元，同比增长 59.5%。2019 年 6 月 3 日以来，小米已经进行了 4 次股票回购，耗资约 4.5 亿港元。

2020 年 2 月 19 日，入围 2020 全球百强创新名单，AI 等专利位于全球前列。2021 年 3 月 30 日小米集团正式宣布进入智能电动车领域。纵目科技是小米宣布造车后的首批投资企业之一，通过本次投资，纵目科技有望在小米智能场景应用领域展开多维度合作。2021 年 11 月 23 日，小米集团（01810.HK）发布 2021 年第三季度财报。财报显示，2021 年第三季度，小米实现营收 780.6 亿元人民币（下同），同比增长 8.2%；经调整净利润为 52 亿元，同比增长 25.4%。在如今中国的硬件公司中，已仅次于联想集团，小米以一种独特的商业模式迅速将自己推向科技企业前列。

一、公司介绍

小米公司正式成立于 2010 年 4 月，是一家专注于高端智能手机自主研发的移动互联网公司，是由天使投资人雷军带领创立。小米的 LOGO 是一个"MI"形，是 Mobile Internet 的缩写，代表小米是一家移动互联网公司。另外，小米的 LOGO 倒过来是一个心字，少一个点，意味着小米要让我们的用户省一点心。小米手机、MIUI、米聊是小米公司旗下三大核心业务。"为发烧而生"是小米的产品理念。小米公司首创了用互联网模式开发手机操作系统、60 万发烧友参与开发改进的模式。

雷军是金山软件董事长兼著名天使投资人，凭借其在业内多年打拼形成的影响力，集结顶尖高手，与其他 6 人组建了一个豪华团队：负责小米工业设计及级供应链管理团队的刘德，毕业于世界顶级设计学校 Art Center；负责 MIUI 手机操作系统的黎万强，是原金山词霸总经理；负责硬件及 BSP 团队的周光平，是原摩托罗拉北京研发中心总工程师；负责米聊的洪峰，是原 Google 高级工程师；还包括原谷歌中国工程研究院副院长林斌，原微软工程院首席工程师黄江吉。各联合创始人都具备国际、国内一流企业平均超 15 年的从业经验。除七位创始人，小米公司还有几百位工程师，在他们的激情碰撞下，小米手机"为发烧而生"，被称作"手机中的战斗机"。

二、小米商业模式

自雷军召开小米手机发布会以来，小米手机能否成功就成为业界一大热点话题。小米手机始终处于供不应求状态，前两轮开放购买都在短时间将备货销售一空，小米手机的关键词一度成为百度十大热门关键词。那么，我们不禁要问，刚成立的小米到底有何独到之处使其销量能比肩国内一线品牌呢？小米商业模式的魔力体现在哪里呢？

第一，高性价比手机品牌的价值主张。小米手机的价值主张是为客户提供高性价比的商品。小米相对于一般的 Android 厂商的优势是有多个差异化竞争手段（MIUI. 米聊等）。源于 Android 的二次开发系统 MIUI 是个优势。由于手机一升级用户就可能换手机，这用户可能就是别家的，所以大部分手机厂商没有经营用户的认识，特别是国产品牌。所以如果只是低价卖手机，用户又不是自己的，这就没有意义。小米是自己的手机品牌，并且自己有系统级产品服务，能让用户不仅是自己的手机用户，而且是自己的系统用户，这样发展起来的用户就有价值了。小米踩准方兴未艾的"互联网＋"风口，打响"互联网手机"第一枪。开创品类第一，上来就是老大。从品牌角度来看，第一个进入并制定游戏规则的是领导者，其他的都是追随者。给行业以标准，品牌逼格满满，低价的同时还赋予产品一系列与众不同的概念，即"我们不是做手机，我们是玩手机""小米，为发烧而生""年轻人的第一台手机""年轻人的第一台电视"等。小米用高性价比手机的价值主张，可以培养自己的品牌。那么小米是怎么实现这一价值主张呢？这主要体现在两个方面：一是提高产品价值。小米手机始终将品质作为其核心要求，无论在产品代工还是研发方面都堪称一流。二是降低顾客成本。小米手机意识到在国产手机 Android 系统扎堆的情况下，要抢占市场份额必须采取撇脂的定价策略，所以小米将销售价格定在了中档机市场。价格是影响商品市场需求和购买行为的重要因素之一，由此产生的销量直接关系到企业的收益。价格策略运用得当，会促进手机的销售，提高产品的市场占有率。反之，则会制约企业的生存和发展。最初的小米1到最新款的小米手机3，标准版的定价始终为 1 999 元。从屏幕、处理器、电池容量、操作系统等任何配置方面小米手机都高于当期同价格国外大厂品牌智能手机，但定价却比外国当期同配置的智能手机便宜得多，抢眼的配置 + 低廉的价格带来强劲的吸引力，小米手机因此成为高性能高性价比手机的代表，这完全迎合了市场大众的需求，尤其是学生和青年人，这类人群多是手机发烧友且换机频率较高，但经济基础并不雄厚，因此，小米手机对他们来说是很好的选择。

第二，盈利模式的颠覆及创新。手机厂商的商业模式一般都是靠销售手机赚钱，包括三星以及国内的华为、联想甚至是深圳的山寨厂商。在商业模式上，小米也可以跟传统手机厂商一样靠硬件盈利，但雷军不，他选择把价格压到最低、配置做到最高。手机行业的经营传统是"用低端机冲击市场份额，用中高档机赚利润"，而小米颠覆了这个传统，它的最大卖点是"高配置、低价格"，这就是小米手机的核心竞争力之一，这也是其他企业目前为止难以复制的。小米正是找到了这样的一片蓝海，小米在不靠硬件赚钱的模式上发展手机品牌，软硬件一体化，定位中档机市场 2 000 元，价格不高不低，基本配置还往高端机上靠齐，甚至领先。但小米在硬件不盈利的情况下凭什么能发展壮大呢？小米的盈利模式是：硬件维持不亏线，通过互联网应用与服务盈利。具体而言，小米对自己的盈利模式在传统模式上进行了颠覆性的创新：在不赚钱的模式（即手机硬件）上发展手机品牌，实现软硬件一体化，将价格定位为中档机市场（2 000 元），基本配置往高端机上靠齐甚至领先。因为在这个产品空间以及利润空间的考虑下，其他厂商不太好进入。小米降低了自己的盈利预期，通过"舍"弃高利润从而"得"到存活机会，这正是小米盈利模式的意图之所在。这种高质量低价格的商业模式也最大化地提高顾客的让渡价值。

第三，多样性的营销手段。小米销售额不断创造奇迹，还得益于其营销手段的创新，有人把小米的这种营销方式解读为饥渴营销，也有人更为直接，称之为变相的期货模式。手机上的各种芯片、配件的价格随着时间的推移下降非常快，小米手机锁定了用户的预付款而推迟发货，它在用几个月后的价格来和其他手机现在的价格相比较。这无疑是一种高明的资本运作方式。这不仅达到了一定的融资作用，而且在新产品上市之前的造势也是煞费苦心，消息总是遮一半露一半，让"米粉"跟着跑，让媒体跟着追。利用越是难以得到的给人的感觉就越是珍贵的心理，小米在宣传手段上也是丰富而高效。小米将品牌定位为——"为发烧而生"，竭力打造高性能高性价比的智能手机终端，在互联网上聚集起自己的粉丝——"米粉"，成立论坛，提高用户忠实度，形成口碑效应。另外，小米成立了专门团队运营官方微博，通过体贴入微的语言拉近与消费者的距离，发布引人关注的产品信息和有奖转发活动，不断提高手机曝光率。小米还利用一系列可以在短期内迅速提升产品热度的事件营销，例如"雷军摔 iPhone""小米是偷来的之说"——不管是其主动还是被动，都使小米始终活跃在消费者的视线之内。传统手机厂商多采用线下销售模式，随着互联网及物流行业的发展，网络则成了手机销售更为便捷的渠道。小米公司借助网络平台，采用了"电子渠道（小米官网）+ 物流合作渠道（凡客物流）"的网络直销模式，打造了不同于传统手机厂商的手机销售渠道模式。电子渠道直接节省了实体线下经营的成本，合作物流则节省了自身库存管理和物流网络搭建的成本，网络平台销量约占小米总销量的70%。另外，小米公司还与运营商合作，将30%的手机作为定制机出售。雷军一个很大的优势是那些关联公司（金山软件、优视科技、多玩、拉卡拉、凡客诚品、乐淘等）。只要雷军让小米和这些公司进行服务对接，就有了其他手机厂商都不具有的优势——低成本、高效率、整合速度快和双向推动作用，可以形成一个以手机为纽带的移动互联网帝国。手机与移动互联网混合的模式也使得小米没有竞争对手，小米所有 Android 开发的竞争对手都不是其做手机的竞争对手，所有做手机的竞争对手又都不是其做 Android 开发的竞争对手。小米用超出预期的服务，把用户打造成粉丝，营造口碑传播。传统的手机厂家售后服务单一，只有维修功能，而小米之家可以让大学生免费打印论文、"一小时快修，超时赔偿"、营造场景式体验间、组织米粉的线下羽毛球比赛等。还有线上的客服也用各种卖萌、调皮的方式回复用户，形成情感回路。随便翻下小米商城，客服回复都是这种风格，将用户的"投诉抱怨时刻"转化为"口碑宣传机会"。虽然这些套路现在大家都懂了，可是在2010年的时候大家还都不懂，小米的服务是领先的。

　　小米能力如图3－1所示。

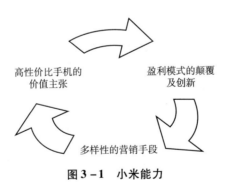

高性价比手机的
价值主张

盈利模式的颠覆
及创新

多样性的营销手段

图3－1　小米能力

三、小米的"铁人三项"

　　在2017年阿里网商大会上，雷军表示，小米在创办之初就在谈"铁人三项"，做硬件产品、手机、电视、扫地机器人以及很多有趣的硬件产品。另外，小米也做互联网、做电商、做新零售。小米"铁人三项"如图3－2所示。

　　从商业角度分析，"铁人三项"模式像是一个公关说辞。因为它根本禁不起推敲，受不起深度思考。"铁人三项"的说法有明显的去手机化的意味，但小米现有的发展根本不是按这张图来运作。小米实际比谁都清楚智能手机对目前商业帝国的重要性，手机

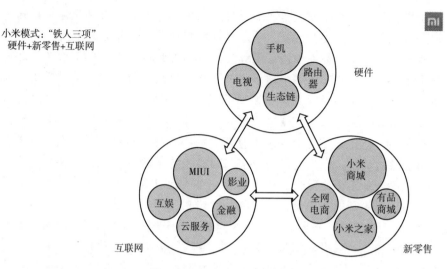

图 3-2 小米"铁人三项"

旗帜一倒，整个帝国的信心就会崩塌。这一点从招股书的资金用途可以看出，大部分钱，不是花在 IoT，不是花在移动互联网，而是花在手机上。小米的招股文件显示，小米计划将 30% IPO 募集资金用于研发及开发智能手机、电视、笔记本电脑、人工智能音响等核心产品；30% 用于全球扩展；30% 用于扩大投资及强化生活消费品与移动互联网产业链；10% 用作一般营运用途。第一个 30%，放在以手机为核心的产品研发上；第二个 30%，放在印度等新兴市场上。雷军心里清楚，在小米真实的商业版图上，手机依然是最核心的业务单元。

小米目前所有的业务，都可以划分为三类：手机中枢、IoT 管道和新零售。

1. 手机中枢。

这部分业务指智能手机本身和手机生态下的互联网服务，划分为中心、内核和外圈三层。中心是硬件手机，内核是 MIUI、应用市场、小米云、浏览器、游戏中心、安全中心六大应用。这六大应用，尤其以 MIUI、应用商店和游戏中心三个最为赚钱。在外圈左侧，是向手机生态聚拢的应用，代表是小米音乐、小米视频、多看阅读和小米小说，这类应用更多以服务小米手机自有用户为主。在外圈层右侧，是向小米手机用户以外，外连式的应用。典型代表是小米金融、小米贷款、小米直播和小米枪战。这类应用是小米向外发展的本意，只是现状不尽如人意，互联网服务收入占 2017 年整体收入的 8.6%，本质依然是高度依赖手机生态。互联网业务的具体模式，在招股书中比较含糊，关键有这么几句话：（1）目前我们互联网服务的变现主要集中在中国大陆，重点为互联网广告（占比 56.7%）及增值服务（占比 43.3%）。（2）广告分销渠道主要包括我们的手机应用程序及智能电视。（3）互联网增值服务的大部分收入来自线上游戏，向第三方游戏开发商提供精简数字销售、分销及运营支持服务。

互联网增值服务所指的游戏业务，并非"小米吃鸡"这类独立游戏收入，而是应用商店、游戏中心的分发收入。可以说，目前小米互联网业务的主体，依然高度依赖手机生态。小米该有的，华为、OPPO 也能有。目前苹果的服务占比收入约 10%，分析师预测未来 3~5 年里，将会增长到 20%。其中，App Store 的收入已有成效，音乐、支付都是未来蓄力增长的重点。可以说，基于手机生态自身的互联网收入，本身也是增长可观的。持久积累深耕，也有不少潜力。

整个以手机为中枢的软硬件生态，是小米商业版图的枢纽。抛开各种概念包装，身处厚重的智能手机赛道，是小米发展的不争事实；只是心系互联网，频繁向外开拓，也是小米不灭的意志。

2. IoT 硬件管道。

一直以来，小米都想把硬件变成管道，一个通向互联网世界的管道，只是手机本身太重了。但在手机之外，却是有不错的管道式产品，典型的代表就是智能音箱。

什么叫作管道式硬件？当一件实体产品的价值主要表现为产品背后的互联网服务时，产品的本体就可以在竞争中被管道化，产品因此可以被当成一个连接用户的实体管道。被这类模式威慑的硬件品类通常会遭遇到互联网企业惨无人道的低价打击，最先开创并熟练运用这套战法的不是小米，而是亚马逊。亚马逊管道式硬件战法最先在 kindle 上应用，kindle 本身不赚钱，但电子图书赚钱、开屏广告赚钱。随后是 Fire TV，硬件不赚钱，Amazon Video 收费赚钱；再往后就是经典的 Echo 音箱系列，也是硬件不赚钱，背后还有 Prime 会员、Amazon Music、付费音频、技能等互联网业务做支撑。所以说，这类管道式的硬件，因为背后有互联网收费服务做强支撑，可以执行绝对的低价扫平市场。对小米来说，IoT 管道式的硬件，有且仅限于小米智能音箱、智能电视、盒子和翻译机和未来的 AI 产品，因此，这类管道式硬件可以向内连接内容服务和 AI 服务。只有具备连接服务属性的硬件产品，才能被当成管道硬件。比如，路由器、灯泡、扫地机等许许多多的家庭设备，都不是管道式硬件。小米卖得便宜，只是出于情怀，因为这些产品没法服务赚钱，短期也没有盈利数据。

3. 新零售。

小米的新零售业务目前已经是业内的一个模范标杆，小米商城已经是中国大陆第三大 3C 及家电直销线上零售平台，也是印度第三大直销线上零售平台，小米之家目前在线下也有 300 余家。小米商城、小米之家和有品 App 共同组成了小米新零售的渠道部分，在零售产品部分，除了上面提到的手机、管道式硬件，还有大量的智能硬件、生活耗材也是小米新零售的组成部分。之前网络上流传的这两张图都是以手机为核心，外延出智能设备和生活耗材。

四、总结与启示

手机是目前人们唯一不可或缺、必须随身携带的电子设备，未来所有的信息服务和电子商务服务都要通过这个设备传递到用户手上，谁能成为这一入口的统治者谁就是新一代的王者。而王者必须是硬件、系统软件、云服务三位一体，雷军反复说的"铁人三项"赛就指的这个，而小米正是奔着这个方向去的，其研发"最符合中国人操作习惯"的 MIUI 操作系统＋超高性价比的智能手机组合，向用户提供了更人性化服务。另外，小米的商业模式难以模仿，尽管很多传统厂商也开始在互联网上营销策划各类方案，但依旧无法超越小米创造的纪录。还有就是小米足够脚踏实地，公司的每一个设计都面向市场和用户，深度调研用户的需求，结合公司的实力把资源投入到最需要的地方。所以也就不难想象为何小米可以引起业界如此的关注，并取得这样的成绩了。因此，有效的资本运作搭配良好的商业模式，是公司长久存在并持续盈利和壮大的保障，这可以创造像小米一样的奇迹。

资料来源：

①张媛媛. 科技创新企业商业模式转型研究——以小米公司为例［J］. 投资与创业，2022，33（20）：135－137.

②王婷. 商业模式创新对企业营运资金管理影响浅析——以小米科技公司为例［J］. 商业会计，2016（22）：64－65.

③刘建刚，钱玺娇. "互联网＋"战略下企业技术创新与商业模式创新协同发展路径研究——以小米科技有限责任公司为案例［J］. 科技进步与对策，2016，33（1）：88－94.

3.1　商业模式

"商业模式"一词出现以前，企业管理史学家阿尔佛雷德·钱德勒（Alfred Adler，1987）描述最初资本主义现代工商业的出现，我们可以认为那就是商业模式的雏形。商业模式这个概念第一次明确被提出，是由贝尔曼（Bellman）和克拉克（Clark）于1957年发表在运筹学（*Operations Research*）的文章中。但是直到20世纪90年代，商业模式研究才真正兴起并出现井喷之势。商业模式存在于所有行业中，也存在于所有企业的不同成长阶段，从最初的手工作坊到专业分工的扩大，再到如今的跨国集团；从最原始的物物交换到商业银行的结算，再到如今的电子商务，无一例外都拥有自己的商业模式。商业模式（business model）也被译为商务模式、业务模式。关于商业模式的定义形形色色，角度各异，商业模式是一种思维模式、创新方法、活动集合体、制度安排、做生意的方法，还是创新的"点子"呢？

3.1.1　商业模式的内涵

近年来，有关商业模式的研究获得了理论界和实业界人士的普遍关注，以商业模式为主题的研究项目也越来越多。但是学者和实业家们尚未提出一个被广泛接受的"语言"，可以使研究者们通过不同的视角来有效检测商业模式的构念。这主要是由于以下几个原因：第一，基于商业模式进行研究的学者们出于各自的研究目的，通常采用特殊化的定义来解释商业模式，不同学者所指的"商业模式"往往并不是同一个概念，导致彼此之间难以调和，最终阻碍了商业模式的研究进程；第二，商业模式作为一个新兴术语，对它的学科属性和学科定位的研究仍处在探索阶段，将它简单地划为电子商务领域、战略学领域、组织学领域或者是营销学领域都是不准确的，商业模式作为一个新兴交叉学科，正处于概念化的形成阶段；第三，目前对商业模式的研究大多集中在概念化、分类、构成维度及运行机制等方面，系统地分析商业模式学科的发展阶段及形成特征的文献仍然比较匮乏。综上所述，为了更好地理解商业模式学科的兴起和发展，有必要对该领域的现有研究进行回顾，并在此基础上总结商业模式的发展阶段以及各个阶段的不同特征。

在孕育阶段，商业模式的研究集中在围绕概念和分类上。互联网的产生带来了学者们对商业模式研究的强烈兴趣，随之而来的文献也多是围绕商业模式这个主题进行的。作为商业模式研究的鼻祖，提姆斯（Timmers，1998）在《电子商务下的商业模式》中首次明确定义"商业模式"为产品、服务与信息流的架构，包含各个商业参与者及其角色的描述、各个商业参与者潜在利益的描述以及获利来源的描述。2002 年以前有关商业模式的文献也主要关注的是在信息技术和电子商务背景下商业模式的定义和分类，以及企业如何利用商业模式来创造价值，从而影响企业绩效。之后，以波特（Poter）为代表的价值链理论、以威廉姆森（Williamson）为代表的交易成本经济学、以普拉哈拉德（Prahalad）为代表的核心能力理论和以尼尔森（Nelson）为代表的演化经济学逐渐成为商业模式研究的理论基础。

在构建阶段，商业模式的研究集中在围绕价值和设计上。数字经济为企业带来了更大的潜力去尝试新奇的价值创造机制，这种对价值的重新定义引起了学者们的普遍关注，他们试图用商业模式概念来解释网络市场的价值创造问题。左特（Zott）认为，商业模式主要包含"设计元素"和"设计主题"2 个参数，商业模式就是"超越核心企业，并跨越其边界的一系列相互依存的运营系统"。阿马尔（Ammar）认为，商业模式由价值主张、价值设计、利润生成和财务方面构成。其中，价值主张是公司提供给顾客的差异化特征；价值设计包括作为外部价值链的价值网、作为内部价值链的基础结构设计、企业资源与能力的组合；利润维度解释了公司如何将俘获的价值转化为利润。

在应用阶段，商业模式研究集中在围绕创新上。2008 年以后，商业模式研究呈"井喷"状态，越来越多的企业家和学者开始关注商业模式的真正价值。从国外的研究成果来看，商业模式研究已经具有一定的深度，从早期的商业模式概念、分类、要素设计研究逐渐转向商业模式创新研究。切萨布鲁夫（Cheshrough，2012）作为商业模式创新研究的领军人物成为高频被引作者，他指出，商业模式创新的特殊性不同于以往的技术创新，商业模式创新不仅是各要素的创新，更是各要素间关系的创新。林（Hayashi，2013）指出，很多公司原来的商业模式失效了，并进一步建议这些公司需要通过实验去发现新的有效的商业模式，这些公司需要一种鼓励员工不断提出"假如"的企业文化。

总之，迄今为止，在商业模式的研究中还没有形成普遍认可的理论体系和分析框架，国内外学者对商业模式的定义理论研究总体上经历了经济类、运营类、战略类和整合类逐步递进的过程。

我们认为商业模式是企业战略运作的系统方式，以战略规划为指导所展开的一系列关于整合各种利益，最终以独特持续创新的逻辑结构实现企业持续盈利。商业模式内涵包含：商业模式是包含多项业务的整体性系统；商业模式的本质就是企业保持持续盈利的行为引导模式；商业模式是易于受到外部动态环境的影响，并在不断变化的市场氛围中调整适应的企业思维逻辑；商业模式是在市场主张、组织行为、增长机会、竞争优势和可持续性的整体考察下，涉及企业的顾客、供应商等多方相关利益的协调，利用商业机会创造价值的交易内容、结构和治理架构的具体企业特色的运行框架；商业模式是企业经过业务流程的设计，把一系列管理理念、方式和方法，反复运用，对流程、客户、供应商、渠道、资源、能力和信息进行整合，形成了一套关于产品流、服务流、信息流和价值实现流的管理方法和操作系统。

3.1.2 商业模式的特征

企业商业模式的特征是对商业模式定义的延展和丰富，是成功商业模式必须具备的属性。虽然各种理论对商业模式的定义还无法达成共识，但对于商业模式具有的一些特性的认识较为一致。普遍认为商业模式具有以下特征（见图3-3）。

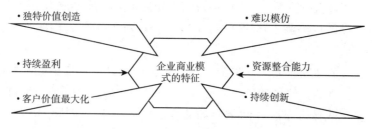

图3-3 企业商业模式的特征

第一，独特价值创造。成功的商业模式能提供独特价值。从本质上看，商业模式是价值创造的产生机制，价值创造是组织存在的根本理由和发展的必要条件，也是企业所有经营活动的核心主题。一般来说，价值的来源主要包括企业自身价值链、技术变革和价值网络。商业模式作为组织创造价值的核心逻辑，直接决定了组织业务流程的设计，而业务流程又与组织的信息系统密切相关。业务流程和信息系统的相互适应与否，决定了企业能否实现所预期的价值。因此，从企业内部运营的角度看，商业模式决定着企业的价值创造。而从技术开发的角度看，商业模式是技术开发与价值创造之间的转换机制。商业模式决定了成本收益结构，决定了组织技术开发的成本和利用技术创造的价值所带来的收益。随着信息技术和电子商务的发展，组织边界日益模糊，大大增加了通过价值网络中的交易和协作创造价值的可能性。商业模式是为了创造价值而设计的交易活动的组合方式，而对交易活动的组合方式的设计，决定了企业能否通过价值网络的协作创造和获取价值，以及能够创造多大的价值。

第二，持续盈利。持续盈利是指既要盈利，又要能有发展后劲，具有可持续性，而不是一时的偶然盈利。商业模式最为关注的不是交易的内容而是方式，其目的不在于概念的重整而在于实现收入与利润，因而盈利模式是成功商业模式的核心要素之一。同时，一个盈利模式必须有一定的价值主张及运营机制的导向和支撑。成功的商业模式必须具备一定的独特性与持久性。企业能否持续盈利是我们判断其商业模式是否成功的唯一的外在标准。因此，商业模式的设计目的就是达到企业维持长期利润，这就是商业模式存在的终极根源。盈利和如何盈利也就自然成为重要的特征。

第三，客户价值最大化。一种商业模式能否持续盈利与该模式能否使客户价值最大化有必然联系。商业模式从关注企业的利润向关心客户的需求转变，以尊重客户为出发点来思考和引导企业的一切经营活动，最终才能赢得客户的信任，打造出可信赖的品牌效益，来实现企业持续盈利的本质目的。客户价值的研究是商业模式研究的基础，通过为客户创造价值来彰显企业的商业模式。一个能使客户价值最大的商业模式，即使暂时不盈利，但终究也会走向盈利。反之，一个不能满足客户价值的商业模式，即使盈利也一定是暂时的，不具有持续性。所以我们把对客户价值的实现再实现、满足再满足当作企业应该始终追求的主观目标。

第四，难以模仿。企业通过确立自己的与众不同，如对客户的悉心照顾、无与伦比的实施能力，来提高行业的进入门槛，从而保证利润来源不受侵犯。例如，人人都知道沃尔玛如何运作，也都知道沃尔玛是折扣连锁的标杆，但很难复制沃尔玛的模式，原因在于低价的背后，是一套完整的、极难复制的信息资源和采购及配送流程。商业模式并不能批量贩卖，因为企业的发展环境甚至发展前景都是不尽相同的，每个企业都存在其特定的企业文化和商业逻辑，这就给商业模式的架构做了限制，因此，商业模式就产生了不可复制性，商业模式不仅要能够难于被其他竞争对手在短时间内复制和超越，还应能够保持一定的持续性。商业模式的相对稳定性对维持竞争优势十分重要，频繁调整和更新不仅会增加企业成本，还易造成顾客和组织的混乱。这就要求商业模式的设计具备一定的前瞻性，同时还要进行反复矫正，只有深入了解自身企业的发展才能产生合适的商业模式。

第五，资源整合能力。整合就是要优化资源配置，就是要有进有退、有取有舍，就是要获得整体的最优。在战略思维的层面上，资源整合是系统的思维方式，是通过组织协调把企业内部彼此相关但却分离的职能，把企业外部既参与共同的使命又拥有独立经济利益的合作伙伴整合成一个为客户服务的系统，取得"1＋1＞2"的效果。在战术选择的层面上，资源整合是优化配置的决策，是根据企业的发展战略和市场需求对有关的资源进行重新配置，以凸显企业的核心能力，并寻求资源配置与客户需求的最佳结合点，目的是要通过制度安排和管理运作协调来增强企业的竞争优势，提高客户服务水平。商业模式是包含诸多要素及其关系的系统性概念，而不仅仅是一个单一的组成因素，所以需要通过建构一个商业模式来对资源关系进行调整，从而适应企业发展。

第六，持续创新。创新是一种商业模式形成的逻辑起点与原动力，也是一种商业模式区别于另一种商业模式的决定性因素，因而创新性成为成功商业模式的灵魂与价值所在。商业模式的创新形式贯穿于企业经营过程中，贯穿企业资源开发研发模式、制造方式、市场流通等各环节。商业模式的存在是在一系列假设条件下合理设定的，因此，对于环境、市场的变化及时做出反应才能使商业模式的存在走得更远，这就给商业模式的发展提出了新的挑战，要求其不断创新、持续性调试，才能打破企业产品生命周期的"魔咒"，使企业在发展中不断调整方向，保证其客户群。

资本运营与商业模式专栏 1：

"双十一"是商业模式之战

"双十一"即指每年 11 月 11 日，由于日期特殊，因此又被称为光棍节，大型的电商网站通常会利用这一天来进行大规模的打折促销活动以带动人气进而提升销售。2009年，淘宝商城在光棍节进行了五折促销，引发亿万网民的疯狂热情，自此之后这一个日子变成了全民狂欢式的购物节。过去不久的 2021 年第 13 个天猫"双十一"落下帷幕，阿里巴巴公布的数据显示，2021 年天猫"双十一"成交额达 5 403 亿元，再次创下新高。回顾过去，2020 年"双十一"成交额为 4 982 亿元，2019 年"双十一"成交额为 2 684

亿元，2018 年"双十一"成交额为 2 135 亿元。2017 年"双十一"狂欢，天猫最终交易额定格在 1 682 亿元，2016 年 1 207 亿元，是 2015 年的 132%，2014 年 571 亿元，2013 年 350 亿元，要知道 2009 年的"双十一"，销量只有 0.5 亿元。

天猫"双十一"已走过 13 个年头，从最初的 0.5 亿元到如今的 5 403 亿元，天猫"双十一"的成交额一路高歌猛进，逐年上升。13 个夜晚的交汇，13 个 0 点的提醒，不仅牵动着无数消费者的心神，也推动了无数品牌的成长，这也正是天猫"双十一"的魅力所在。2020 年，网络购物用户规模达 7.82 亿人，占网民整体的 79.1%；手机网络购物用户规模达 7.81 亿人，占手机网民的 79.2%。

2015～2020 年中国网络购物用户规模和使用率如图 3 - 4 所示。

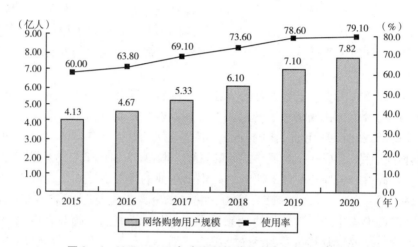

图 3 - 4 2015～2020 年中国网络购物用户规模和使用率

2011 年以来，积极发展电子商务成为我国各地转变经济发展方式、调整经济结构的重要措施，并直接推动了电子商务进入规模化快速发展新阶段。"双十一"正在逐步演变成一场盛大的国人盛宴。

面对电商的竞争，传统商业或主动"触电"，将网上商城变成营业的重要部分；或实行差异化竞争，在网络商店销售与实体店消费群需要的不同的商品；或利用微博、微信、App 等平台，推送促销和活动通知，增强目标消费群的黏度。

在走过 13 个年头后，"双十一"这件事已经被赋予了太多意义，它不仅是大众消费集中爆发的时间节点，同样也是平台、品牌业绩冲刺的关键时刻。但在外部宏观环境与政策环境的变化之下，"双十一"期间各大平台已不再强调 GMV，而整体舆论氛围上亦显得异常低调。

当大众注意力从每年夸张的 GMV 增长移开时，我们或许便离真相更近了一步。事实是，"双十一"在多年光鲜亮丽的数字背后，也积聚了多方的矛盾与冲突，"二选一""满减套路""亏本促销"这些曾经的社会话题便是例证。

当然，今年云淡风轻的"双十一"并非预示着"电商购物节已死"，反而折射出中国商业生态格局和企业经营模式阵地正在换挡转型。仔细观察便不难发现，在传统电商之外，兴趣电商正在占据越来越主要的商业位置；而在电商平台之外，内容平台也正在快速补足电商板块，不断助推越来越多的新兴企业成长。

总而言之，我们并不像当下不少行业舆论一样对"双十一"抱有悲观态度，尽管未来增长或许放缓，优胜劣汰无可逃避，但消费者的选择越来越多、商家的选择越来越多都是毋庸置疑的事实。若我们把观察的视角拉远、维度放宽，2021 年看似平淡的"双十一"背后，实则是一场中国企业经营甚至中国商业转型暴风雨的平静前夜。

资料来源：

①刘杰克．"双十一"促销对营销策略与商业模式启示［J］．中小企业管理与科技（中旬刊），2012（12）：70 - 71.

②杭宇．对双十一购物狂欢节的思考［J］．中国商论，2018（35）：74 - 75.

3.1.3 商业模式的作用

商业模式在本质上是关于企业做什么、怎么做、怎么赢利的问题，对于个人或企业商业活动成功与否至关重要，发挥着巨大的作用。下面对企业商业模式的作用（见图 3 - 5）进行简要介绍。

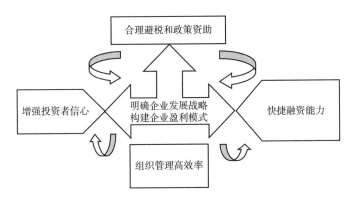

图 3 - 5 企业商业模式的作用

第一，明确企业发展战略。商业模式从企业整体价值链及在其中的地位描述了企业战略目标，能否在企业中发现并成功运用商业模式的力量整合资源，培养企业的核心能力，影响着企业战略目标的实现。商业模式初期的建立都是根据公司的核心人物对于市场、企业定位而做出关于企业各项活动的基本应对方法，甚至商业模式所建立的企业文化氛围都带着企业家的精神，这给管理层更好地理解企业战略目标并为之奋斗提供了方向。另外，商业模式要有大胆的探索，从企业内部运营方式到企业的定位，从固有的客户群到挑战吸引其他的消费群，从原有的消费观念到创新性的消费理念等出发，改变传统的发展模式，站在更高的消费层次上思考企业的出路，使企业的商业模式具有前瞻性和引领性。

第二，构建企业盈利模式。商业模式能让企业不断地思考企业的定位、企业的目标人群特别是隐性的消费群体，保持消费群对企业的黏度并为其不断延伸服务价值，这样就能使企业在不断地分析中找到运营中的不足，重构产品和服务体系，保持企业的持续盈利。

第三，组织管理高效率。高效率是每个企业管理者都梦寐以求的境界，也是企业管理模式追求的最高目标。一个企业要想高效率地运行，首先，要解决的是企业的愿景、使命和核心价值观，这是企业生存、成长的动力，也是员工干好的理由。其次，要有一套科学实用的运营和管理系统，解决的是系统协同、计划、组织和约束问题。最后，要有科学的奖励激励方案，解决的是如何让员工分企业的成长果实的问题，也就是向心力的问题。只有把这三个主要问题解决好了，企业的管理才能实现高效率。

第四，快捷融资能力。企业不管在任何生命周期阶段，都不可避免涉及融资问题，能否有效、快捷地融入资金对于企业的发展壮大起着举足轻重的作用，所以资金流是企业的正常运作控制因素，掌握了资金流就能掌控企业的运转，所以能否快捷融资并合理运用资金是商业模式能否起到应有作用的关键点。从一些已成功的企业发展过程来看，无论其表面上对外阐述的成功理由是什么，都不能回避和掩盖融资对其成功的重要作用，许多失败的企业就是由于没有建立有效的融资模式而失败了。所以说，商业模式的设计很重要的一环就是要考虑融资模式。可以说，能够融入资金并能用对地方的商业模式就已经是成功一半的商业模式了。

第五，合理避税和政策资助。合理避税是指合理地利用有关政策，设计一套利于利用政策的体系。合理避税做得好也能大大增加企业的赢利能力。另外，政府的税收政策优惠也使具有优秀商业模式的企业与政府共赢，如杭州就合理地利用了税收优惠政策和创造良好创业环境，现在杭州遍地都是商业模式，每天都有到杭州"掘金"的风险投资家。杭州连续5年荣膺"中国大陆最佳商业城市"榜首，正成为商业模式企业的沃土。2008年以来，杭州实施大学生和留学生创业计划，按照"订单实训、持证上岗、政府资助、促进创业"的要求，开展万名大学生创业实训，受到企业欢迎；同时推行"创业导师"制，建设大学生创业实践基地，推进大学生创业园、创业人才公寓建设。大力吸引海外高端人才的点是鼓励硅谷留学人员到杭创业，他们带来的不仅是技术和项目，更重要的是新商业模式。杭州鼓励他们一头留在硅谷，一头在杭州发展，从而使杭州与硅谷同步。

第六，增强投资者信心。企业不管处于何种发展阶段，资金流对于企业是壮大还是崩溃都起着决定性作用，因此，投资者在一定程度上掌握着企业的发展命脉。商业模式能从企业定位、企业运作方式、价值链地位等方面让投资者了解企业的整体经营结构，吸引投资者使其为企业投资或是追加投资，这是企业合理、安全发展壮大的有效途径。

3.2 资本运营与商业模式

资本运营是一个内涵非常丰富的概念，而商业模式在学术界又具有多样性的研究结果，本身没有被广泛认同的统一定论。将资本运营与商业模式结合起来探讨，具有很深的挖掘空间，本节就资本运营与商业模式含义的交叉点来探讨两者的相互关系。

3.2.1 资本运营与商业模式内涵解析

资本，在经济学意义上，指的是用于生产的基本生产要素，即资金、厂房、设备、材料等物质资源。资本是一个静态的概念，那资本运营就是一个动态的概念，顾名思义，资本运营的对象就是资本，是对集团公司所拥有的一切有形与无形的存量资产，通过流动、裂变、组合、优化配置等各种方式进行有效运营，以最大限度地实现增值。资本运营的实践活动始于 20 世纪的西方，西方近百年的经济发展史可以说是资本运营的实践史，而资本运营的概念产生于 20 世纪 90 年代的中国，随着我国改革开放不断深入，资本市场进一步发展，对于资本运营的理念探讨与实践探索也在不断深化。

通常我们把"如何获得资本"的方法称为融资模式；把"做什么""给谁做""做了卖给谁"，即如何赚钱的方法称为赢利模式；把能使整个系统高效率运作起来的方法称为管理模式；把"怎么做"称为生产模式；把"做什么产品""产品卖给谁""如何卖"的方法称为营销模式。我们通常所说的经营模式其实就是涵盖了赢利模式、生产模式、管理模式和营销模式。无论是融资模式还是经营模式，这些都是商业模式的组成部分，而不是全部，其中任何一种模式的改变，都能带来商业模式的变化。而无论是企业融资模式还是经营模式，都会涉及资本运营。投资者为了实现企业价值最大化，必须具备两种经营战略，即资产经营与资本经营，也就是人们常说的管理模式和投融资模式。资产经营与资本经营相辅相成，缺一不可。

商业模式与资本运营关系如图 3–6 所示。

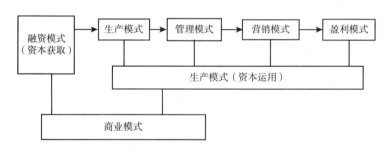

图 3–6　商业模式与资本运营关系

资产经营，靠资源赚钱。主要体现在企业的经营管理方面，如品牌管理、人力资源管理、产品质量风险管理、营销管理等，都属于资产经营范畴。资产经营的目标是提升经营绩效。资本经营，靠钱赚钱。试想，如果一家公司既不进行债务融资，也不进行股权融资，完全依靠自己的原始资本和公司积累滚动发展，即便是产品研发、生产、销售等方面都是一流的管理水平，企业也难以做大。因此，公司还需要不失时机地适度举债和股权融资来扩大规模，充分发挥财务杠杆作用，实现利益最大化。至于融资结构如何才能够做到合理则属于财务管理的范畴。在这里，无论是融资者还是投资者所从事的都是"资本运营"。

从经营战略层面来看，商业模式 = 资产经营 + 资本经营。现在让我们从标准的企业运作流程来分析一下。标准的企业运作流程是：钱→物→钱→进入下一个循环。开始的"钱"指的是资本，包括资产和资金；"物"指的是产品，包括有形产品和无形产品；最后的"钱"是开始资本的增值。由此公式，我们可以初步得出一般商业模式的流程：就是获得资本（融资方案），用资本做什么（市场需求产品或服务），为谁做（市场定位），用什么做（材料、采购、物流），怎么做（生产方式），做完后通过什么方式（渠道或手段）提供给需求者（目标消费群），并获取利润的整体解决方案。流程图即是：获得资本→资本做什么→为谁做→用什么做→怎么做→渠道、手段→产品、服务→获取利润→获得资本循环。从商业模式的流程里，我们可以发现一般商业模式的三个特点：资本是运动的；资本运动是要盈利的；盈利的过程是能周而复始进行的。

资本是运动的，运动的成效主要从几个方面来考量：一看资本的构成情况，如流动资产与长期资产的比率，流动资产内现金、银行存款、短期投资、应收票据、库存和在途物资及应收未收款的构成等，指的是资本分布合不合理；二看资金的流动速度，即我们通常所说的资金周转率，在既定的资本投入前提下，资金周转天数越少，说明资金利用率越高，否则就低，可以从企业的流动比率和运动比率等指标反映出来。

资本运动是要盈利的，否则开办企业又有什么意义呢？如果企业的资本没有盈利，又怎么能支持企业长久的生存、发展呢？如果短期的亏损是为了长期的盈利，这在企业有能力融资或是具有能承受暂亏的前提下，也是可以接受的。企业的盈利模式构成决定了企业的盈利状况。资本运动的绩效可以从企业的损益表反映出来，如净资产收益率等。

资本运动要能循环不断、周而复始，指的是企业是否具有可持续发展的能力。一要看客户的需求是否源源不断；二要看现金流的状况能否始终为正数。也就是说，企业的资金是否有能力支持企业持续不断地生产出产品，满足源源不断的消费需求。资金来源包括融资和自筹资金。

从企业资本的构成性质划分，我们可以将商业模式分为四类：第一，以产业资本为主的商业模式，如以格兰仕、长虹为代表的以生产加工为主的企业；第二，以商业资本为主的商业模式，如沃尔玛、易初莲花为代表的以商业零售为主的企业；第三，以金融资本为主的商业模式，如银行、信托公司、投资公司等；第四，以产业资本、商业资本相结合的商业模式，如国美、苏宁、联想等。

资本运营与商业模式专栏2：

歌尔股份走向元宇宙

在新能源的花开得如火如荼之时，元宇宙第一股 Roblox 上市、头条 90 亿元收购 Pico、Facebook 更名为元宇宙相关名字的事件点燃了我们的数字生活，元宇宙似乎以雷霆之势闯入我们的视野，其"疾如风，徐如林，侵略如火，不动如山"的行军作风，也给市场留下挥之不去的印象，脸书创始人兼 CEO 马克·扎克伯格（Mark Zuckerberg）认为："元宇宙是个跨越许多公司甚至整个科技行业的愿景，你可以把它看作移动互联网的继任者。"英伟达 CEO 黄仁勋认为："现实世界和元宇宙是相连接的。"天风证券全球科技首席分析师孔蓉表示，可以将元宇宙理解成"3D 版的互联网"。

随着元宇宙的概念大火，歌尔股份这家公司开始走进人们的视线。歌尔股份有限公司成立于 2001 年 6 月，2008 年 5 月在深交所上市，是全球布局的科技创新型企业，主要从事声光电精密零组件及精密结构件、智能整机、高端装备的研发、制造和销售，目前已在多个领域体现出了综合竞争力。秉持一站式服务为客户创造更大价值的理念，歌尔深耕产业价值链上下游，已与消费电子领域的国际知名客户达成稳定、紧密、长期的战略合作关系。从上游精密元器件、模组，到下游的智能硬件，从模具、注塑、表面处理，到高精度自动线的自主设计与制造，歌尔打造了在价值链高度垂直整合的精密加工与智能制造的平台，为客户提供全方位服务。歌尔研发布局全球，在美国、日本、韩国、丹麦以及北京、青岛、深圳、上海、南京、中国台湾等地分别设立了研发中心，以声光电为主要技术方向，通过集成跨领域技术提供系统化整体解决方案。

歌尔股份 VR 相关业务的增长并不是一蹴而就，而是近十年的布局进入收获期。歌尔股份自 2012 年便开始涉足 VR 领域，现已全面覆盖 VR 产业链，具备 VR 头显及相关设备的一站式研发制造能力。早在 2016 年就与包括索尼、Oculus、Pico、华为、三星、Kopin 等在内的 VR/AR 大厂建立良好的代工合作关系，是全球 VR 设备最主要的代工供应商。值得一提的是歌尔是 VR 爆品第二代独立虚拟现实头盔（Oculus Quest 2）的独家供应商，在中高端领域的产品出货量全球第一，并且手握索尼、华为等一线客户资源。截至 2021 年 12 月，歌尔股份的总市值已达 1 844.81 亿元，在电子设备制造行业排名第二，行业均值为 207.74 亿元；市盈率（TTM）为 44.30，估值水平排在后三分之一，行业均值为 58.70。歌尔股份的走势同元宇宙板块的走势高度相关，在高端 VR/AR 设备整机代工领域中市占率高达 80%。

歌尔股份也在不断加注"元宇宙"。最新市场消息显示，歌尔股份发行的可转债，拟配套募集资金 10 亿元投入年产 350 万套 VR/AR 项目和年产 500 万片精密光学镜片及模组产品。从主营构成占比来看，主业贡献度逐渐从精密零组件转移至智能声学整机。最近几年业务发展最快的是智能硬件，VR 虚拟现实、AR 增强现实产品、智能可穿戴产品、智能家居等产品发展动力强劲。据 IDC 预测数据，2021～2025 年，全球 VR 虚拟现实产品出货量有望达到约 41.4% 的年均增速，AR 增强现实产品出货量有望达到约 138% 的年均增速。

歌尔股份主营构成占比如图 3-7 所示。

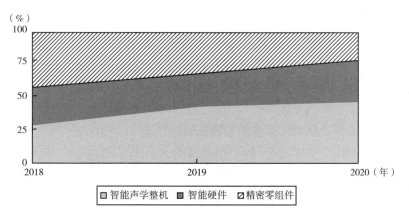

图 3-7　歌尔股份主营构成占比

资料来源：

①王僖. 歌尔股份回应下修业绩预期 将坚定元宇宙产业链布局［N］. 证券日报，2022 - 12 - 05（B01）.

②张赛男，李炳珍."元宇宙"火了 字节跳动收购歌尔股份关联方 Pico 国内 VR 产业链终于等到风来？［N］. 21 世纪经济报道，2021 - 09 - 01（009）.

3.2.2　商业模式与资本运营的联系

为什么商业模式在中国受到广泛关注呢？其实最重要的因素就是风险投资基金。商业模式这个概念这几年在中国越来越热，就是因为风险投资基金越来越热。

风险投资基金投资项目，选择项目的标准永远都是两个核心：一是团队，人很关键；二是商业模式，模式是根本。"团队＋商业模式"是每一个风险投资者选择项目时的核心判断依据。因此，如果企业希望通过风险投资来融资，那么找到一个有发展潜力的商业模式，是一个核心前提。如果没有一个好的商业模式，通过风险投资融资成功率是比较低的。当然，在风险投资的项目中，团队的重要性毋庸置疑，因为事情是人做出来的。但是，怎样去衡量一个团队的优秀呢？除了团队要有的信誉度、执行要强以外，还有一个重要指标就是优秀团队能否打造出一个成功的商业模式，能否把这个企业带到一个10年、20年长期发展的成功轨道。所以说商业模式与资本运营紧密关联、密不可分。

资本运营也是很多商业模式实现的重要途径之一。就拿分众传媒来说，它所建立的全国连锁化液晶屏广告联播网，这种模式就是在电梯内把液晶屏广告挂起来进行运营，但是它要求的企业投资金额极为巨大。对任何一个创业阶段的企业来说，这是一个巨大挑战，一块液晶屏按照当时的市场价大约是 8 000 元，仅仅是液晶屏挂 5 万块就需要 4 亿元资金，更何况还需要支付物业公司的租赁费、自身推广及销售费用、员工费用等，总体投入更是惊人。所以说如果没有风险投资的支持，分众传媒就很难迅速成功，甚至没法运转起来实现其商业模式。分众传媒正是在风险投资的支持下，在上市融资的推动下，才得以实现商业模式。因此，风险投资与融资等资本运营往往是商业模式得以实现的一个重要支撑点。

商业模式是一个艰辛的过程，那么什么能够支持企业在商业模式的道路上扬帆起航呢？方向比努力更重要，只要方向是正确的，哪怕是连滚带爬它都会日积月累的向前进步和发展。那又是什么能够支持企业坚持走下去呢？就是因为有资本市场的存在。资本市场能够放大企业价值，助推成就一家伟大的公司，这就是商业模式的归宿与美好未来。所以，一个成功的商业模式既需要资本运营的支撑，同时也可以获得资本市场美好的未来。一般来讲，企业家和创业团队，所付出的超人艰辛需要资本市场通过几十倍的放大来鼓励和肯定，这是创业创新的重要动力源泉之一。

商业模式正在成为中国优秀的有发展潜力的企业的发展支点，相信随着风险投资的日益火热，随着创业板的推出所带动的全民创业的热潮，必将有更多的企业家通过商业模式的力量更上一层楼，通过资本运作登陆资本市场。得商业模式与得资本者，得"天下"。

资本运营与商业模式专栏 3：

国美电器：两大盈利模式

国美电器成立于 1987 年 1 月 1 日，是中国的家电零售连锁企业。国美电器于 2009 年入选中国世界纪录协会中国最大的家电零售连锁企业。2013 年，国美门店总数（含大中电器）达 1 063 家，覆盖全国 256 个城市，同时国美还有 542 家非上市公司，国美集团总门店数为 1 605 家。国美快速扩张的同时又保持强劲盈利能力的根本原因在于其核心竞争力，也就是它的终端管道价值。这种终端管道价值即国美的两大盈利模式——类金融模式和非主营业务盈利模式。

一、金融模式

国美在中国内地电器零售商中所处的地位可谓非同小可，这样的市场地位使得国美与供货商交易时的议价能力处于主动位置。通常情况下，国美可以延期 6 个月之久支付上游供货商货款，这样的拖欠行为令其账面上长期存有大量浮存现金，大量的拖欠现金方便了国美的扩张。简而言之，占用供货商资金用于规模扩张是国美长期以来的重要战略战术。也可以说，国美像银行一样，吸纳众多供货商的资金并通过滚动的方式供自己长期使用，"类金融"这个词也由此而来。

国美类金融模式的运作如图 3 - 8 所示。

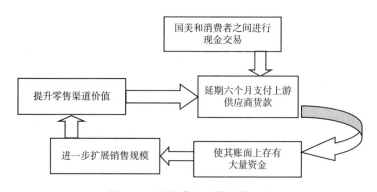

图 3 - 8　国美类金融模式的运作

二、非主营业务盈利模式

国美强调"吃"供货商的非主营业务盈利模式，即国美以低价销售的策略吸引消费者从而扩大销售规模，然而低价带来的盈利损失并非由国美独自承担，相反的，国美将其巧妙地转嫁给了供货商，以信道费、返利等方式获得其他业务利润以弥补消费损失。低价策略带来的强大的销售能力使得供货商对国美更加依赖，于是国美的议价力得到进一步提高——以更低的价格采购货物，同时以更低的价格销售，这种非主营业务盈利的模式也便如此不断循环，具体如图 3 - 9 所示。

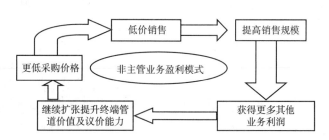

图 3 - 9　非主营业务盈利循环模式

这两个商业模式的核心是国美带有垄断特性的渠道资源。正是由于拥有庞大的管道，国美才可以在压榨供货商的盈利模式基础上，不断巩固和强化渠道资源，从而获取更多的利润。

资料来源：

①杨青倩. 国美零售轻资产盈利模式优化研究［D］. 南京：南京邮电大学，2021.

②彭小梅. 国美电器在"互联网＋"下的盈利模式创新研究［D］. 广州：广东外语外贸大学，2017.

3.3　商业模式创新

商业模式创新（business model innovation）在全球商业界已经引起前所未有的重视。全球商业领袖普遍将商业模式创新视为获取竞争优势方面最重要的可持续的途径（钱大群，2010）。相对于传统的产品创新、技术创新、工艺创新或组织创新等类型来说，商业模式创新是一种新型的创新形态，企业可以通过它在产业竞争中占据有利的地位。从 20 世纪 90 年代至今，大量的研究机构也对实践领域开展了各式各样的商业模式调查研究：第一，1998～2007 年，中国成功晋级《财富》世界 500 强的 27 家企业中，有 11 家企业认为他们的成功与商业模式创新相关；第二，在 2005 年，《经济学人》一项调查显示，半数以上的企业高管认为，企业成功的关键是商业模式创新，而不是产品和服务创新；第三，2008 年就创新问题对 IBM 在全球的 765 个公司和部门经理的调查表明，他们中已有近 1/3 把商业模式创新放在最优先的地位。随着 2001 年互联网泡沫的破裂，许多基于互联网的企业虽然可能有很好的技术，但因缺乏商业模式创新而破产。而另一些企业可能尽管最初技术不是最好的，但由于保持商业模式创新，已然保持很好的发展趋势。于是，商业模式创新的重要性得到了充分的验证。人们认识到，在全球化浪潮冲击、技术变革加快及商业环境变得更加不确定的时代，决定企业成败最重要的因素不是技术，而是商业模式。2003 年前后，创新并设计出好的商业模式，成了商业界关注的新焦点，人们对商业模式创新更加重视，但什么是商业模式创新呢？

3.3.1　商业模式创新的内涵

从国外的研究成果来看，商业模式研究已经具有一定的深度，从早期的商业模式概念、要素、分类研究逐渐转向商业模式创新研究。商业模式是指企业价值创造的基本逻辑，因此，商业模式创新是指企业价值创造基本逻辑的创新变化，即把新的商业模式引入社会生产体系，并为客户和自身创造价值，通俗地说，商业模式创新就是企业以新的有效方式赚钱。新引入的商业模式，既可能在构成要素方面不同于已有的商业模式，也可能在要素间关系或者动力机制方面不同于已有的商业模式。任何一项经济活动都是行为主体在一定动力的驱动下进行的，企业的商业模式创新也不例外。

从技术推动视角来看，由于商业模式这一概念是随着网络经济的兴起而被广泛接受的，早期对商业模式创新的关注也更多地集中在新兴的互联网企业身上，因此，提姆斯

（1998），阿米特和左特（Amit & Zott，2001）等早期研究者认为，以互联网技术为代表的新技术是商业模式创新的主要动力。有学者从需求拉动的视角来考察商业模式创新问题，发现商业模式创新并不仅是由技术推动的，有些商业模式创新根本没有利用新的技术，而只是提供了能满足客户需求的新产品或新服务。从竞争逼迫视角来看，市场竞争与经营危机压力是迫使企业寻求创新机会的一个重要原动力，也是逼迫企业实施商业模式创新的重要驱动因素。文卡特拉姆和亨德森（Venkatraman & Henderson，2008）深入研究了压力促进商业模式创新的作用方式，并且发现技术和经营方式的变化会给企业带来压力，当这种压力累积到一定程度（或达到临界点）时，企业就会产生商业模式创新的需要。从企业高管视角来看，商业模式创新涉及企业经营的方方面面，因此必须在企业高管的支持下才能实现。林德和坎特雷尔（Linde & Cantrell，2000）对 70 名企业高管的访谈和对二手资料的整理表明，企业高管是推动企业商业模式创新的主要动力，接受调查的 70 名高管把他们 30% 左右的创新努力放在了商业模式创新上，有些甚至把商业模式创新放在传统创新之前。从系统视角来看，由于单种动力无法完全解释企业实施商业模式创新的动机，一些学者试图系统地解释不同创新动力的作用方式。例如，马哈德万（Mahadevan，2004）从价值创造的角度考察了不同因素对商业模式创新的影响。结果表明，随着行业内竞争的加剧和现有客户需求的变化，企业现有商业模式的价值趋于减小，从而要求运用新技术或利用外部环境变化带来的机会去实施创造价值的新策略，其结果就是商业模式创新。

米切尔等（Mitchell et al.，2003）指出，并非所有商业模式变化都形成商业模式创新：以能显著增强一个公司的当前表现、销售、利润和现金流、竞争力的方式，改变商业模式某一个构成要素，是商业模式改进（business model improvement）；相对竞争对手，包括至少四个商业模式构成要素的改进，称为商业模式更新（business model replacement）；如果商业模式更新能以前所未有的方式提供产品、服务给客户或最终消费者，那么它就是商业模式创新。

当然，商业模式更新和改进间的边界是模糊的，不能说是四个要素改进就一定是商业模式更新，三个要素改进就一定不是商业模式更新。米切尔等（2003）的划分实际上是表明商业模式更新或创新涉及多个要素的协同变化。企业是商业模式创新的主体，进行了商业模式创新的企业叫商业模式创新企业。从它的界定和区分，我们可以发现商业模式创新企业有几个共同特征，或者说构成商业模式创新有几个必要的条件：第一，提供全新的产品或服务；第二，其商业模式至少有多个要素明显不同于其他企业，而非仅有少量的差异；第三，有良好的业绩表现，体现在成本、盈利能力、独特竞争优势等方面。

"创新"概念可追溯到熊彼特（Schumpeter，1912），他提出创新是把一种新的生产要素和生产条件的"新结合"引入生产体系。具体有五种形态：开发新产品、推出新生产方法、开辟新市场、获得新原料来源、采用新产业组织形态。相对于这些传统的创新类型，商业模式创新有以下几个显著的特点。

第一，商业模式更多的是注重和涉及企业经济方面的因素。即使涉及技术、产品和工艺，也大多是和它们的经济因素、它们所蕴含的经济价值及经济可行性有关，而不是纯粹的技术特性。正如创新理论的创立人熊彼得提出的，创新不等于新发明，只有发明被应用于经济活动中才能称为创新。

第二，商业模式创新更多的是系统和根本，它常常不是单一因素的变化，而可能涉及多个要素同时发生的大的变化，常需要组织结构的较大战略调整。商业模式创新往往伴随技术突破、产品或工艺的创新，反之则未必。商业模式创新更是系统和根本，是一种集成创新。

第三，虽然它也常常带来内部效率提高、成本降低，但它更注重为客户所创造价值的增加，视角更为外向和开放，常给企业带来更大的竞争优势。商业模式的创新常会更有效地帮助企业提高其在产业中的地位，同时降低成本。

商业模式创新的描述，本质上应包括三个部分的内容：一是要说明新的商业模式或者说是创新后的商业模式是什么样子；二是要说明新的商业模式相对于原有的模式，或者其他厂商商业模式有什么区别，创新之处究竟在哪里；三是要说明商业模式创新是如何发生的，过程是怎样的。

商业模式创新概念界定如图 3 – 10 所示。

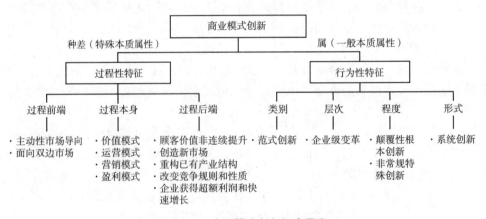

图 3 – 10 商业模式创新概念界定

由于商业模式本身的复杂性及商业模式创新过程的复杂性，诸多细节和偶然性因素也很重要。因此，要想充分描述是困难的，有时甚至不可能。即便如此，在许多情况下，我们可以大概地描述勾勒，以乐视影业为例子。

资本运营与商业模式专栏4：

招商银行大财富管理商业模式的前世今生

2021 年是招行的大财富管理元年，"让财富管理飞入寻常百姓家"的梦想逐步照进现实。按照集团口径，招行大财富管理收入包括财富管理、资产管理和托管业务手续费及佣金收入，2021 年这一收入总规模达 521. 30 亿元，同比大涨 33. 91%，在营业收入中的占比接近 16%。作为一个全新的观察维度，这一新指标一经披露便为业内所广泛关注，其强劲的增长动力正在让招行的大财富管理 3.0 模式获得越来越大的加速度。

执掌招商银行的第九年，行长田惠宇提出一个熟悉又陌生的概念——大财富管理价值循环链，作为全行未来五年的工作主线。大财富管理概念的价值不在提出新思路，而在"总集成"，它将前期转型成果集成起来，面向社会需求提出一套综合解决方案。近年招行的转型不断刷新外界认知，率先实践金融科技银行、MAU 北极星、开放融合、3.0 模式等一系列探索，但它们都是轻型银行局部的、阶段性的成果，若想借此理解招行，往往只见树木不见森林；大财富管理则是拼图的全貌，被称为"轻型银行的高级形态"，它第一次清晰勾勒出招行想成为的样子。

2020 年招行零售组织架构调整，财富管理业务和手机 App 平台集成入"财富平台部"，正是围绕大财富管理的排兵布阵，业务层面的连锁反应也启动。研究领先者的规划，有助于判断行业的未来。本案例试图从轻型银行战略的两大成果入手，整体解析大财富管理的由来，探讨招行对行业前景的预判及其自我革命的雄心。

一、从银行资产负债表到客户资产负债表

招行 2020 年度报告的"行长致辞"提出了大财富管理的宏观背景：小康社会建成、房住不炒、养老第三支柱出台，居民的金融资产配置比例大幅提升；企业融资需求升级、资本市场深化、公募 REITS 启动，资产端供给百花齐放。大财富管理的用意就是做社会融资和居民财富的"连接器"，让资金和资产通过招行"相遇"。

在此语境下，招行的发展重点无疑是表外业务。无论居民金融资产配置需求，还是新动能企业融资、资本市场、公募 REITS，都超出传统存贷款的范畴，难以在银行自身的资产负债表内解决。

招行有底气提这样的规划，与其多年的战略实践密不可分。2014 年，招行正式提出"轻型银行"战略方向，内涵包括轻资本、轻运营、轻管理、轻文化，目的是以有限的资产负债表撬动更大体量的业务，为社会解决更多需求、创造更多价值。落到业务层面，一方面是集约利用表内资产，另一方面则是跳出局限，撬动表外资源。

事实上相关实践早在 2007 年就开始了，当年招行率先设立零售管理客户总资产规模（AUM）作为考核指标，替代存款考核。AUM 既包含客户在招行的存款，也包含客户通过招行购买的理财产品、基金、保险等，即"客户的资金不必进我口袋，只要经手管理即可"，实际上是从客户的资产负债表出发来考虑问题。

此举曾引起不小的震动——业内素有"存款立行"一说，客户都买基金买理财去了，存款怎么办？

事实证明，这是一次大胆而聪明的抉择，招行借此抓住了蓬勃发展的理财需求，搭上了利率市场化的快车。2020 年末，招行零售存款约 2 万亿元，零售 AUM 高达 8.94 万亿元。存款替代问题则通过做大"蛋糕"来解决——抓住理财需求就抓住了客户，客群规模扩张、客户主账户渗透率提升，也就做强了存款基础。同时，招行的批发条线也通过一系列改革，贡献了大比例的低成本存款。

与零售 AUM 对应，批发条线创设了客户融资总量（FPA）考核指标，并在 2020 年招商银行中报首次披露。FPA 包含传统的贷款、票据贴现、信用证，也包含表外的债券承销、资产支持证券、撮合交易、牵头银团贷款等，即"客户融资不必经我出资，只要由我服务即可"，同样是跳出银行自身视角，从客户的资产负债表出发来考虑问题。

2020 年，招行公司贷款 1.76 万亿元，而 FPA 则达到 4.26 万亿元。这背后有一场少为外界关注却意义重大的变革，即始于 2014 年的"体制改革"，它将批发业务经营的主阵地从支行移至总分两级，对内强化队伍建设、中台赋能，打通全行资源服务企业的复杂需求；对外强化客户选择、行业认知，变关系营销为专业制胜，凭借投商行一体化优势拿下360私有化、格力混改、宁德时代股权投资等一系列大项目。

正是这场变革彻底改变了招行批发业务的面貌，把支行一线自发的、游击战式的打法转变为体系化的、高度协同的作战模式。招行借此获取了一大批优质企业客户，带来大量结算性的活期存款。

经过"存款转AUM、贷款转FPA"两步，招行的资金来源、资金运用都从银行资产负债表转向了客户资产负债表，并形成"投资银行—资产管理—财富管理"的价值循环链。链条的运作大致如下：投资银行业务为某新动能企业提供并购贷款，获得优质非标资产，经由资管部门组合打包成私募基金，再由零售条线销售给私行客户，一笔业务就从B端串联到C端；若私行客户是企业主，自身也有融资和工资代发需求，又可发起一轮新循环。

在上述"资产价值循环"的背后，还有一层较难觉察的"客户价值循环"：通过行业专业化、投商行一体化经营，批发条线抓住了优质企业客户，贡献全行2/3的存款，使零售条线不必依赖高成本负债，有充足资源来经营年轻的潜力客户，向上输送中高端客群（对公存款支持零售信贷，也是招行独此一家的特色）；中高端客群规模扩大，尤其是企业高管客户增加，又能带来批发业务的机会。

如此，业务不再孤立存在，而变成"一连串事件"，在客户的资产负债表之间循环流动、生生不息。能否把客户资产表统计出来？由于招行仅披露了零售AUM和批发FPA，两个指标均无全行口径，因此尚不能完整展示业务体量。例如，信用卡资产以ABS方式出表，装进私募基金后销售给投资机构，则两个指标都统计不到。尽管有所遗漏，我们仍可以根据年报披露，从资金来源、资金运用两个维度大致勾勒招行的"客户资产负债表"。这是轻型银行战略的一大成果，构成大财富管理的第一块基石。

二、科技基础和数字化经营

就在2014年招行提出轻型银行战略时，一股颠覆传统金融的力量正在生长。2013年的移动支付大战后，两大互联网公司几乎垄断了移动支付市场，由此获得线上金融流量入口。

金融新业态的思维方式、客群结构和经营逻辑与传统金融迥异。经典战略思维是"选择和取舍"，意味着聚焦细分市场、主打特色产品。招行轻型银行战略就是一系列取舍，全行聚焦零售、对公主攻低资本消耗的特色业务，才做出今天的鲜明特色。互联网的打法却告诉我们，有时候"不选择"也是可行的，例如，亚马逊宣布"同时提供无限的选择、顶级的购物者体验和最低的价格"，典型的"既要又要还要"——彼时零售业走到了科技升级的关口，只要调集资源持续投入科技基础建设、重塑运营模式，就能以近乎零的边际成本触达海量客户，使原本不可兼得的目标在更高维度的"飞轮体系"里相辅相成。

选择和取舍是在有限的资源约束下寻求优化。当行业出现重大升级机遇、有条件打破资源约束时，有无勇气跳出思维定式、倾力拥抱机遇，是对企业家的巨大考验。过去财富管理市场的成本结构促使银行按资产规模将客户分层分类，向中高端客群倾斜服务资源，80%的收入来自20%的客户。招行正是依托客户分层，建立了零售业务的体系化优势，把私人银行业务做成了"皇冠明珠"。

面对移动互联网、云计算和人工智能等技术带来的重大升级机会，招行管理层表现出优秀的战略前瞻性和决断力，2014年研究互联网金融，2015年总结流量思维，2017年"金融科技银行"，2018年"MAU北极星指标"，2020年"开放融合"，再到2021年大财富管理的"大客群、大平台、大生态"，倾尽全力拥抱机遇。大财富管理要"让财富管理飞入寻常百姓家"，正是招行面对重大机遇所展露的雄心。

战略思维改变，客群结构和经营逻辑也将发生变化。过去客群"二八分化"，未来将海量触达、长尾更长，并由此形成更强劲的中高端客群输送能力；过去强调单项业务盈利，今天则在生态合作、场景经营上发力，通过非金融场景获客粘客。

田惠宇在一次讲话中表示，以招行亿级生态的根基，招行和客户之间、客户与客户之间的资金和信息交互构成了"以金融自场景为主的开放生态"。当前招行手机银行、掌上生活两大App月活破亿，零售业务绝大部分服务都通过手机进行，饭票、影票、出行、便民等场景也气候初成，从获客到运营都渐有大厂风范。前面描述的价值循环，开始在更广阔的"金融+生活"空间运行。

在科技加持下，招行的组织能力也显著飞跃。琐碎事务由智能工具替代；中台策略实时推送；风险管理实现升级；科技赋能成为营销利器，敲开优质企业和政府机构的大门。

这是轻型银行战略的第二大成果。当我们把科技基础建设和数字化经营加到客户资产负债表里，就得到了大财富管理的基本盘，酷似从银行资产负债表之茧中破出一只蝴蝶，故称为"破茧之战"。由此我们也更容易理解田惠宇所说："招商银行是离大财富管理最近的幸运儿"。

三、大财富管理的未来图景

大财富管理的提出，意味着轻型银行战略进入新的发展阶段，两大成果构成的基本盘仍将演化迭代。

2020年3月22日的业绩发布会上，田惠宇谈到两大挑战：一是产品组织和创设，二是风险管理。"相比市场化的资产管理机构，银行的资产组织和产品创设能力是难点和痛点。"田惠宇说："尽管过去几年已在有针对性地布局，未来仍需继续加强。"从前述梳理也可见，招行FPA与AUM之间仍有缺口，需要引入外部产品来补足，应发展产品评估、采购、管理、配置等一整套能力。

同时，在大财富管理的框架内，风险管理超出传统银行信用风险管理的范畴，贯穿了资产组织、产品创设、产品配置、合作伙伴选择、投资者教育，投资者陪伴、投后管理等全过程，招行将面临新的风险形态，急需探索新的管理模式。

主管零售的副行长汪建中在发布会上提到，招行已具备数字化经营能力，下一阶段的重点是提高MAU向AUM的转化效能，即打通数字化获客到财富管理的路径。招行调整零售条线组织架构，集成新的"财富平台部"，将手机App平台与客户服务队伍合一，用意即在此。

1987年成立时，招行的使命是"为中国贡献一家真正的商业银行"。如能迭代完成"大财富管理价值循环链"，招行将为银行业贡献一个独特的商业模式，其估值逻辑也将改变。

当前资本市场对银行估值主要用 PB 而非 PE，原因有二：过去银行的经营成果基本取决于总资产规模，在资本充足率约束下，总资产和净资产的比例相对稳定，因此经营成果与净资产关联度高，可用 PB 估值；同时，银行的收入主要靠净利差，隐含了滞后暴露的风险，易使净利润失真，不宜用 PE 估值。

而大财富管理的图景中，两个指标的适用性颠倒过来：银行的经营成果主要来自表外业务，与自身净资产的相关性削弱，则 PB 估值容易失真；收入更多来自非息业务，风险"买者自负"，净利润稳定且真实，适宜用 PE 估值。

2021 年，招商银行提出大财富管理的商业模式，持续推进大财富管理价值循环链的整体规划，加快数字化转型、平台化转型和生态化转型，促进"财富管理—资产管理—投资银行"大财富管理价值循环链下各项业务全面融合运转。可以说，大财富管理已经成为招商银行重要的收入来源和增长动力。

资料来源：

①万飞. 关于商业银行大财富管理发展的思考 [J]. 现代商业银行，2021 (23)：38 –41.

②孟凡霞，李海颜. 高层剧变 招行大财富管理之路怎么走 [N]. 北京商报，2022 – 04 – 19 (004).

3.3.2　商业模式创新的特点

相对于企业其他一些传统创新类型，商业模式创新具有整体性、外向性和实效性三方面明显的特征。

第一，整体性。整体性是商业模式创新区别于企业其他创新的本质特征。商业模式创新与企业的产品创新、技术创新、组织创新和流程创新等创新活动的本质区别就在于其具有整体性。商业模式创新可能是由单一要素引发，但并不仅限于单一要素的变化，而是表现为多项要素相互协同变化。它同时涉及模式多个要素的变化，需要企业的较大战略调整，是一种集成创新。商业模式创新往往同时伴随产品、工艺或者组织结构与运作流程的创新，反之，则未必足以构成商业模式创新。例如，开发出新产品或者新的生产工艺，就是通常认为的技术创新。技术创新通常是对有形实物产品的生产来说的，但如今是服务为主导的时代，世界发达国家服务业在国民经济所占的比重已接近70%，对传统制造企业来说，服务也远比以前重要。因此，商业模式创新也常常体现为服务创新，表现为服务内容及方式及组织形态等多方面的创新变化。

第二，外向性。商业模式创新更注重从市场和客户的角度出发，从根本上思考设计企业的行为，视角更为外向和开放，更多注重和涉及企业经济方面的因素。商业模式创新的出发点，是如何从根本上为客户创造和增加价值。因此，它逻辑思考的起点是客户的需求，即根据客户需求考虑如何有效满足它。所以企业价值主张的改变，常常是商业模式创新的起点，这也是为什么有专家认为商业模式创新起始于讲一个诱人的故事，这点明显不同于技术创新。技术创新通常具有内向性，技术创新常常是从企业所擅长的技术特性与功能出发，看它能用来干什么，从一种技术可能有的多种用途中去挖掘它的潜在市场。商业模式创新即使涉及技术，也多是和技术相关的经济方面的因素，与技术所蕴含的经济价值及经济可行性有关，而不是纯粹的技术特性。

第三，实效性。商业模式创新具有实效性的特征，从绩效表现看，商业模式创新如果提供全新的产品或服务，那么它可能开创了一个全新的可盈利产业领域，即便提供已有的产品或服务，也应该能给企业带来更持久的盈利能力与更大的竞争优势。传统的企业单一要素的创新，通常只是带来企业局部效率的提高与成本降低，而且这些创新容易被其他企业在较短时期模仿。而商业模式创新，虽然也表现为企业效率提高与成本降低，但由于更为系统和根本，涉及多个要素的协同变化，因而更难以被竞争者模仿，所以可以给企业带来战略性的竞争优势和实际经济效益，而且优势可以持续数年。

3.3.3　商业模式创新的问题

企业在激烈的市场竞争中获得生存，需要进行差异性的商业模式创新，通过这种创新获得竞争对手难以获取的竞争优势并打造独具特色的品牌价值，从而为顾客创造新价值。但是，商业模式在创新过程中也会遇到一些问题。

第一，受到保守派的阻碍。商业模式创新不仅是对以往事物的颠覆，更是对未知未来的探索，需要巨大的勇气和魄力。在创新过程中，来自企业内外部的保守派会惧怕未知的不确定性和由于不确定性带来的风险，因此他们更倾向于维持现状或现有的较好局面，从而阻止创新的发生。

第二，企业自身条件制约。商业模式创新不仅要与企业能力和企业的战略目标相匹配，而且还受到相关内外界条件的制约，如相关的技术水平、人员能力、资金实力、相关政策等。一个模式的成功就像木桶效应，缺少任何一个板块都装不了水，模式也就不能成行。

第三，过分关注短期利益。企业进行商业模式创新的最大动力来自更高的利润，成功有效的模式创新可以帮助企业成功实现这一目标。但是，企业在生产经营的过程中往往过于关注利润而忽略了企业的市场份额、市场竞争力、市场地位等。在一味地追求更高利润的同时，成功的商业模式创新不但能够帮助企业增加市场份额，为企业带来丰厚的利润回报，而且还能够增强企业的市场竞争力，提高企业的市场地位，甚至使企业成为长期的市场领导者。

第四，忽略利益相关者。企业往往只关注股东和内部利益相关者的价值，却忽略了对社会、公众、环境以及外部利益相关者的责任。社会对企业提出了更高的要求，企业需要不断地改善与这些利益相关者之间的关系，依法履行社会义务，实现与利益相关者之间的共赢。

3.4　商业模式与行业整合

企业商业模式是伴随着互联网行业的兴起而产生的，同时商业模式受到了投资人的广泛关注。各行各业都有其一套相适应的商业模式，那么商业模式在各行各业中存在什么特点呢？商业模式与各个行业又是怎样整合的呢？

3.4.1 商业模式与轻资产的整合

资产的轻重是个相对的概念，就一个企业或一项投资而言，我们平时耳熟能详的厂房、设备、原材料等，往往需要占用大量的资金，属于重资产。这样的企业一旦达到产能限制，而市场需求仍然增长，如果要想获得更高利润则必须投资新的产能，这需要消耗大量的资金和时间，如果投产过慢则可能丧失获利机会。因为那个时候市场需求可能发生了变化，并且一旦需求转向，重资产的企业不仅盈利增长乏力，而且计提这些新设备和厂房造成大量的折旧反而降低了利润。

所谓轻资产企业，主要是指企业的无形资产，包括企业的经验、规范的流程管理、治理制度、与各方面的关系资源、资源获取和整合能力、企业的品牌、人力资源、企业文化等。因此，轻资产的核心应该是"虚"的东西，这些"虚"资产占用的资金少，显得轻便灵活，所以"轻"。实际上，轻资产商业模式是一种低财务投入、小资产规模、轻资产形态、重知识运用及品牌开放、高投资回报的企业发展模式。轻资产商业模式的特征：一是低的固定资产投入，这直接决定了企业的轻、重之分，同时，较小的固定资产也是对轻资产商业模式外在表象的整体描述。二是业务范围集中，这部分企业只是把整个价值链条中最有价值的、最有商业机密性的环节纳入自己的业务内，而把其他环节外包出去，这样不仅可以集中精力打造企业的核心能力（创新性产品、品牌、企业文化等），而且可以减少价值链其他环节的竞争，打造出共同获利的关系网络。三是可复制、易重组。轻资产商业模式对于企业的资金、规模要求不高，所以企业开分店等方面相对比较容易，而且把握了最为关键的部分，可以及时快速地整合资源。

在经历过 2008 年全球金融危机之后，商业模式对于企业的重要性已众所周知，而轻资产商业模式（见图 3-11）则是企业应对危机的新选择和必然方向，下面就来看看几种比较常见的商业模式。

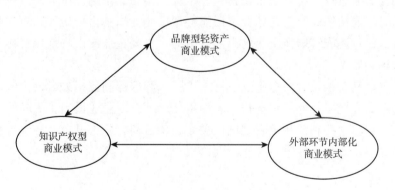

图 3-11 轻资产商业模式

第一，品牌型轻资产商业模式。这种商业模式是把打造自身品牌作为企业的核心业务，主要关注市场分析、预测、产品或服务的开发、企业品牌的打造等，企业生产环节、销售环节不作为企业内部的业务完成，而是选择其他的合作伙伴来承担这部分业务和运营。品牌型轻资产企业的弱点在于品牌是虚的东西，在品牌方面一直保持领先是不容易的。品牌的价值是以无形胜有形，因此，做好难度比较大，长胜不容易。美特斯·邦威就是典型的轻资产品牌型商业模式企业。

第二，知识产权型商业模式。这类商业模式的核心就是把企业所掌握的知识产权作为一种资源和能力，对其进行转让使用权来获得利益或是从销售额的比例中获得收益，不分担销售渠道的建设和营销的费用等。典型企业如微软、同仁堂归为这类公司。微软和 Intel 结盟在 PC 市场上具有很强的控制力，市场开拓能力极强，因此为典型的轻资产公司。制药行业其实也是高度依赖知识产权的行业，同时，药物是人离不开又愿意高价购买的产品，如同仁堂未来升值的空间很大。

第三，外部环节内部化商业模式。这一类商业模式与前面的最大不同是对于非核心环节的业务不是以外包的形式来合作的，而是把这些合作的企业以不同的价值回报形式纳入企业的整体范围，这样就打造了利益共同体，不仅减少了固定资产的投入，而且更加增强了合作的黏合度。

资本运营与商业模式专栏5：

钱江水利的要约收购

钱江水利开发股份有限公司系水利部综合事业局所属从事供排水投资运营的国有上市运作平台，依照水利部关于水利系统企业改革和发展的要求，于 1998 年经浙江省政府批准成立，2000 年 10 月在上海证交所挂牌上市（600283）。目前公司第一大股东为水利部所属的中国水务投资有限公司，第二股东为浙江省能源集团有限公司所属浙江省新能源投资集团股份有限公司，第三股东为浙江省水利厅所属的浙江省水电实业公司。钱江水利是浙江省唯一一家以水务为核心产业的国有控股上市公司。公司依托政策、背景、资本、技术等雄厚的资源优势，专注水务行业十余载，在规模、管理及服务上成功打造了"钱江水利"知名品牌。

2018 年，中国水务投资有限公司要约收购钱江水利开发股份有限公司。本次要约收购的目标公司为钱江水利，所涉及的要约收购的股份为除中国水务及钱江硅谷控股有限责任公司以外钱江水利股东持有的部分股份，中国水务投资有限公司（以下简称"中国水务""收购人"）自 2018 年 4 月 17 日起要约收购公司 35 299 576 股股票，占被收购公司总股本的比例 10.00%，支付方式为现金支付，要约价格为 15.36 元/股。

收购人基于对钱江水利未来持续稳定发展的信心，并基于有利于收购人巩固国有股东对于旗下上市公司的管控和决策力、维护企业长期战略稳定、提振资本市场信心、实现国有资产和股东价值的保值增值之目的，决定增持钱江水利股份。本次要约类型为主动要约，并非履行法定要约收购义务，不以终止钱江水利股票的上市地位为目的。要约收购期限届满后，收购人将最多直接持有钱江水利 118 436 629 股，间接持有钱江水利 22 729 832 股，合计占上市公司总股本的 39.99%，钱江水利将不会面临股权分布不具备上市条件的风险。

电建集团拟收购部分中国水务股权并实现控制，从而实现水务业务战略发展目标。2021 年 12 月 9 日，电建集团与江阴市长江钢管有限公司（以下简称"江阴钢管"）签署了《中国电力建设集团有限公司受让江阴市长江钢管有限公司持有中国水务投资有限公司6%股权协议书》及补充协议，约定电建集团受让江阴钢管所持有的中国水务6%的股权，江阴钢管将剩余持有的中国水务4%股权的表决权以独家、无偿且不可撤销的方式委托给电建集团行使。2021年12月23日，电建集团与北京拓世诺金投资有限公司（以下简称"拓世诺金"）签署了《北京产权交易所产权交易合同》，约定电建集团受让拓世诺金所持有的中国水务7.0833%的股权。此外，拓世诺金已向电建集团出具《承诺函》，承诺将其持有的中国水务2.9167%的股权除股东收益权以外的所有股东权利委托给电建集团行使，并约定《承诺函》自《北京产权交易所产权交易合同》生效时生效。

上述股权转让完成后，电建集团直接及间接持有中国水务44.50%的股权，并通过接受股东权利委托，享有中国水务6.92%的表决权，合计控制中国水务51.42%的股权，成为中国水务的控股股东。中国水务为上市公司钱江水利的控股股东，直接持有上市公司33.55%的股权，通过全资子公司钱江硅谷控股有限责任公司间接持有上市公司6.44%的股权，直接及间接合计持有上市公司已发行股份的39.99%。本次交易完成后，电建集团通过控股中国水务间接拥有钱江水利的权益将超过钱江水利已发行股份的30%，且钱江水利实际控制人由水利部综合事业局变更为国务院国有资产监督管理委员会，从而触发全面要约收购义务。因此，根据《证券法》和《收购办法》，电建集团应当向钱江水利除中国水务及其一致行动人之外的其他所有持有上市流通普通股（A股）的股东发出全面要约。

钱江水利（12.640，0.32，2.60%）开发股份有限公司（以下简称"公司"或"钱江水利"）于2022年3月25日收到中国电力建设集团有限公司（以下简称"电建集团"）发来的《关于要约收购钱江水利开发股份有限公司股份事宜进展情况的函》，函件内容如下：电建集团拟通过股权转让及接受股东权利委托相结合的方式取得中国水务投资有限公司控制权，从而通过中国水务投资有限公司间接拥有钱江水利的权益将超过其已发行股份的30%（以下简称"本次交易"）。

钱江水利已于2021年12月29日披露了《钱江水利开发股份有限公司关于公司实际控制人拟发生变更暨股票复牌的提示性公告》（公告编号：临2021-032）和《钱江水利要约收购报告书摘要》；于2022年2月19日披露了《钱江水利开发股份有限公司关于中国电力建设集团有限公司收到国家市场监督管理总局〈经营者集中反垄断审查不实施进一步审查决定书〉的公告》（公告编号：临2022-003）；于2022年2月26日披露了《钱江水利开发股份有限公司关于要约收购事项的进展公告》（公告编号：临2022-004）。

资料来源：马彩娟. 要约收购成败影响因素与套利风险研究 [D]. 泉州：华侨大学，2020.

3.4.2　商业模式与重资产的整合

第一，直供商业模式。主要应用在一些市场半径比较小、产品价格烈的外包需求，重资产企业要有竞争力就需要加强研发，一些企业研发投入占销售收入的10%，从研发这个环节上所有的重资产企业都是可以外包的。重资产企业的特点是财务负担重，但价值投资者需要研究的是企业的商业模式和增长方式，而不是看财务报表，所以研究传统制造型企业商业模式意义重大。比较低或者流程比较清晰、资本实力雄厚的国际性大公司，直供商业模式需要制造商具有强大的执行力，现金流状况良好，市场基础平台稳固，具备市场产品流动速度很快的特点。由于中国市场战略纵深很大，市场特点迥异，渠道系统复杂，市场规范化程度比较低，在全国市场范围内选择直供商业模式是难以想象的，利润丰厚的一些行业与产业可以选择直供商业模式。

第二，联销体商业模式。随着大量中小企业选择总代理，市场上好的经销商成为一种稀缺的战略性资源，很多经销商对于鱼目混珠的招商产生了严重的戒备心理，在这样的市场状况下，很多有实力的经销商为了降低商业风险选择了与企业进行捆绑式合作，即制造商与经销商分别出资，成立联销体机构，这种联销体既可以控制经销商市场风险，也可以保证制造商始终有一个很好的销售平台。联销体这种方式受到了很多有理想、有长期发展计划的制造商的欢迎。例如，食品行业的龙头企业娃哈哈就采取了这种联销体的商业模式；空调行业巨头格力空调也选择了与区域性代理商合资成立公司共同运营市场，并且取得了不错的市场业绩。

第三，专卖式商业模式。随着中国市场渠道终端资源越来越稀缺，越来越多的中国消费品企业选择专卖形式的商业模式，如 TCL 幸福村专卖系统、五粮液提出的全国两千家专卖店计划等。选择专卖式商业模式需要具备品牌、产品线比较全、消费者行为习惯等。

资本运营与商业模式专栏6：

红星美凯龙的"重资产"商业模式

商业地产中最善于经营家居卖场，家居卖场中最熟悉商业地产，"聚"重"弱"轻的红星美凯龙能否得偿所愿？在行业的寒流下，红星美凯龙隐藏的问题开始浮现。家居卖场遭遇低迷，商业模式争议频起，涉足电商遭遇挫败，资金链紧绷传闻不断。2013年4月26日，红星美凯龙宣告1 000亿元进军商业地产。红星美凯龙对"重资产"业务上瘾，却在电商平台等"轻资产"模式方面屡弱不堪。红星美凯龙连续5年跻身中国民营企业500强前50位，自1986年创业以来，始终以建设温馨、和谐的家园，提升消费者的居家生活品位为己任。2008年其销售总额突破235亿元，成为中国家居业的第一品牌；2007年荣获"国内影响力品牌领袖大奖""家居家装行业影响力品牌领袖大奖"等。2013年，红星美凯龙家居集团创始人、集团副总裁，中国国际陈设艺术文化联盟主席车建新荣获2013"年度品牌贡献人物"大奖，他是中国家居行业唯一荣获此殊荣的企业领袖。2015年6月26日，红星美凯龙完成了首次公开发行境外上市外资股即H股并在香港联交所上市，其经营范围包括为所投资企业提供管理服务，提供企业管理咨询及商品信息咨询；为经营卖场提供设计规划及管理服务；经营家具、建筑材料（钢材除外）、装饰材料的批发，并提供相关配套服务（涉及配额许可证管理、专项规定管理的商品按照国家有关规定办理）。红星美凯龙及其子公司（以下简称"本集团"）的主营业务为家居装饰及家具商场的经营、管理和专业咨询服务。红星美凯龙的母公司为红星美凯龙控股，实际控制人为车建兴。红星美凯龙继续围绕"全渠道泛家居业务平台服务商"战略定位，遵循"市场化经营，商场化管理"的经营管理模式，不断深化与家居装饰及家具厂商、经销商的合作，优化集团所经营的家居装饰及家具商场内的进驻品牌结构，为消费者提供更好的服务，取得了良好的业绩。2018年1月17日，红星美凯龙于上海证券交易所主板挂牌上市（股票简称：美凯龙，股票代码：601828）。2018年1月17日，红星美凯龙于上海证券交易所主板挂牌上市（股票简称：美凯龙，股票代码：601828）。截至2021年10月29日，红星美凯龙（01528.HK、601828.SH）发布2021年第三季度报告，核心财务指标继续保持稳健增长态势。依托轻资产、重运营、降杠杆战略的高效推进，红星美凯龙2021年前三季度实现营收113.54亿元，同比增长19.18%；归母净利润达22.87亿元，同比增长32.20%；扣除非经常性损益后归母净利润为13.94亿元，同比增长20.13%；基本每股收益达0.59元，同比增长34.09%。

一、重资产卖场商业模式

进化自小型家具销售连锁店的红星美凯龙，在业内率先告别了"低价买进高价卖出"的差价盈利模式。几经优化，红星美凯龙从"产销者"转变为"经营管理者"，从"渠道"转型成为"平台"，引入供应商（商户）入场，进行"现场直销"。供应商缴纳租金、促销金、物业管理等方面的费用，红星美凯龙则承担起品牌提升、活动营销、售后客服等方面的服务。

红星美凯龙的终端一般有三种形态：一是租赁店，租赁物业场地；二是加盟店，地产商提供物业场地，红星美凯龙负责店面的运营管理；三是直营店，买地自建。直营店模式囊括了商业地产与物业管理，红星美凯龙既可以对店面进行更好的管理，又可以获得比"二房东"更高的租金收入。

红星美凯龙常在城市的未来发展区域拿地，再通过卖场的经营带动地价提升，从而包装新地块，获得估值更高的资产质量。这些升值的地块可用来获得更多的融资，比如银行抵押贷款。然后，这些资金可以投入下一个城市的项目运作——这是一种富含商业地产基因的"重资产"模式。在直接、有效的管理经营下，自建直营店逐步成为红星美凯龙的核心竞争力所在。

二、潮退后的重资产商业模式伤痕

在地产狂热大潮中，家居卖场随之肆意扩张，在各个城市短兵相接，行业竞争渐趋非理性。数番调控，住宅地产几度低迷，下游的家居消费需求也遭到砍削。僧多粥少，不少卖场只能关门了事。2012年，家得宝退出中国，百安居因拖欠货款站上被告席，而东方家园因倒闭成了这场低迷的最佳代言人。

规模最大的红星美凯龙当然难以独善其身。2012年8月上旬，红星美凯龙广州琶洲店提前结业；8月底，南京奥体红星店正式撤店；9月初，常熟红星美凯龙商户数量锐减。除此之外，红星美凯龙还有福建龙岩、浙江桐乡等30多家商场经营惨淡，商户盈利水平大幅降低。在红星美凯龙大本营——常州，个别商场去年的空置率甚至高达60%以上。

2012年7月，红星美凯龙进军电子商务市场，电商网站"红美商城"上线。红星美凯龙的思路是将现有商户和品牌资源转移到线上，但是长于地产与资本，红星美凯龙似乎落下了直面消费者的功课，红美商城有些力不从心。红美商城的电商业务运营效果并不理想。有消息称，红美商城去年下半年"砸钱2亿元但只销售4万元"。2亿元的投资或显夸张，而4万元的收入卖几个沙发就够了。红美商城的问题在于家居网上商城所卖的大多都是小件标准品，沙发等非标产品实际上销量很少，而且光顾者也不多。红星美凯龙正在积极探索新零售路径与模式，实现线上线下一体化融合、建立无缝衔接的服务闭环，坚持创新，持续带动行业未来的发展方向。

红星美凯龙的商业模式如图 3 – 12 所示。

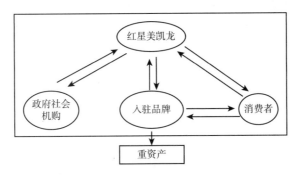

图 3 – 12 红星美凯龙的商业模式

红星美凯龙继续保持自营与委管商场双轮驱动模式,并重点发展轻资产的委管经营模式,并在全国范围内进一步战略性地拓展商场网络以提升集团的市场份额,从而巩固在中国家居装饰及家具行业的市场领导地位。截至 2017 年 6 月 30 日,我们共经营 214 家商场,覆盖全国 150 个城市,商场总经营面积 13 296 491 平方米。红星美凯龙通过招商管理、营运管理、营销管理及物业管理四个方面提升商场经营管理水平,同时积极发展扩展性业务,如互联网泛家居消费业务、互联网家装业务、家居金融服务及全方位物流服务;同时,通过"星云"信息系统、"智慧商场"项目等探索信息科技的商业化应用,优化人力资源管理,支撑业务高速发展。未来,我们将继续以简称中国最领先、最专业的"全渠道泛家居业务平台服务商"为企业的发展目标。

2016 年 8 月 29 日,红星美凯龙(01528.HK)与高和资本宣布,将共同发起设立国内首只家居商业地产并购基金,双方将作为联合 GP(普通合伙人,即管理人),资金规模目前为 50 亿元,将以红星美凯龙在一二线城市的委托管理商场为主要资产标的。有业内人士指出,以家居商业地产为基础资产的并购基金在国内尚属首例,从中长期来看,并购基金能够为新开委托管理商场提供有力支持,成为红星美凯龙"轻资产、平台化"运营模式的重要支撑。

在谋求高质量发展的道路上,红星美凯龙还持续优化财务表现。财报显示,红星美凯龙截至 2021 年 9 月底的资产负债率相较 2020 年底下降 1.8 个百分点,有息负债率同比下降 5.8 个百分点。红星美凯龙 37 亿元定增已顺利落地,引入阿里巴巴(成都)软件技术有限公司、睿远基金、法国巴黎银行(BNP Paribas)、华安基金、海通证券、信达证券等 17 家机构投资者,有助于资本结构进一步优化,并为后续发展提供有力保障。报告期内,红星美凯龙经营性现金流继续保持稳健增长。2021 年前三季度,红星美凯龙经营活动产生的现金流量净额为 47.74 亿元,同比大增 128.98%,账面资金为 64.8 亿元。未来,红星美凯龙将继续综合通过保持经营性现金流充足稳定、A 股定增、缩减资本开支等方式稳步推进降杠杆。2021 年是家居行业景气度稳步回升的一年。作为家居行业龙头,红星美凯龙正通过深入推进轻资产、重运营、降杠杆战略,开启高质量发展的良好局面。

资料来源:
①杨海峰. 红星美凯龙集团轻重资产模式战略选择浅析 [J]. 东方企业文化,2017(S1):5 – 7.
②丁保祥. 红星美凯龙:"聚"重"弱"轻 [J]. 商界(评论),2013(7):42 – 47.

3.4.3 互联网思维下商业模式的整合

互联网下的商业模式是互联网企业借助互联网及其工具创造价值，为互联网企业带来盈利和可持续盈利的模式。在互联网产业爆发初期，几乎每个深入接触它的商业人士都感觉它有创造价值的巨大可能性。随着新的网络技术的不断涌现，搜索引擎和移动互联技术的发展，带来了多样化的价值网络和企业生态形式，基于互联网的商业模式的探讨也是如火如荼、日新月异。实际上本质并没有变化，是通过流量获得用户价值，通过用户创造商业价值。

互联网给人类社会带来的革命是一场资讯的革命，包含信息与信息载体两个部分。从互联网信息载体的特性上看，互联网影响更多的是人的意识，而这个载体几乎是一种无形的载体。互联网载体通过软件实现，比历史上任何一种有形体或者制度都容易实现和改变。因而在任何互联网创业话题中，商业模式这个词都被强调。例如，在国内互联网界一想起旅游，就会提到携程模式；一提起 B2C 电子商务，就会提到淘宝模式。何谓互联网商业模式？简单来说，就是一个长线来说，收入大于付出，而能细水长流，能很清楚地预见未来发展的模式就是好的商业模式。

互联网商业模式如图 3-13 所示。

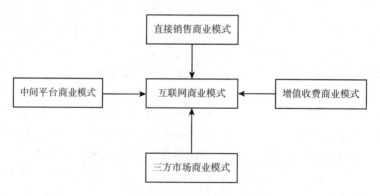

图 3-13 互联网商业模式

第一，直接销售商业模式。这种模式往往有独立的销售平台，主要依靠销售商品或服务来盈利，包括实物商品、在线商品和数字商品。特点是成本低、容量大，经营的品种越多，长尾带来的收益越大。在互联网时代，电子商务的出现使得传统零售业受到了巨大的冲击，因为电子商务很大程度上解决了经营成本偏高、店面过度膨胀、零售利润下滑等问题。而电子商务的最大优势，就在其长尾效应。简单地说，商品的销售成本急剧降低时，几乎任何以往看似需求极低的商品，都会有人购买，而这些需求和销量不高的产品所占据的共同市场份额，可以和主流产品的市场份额相媲美，甚至更大。例如，一家大型书店通常可摆放 10 万本书，而当当网的图书销售额中，有 1/4 来自排 10 万名以后的书籍，并且这些冷门书籍的销售比例仍在高速增长。这种 B2C 商店如今在我国不断涌现，以当当网、京东商城、凡客诚品等为代表的 B2C 网店，依托互联网的虚拟特性，免去了货架空间、场地租赁等成本，直至降低了商品价格，同时最大限度地丰富了商品的种类，对线下的百货商场、家电商场等形成了巨大的冲击。基于直接销售模式的互联网企业并不限于经营实体物品者，像教育类网站、文学类网站、彩铃等电信增值业务都具备在线销售商品的特点，只不过其所销售的商品或是知识，或是文字，或是音乐等。

第二，中间平台商业模式。这种模式为买卖双方提供交易撮合的中间平台，主要依靠会员费、佣金、广告费等方式盈利。由于跨越了地域和时间的局限，使得买卖双方交易成本更低。电子商务活动和普通商贸活动的基本区别就是，一个在虚拟空间，一个在现实空间。不过它们的本质是一样的，都是在遵循传统经济价值规律前提下的交易活动；不同之处则在于电子商务是依靠新的手段和条件对旧有的流程进行革新的过程。在以交易平台为经营主体的互联网企业中，阿里巴巴的 B2C 平台及其旗下的淘宝网无疑是业界翘楚。一方面，阿里巴巴及其旗下的淘宝网所创造的网商集群，具有与电子商务直销企业相同的成本低、容量大等特点；另一方面，正如长尾理论所强调的，当今世界不是中小企业做大做强，而是中小企业将在经济的主要方向上起到比大企业更大的作用。网商集群的直接推动力量是诸如阿里巴巴、淘宝网这类网络平台，平台给网商带来了直接的价值，促进网商的快速集体崛起，进一步促使网商集群的形成，实现可持续发展。

第三，增值收费商业模式。这种模式通过基础服务免费、增值服务收费来实现盈利。此模式的可行之处在于，网站在服务 1% 的用户的同时，"顺便"服务其他 99% 的用户的成本几乎为零，以至于能够忽略不计。网络通信可分为即时通信和非即时通信两种形式。以电子邮件为代表的非即时通信曾是人们生活中的重要联系手段，而自即时通信兴起，仿佛是对非即时通信进行了一场革命，人们已习惯了用 QQ 号、MSN 号交换联系方式，在即时通信领域方面腾讯可谓一家独大。其所采用的主要商业模式就是增值收费模式：腾讯的基础通信服务 QQ 是免费的，而围绕 QQ 用户，腾讯做了许多增值服务，如购买 QQ 空间、QQ 秀等。虽然这些增值服务费用低到每户每月只收几元钱，但因为其注册账户总数高达 10 亿人。

第四，三方市场商业模式。这种模式是门户网站最典型的"注意力眼球经济"，目前已被更多类型的网站所采用。此模式的特点是通过免费的信息、网络工具等内容吸引注册用户及访问量，由此作为吸引广告投放的基础，而广告收入成为各网站的主要经济来源。以新浪、搜狐、网易等为代表的门户网站，本质上说就是一个信息平台。各种信息资源汇集在此，就像是网络世界的百货超市。目前，门户网站的商业模式在经历了"烧钱"积聚人气、通过网络广告获得少量的收入、利用短信等增值业务持续盈利的初步发展阶段。之后，开始逐渐分化：新浪回归到以广告收入为主的媒体类商业模式；网易发力网络游戏；搜狐则采取多元化齐头并进方式。以优酷网、土豆网等为代表的视频网站，已摸索出了一套自己的盈利模式。美的是优酷影视剧营销的第一个客户，其在《我的团长我的团》的前贴片硬广告，获得了接近 4 000 万次的品牌曝光。美的对于与优酷合作的营销案例评价极高，多次表示与传统电视媒体相比，视频网站的播放形式、覆盖人群更为精准，购买力与品牌诉求转换更为明显。

【章末案例】

中青宝与资本恋爱成就未来

中青宝 2015 年三季度报告显示，中青宝前三季度实现营业收入 2.75 亿元，同比下滑 16.73%；净利润 0.16 亿元，同比下滑 43.88%，净利率仅为 5.8%，远低于业内其他上市公司的净利率。由于中青宝核心人员的大量流失，中青宝于 10 月 24 日发布《关于公司股票期权激励计划中部分已获授但未行权的股票期权注销完成的公告》。中青宝目前的困境源自多个方面，既有自身因素，也有外部原因，当前中青宝的情况确实比较尴尬，作为上市公司，中青宝目前没有一款游戏登上各大主流游戏排行榜，对于股价而言，投资者追捧游戏公司股票更多是从行业考虑，业绩本身往往被忽略了。

停牌筹划重大资产重组 2 个多月后，中青宝"改弦易辙"，终止本次重大资产重组，同时拟以现金收购宝腾互联 100% 的股权，交易价格 5 亿元。本次交易完成后，公司主营业务将在网络游戏的基础上，增加投资筹建数据中心机房、销售数据中心业务并提供相关维护服务。根据公告，中青宝将以 5 亿元现金收购宝德科技持有的完成业务整合后的宝腾互联 100% 的股权（以下简称"目标资产"），在交割日前，宝德科技将旗下深圳观澜互联网数据中心（IDC）基础服务和增值服务相关业务和资产无偿转让给宝腾互联，以保证宝腾互联在交割后可以独立开展深圳观澜互联网数据中心（IDC）基础服务和增值服务相关业务和资产，包括与该等业务有关的无形资产和固定资产、相关的客户资源和该等业务涉及必要的人力资源以及相关的债权债务。需要注意的是，本次拟购标的公司宝腾互联系公司控股股东宝德控股港股上市公司宝德科技旗下的资产，同时宝德科技系中青宝第二大股东，故本次交易构成关联交易。以 2016 年 6 月 30 日为评估基准日，宝腾互联 100% 股权的评估值为 5.02 亿元，标的资产经审计的模拟审计数据净资产账面价值增值 3.84 亿元，评估增值率为 326%。

宝腾互联主要从事投资筹建数据中心机房、销售数据中心业务并提供相关维护服务，包括数据中心机房定制/机房定制、模块化定制、机柜租用、服务器托管、服务器/存储定制、服务器租用托管等。财务数据显示，宝腾互联 2014 年、2015 年及 2016 年上半年分别实现营业收入 7 998.73 万元、8 161.45 万元及 1.71 亿元，净利润 −232.76 万元、67.7 万元、369.86 万元。同时，交易对方承诺宝腾互联 2017 年度、2018 年度和 2019 年度经审计扣非后净利润合计不低于 1.1 亿元。

值得一提的是，根据此前重大资产重组规划，公司本次拟购标的资产除宝腾互联之外，还包括深圳市速必拓网络科技有限公司（以下简称"速必拓"）。据悉，速必拓由宝德投资与张云霞各持有 50% 的股权，是中青宝的关联公司。本次通过收购宝腾互联，中青宝将拥有深圳观澜机房并开展 IDC 业务。速必拓虽未拥有自有机房，但却持有 IDC 业务经营资质证照，可通过租用机房等方式开展 IDC 业务。本次交易完成后，中青宝与速必拓存在潜在同业竞争。同时，宝德科技仍拥有广州萝岗机房可开展 IDC 业务。宝德科技系中青宝控股股东之一，本次交易完成后，中青宝与宝德科技亦存在潜在同业竞争。

为解决上述同业竞争问题，公司实际控制人李瑞杰及张云霞、控股股东宝德控股、速必拓承诺，本次交易完成后一年内，将对速必拓业务进行调整，即速必拓除了与中青宝展开 IDC 业务合作之外，不得自营或与他人合作经营 IDC 业务。另据上述股东承诺，在条件符合且不存在实质性障碍的条件下，将择机将速必拓注入中青宝。

深圳市南山区，距巍峨耸立的腾讯大厦东南方 1.1 公里处，一栋 6 层高的白色小楼坐落在一片绿意盎然的小院中。这栋其貌不扬的小楼，就是深圳中青宝互动网络股份有限公司（以下简称"中青宝"）的办公所在地，很难想象市值高达 71 亿元人民币的公司会"蜗居"在此。2013年初至今，凭借手游概念，中青宝一跃成为资本市场明星。其股价从11元附近启动，最高曾涨到100元（复权后）。2013年9月13日，中青宝在A股累计涨幅高达682%。而凭借对深圳苏摩、上海美峰两笔出色收购，以及与深圳墨麟、深圳兆驰、盛大游戏等多方面的合作，中青宝更是在A股实现了17个涨停，一路飙升成为资本市场"热得发烫的手游第一股"。

一、公司介绍

深圳中青宝互动网络股份有限公司是国内为数不多拥有自主研发、运营、代理能力的在线游戏开发运营商，现今已经拥有多款自主开发的网络游戏。中青宝自2003年成立以来，依靠高素质的精英团队，以"打造符合中国玩家娱乐需求的国产游戏"为宗旨，推出了以展现中国春秋战国时期为历史背景的新网游《战国英雄》，成功收费以来，取得了骄人的业绩。曾先后自主研发运营《战国英雄》《抗战英雄传》《天道》《亮剑》等多款优秀产品，树立了红色民族网游的鲜明旗帜全新产品《梦回山海》《新宋演义》《天朝》《梦幻东游》《三国游侠》《前线战场》《嘻哈堂》陆续推出，再次掀起新一轮的游戏热潮。而更加壮观的以中国历史为背景的游戏大作《抗战》也隆重面世，并运营良好。2010年2月11日，中青宝强势登陆深圳证券交易所创业板，股票代码300052，股票简称中青宝，成为首家国内A股上市的网游公司，开创了网游公司本土上市的先河。聚天地之瑰宝，成中国之最大！中青宝上市后对外高调正式发布大型投资计划——"聚宝"计划，用于招纳精英人才和团队，寻求优秀产品展开合作。中青宝网的目标是做"中国最好的民族网游"，自成立至今，全体员工一直坚持不懈为这个目标而努力。经过多年发展，凭借着深厚的积淀在国内网络游戏研发、运营领域处于一流旗舰地位。公司现有员工600多人，其中，研发人员占70%以上，拥有雄厚的研发基础、文化底蕴及资金资源，成为主导网游界风云的重要力量之一。

二、中青宝开创"四横一纵"战略体系及"电影＋游戏"的商业新模式

2012年，中青宝制定"四横一纵"的企业发展战略，即客户端游戏业务线、网页游戏业务线、手机游戏业务线、社交平台业务线，归结为四条平衡的业务体系，成为"四横"（见图3-14）。"海外业务线"则为一条纵向业务线，贯穿上述四横业务线。中青宝表示，"四横一纵"的战略布局，是对公司内部资源整合，强调运营基础模块搭建的长远战略。对于公司在产品积累、人才储备、优质IP资源的提取，提升公司在全球数字互动娱乐产业的核心竞争力皆有深远的影响。2012年全年，中青宝实现营业收入1.85亿元，同比增长40.13%，实现净利润1 669.20万元，同比增长15.08%。

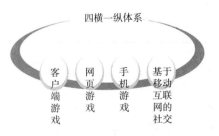

图3-14　"四横一纵"体系

此外，中青宝根据好莱坞年度超现实科幻动作电影《全面回忆》改编的网页游戏《全面回忆》于2012年底震撼上线，《全面回忆》电影于10月20日登陆中国内地，电影票房表现火爆。而《全面回忆》是中青宝携手美国索尼影视娱乐有限公司和好莱坞发行商SEE Games共同打造的全3D大型多人角色扮演网页游戏巨制。自2011年11月中青宝获得《全面回忆》的网页游戏开发制作权以来，《全面回忆》项目已经受到业界的广泛关注。此次中青宝与好莱坞的强强联手是电影和游戏异业合作的一大创新之举，开创了游戏公司主导跨行业、跨国界、跨媒体合作的先河。

中青宝成为中国首家为好莱坞影视量身打造全球游戏巨制的网游企业，开创了这一领域全新的合作模式。该项目由中青宝和SEE Games共同投资，与好莱坞顶尖制作班底共同倾力打造，突破了中国公司在海外游戏市场一贯为其他游戏公司外包加工技术或单向引进中国产品的商业模式，向世界展示了中国网游的制作实力，更开启了国人游戏制作与世界级影视产业合作的先河。

《全面回忆》游戏早在美国洛杉矶电子娱乐产业展示交易博览会（E3）、德国科隆游戏展（Gamescom）及中国国际数码互动娱乐展览会（ChinaJoy）等全球各大游戏展会中备受瞩目。中青宝海外总裁张宇庆曾表示："通过这个项目，我们让好莱坞的合作伙伴看到了中国网游制作的实力，赢得了他们的信任和未来更多合作机会的可能。我们自身从这个项目中得到了宝贵的经验和教训，学习到了如何与好莱坞合作伙伴协作沟通，这些都将为我们未来和好莱坞的继续合作以及我们海外业务的进一步拓展打下良好的基础。"

三、手游行业资本运作频繁中青宝收购成标杆

2014年4月，资本市场上关于手游的讨论持续升温。A股市场就有两起关于手游的重大资产重组事件。先是爱使股份（7.81，−0.05，−0.64%）4日公告称收购游久时代合计100%股权；接着11日中青宝（30.940，0.52，1.71%）一举收购上海美峰数码、北京中科奥和江苏名通信息三家手机互联网公司，吸引了众多媒体关注。

历经3个月停牌的中青宝（股票代码：300052）于2014年4月12日发布再融资公告，拟以发行股份及支付现金的方式购买三家游戏公司的股权，拓宽公司的游戏主业。公告显示，公司以17.46亿元收购美峰数码49%的股权、中科奥和名通信息100%的股权。其中，交易以现金方式支付9.03亿元，剩余部分通过向上述三家公司原股东发行股份3 103.05万股购买。为了本次资产收购，中青宝同时拟向不超过10名特定投资者发行股份，募集配套资金不超过5.82亿元。

因中青宝已持有美峰数码51%的股权，所以本次交易完成后，中青宝将美峰数码、中科奥和名通信息的股权全部收入囊中。据了解，中科奥与美峰数码均为手机游戏研发商，名通信息则还另涉有页游及游戏平台运营业务。

在延续了2013年井喷式的发展之后，2014年手游行业迎来了新的增长机会。2014年全球移动游戏大会期间，全球移动游戏联盟（GMGC）在内的多家专业研究咨询机构共同策划并发布了《2014年全球移动游戏行业白皮书》。该白皮书显示，2013年中国移动游戏市场规模达到120.56亿元，同比增长96.5%。移动游戏市场规模保持高速增长，2016年市场规模超过427亿元。对此手游行业的资本运作也更加频繁，同时市场对于手

游行业的估值也给出高 PE 的溢价，主要源于手游公司强大的市场吸金能力，一款手游月流水过千万也已经不是什么稀罕事情了。而对于那些被收购的企业而言，吸纳进入上市公司体系，依靠上市公司资本市场的平台，有望获得更多资金与关注度，对于收购标的而言也是相当有好处的。

在此大前提下，中青宝适时的发布"内生增长＋外延收购"的战略方针。其外购内生模式如图 3-15 所示。就此次中青宝一口气收购的三家手游公司来看，其平台式的发展战略非常清晰。本次并购的美峰数码从事 MMORPG 重度手机游戏，中科奥从事的是中低端市场中轻度手机游戏的开发，名通信息则是网页游戏平台运营商并逐步涉足手机游戏开发领域。一位在京的券商分析师称，中青宝并购标的覆盖游戏不同的细分领域，未来各公司将根据各自风格制作不同细分市场产品，中青宝将拥有更多品种的产品，未来其将往产品制作和发行一体的模式发展。同时，此次中青宝的收购还有一些创新式的亮点值得推崇，甚至可能成为 A 股市场典型的标杆性收购。此次中青宝资产重组的公告显示，三家收购标的业绩长达 5 年的净利润承诺，这比一般并购案例的三年利润承诺期来得更长，也更有底气。其中，前三年为业绩对赌，后两年为业绩目标。通过此次并购预案，我们也可以清晰地发现在低于同行业并购标的平均市盈率的前提下，中青宝均通过"业绩门槛"和"支付条件"的双重因素设计，有效降低了上市公司的并购风险。中国上市公司舆情中心的分析师称，更长的业绩承诺期是一个新的创新尝试，意味着中青宝收购的标的公司有很好的可以期待的前景，同时这样的尝试能持续为整个手游行业带来正面积极的发展趋势。正如此前媒体报道一样，中青宝有望让手游行业重振雄风。值得注意的是，仅 2014 年三家标的公司承诺贡献的净利润就约 2 亿元，而中青宝 2013 年年度净利润为 5 102.73 万元，这一并购大幅增厚中青宝的业绩。而未来数年内，随着并购标的承诺业绩的提升以及公司业务并购和当前业态产生的协调效应，中青宝的未来值得期待。

图 3-15　中青宝外购内生模式

四、总结

中青宝在多年的网络游戏研发、运营过程中，拥有优秀的企业团队以及全新的企业发展模式，并经受了严格的市场检验，销售网络遍及全国各地。

中青宝得以融资壮大的两个重要原因就是开创了"电影＋游戏"等商业模式和一系列收购等的资本运作。中青宝与好莱坞的强强联手是电影和游戏异业合作的一大创新之举，开创了游戏公司主导跨行业、跨国界、跨媒体合作的先河，是这一领域全新的合作模式。另外，中青宝在手游行业资本运作频繁，成功收购上海美菱数码、北京中科熬以及江苏名通，中青宝收购成标杆。

有一种品质叫卓越，有一种精神叫坚持不懈，中青宝将励精图治、不断进取，为玩家提供更多更高品质的游戏产品，为中国民族网游做出积极贡献。

资料来源：

①刘万丽．网络游戏公司研发支出资本化会计处理探讨——以中青宝为例［J］．财会通讯，2017 (07)：55－58，4.

②武润琪．中青宝研发支出资本化率大幅变动之谜［D］．武汉：中南财经政法大学，2020.

【本章小结】

企业在市场竞争中，逐步发现企业的产品、技术或服务只能使企业维持短暂的优势，而只有卓越商业模式企业才能使其在竞争中保持持续优势。商业模式及其价值逻辑逐渐成为企业之间的主要竞争方式，所以企业对于商业模式的关注度不断提高，且积极尝试构建适合自己的商业模式，这就是商业模式价值的集中体现。首先，本章阐述了企业商业模式的基本理论，包括商业模式的概念、原则、与其他战略的对比，并在此基础上对企业商业模式进行新定义；其次，对资本运营与商业模式的联系进行探讨；再次，分析了商业模式创新对一个企业持续盈利及发展的重要性；最后，介绍了一些常见的行业与商业模式的整合，特别是轻重资产、互联网、云计算行业。希望创业者、管理者及相关读者通过对本章的学习，可以掌握有关商业模式的基本理论，这样有利于全方位了解资本的运作。

【问题思考】

1. 什么是商业模式？
2. 商业模式的原则有哪些？
3. 简要分析商业模式与经营模式的联系与区别？
4. 资本运营的内涵是什么？它与商业模式有什么联系？
5. 简要分析商业模式创新的重要性。
6. 你对商业模式与互联网等行业整合的思考是什么？
7. 简述如何分析你个人的商业模式？

【参考文献】

［1］康斯坦丁诺斯·C.马凯斯．攻略：商业模式创新路线图［M］．姜艳丽，译．北京：东方出版社，2010.

［2］郑石明．商业模式变革［M］．广州：广东经济出版社，2006.

［3］张燕，郭晶．新编资本运营［M］．北京：经济科学出版社，2013 (2).

［4］乔为国．商业模式创新［M］．上海：上海远东出版社，2009.

［5］宋立丰，宋远方，冯绍雯．平台—社群商业模式构建及其动态演变路径——基于海尔、小米和猪八戒网平台组织的案例研究［J］．经济管理，2020，42 (3).

［6］吴朝晖，吴晓波，姚明明．现代服务业商业模式创新［M］．北京：科学出版社，2013.

［7］彭志强，刘捷，胥英杰．商业模式的力量［M］．北京：机械工业出版社，2009.

［8］李振勇．商业模式——企业竞争的最高形态［M］．北京：新华出版社，2006.

[9] 纪永英. 创新的赢利模式 [M]. 北京：机械工业出版社，2009.

[10] 陈明，余来文. 商业模式：创业的视角 [M]. 厦门：厦门大学出版社，2009.

[11] 魏炜，朱武祥. 发现商业模式 [M]. 北京：机械工业出版社，2009.

[12] 魏清文，李佳钰. 盈利：商业模式背后的秘密 [M]. 北京：中国商业出版社，2013.

[13] 高金平. 浅析商业模式与资本运营 [J]. 税收经济研究，2011（5）

[14] 吴伯凡，阳光. 这才叫商业模式：21 世纪创新竞争 [M]. 北京：商务印书馆，2011.

[15] 王鑫鑫，王宗军. 国外商业模式创新研究综述 [J]. 外国经济与管理. 2009.

[16] 朱军，陈威，程芬. 电子商务云服务商业模式创新研究——以 A 公司为例 [J]. 现代管理科学，2016（9）.

[17] 苏晓华，肖洁，陈嘉茵. 创业者社会身份认知与新创企业创新 [J]. 南方经济，2020（10）.

[18] 陈劲，杨洋，于君博. 商业模式创新研究综述与展望 [J/OL]. 软科学，2022.

[19] 邵洪波，邵春燕. 互联网下的商业模式——从源生价值、平台价值到网络价值的递进 [J]. 现代国企研究. 2013.

[20] 崔楠，张丽娜，张建. 商业模式创新对新产品绩效的影响：资源整合的中介作用 [J]. 中国地质大学学报（社会科学版），2015，15（5）.

[21] 陈亚光，吴月燕，杨智. 商业模式创新对财务绩效的影响：一个整合模型 [J]. 中国科技论坛，2017（3）.

[22] 迟考勋，邵月婷. 商业模式创新、资源整合与新创企业绩效 [J]. 外国经济与管理，2020，42（3）.

[23] 孟志青，吕智翔. 中小零售企业电子商务商业运营模式框架研究 [J]. 浙江工业大学学报，2018，46（5）.

[24] 朱明洋，张玉利，曾国军. 网络自主权、企业双元创新战略与商业模式创新关系研究：内部协调柔性的调节作用 [J]. 管理工程学报，2020，34（6）.

[25] 孙秀梅，高德芳，宋剑锋. 创业者行业经验、资源整合与商业模式创新性 [J]. 华东经济管理，2021，35（5）.

第4章　资本运营与风险投资

【学习要点】

☆ 理解风险投资的内涵与特点；

☆ 了解风投的发展历程；

☆ 重视风险投资运作的四个阶段；

☆ 知晓风险投资的不同投资技巧；

☆ 熟悉企业常见的引进风险投资的方式和退出渠道。

【开章案例】

从3亿美元到39亿美元：京东与高瓴资本打造的传奇

一、企业简介

京东集团成立于1998年，2014年正式上市，京东从电子商务领域开启创业道路，经过多年的发展，目前企业的主营业务涵盖电商、物流、金融服务、数字科技等诸多领域，成为广受消费者认可的零售品牌。与大多数成功的上市企业一样，风险投资在京东的发展历程中起到了重要的作用，其中，最著名的一笔风险投资是2011年高瓴资本对京东投资了3亿美元，这笔资金帮助京东快速扩张，转型为重资产电商模式。2014年，当京东集团上市时，高瓴资本持有的股权价值已升至39亿美元，这一笔风险投资也成为行业的传奇故事。

二、京东引进风险投资的历程

京东前身是一个名叫"京东多媒体网"的网站，2007年8月，京东获得了今日资本的1 000万美元投资，京东多媒体网也更名为京东商城，在获得了最初的风险投资之后，京东商城开始进行平板电视产品的销售，逐渐完成了3C产品的销售，成为了3C产品的销售平台。2009年，京东获得了今日资本、熊牛资本和梁伯韬投资的2 100万美元，京东开始探索自建物流体系，成立了上海圆迈快递，销售额突破3亿元，日订单处理能力超过2 000单。2010年1月和12月，老虎资金两次投资7 500万美元。2011年是京东发展过程中具有里程碑意义的一年，对京东发展至关重要的高瓴资本出现了，高瓴资本、KPCP凯鹏华盈中国、俄罗斯DST、红衫资本和老虎基金等机构向京东投资9.61亿美元，这一年，移动端的京东商城程序上线，大量的资金支持使京东有能力在全国的主要大城市中完善自己的物流和供应链体系，京东的核心竞争力开始形成，奠定了京东成为行业巨头进而成功上市的基础。

三、高瓴资本与京东的故事

高瓴资本的创始人张磊披露了对京东进行风险投资背后的故事。2010 年，最开始京东的创始人刘强东只提出了 7 500 万美元的融资需求，但高瓴资本的创始人张磊执意要向京东投资 3 亿美元，张磊当时直接向刘强东撂下狠话，要么京东接受 3 亿美元的投资，要么高瓴资本一分钱也不投。

之所以这样做，是因为张磊对京东的商业模式进行了深入的了解，对京东未来的发展规划也进行了准确的计算。无论京东怎样发展，京东的商业本质仍然是零售，想要有更好的发展，就必须基于已有的优势打造核心竞争力，京东已有的优势是中等价格、中等频次的品类，代表品类是数码产品、服装家具、化妆品等。这些品类模式的特点是用户对货的需求不太急，所以京东可以把货放在离用户30 公里、40 公里远的仓库里，以达到最大经济效率，京东需要做的是建设大量的仓库、物流中心，在全国不同区域建立两级仓库，第一级仓库是区域订单分发中心，设立在全国主要的中心城市中，第二级仓库是物流前置分拨中心，设立在消费者订单较为活跃的二三线城市中，将产品放在距离消费者最近的仓库中，当消费者有订单，京东就会安排距离消费者最近的仓库发货、调货，一级仓库在必要时可以迅速向二级仓库补货，这就最大程度上减少了物流的中间环节，提高了速度。这样的物流模式需要完善物流和供应链体系，当自建物流的基础设施跑通之后，所有中频中价的品类，京东都可以很快拓展到，可以为消费者提供更快、更好的物流服务。当消费者面对不同的电商平台时，京东提供的更优质的产品配送服务会获得消费者更多的认可。

然而，打造完善的自建物流体系并非一件简单的事情，面对诸多困难和挑战，大部分电商平台都采用风险较小的"轻资产"运营模式，投入较少的固定资产，将资源重点用于发展核心业务，将物流等非核心业务外包给第三方公司完成，实现企业利润最大化，而京东想要打造的自建物流是"重资产"运营模式，仓库、物流设备、物流车辆以及配送团队都需要大量的资金投入，张磊认为刘强东提出的 7 500 万美元的资金需求远远不够，"高估了自己的能力而低估了自己将要面对的困难"，自建物流是极其"烧钱"的生意，在全国主要城市设立仓库，形成配送力量，高瓴资本计算得出的结果是京东最少需要 25 亿元人民币才能完成自建物流的布局。高瓴资本将京东视为"中国的亚马逊"，而且当时国内并没有与京东走相同路线的电商企业，高瓴资本看重了京东无比广阔的发展前景，于是毅然决然主动向京东提供了 3 亿美元的投资，帮助京东完成了向重资产运营模式的转型，后续京东的成功上市，也证明高瓴资本当时略显"激进"的投资非常正确。

高瓴资本与京东的故事并没有就此结束，在"3 亿美元变为 39 亿美元"的成功之后，2018 年，高瓴资本向京东集团旗下的京东物流进行了投资，继续帮助京东优化供应链和物流渠道，2021 年，京东物流成功上市，高瓴资本再次实现了 30 多亿美元的获利。2020 年，高瓴资本参与了京东集团旗下另一家公司——京东健康的融资，投资 8.3 亿美元持有京东健康 4.34% 的股份，半年后，京东健康就在香港成功上市，高瓴资本获得了超过 80 亿元人民币的投资回报。

四、风险投资的退出

风险资本是投入到有巨大成长潜力企业的一种权益资本，虽然投资的风险性较大，但是一旦企业经营顺利，风险投资者也可以获得高额的投资收益，风险投资的退出方式也是风险投资非常重要的一个环节，京东的风险投资退出方式采用"首次公开上市退出IPO"的模式，这种模式是当企业经营情况较好时，计划公开上市，风险投资者拥有的股份可以转化为可进行交易的上市公司股票，将股权资本转化为现金，用这种方式实现资本的增值。2014年5月，京东在纳斯达克上市，市值260亿美元，成为中国第三大上市互联网公司。今日资本和高瓴资本成为了风险投资的最大赢家，前者持有京东7.8%的股份，投资回报率150多倍，资本增值22亿美元，高瓴资本也获得了38亿美元的收入。

五、发展与启示

高瓴资本对京东的风险投资是行业内的一段佳话。千里马常有而伯乐不常有，获得投资者的赏识需要一定的运气，但是获得投资最重要的前提仍然是完善打磨好企业的商业模式，用独特的商业模式设计解释自己企业与其他同类型企业的不同。创业者必须目光长远、准确地评估自己的能力以及企业发展前景、市场背景以及经营风险，规划好每一笔投资的用处，将企业有限的资源用于核心竞争力的打造，这才是企业在激烈的市场竞争中突出重围、发展成为行业巨头的根本途径。

资料来源：

①王琼. 京东的互联网金融投资风险案例研究 [J]. 中外企业家，2019（23）：98 - 99.

②陈炘烨. 电商企业重资产运行方式下的财务风险及其防范研究——以京东集团为例 [J]. 现代营销（学苑版），2021（6）：164 - 165.

4.1　风险投资的兴起与发展

4.1.1　国外风险投资概况

以下介绍国外（美国、日本等）发展风险投资事业较悠久的国家，以及一些风险投资新兴地区的风险投资发展概况。

第一，美国。早期的风险投资活动是由私人或银行家掌控，将资金投资到钢铁、铁路、石油等新兴事业而获得巨额利益。1958年国会制定《小企业投资法案》（*Small Business Investment Act*），基于该法案，建立中小企业投资公司（small business investment company，SBIC）制度，从而极大地推动了美国风险投资业的发展。1978年政府允许退休基金（pension fund）介入风险投资业；20世纪80年代，降低资本利得税率，投资银行也参与及协助，这强化了被投资公司的经营体制，由此带动了风险投资的成长。美国风险投资大致可分为三大类：有限合伙制的风险基金、中小企业投资公司（SBIC）及大公司的附属风险投资部门。美国风险投资公司已有4 000多家，风险投资总额达1 000亿美元，它们的资金主要投向信息技术、生命科学等高科技产业。

第二，日本。亚洲地区风险投资起始于20世纪60年代日本政府推动的三家小型企业投资公司。日本于1963年仿照美国制定了《小企业投资法》，协助中小企业风险投资事业发展，同年成立"财团法人中小企业投资育成会社"，有东京、大阪、名古屋三家。日本通产省于 1974 年设立了一个半官方的风险投资企业中心（venture enterprise center, VEC），以促进日本风险投资的发展。日本的风险投资机构大部分是由证券公司及银行等金融体系投资成立，在性质上是一种综合性金融业，对被投资事业之投资范围并无限制，完全从获利因素来考虑。

第三，新加坡。风险投资活动在新加坡始于 80 年代，为鼓励当地企业发展或创新，1985 年新加坡政府成立经济发展局风险投资基金（EDB Venture Capital Fund），主要直接投资于初期的公司，投资于其国内外的风险基金，并提供税务奖励措施，不限定其投资范围，但以高科技为主。新加坡目前约有 150 家公司受惠于风险投资基金。

第四，韩国。韩国第一家风险投资公司创立于 1974 年，称为韩国高科技公司，是政府资助的公司，负责将另一家政府出资机构的研发成果商品化。1986 年，中小型风险企业创新法案生效，《创投事业奖励规则》实施，使得小企业及风险投资事业迅速成长。政府对风险投资除了在资金方面提供融资外，并没有特别的租税奖励措施。另外，韩国政府目前限定风险投资业不得投资农业、狩猎业、林业及渔业、金融及保险业、有关法律及会计方面之服务业、专业及一般补习班、医疗业及兽医业，并禁止贷款。

4.1.2　我国风险投资业的发展历程

1985 年 3 月中共中央在《关于科学技术体制改革的决定》中指出："对于变化迅速、风险较大的高技术开发工作，可以设立创业投资给以支持。"这一决定精神，使我国高技术风险投资的发展有了政策上的依据和保证。1985 年 1 月 11 日，我国第一家专营新技术风险投资的全国性金融企业——中国新技术创业投资公司在北京成立。该公司同后来成立的北京太平洋优联技术创业有限公司、清华永新高科技投资控股公司等数家风险投资公司为我国的高新技术产品的开发和应用起到了一定的推动作用。1984 年工商银行率先开办科技开发贷款业务。自此，银行业的贷款业务迅速增长，到 1994 年时达到 80 亿元。此后，我国又成立了中国招商技术有限公司、广州技术创业公司、江苏省高新技术风险投资公司等类似中创的公司，使得我国的风险投资业有了较深入的发展。1986 年开始实施的"863"计划和 1988 年开始实施的火炬计划可以看作是政府风险投资的规划。1991年 3 月，国务院在《国家高新技术产业开发区若干政策的暂行规定》中指出："有关部门可以在高新技术产业开发区建立风险投资基金，用于风险较大的高新技术产业开发。条件成熟的高新技术开发区可创办风险投资公司。"这标志着风险投资在我国已受到政府的高度重视。据资料显示，全国 22 个省份已创建的各类科技信托公司、科技风险投资和科技信用社达到 80 多家。

20 世纪 90 年代中期前后，一批海外基金和风险投资公司开始涌入中国，给中国风险投资业注入新的资金并带来了西方全新的管理与规范化的运作模式。从 1997 年开始，政府决策层对风险投资的重视程度加深，我国风险投资出现了一些前所未有的景象。四通集团吸收了 3 家国际著名高科技风险投资公司的资金；爱特信公司获因特尔（Intel）等公司提供的资金支持；深圳金蝶财务科技有限公司获广东太平洋技术创业有限公司投资；2004 年，许多新的海外风险投资机构在众多利好因素的驱动下纷纷进入中国，并进行实质性投资。海外风险投资机构不但推动了盛大、蒙牛、腾讯、李宁等公司在海外上市，还投资了阿里巴巴、银联商务、宁夏红等企业。这显示我国风险投资业开始发展。总体而言，我国风险投资刚刚起步，一个健全、完善的风险投资机制尚未建立起来，规模还较小，远远不能满足科技进步对资金的巨大需求。中国风险投资发端于 20 世纪 80 年代中期，近几年随着经济持续稳定地高速增长和资本市场的逐步完善，国内风投市场呈现出强劲的增长态势，投资于中国市场的高回报率使中国成为全球资本关注的战略要地。但作为一种新的投资行业，中国风投行业的发展受到多种因素的制约：发展历史短，理论研究较为薄弱，政府扶植措施不完善等。总体而言，国内风险投资行业仍处于探索期。

国内新一轮 VC 投资继续呈现多元化分布态势，传统产业和狭义 IT 业仍然是获得投资最密集的领域。在 2021 ~ 2022 年中国十大风投公司排行榜（见表 4 - 1）榜单中，十大公司都涉及 IT 领域的投资，餐饮连锁、清洁技术、医疗健康等传统行业也成为投资热点。与互联网行业不同，传统行业一旦形成连锁品牌，很容易形成整体效应，成长性好且回报非常稳定。因此，未来传统行业将成为国内风投领域的"香饽饽"，互联网行业得到的风险资本则开始呈下降趋势。

表 4 - 1　　　　　　　　　　2021 ~ 2022 年中国十大风投公司排行榜

排名	公司名称	简介
1	IDG 技术创业投资基金	IDG 资本于 1992 年在美国波士顿创立，可以说是风投界的巨头。一直以来 IDG 资本致力于在全世界进行有价值的投资，该公司的有限合伙人涵盖国际投资人、慈善组织、大学捐赠基金等。代表性的投资项目有拼多多、美团点评、小马智行
2	红杉资本中国基金	该公司成立于 2005 年，但是红杉资本早在 1972 年就已创立，可以说是一家历史悠久的公司。该公司的多数基金来源于世界有名的教育机构和慈善机构。在我国红杉资本主要投资的是我国杰出的企业家、重要的科研机构和政府机构。代表性的投资项目：今日头条、拼多多、美团点评
3	深圳市创新投资集团有限公司	该公司是 1999 年成立的国内知名的投资企业，主要投资中小企业、高新技术制造业和一些新兴产业企业。自成立以来该企业一直专注于培育民族企业、打造民族品牌，为我国经济转型和一些新兴产业的发展提供重要帮助。代表性的投资项目：中新赛克、腾讯音乐、西部超导
4	晨兴资本	该公司成立于 2008 年，在该创投公司投资的企业中已有 50 家公司已经上市，另外有 75 家公司已经取得了投资回报。在全球的创投公司中该公司的投资回报率位于前列。代表性的投资项目：丫丫、小米、快手
5	金沙江创投	该公司成立于 2004 年，投资的重点主要放在初创的高新技术产业上，它管理的资产大约有 20 亿美元，在美国硅谷、新加坡和北京都设有办事处。代表性的投资项目：滴滴、饿了么、小红书
6	创新工场	该公司成立于 2009 年，由李开复博士创办。该公司主要的目的在于培育新一代的创新人才和高新技术产业。到 2018 年该公司管理的资本已经达到了 110 亿元人民币。代表性的投资项目：比特大陆、永辉云创、水滴集团

排名	公司名称	简介
7	君联资本	该公司成立于 2001 年，其创立的初衷是用资金帮助促进中国创新型企业的成长。代表性的投资项目：宁德时代、药明康德、哔哩哔哩
8	GGV 纪源资本	该公司成立于 2000 年，主要专注于美国和亚洲地区正在扩展的企业的投资，目前该企业管理的资本大约有 38 亿美元。代表性的投资项目：小红书、哈啰出行、Grab
9	达晨财智	该公司成立于 2000 年，是一家总部位于深圳的公司，也是我国第一批按照市场化的方式运作的本土创投公司。代表性的投资项目：热景生物、沃尔德、天味食品
10	经纬中国	该公司成立于 2008 年，2008 年该公司的投资团队超过 100 人，总资本超过 210 亿元。该公司的主要投资领域在移动社交平台、电商、互联网教育等方面。代表性的投资项目：滴滴出行、瓜子二手车、星际荣耀

风险投资专栏 1：

中国新技术创业投资公司：我国首家风险投资公司

中创公司于 1986 年 1 月成立．注册资本是 4 000 万元人民币。中创公司建立伊始并不是一个完全的国有公司，国家科委注资 2 700 万元人民币，其他资本是从财政、五金矿、中信、船舶等各业筹集而来。中创公司是一个不完整的股份制公司，从它的产生与发展来看，中创公司是我国风险投资业的先驱。中创公司是定位于专营风险投资的全国性金融机构，它也是中国第一家获得金融权的非银行金融机构，中创公司的主要业务是通过投资、贷款、租赁、财务担保、业务咨询等为科技成果产业化和创新型高新技术企业提供风险资本。中创公司的建立、运作和发展一开始便定位于试验田，这无疑是带给中创无限的发展机会，但同时也意味着中创公司这一新兴事物在市场激烈的竞争和极大的风险面前开始了它维难维艰的成长历程，也为其最终的惨败埋下了伏笔。

中创公司自谕为是"第一个吃螃蟹的人"，也就是说，中创公司有可能淘出神州大地风险投资事业的第一桶黄金，同时也有可能从此掩灭，成为风险投资发展的垫脚石。中创公司早期大量的风险资本注入在长江三角洲和珠江三角洲，中创公司对乡镇企业、中关村科技一条街的发展做出了非常重要的贡献。此外，中创公司在"八五"期间参与过许多火炬项目，并对其进行资金管理和项目管理，在这批火炬项目中，中创对他们的贷款达 2.3 亿元，参与了近百个项目。中创公司发展的速度非常快，在前 5 年内资产规模不断扩大，几近 20 亿元。1991 年，中创公司先后在珠海、深圳投资 3 500 万元人民币；1992 年，信托存款增长 142%，扩大在长江三角洲和珠江三角洲的投资额。1992 年底，中创公司在这些地区的营运资本高达 41 亿元。此外，中创公司还在外汇、股票等金融市场上大量投资，中创公司还投资了"上海万国证券公司"，与他人联手收购了大众国际投资有限公司。中创公司迅猛的发展使得中创公司在中国封闭多年的刚刚复苏的市场上光芒四射，给了人们无限的希望！

市场是善变的，当中创企业面对 1993 年的市场风云突变，中创公司遭受了前所未有的危机：资金紧张、负债比例失调、呆账、坏账不时凸显出来，于是中创公司开始拆东墙补西墙，穷于应付。一方面，宏观背景恶化，通货膨胀性日益加重；另一方面，企业内部权力纷争、上下失撑、内部矛盾使得中创公司两面夹击，腹背受敌。于是，中创公司在大势所趋之下，走上了一条不归之路。

中创企业主要投资项目高达九十几个，主要从事贷款、债券回购等银行业务，高息揽储就是中创公司被关闭的一个缘由，中创公司在关闭时总债务达到 60 亿元。中创公司在中国的改革中几起几落，为中国风险投资创业积累了丰富的经验，而中创公司的倒闭便是其代价。中创公司从其成立、发展到倒闭演绎了一场风险投资中的悲壮故事，中创公司曾经辉煌过，曾为中国风险投资事业立下汗马功劳。最终还是因其先天不足和环境恶劣而难逃一死，终成千古绝唱。

中创公司作为风险投资公司在尚不完善的中国资本市场上运作缺乏相应的法律保障，在美国等国家的风险投资的发展中，他们制定了相应的法律、法规，对风险投资业进行相应的制约和保证。美国出台的一系列税收优惠政策、政府为中小企业信用担保的制度以及投资基金法等成套的系统的法律、法规支持风险投资的发展。而中国改革进程中，法制建设配套相对滞后，法制观念薄弱，面对新兴的风险投资业，面对新创建的中创公司，国内法律、法规对其行为产生了一种传统的束缚，使得中创公司在其发展中离开其建立的初衷，不得不转向其他业务，这是给中创公司带来最后灾难的潜在原因。

资料来源：李扬. 重新从中创公司看当前如何健全我国的风险投资机制 [J]. 浙江金融，2001 (5)：32 - 33.

4.2　风险投资的内涵与特点

4.2.1　风险投资的内涵

美国全美风险投资协会（National Venture Capital Association，NVCA）认为，风险投资就是职业金融家投入到新兴的、迅速发展的和有巨大市场竞争力的企业中的一种权益资本；欧洲风险投资协会认为，风险投资是一种有专门的投资公司，向具有巨大发展潜力的成长型、扩张型或重组型的未上市公司提供资金支持并辅以管理参与的投资行为；国际经济合作与发展组织（OECD）于 1996 年发表的《风险投资与创新》研究报告则认为，风险投资是一种向极具有发展潜力的新建企业或中小企业提供股权资本的投资行为。风险投资活动具有两种不同的类型：一种是向新兴的、迅速成长的、通常具有高科技背景的公司的投资；另一种是通过支持管理层收购（MBO）和 MBI 活动为公司重组所进行的融资。

国家发改委、科技部、财政部等八个部委在 2005 年联合发布的《风险投资企业管理暂行办法》中对风险投资做出了明确界定。风险投资是指向创业企业进行股权投资，以期所投资创业企业发育成熟或相对成熟后主要通过股权转让获得资本增值收益的投资方式。其中，创业企业指的是在中华人民共和国境内注册设立的处于创建或重建过程中的成长性企业，不含已经在公开市场上市的企业。

4.2.2　风险投资的特点

风险投资是一项伴随着高风险、高收益的科学投资行为。其核心是把资金、人力等资源要素投向蕴含较高风险的科技研发和应用推广领域，促进高新科技成果的商品化、产业化，开辟新的产业空间进而谋求高额资本收益。既然风险投资是一种投资活动，那么它与一般的投资活动自然具有一些相同的共性，但由于它是特定的"风险投资"，因此，又具有与一般投资活动不同的特性，这主要表现在具有高科技性、高风险性、高收益性、长期性和增值性等特点。

第一，高科技性。风险投资的投资对象是那些风险大但潜在效益高的掌握着最新技术的企业。高科技产业是当今世界经济发展的火车头，发展很快。当代高、精、尖产品无一不是高科技成果的结晶。风险投资就是为了支持这种创新产业而产生的，当今世界的风险投资几乎就是高科技产业投资的代名词。

第二，高风险性。首先，风险投资选择的主要投资对象是处于发展阶段早期的中小型高科技企业（包括企业的种子期、导入期、成长期），这些企业存在较多风险因素。例如，处于种子期的企业，从技术酝酿到实验室样品，再到粗糙的样品制造完成，需要进一步的投资以形成产品。此时，技术上还存在许多不确定因素，产品还没有推向市场，企业也刚刚创建，因而投资的技术风险、市场风险、管理风险都很突出。处于导入期的企业，一方面需要解决技术上的问题，尤其是通过中试（小批量试制）排除技术风险；另一方面还要制造一些产品进行市场试销，投资的技术风险、市场风险、管理风险也同时存在。处于成长期的企业，一方面需要扩大生产；另一方面需要增加营销投入开拓产品市场。此时，虽然技术风险已经解决，但市场风险、管理风险加大。尽管此时企业已经有一定的资金回笼，但由于对资金需求很大，加上公司原有资产规模有限，因而投资风险仍然较大。另外，风险企业拥有的宝贵财产通常是智慧与技术，通常没有足够可供担保的实物资产。而风险企业大多数是初创企业或中小型科技企业，公司管理缺乏经验，抗风险能力也不强，如果风险企业经营不善，导致企业破产，则风险公司将血本无归。最后，风险投资项目的成功率非常低，一般来说，每 10 项投资有 2 项是彻底失败的，投资全部损失；有 3 项是部分损失；有 3 项是不赢不亏的；只有 2 项是能够成功的。

风险投资专栏 2：

风投逼死太子奶

太子奶因获得大额风投而成为同行惊羡的对象、媒体追逐的焦点：2007 年 1 月，太子奶与高盛、大摩、英联等方共同出资注册了离岸合资公司——中国太子奶（开曼）控股有限公司，其中，高盛、大摩、英联出资 7 300 万美元占该公司 30% 股权；2007 年 9 月，太子奶获得花旗银行、比利时联合银行、香港华商银行、马来西亚大众银行等六大国际财团提供的 5 亿元无抵押、无担保、低息三年期信用贷款。

高收益背后必定有高风险。风险投资的确是无数创业者的"梦工厂",但风险投资者不是救世主,更不是活雷锋。他们斥巨资扶持太子奶的终极目标也不仅仅是培养一个重量级的大型企业,他们需要得到现金回报,而且投入越大就越急于在最短的时间内套现,而最好的现金回报方式是上市。所以上市不仅是太子奶的梦,更是他们在风投"押送下"不得不走的路。

如果把所有的宝都押在上市上,就难免急功近利。为了上市,太子奶煞费心机,四处烧钱跑马圈地,同时为获得巨额风投,还和蒙牛一样与风投签订对赌协议,太子奶也因此被冠以"蒙牛第二"的称号。支撑蒙牛超常规急速发展的正是资本的力量,蒙牛跑出了火箭的速度,但效仿蒙牛的太子奶却成了东施效颦,陷入资本困境。太子奶上市不逢时。2004 年蒙牛上市时,乳业发展如火如荼,且中国宏观环境也是一路高歌,和谐的大小环境都为蒙牛上市助了一臂之力。太子奶选择在 2008 年上市则有些倒霉。一场乳业大地震让整个乳业哀鸿遍野,虽然太子奶没有高中"黑榜",但太子奶也不能独善其身。而且整个 2008 年宏观经济形势恶劣,原材料成本上涨、银根紧缩、股市低迷、金融海啸等,也让投资者的钱袋紧了许多,这必然会影响太子奶的融资能力。

近年来,太子奶疯狂扩张四处建厂,准备在全国建立八大基地。在太子奶的蓝图中,八大基地一旦全面投产,太子奶集团的总生产面积将达到 180 万平方米,其乳酸菌奶饮料的年产能将达到 300 亿元。但是,憧憬成为国内乳业巨头的太子奶,是否考虑到其产品的市场规模?乳酸饮品的市场本来就不够大,又被各个乳业巨头觊觎。蒙牛为化解成本压力,走高价值新产品路线,其中乳酸饮品就是一个很重要的领域;伊利也在调整战略,把更多精力放在酸奶等附加值产品上,太子奶的市场进一步被吞噬。即使八大基地顺利落成后,太子奶既有的市场也很难消化其巨大的产能。

2008 年,太子奶资金链几欲断裂,头上又悬着对赌协议这把利剑,结局不外乎三种:破产、股权转让求生、风投接管。无论哪种结局都让人扼腕惋惜,作为一家在乳酸菌领跑的冠军企业,却被风投"逼死",实在可惜。

资料来源:
①李松松. 简述对赌协议——在太子奶和蒙牛的融资中的比较分析 [J]. 法制与社会,2016 (14):101 - 102.
②李楠,王永德. 基于太子奶集团案例浅析民营企业内部控制的问题 [J]. 中国乡镇企业会计,2014 (11):226 - 228.

第三,高收益性。首先,风险投资公司的投资项目是由非常专业的风险投资家,经过严格的程序而选择的。选择的投资对象是一些潜在市场规模大、高风险、高成长、高收益的新创事业或投资计划。其中大多数的风险投资对象是处于信息技术、生物工程等高增长领域的高技术企业,这些企业一旦成功就会为投资者带来少则几倍,多则几百倍,甚至上千倍的投资收益。其次,由于处于发展初期的小企业很难从银行等传统金融机构获得资金,风险投资家对它们投入的资金非常重要,因而风险投资家也能获得较多的股份。风险投资会通过企业上市、转让或回购的方式从成功的投资中退出,从而获得超额的资本利得的收益。例如,美国研究发展公司于 1957 年在 DEC 公司投资 7 万美元,占该公司当时股份的 77%,到 1971 年其市场价值高达 3.55 亿美元,增长了 5 000 倍;风险资本家罗克于 1975 年投资苹果公司 150 万美元，到 1978 年其价值达到 1 亿美元，增长了 67 倍。

风险投资专栏 3：

<h2 style="text-align:center">黑石牵头 6 亿美元涉足中国蔬菜业</h2>

山东寿光，这个中国最大的"菜篮子"，正在经历一场经营模式的巨大变革。据了解，以黑石牵头的国际私募财团已经向地利控股投资 6 亿美元。而成立地利控股的目的，就是以寿光农产品物流园等批发市场为依托，构建一个遍布全国的蔬菜及农产品批发物流网络。

中国·寿光农产品物流园有限公司执行董事、总经理栾元伟近日证实，数家投资基金投入的合计 6 亿美元已打到新组建拟上市公司——地利控股集团有限公司的账上，其中，黑石一家的投资为 1.9 亿美元。在新公司中，香港旺益公司应处于绝对控股地位，当地政府约占股 16%，而黑石牵头的国际私募约占股 30%。"私募等进来不仅做寿光项目，而是以寿光项目为主体，再投资其他项目。"栾元伟说，地利控股作为投资主体，目的是构建一个遍布全国的蔬菜及农产品批发物流网络，寿光农产品物流园及陕西安塞等批发市场只是其下属的项目园区。

虽然对于母公司何时在香港上市，栾元伟不能给出明确答复，但他明确表示母公司已进入上市流程。他说，物流园地面工程目前正处于上市前的审计阶段，审计马上就要结束，地面工程造价应该是 7 亿多元。原来打算把寿光农产品物流园作为子项目，与外地其他项目捆绑上市，而现在则要把寿光农产品物流园作为母体，把其他项目装进去整体上市。据香港媒体报道此次注资是由黑石牵头，包括 Capital Group Cos、西京投资入股在内的财团共同投资。"投资建设农产品物流园，本身也是我们公司资本运作项目之一，我们自己投资的同时，也在吸引其他投资者加盟。美国摩根大通银行中国执行董事已经和我们接洽两次，另外还有十余家基金公司和我们商谈，打算投资物流园建设。"栾元传说，整个农产品物流园投资达 20 亿元，没有贷银行一分钱。

依托寿光物流园构建全国市场网络在寿光市北环路上，一片红色矩阵式的物流基地仿佛在一夜间迅速形成，栾元伟的梦想离现实越来越近。中国是世界蔬菜种植和消费第一大国，2020 年我国蔬菜产量为 74 912.9 万吨。其中，每 10 户中国家庭，至少有 3 户吃的蔬菜是来自中国最大的菜篮子——黄淮海与环渤海设施蔬菜优势生产区域。山东就是中国蔬菜的领头羊。2020 年，山东的蔬菜产量有 8 437 万吨，位居全国第一。"中国蔬菜看山东，山东蔬菜看寿光。"早在 2006 年，当他来寿光参加菜博会时，这个中国最大的蔬菜集散中心就激发了他无尽的联想。

资料来源：
①温跃，赵小亮，徐泮清，刘玉琢. 山东寿光：普惠金融助"蔬菜之乡"蓬勃兴旺 [N]. 金融时报，2022 - 11 - 11（005）.
②王湘润，赵梓圻. 农产品销售供应链模式及优化研究——以山东寿光为例 [J]. 农村经济与科技，2022，33（14）：222 - 224，242.

第四，长期性。风险投资将一项科学研究成果转化为新技术产品，要经历研究开发、产品试制、正式生产、扩大生产到盈利规模、进一步扩大生产和销售等阶段，到企业股票上市、股价上升时投资者才能收回风险投资并获得投资利润。这一过程少则需要 3~5 年，多则要 7~10 年。因此，风险资本家并不要求风险企业在短期内（如两三年内）有任何的偿还或分红，这是风险投资与借贷等融资方式的重要区别。

第五，增值性。所谓风险投资的增值性也就是通常所说的风险资本家的"附力酬介值"。风险资本家通过密切监督，对风险企业的各种情况都比较了解，加上自身的丰富经验，既可以较早地觉察到企业运行的潜在问题及运行风险，又可以成为风险企业重要的咨询顾问，为企业的发展战略、重大经营决策提出重要意见。有关研究表明，由于风险资本家介入管理，使得风险企业的企业价值增大，得到风险资本支持的企业要比没有得到风险资本的相似企业表现得更为出色。风险企业公开上市以后，其股票也更加受人关注。由于风险资本家的努力增加了风险企业的价值，它也被称为风险资本家的"附加价值"。这些附加价值业务是风险企业获得成功的关键之一。

4.3 风险投资的运作机制

让我们了解一下风险投资公司的运作流程，虽然每一个风险投资公司都有自己的运作程序和制度，但总的来讲都包括以下步骤。

（1）初审。风险投资家用40%的时间去寻找投资机会，其他大部分时间来管理和监控已投资的资金。因此，风险投资家在拿到经营计划和摘要后，往往只会用很短的时间走马观花地浏览一遍，以决定在这件事情上花时间是否值得。必须有吸引他的东西才能使其花时间仔细研究，因此，计划书内容必须符合风险投资家的要求。

（2）风险投资家之间的磋商。在大的风险投资公司，相关的人员会定期聚在一起，对通过初审的项目建议书进行讨论，决定是否需要进行面谈或者回绝。

（3）面谈。如果风险投资家对企业提出的项目感兴趣，他会与企业家接触，直接了解其背景、管理队伍和企业，这是整个过程中最重要的一次会面。如果进行得不好，交易便告失败。如果面谈成功，风险投资家会希望进一步了解更多的有关企业和市场的情况，或许他还会动员可能对这一项目感兴趣的其他风险投资家参与。

（4）责任审查。如果初次面谈较为成功，风险投资家接下来便开始对企业家的经营情况进行考察以及尽可能多地对项目进行了解。他们通过审查程序对意向企业的技术、市场潜力和规模以及管理队伍进行仔细的评估，这一程序包括与潜在的客户接触、向技术专家咨询并与管理队伍举行几轮会谈。它通常包括参观公司、与关键人员面谈、对仪器设备和供销渠道进行估价。它还可能包括与企业债权人、客户、相关人员以前的雇主进行交谈。这些人会帮助风险投资家做出关于企业家个人风险的结论。风险投资对项目的评估是理性与感性的结合。其理性分析与一般的商业分析大同小异，如市场分析、成本核算的方法以及经营计划的内容等与一般企业基本相同。所不同的是感性在风险投资中占有一定比重，如对技术的把握和对人的评价。

（5）条款清单。审查阶段完成之后，如果风险投资家认为所申请的项目前景看好，那么便可开始进行投资形式和估计的谈判。通常企业家会得到一个条款清单，概括出涉及的内容。这个过程可能要持续几个月。因为企业家可能并不了解谈判的内容，他将付出多少，风险投资家希望获得多少股份，还有谁参与项目，对他以及现在的管理队伍会发生什么。对于企业家来讲，要花时间研究这些内容，尽可能将条款减少。

（6）签订合同。风险资本家力图使他们的投资回报与所承担的风险相适应。根据切实可行的计划，风险资本家对技术、管理层、技能、经验、经营计划、知识产权及工作进展的评估，决定风险大小，选取适当的折现率，计算出其所认为的风险企业的净现值。基于各自对企业价值的评估，投资双方通过谈判达成最终成交价值。影响最终成交价值的因素包括以下几项。第一，风险资金的市场规模。风险资本市场上的资金越多，对风险企业的需求越迫切，会导致风险企业价值向上攀升。在这种情况下，风险企业家能以较小的代价换取风险投资家的资本。第二，退出机制。市场对上市、并购的反应直接影响风险企业的价值，风险企业通过减少在技术、市场战略和财务上的风险与不确定性，可以提高风险企业的价值。第三，资本市场时机。一般情况下，股市走势看好时，风险企业的价值也看好。

（7）通过讨价还价后，双方进入签订协议的阶段，签订代表企业家和风险投资家双方愿望和义务的合同。一旦最后协议签订完成，企业家便可以得到自己以继续实现其经营计划中拟定的目标。在多数协议中，还包括退出计划，即简单概括出风险投资家如何撤出其资金以及遇到预算、重大事件和其他目标没有实现的情况将如何处理。

（8）投资生效后的监管。投资生效后，风险投资家便拥有了风险企业的股份。多数风险投资家在董事会中扮演着咨询者的角色。他们通常会同时介入好几个企业，所以没有时间扮演其他角色。作为咨询者，他们主要就改善经营状况以获取更多利润提出建议，帮助企业物色新的管理人员，定期与企业家接触以跟踪了解经营的进展情况，定期审查会计师事务所提交的财务分析报告。

4.4 风险投资运作的四个阶段

第一阶段为筹资阶段。在这一阶段，普通合伙人要用 6 个月到 1 年的时间，寻找有限合伙人，筹集各类资金。风险投资家大都要凭自己的三寸不烂之舌，说服有钱的金融机构或个人，把钱投在自己的手里。这里最重要的，也最能说服人的是风险投资家本人过去的业绩。

第二阶段为选择投资对象阶段。在这段时间里，风险投资公司要做大量的调查、咨询、研究工作。在选择好初步投资对象后，还要对这个具体对象做深入的调查研究。有时这个过程也叫作"审慎调查"（due diligence），这一阶段的结果导致最终投资。被投资的公司是风险企业。

第三个阶段为投资增长阶段。风险投资公司在投资后，并不认为大事已成。他们还要直接参与风险企业的经营管理，帮助后者成长壮大。在这一阶段，风险投资公司的目标很明确：要增加风险企业的市场价值。因为增加它的价值就是增加自己投资的收益。

第四个阶段为风险投资的结束阶段。这个阶段在风险投资界也叫作退出阶段，风险投资家将所有的资产变为现金，从而收回全部所投资金。

　　风险资本退出阶段是一个完整风险投资循环周期的完成阶段。从风险创业企业抽出投入的资本加上增值收益，是风险投资公司循环运转的关键环节。如果没有退出机制或无法保证资本金的完整，风险投资公司就会流动呆滞，无力投资新项目，从而也就失去了存在的意义。风险投资公司投资于风险企业不是为了取得该企业的长久控制权，经过若干年，无论风险企业取得成功还是失败，风险投资公司都会从风险企业中退出。只有退出，风险资本才能一再循环；只有退出，风险投资收益才能实现。

风险投资专栏 4：

启明创投致力于成为中国优秀技术创业者们的首选投资机构

　　启明创投成立于 2006 年，先后在上海、北京、苏州、香港，西雅图、波士顿和旧金山湾区设立办公室。目前启明创投旗下管理十只美元基金，六只人民币基金，已募管理资产总额达到 62 亿美元。自成立至今，专注于投资 TMT、医疗健康（healthcare）等行业早期和成长期的优秀企业。自成立以来，启明创投以其出色的投资业绩，获得包括中国在内的全球范围内的出资人的广泛认可，成为创业者首选的投资机构。在多个权威榜单中，启明创投已经成为中国风险投资界排名领先的基金。

　　过去卓越的投资表现，启明创投抓住了用硬科技改变中国及世界的机会。我们的投资给出资人带来了优异的回报，与许多非常优秀的技术创业者一起创造了出色的独角兽及上市企业。

　　截至 2021 年，启明创投已投资超过 430 家高速成长的创新企业，其中有超过 170 家分别在美国纽交所、纳斯达克以及中国香港联交所，中国台湾柜买中心、上交所及深交所等交易所上市及合并等退出，有 40 多家企业成为行业公认的独角兽和超级独角兽企业。

　　启明创投投资企业中，很多已经成长为各自领域中最具影响力的公司，包括小米集团（01810. HK）、美团（03690. HK）、哔哩哔哩（NASDAQ：BILI, 09626. HK）、石头科技（688169. SH）、甘李药业（603087. SH）、泰格医药（300347. SZ, 03347. HK）、再鼎医药（NASDAQ：ZLAB, 09688. HK）、启明医疗（02500. HK）、康希诺生物（688185. SH, 06185. HK）、Schrödinger（NASDAQ：SDGR）、惠泰医疗（688617. SH）、三友医疗（688085. SH）、艾德生物（300685. SZ）、贝瑞基因（000710. SZ）、神州细胞（688520. SH）、圆心科技、优必选等。

　　启明创投的投资策略的重要组成部分是专注，勉力寻找面向未来的伟大企业，为人类和社会带来长期价值。选择企业的方式决定了我们能否持续获得成功。启明创投的团队花费大量的时间去研究行业的趋势、科技的发展以及消费习惯的转变，通过这些研究希望尽早捕捉到巨大的未来市场，同时我们也极其重视深入细致的尽职调查，通过跟企业家的深度接触，通过对企业经营或科研数据的深度了解，更好地把握投资机会，评估投资风险。

　　自 2006 年成立以来，启明创投与数万家初创企业产生了连接，其中超过 10 000 家企业的创始人及团队和启明创投的投资人交谈，平均而言，三十家企业中有一家会获得启明创投的投资，启明创投的投资 70% 集中于 A、B 轮，很多这些获得投资的企业在 2～7 年中成为行业领军者。投资于信息科技以及新的消费业态，关注移动互联网、社交、娱乐，关注科技如何重新定义商业、教育、出行，关注新的核心科技，包括人工智能、机器人、半导体、企业服务、区块链等，也关注中国巨大的制造业升级机会，先后投资了百余家医疗健康领域的初创企业。除了不断深耕传统的新药、诊断、器械、医疗服务，寻找那些为人类提供福祉的企业外，与人工智能、移动互联等技术相关度极高的"数字医疗"也是启明创投投资的领域之一。

2021 年启明荣誉参见表 4 – 2。

表 4 – 2　　　　　　　　　　　　　2021 年启明荣誉

项目	荣誉
福布斯	Midas List 全球最佳创投人——邝子平（第 68 位） Midas List 全球最佳创投人——梁颖宇（第 73 位）
福布斯中国	2021 年最佳女性创投人榜——梁颖宇（第二位），黄佩华
投资界	S50 中国女性投资人——梁颖宇、黄佩华 TOP100 投资人榜单——邝子平、梁颖宇、胡旭波
第一财经	2020 年度股权投资价值榜年度投资人——胡旭波 2021 年度投资机构 TOP50——启明创投 股权投资价值机构 Top50——启明创投
2019 年创业邦	最具影响力的女性投资人——梁颖宇 最值得关注女性投资人——吴静
2020 年 CVCRI	2021 年度中国影响力 VC 投资机构 TOP5——启明创投 2021 年度中国影响力 VC 投资家 TOP6——邝子平 2021 年度中国影响力 VC 投资家 TOP50——梁颖宇
36 氪	2021 年度中国最受 LP 认可创业投资机构——启明创投 2021 年中国医疗大健康领域投资机构 Top20——启明创投 2021 年中国企业服务领域投资机构 Top20——启明创投 2021 年中国前沿科技领域投资机构 Top20——启明创投 36 位 36 岁以下了不起的投资人——张奥 2021 年中国医疗大健康领域投资人 Top20——梁颖宇、胡旭波 2021 年中国企业服务领域投资人 Top20——叶冠泰 2021 年中国芯片/半导体领域投资人 TOP20——周志峰
母基金研究中心	中国最佳女性直投基金投资人——梁颖宇 中国最佳女性 IR——于佳 2021 年 VC 基金最佳回报 Top 4——启明创投
中国企业家	21 世纪未来之星——石头科技、康希诺生物、神州细胞
每日经济新闻	创业投资机构 Top20——启明创投 投创业投资人 Top15——启明创投主管合伙人梁颖宇
CB Insights	全球最活跃医疗健康 VC，Q1'21——启明创投，第六位
全球 PE 论坛组委会——财新数据	中国创业投资机构 20 强中国医疗大健康领域活跃投资机构 10 强 中国人工智能领域活跃投资机构 10 强 中国 PE/VC 十佳优秀投资案例——文远知行

项目	荣誉
清科	2021 年度中国创业投资机构——第 7 名 中国医疗健康领域投资机构 30 强 中国消费领域投资机构 30 强 2021 年度中国创业投资家 10 强——梁颖宇 2021 年 F40 中国青年投资人榜单——高金达

资料来源：

①鲁智高. 爱芯科技完成数亿元 Pre - A、A 轮融资［J］. 中国集成电路，2021，30（5）：87.

②邝子平，刘哲铭. 芯片产业不能蒙眼狂奔［J］. 中国企业家，2021（8）：54 - 56.

4.5　企业引进风险投资

民营企业是风险投资的主要对象，民营企业应充分利用风险投资来为自身发展服务。风险投资对民营企业的作用表现在以下方面。

（1）市场经济的激烈竞争带来的压力迫使企业需要不断地扩大生产经营的规模，增强竞争实力。然而仅仅依靠企业自身的积累根本无法满足这一要求，所以有必要通过各种形式从外部融资来完成产权集中，扩大企业规模。

（2）风险投资不是贷款，而是通过合伙或入股的形式对项目提供支持。由于风险投资是所支持对象的合伙人或股东，而大多数民营企业家对企业发展缺乏全面的战略规划和市场操作能力，所以没有条件为企业的发展提供管理方面的帮助。因此，风险投资的过程也是企业提高经营效率的过程。民营企业引进风险投资，通常同步进行企业整体或部分生产要素的融合和重构，从而达到企业产权存量的动态优化配置。

（3）部分民营企业具有潜力巨大的无形资产。如果能充分利用无形资产引进风险投资，在无形资产与有形资本之间建立合理的经济桥梁，则民营企业可从中获得更多的收益。

（4）风险投资具有长期性，能够对企业进行长期支持。因此，得到风险投资的经济实体（企业）可以通过 IPO 的方式在证券市场筹集资金。风险投资的这种工作模式和长投资周期，能为民营企业的发展提供可贵的支持。

一个投资项目真正能够得到风险投资支持的概率可以说是百里挑一，那企业家又如何鹤立鸡群得到风险投资家的青睐与关注呢？

风险投资专栏 5：

赤子基金的投资事件

赤子基金成立于 2015 年，是一家研究驱动型的早期风险投资机构，具有完整的投资、风控、募资、投后及后台运营体系，致力于成为中国最好的创新型早期基金。赤子基金主要关注教育、医疗健康、互联网/移动互联网、金融、智能制造、消费生活、文娱传媒、企业服务、社交网络等领域的早期创业项目，致力于挖掘并投资早期好的成长潜质企业。截至 2021 年，赤子基金大部分金额投资于本地生活，达到 0.25 亿元，文娱传媒投资数量最多，在 2018 年达到投资金额和数量的峰值。

2015 年 9 月 28 日，浙江赤子股权投资基金管理有限公司在杭州玉皇山南基金小镇注册成立。作为风险投资行业的创业者，赤子基金的使命就是去探索全然陌生的新领域，寻找新的优秀创业者，勇敢地去探索其他机构从未踏足过的地方。赤子基金是一家领先的研究驱动型的早期投资机构，重点投资方向是消费、科技和医疗，关注智能制造、人工智能、新能源与新材料、生物科技与新药研发、教育、金融、文娱体育等多个领域的投资机会，坚持长期价值投资，注重和创业企业建立长期的合作关系，致力于成为其最早和最重要的投资人。

对于早期投资机构来说，独到的"好眼光"真的太重要了，陈维进在挑选创业企业时也有一套自己的"三好"标准，即"好赛道、好团队、好产品"。在他看来，"好赛道"是指公司关注的是投资的是否是一个好行业和好的细分领域，市场是否够大，公司有没有颠覆的能力以及行业的颠覆时机是否来临；"好团队"则是指这个创始团队有哪些核心竞争力和稀缺资源。"我们认为没有完美的个人，但是可以有完美的团队，总结起来就是一句话：德者居上，能者居中，工者在下，智者在侧。""好产品"则是指你的产品或者服务是不是必需的，消费者体验是不是特别好，黏性和系列产品推出能力如何……符合"三好"标准，或许就有机会进入赤子基金的大家庭之中。

而赤子基金对于自己投资的项目，不仅提供持续的战略资金支持，同时还通过自身的行业资源、管理经验和完备的投后支持体系，在资本运作、战略规划、人力资源、运营管理、技术研发、市场营销、资源网络等方面积极赋能，帮助创业企业健康成长，实现资本市场价值。

赤子基金通过大量的研究，制定了科学的发展战略，并着手构建完善的投资生态圈。多元的优势互补的专业资深投融资团队，质优价廉的稀缺性优质早期股权项目，严格的投前、投中和投后风险控制，以"退"为进的同业合作联盟，完善的 LP 直投、跟投和增值服务体系。赤子母基金（FOF）、赤子医疗产业基金、赤子科技消费产业基金、赤子 S 基金陆续面世，所投资的 30 多家企业发展势头良好，赤子基金也逐步获得认可，获得"2018 年度金马甲新锐天使投资人"（中国投资协会颁发）、"2018 年度优秀投资人"（浙江省股权投资行业协会颁发）、杭州"2018 年度影响力十佳投资人"、"2019 年度影响力十佳投资人"（市科委、杭州市人社局、杭州文投颁发）、"2019 年中国最受创业者欢迎早期投资机构 TOP50"（36 氪创投研究院评选）。

赤子基金投资事件见表 4-3。

表 4-3   赤子基金投资事件

时间	公司名	行业	轮次	融资额
2021-07-06	天润农业	电商零售	A 轮	未披露
2019-09-25	尔语文化	教育	天使轮	数百万元人民币
2018-10-30	何乐不为	企业服务	Pre-A 轮	300 万元人民币
2018-08-31	小红人	社交网络	Pre-A 轮	280 万元人民币

时间	公司名	行业	轮次	融资额
2018 – 08 – 20	傻鱼文化传媒	文娱传媒	种子轮	200 万元人民币
2018 – 08 – 16	声娱	文娱传媒	Pre-A 轮	150 万元人民币
2018 – 08 – 05	宠物之城	本地生活	Pre-A 轮	500 万元人民币
2018 – 06 – 30	HiDii 嗨的国风	文娱传媒	天使轮	未披露
2018 – 06 – 15	小红人	社交网络	天使轮	50 万元人民币
2018 – 06 – 01	AR Monster	游戏	种子轮	100 万元人民币
2017 – 12 – 20	光唯 VR	文娱传媒	A + 轮	未披露
2017 – 10 – 30	美否大课堂	社交网络	A 轮	未披露
2017 – 10 – 13	WAVE 浪	文娱传媒	天使轮	300 万元人民币
2017 – 07 – 28	锦兜云影业	文娱传媒	天使轮	未披露
2016 – 12 – 13	饭桃花	社交网络	Pre-A 轮	600 万元人民币
2016 – 11 – 17	艾博健康	本地生活	定向增发	2 000 万元人民币
2016 – 11 – 03	HIDII 嗨的国乐	教育	天使轮	数百万元人民币

资料来源：

①童卓. 我国私募投资基金投资者的适当性管理分析 [J]. 商展经济, 2022 (24)：73 - 75.

②姚丽平. 私募股权投资基金财务管理研究 [J]. 财富生活, 2022 (14)：10 - 12.

4.5.1 风险投资的投入：种子期

种子期是指技术的酝酿与发明阶段，这一时期的资金需要量很少。从创意的酝酿，到实验室样品，再到粗糙样品，一般由科技创业家自己解决，有许多发明是工程师、发明家在进行其他实验时的"灵机一动"。但是，这个"灵机一动"在原有的投资渠道下无法变为样品并进一步形成产品，于是发明人就会寻找新的投资渠道。这个时期的风险投资被称作种子资本（seed capital），其来源主要有个人积蓄、家庭财产、朋友借款、申请自然科学基金。如果还不够，则会寻找专门的风险投资家和风险投资机构。要得到风险投资家的投资，仅凭一个"念头"是远远不够的，最好能有一个样品。然而，仅仅说明这种产品的技术如何先进、如何可靠、如何有创意也是不够的，必须对这种产品的市场销售情况和利润情况进行详细的调查、科学的预测并形之成文，将它交给风险投资家。一个新兴企业的成功不能仅凭聪明的工程师、睿智的发明家，而必须懂得管理企业，并对市场营销、企业理财有相当的了解。经过考察，风险投资家同意出资就会合建一个小型股份公司。风险投资家和发明家各占一定股份，合作生产，直至形成正式的产品。这种企业面临三大风险：一是高新技术的技术风险；二是高新技术产品的市场风险；三是高新技术企业的管理风险。风险投资家在种子期的投资在其全部风险投资额中的比例是很少的，一般不超过 10%，但却承担着很大的风险。这些风险一是不确定性因素多且不易测评，二是离收获季节时间长，因此也就需要有更高的回报。

4.5.2　风险投资的投入：导入期

导入期是指技术创新和产品试销阶段，这一阶段的经费投入显著增加。在这一段，企业需要制造少量产品。一方面要进一步解决技术问题，尤其是通过中试排除技术风险；另一方面要进入市场试销，听取市场意见。这个阶段的资金主要来源于原有风险投资机构增加的资本投入，这时期投入的资本称作导入资本（start-up capital）。如果这种渠道无法完全满足需要，还有可能从其他风险投资渠道获得。这一阶段风险仍主要是技术风险、市场风险和管理风险，并且技术风险和市场风险开始凸显。这一阶段所需资金量大，是风险投资的主要阶段。对于较大的项目来说往往一个风险投资机构难以满足，风险投资机构有时组成集团共同向一个项目投资，这样做也可以分散风险。这个阶段风险投资要求的回报率也是很高的，一旦风险投资发现不可克服的技术风险或市场风险超过自己所能接受的程度，投资者就有可能退出投资。这时无论是增加投资还是退出，都要果断，力戒观望。该投资时缩足不前，可能错过一个大好的机会，并且使原有投资作用无法充分发挥；而该退出时犹犹豫豫，食之无味，弃之又嫌可惜，很可能就会陷入无底的深渊。是进入还是退出，除了科学冷静的判断分析外，还要依靠直觉，这就是个艺术的问题了。这也就是为什么许多风险投资家只爱做自己熟悉的行业，熟悉的行业容易培养直觉，而直觉往往不是数学模型和统计数字能取代的。当然，这也会局限风险投资家个人的发展，特别是当这个行业不再具有巨大的发展潜力时。

4.5.3　风险投资的投入：成长期

成长期是指技术发展和生产扩大阶段。这一阶段的资本需求相对前两阶段又有增加，一方面是为扩大生产；另一方面是开拓市场、增加营销投入，最后企业达到基本规模。这一阶段的资金称作成长资本（expansion capital），其主要来源于原有风险投资家的增资和新的风险投资的进入。另外，产品销售也能回笼相当的资金，银行等稳健资金也会择机而入。这也是风险投资的主要阶段，这一阶段的风险已主要不是技术风险，因为技术风险在前两个阶段应当已基本解决，但市场风险和管理风险加大。由于技术已经成熟，竞争者开始仿效，会夺走一部分市场。企业领导多是技术背景出身，对市场营销不甚熟悉，易在技术先进和市场需要之间取舍不当。企业规模扩大，会对原有组织结构提出挑战。如何既保持技术先进又尽享市场成果，这都是市场风险和管理风险来源之所在。为此，风险投资机构应积极评估风险，并派人参加董事会，参与重大事件的决策，提供管理咨询，选聘更换管理人员等并以这些手段排除、分散风险。这一阶段的风险相比前两个阶段而言已大大减少，但利润率也在降低，风险投资家在帮助增加企业价值的同时也应着手准备退出。

4.5.4　风险投资的投入：成熟期

成熟期是指技术成熟和产品进入大工业生产阶段，这一阶段的资金称作成熟资本（mature capital）。该阶段资金需要量很大，但风险投资已很少再增加投资了。一方面是因为企业产品的销售本身已能产生相当的现金流入；另一方面是因为这一阶段的技术成熟、市场稳定，企业已有足够的资信能力去吸引银行借款、发行债券或发行股票。更重要的是，随着各种风险的大幅降低，利润率也已不再是诱人的高额，对风险投资不再具有足够的吸引力。成熟阶段是风险投资的收获季节，也是风险投资的退出阶段，风险投资家可以拿出丰厚的收益回报给投资者了。风险投资在这一阶段退出，不仅因为这一阶段对风险投资不再具有吸引力，而且也因为这一阶段对其他投资者（如银行、一般股东）具有吸引力，风险投资可以以较好的价格退出，将企业的接力棒交给其他投资者。风险投资的退出方式有多种可以选择，但必须退出，不可犹疑。由此看来，风险投资的投入有四个阶段：种子期的小投入、导入期的大投入、成长期的大投入及成熟期的部分投入。他们分别对应着产品成长的四个过程。而实际上，这四个阶段之间并无明显的界限。企业成长的四个过程是产品寿命周期理论的观点，较常用的区分四个过程的方法是根据销售增长率的变化。

4.6　风险投资的投资技巧

众所周知，资金匮乏是制约中小企业发展的主要瓶颈，在目前国内融资渠道相对有限的情况下，尤其对中小企业而言，吸引社会风险投资就成为广大中小企业解决发展过程中资金短缺问题的主要途径。那么，如何吸引风险投资从而得到风险投资机构的青睐呢？

首先，中小企业的创业人员要对风险投资要一个基本的认识，如风险投资的特点、运作机制，不同风险投资机构的投资偏好等，最为主要的就是了解风险投资机构筛选项目的一些基本标准。一般而言，不论什么投资风格的风险投资机构，对于拥有核心技术、独立自主产权和产品市场前景广阔的中小型高新技术企业都较为青睐。产权清晰、拥有核心技术则是获得风险投资的两个最基本的条件。

其次，明确吸引什么样的风险投资机构，不同风险投资机构有不同的行业投资偏好，从而决定了能提供除资金支持外什么样的增值服务，如企业管理咨询、市场策划、人才培训、发展规划等。

4.7　退出渠道设计

风险投资的退出机制是指风险投资机构在其所投资的风险企业发展相对成熟之后，通过一定的渠道和方式，将其资本由股权形态转化为资金形态从而收回投资，实现投资收益的机制和其所相关的配套制度安排。风险投资退出机制的基本内容主要包括退出方式、退出时机、退出程度的选择三方面。

风险投资的一个重要特点是其资本和投资活动的循环性，从一个较长的时期来看，风险投资运作是由"投资—退出—再投资"构成的投资循环过程。其中，退出环节是循环得以持续的保障。例如，在风险投资发展最为成熟的美国，风险资本多以风险投资基金的形式存在，一般有效期为7~10年。不同的国家和地区，由于其风险资本的来源不同，资本市场的发育程度不同，因而风险投资退出的方式不同。目前，世界上风险投资的退出方式主要有六种。

第一，公开上市（创业板、中小板、主板等）。公开上市，指企业第一次向社会公众发行股票，是风险资本最主要的、也是最理想的一种退出方式，大约有30%的创业资本的退出采用的都是这种方式。

风险投资专栏6：

上汽集团的全球战略与跨国投资

随着经济全球化的深入发展，越来越多的企业积极参与到跨国投资活动中，试图通过全球搜索来获得资源，以实现企业发展战略目标。其中，汽车企业在这方面尤为突出。作为国民经济的重要支柱产业，汽车行业对制造业和新能源行业等的发展至关重要，是实现"中国制造"到"中国'智'造"战略转型的关键一环。当下，全球汽车产业正面临关键的转型期，为了更好地把握行业转型机遇，实现与时俱进，甚至"弯道超车"，不少传统汽车制造企业纷纷借助公司风险投资（corporate venture capital，CVC）进行外部探索。在自主攻坚的同时"借八方力"，仅2019年中国CVC投资案例总数中，汽车及交通运输业占到6.75%。但CVC在中国发展的历史尚短，中国企业在开展公司风险投资是实体企业保持竞争力，进行全球战略资源搜索的重要途径。本专栏通过对上汽CVC跨国投资的案例分析，探讨在战略导向和组织适应度景观的共同影响下，公司与被投企业的松散耦合策略及其与外部投资机构的联合策略。

上海汽车集团股份有限公司（以下简称"上汽集团"，股票代码为600104）作为国内规模领先的汽车上市公司，努力把握产业发展趋势，加快创新转型，正在从传统的制造型企业，向为消费者提供移动出行服务与产品的综合供应商发展。目前，上汽集团主要业务包括整车（含乘用车、商用车）的研发、生产和销售，正积极推进新能源汽车、互联网汽车的商业化，并开展智能驾驶等技术的研究和产业化探索；零部件（含动力驱动系统、底盘系统、内外饰系统，以及电池、电驱、电力电子等新能源汽车核心零部件和智能产品系统）的研发、生产、销售；物流、汽车电商、出行服务、节能和充电服务等移动出行服务业务；汽车相关金融、保险和投资业务；海外经营和国际商贸业务；并在产业大数据和人工智能领域积极布局。截至2020年底，上汽共有14件的CVC跨国投资事件。本案例主要研究CVC跨国投资策略，涉及母公司与CVC投资单元之间的关系。因而进一步梳理了上汽企业的母公司与关联的CVC投资单元股权关系，如图4-1所示。

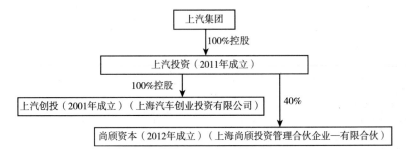

图4-1　上汽CVC投资机构关系

从资料梳理发现，案例企业既实施了技术战略导向，也实施了市场战略导向，其中探索型技术战略导向最为显著，这也是公司开展 CVC 跨国投资的重要战略目的。公司的探索型技术战略导向主要分为两类：一方面，公司为延伸产业价值链，向本行业的上下游产业进行投资，意在扩展主营业务，增加公司的价值创造环节，为后续纵向一体化发展奠定基础。该类投资如汽车通信系统、毫米波雷达、车联网安全系统等，这类创新技术极大可能对汽车制造技术流程产生重要影响。另一方面，公司通过 CVC 投资在全球搜索新兴的、具有潜力的未来赛道，力争率先抢夺蓝海市场，获得新技术领域的优先权，力保基业长青。这类高新技术如 AR 平视显示技术、数字寻址技术和航空专用锂金属电池、电动充电平台等，在未来一旦成熟将对汽车制造产生重大影响。

另外，案例企业也实施了利用型技术战略导向，如对汽车零部件的纳米材料进行了投资，以改善生产技术，并对主营业务的创新改进技术进行了搜索，以完善生产流程，降低成本，提高客户体验度。在市场战略导向下，案例企业主要对全球市场端渠道进行了投资，拓展了线上销售渠道，以捕获新的目标市场，如 P2P 汽车租赁平台服务。相比较而言，在线下传统销售类市场渠道投资较少。

上汽 CVC 跨国投资战略导向及典型证据见表 4-4。

表 4-4 上汽 CVC 跨国投资战略导向及典型证据

案例企业	战略导向	典型证据	关键词	编码结果
上汽	技术研发	SDC 是催化剂材料的先进制造商，已取得突破性技术进展，尤其是底层铂族金属性能效率，已然迈上新台阶。 在尾气排放控制上，SDC 催化剂材料能为我们提供更好的方案上汽已垂直整合了排气系统资产，SDC 材料的使用将助益我们的汽车品牌和全球合作者的品牌	已有积累 服务内部品牌 性能改进	利用型
		Savari 主要为上汽提供 V2X 传感器，助力互联汽车、自动驾驶汽车等研发制造。 此次融资将主要针对"智能车载雷达系统"的研发，将用于无人驾驶汽车。 未来，车联网将成为发展趋势，而网络安全在前装市场具有标配功能，但目前尚属新生事物	实现智能网联 推动自动驾驶 关注未来出行	探索型
	市场渠道	Getaround 作为 P2P 汽车分时租赁服务平台，在 2011 年于美国上线。 此次投资将助力上汽在北美和全球市场试水与发展。 通过共享租赁模式开拓新的业务，加强市场渗透率。 公司通过此次投资方式以正确方式启动新市场，开展新业务	线上平台 市场开拓	探索型

从汽车生态圈的角度来看，CVC 投资大多围绕汽车整车进行，前端涉及汽车零部件和软件系统，除了传统汽车的机械零部件，更多投资在智能汽车和新能源汽车所需要的高新材料、电子和电气零部件以及相关数据和软件服务，后端涉及汽车后市场的相关产业，包括但不限于新车二手车销售、金融服务、维修保养。除了汽车前后端的

相关产业链，汽车生态圈还包括一些汽车支持性产业和辐射的相关产业，如新能源汽车的充电服务、网约车服务、智能停车服务、物流运输等。在传统的汽车产业链中，整车厂处于产业链中游。

（1）探索型技术战略导向。探索型技术研发类战略是公司开展 CVC 跨国投资的首要战略导向，在该类战略导向下的跨国投资主要存在两个方向：一是在汽车领域产业链上下游的探索型技术研发资源；二是与汽车行业相关的其他行业高新技术资源。两类投资导向面临的投资地形和投资模式也不同，具体分析如下：探索型技术战略导向下的投资地形具有高复杂性特征。Savari 作为一家车联网创业公司，诞生于印度而后发展于美国，主要服务于汽车前装市场、后装市场以及智慧城市的建设等。从投资不确定性来看，该公司已完成约 40 万小时的车载单元（OBU），开放道路环境测试已超过 2 400 万千米，因而从技术上来看，已然是一个成熟的 V2X 通信技术提供商，其技术对上汽属于新的领域，符合技术探索式创新战略，但技术已有应用，技术不确定性不高。从投资复杂性来看，在跨国的情境下受到东道国制度环境的影响，相关政府、行业、民众利益都将牵涉其中，Savari 与美国城市、政府、汽车厂商、芯片厂商和行业组织等均有密切的合作关系，其技术关联到众多行业，利益相关者也从上游供应商到下游消费者，投资复杂性较高。

另一类对汽车新兴科技的投资，主要针对新兴领域高新技术的资源搜索。当技术尚处于待突破状态，技术发展不成熟，投资不确定性由此上升。例如，上汽投资 AR 显示技术公司 Envisics，投资介入较早，属于下一代汽车数字化功能，一般需要十年或更长的技术培育期。同时，前沿科技等新兴领域尚处于早期探索阶段，来自市场、行业的制度规范压力，以及政策变动、外来者劣势等带来的制度不确定性较高。

（2）利用型技术战略导向。利用型技术战略导向下的投资地形具有低复杂性特征。梳理案例资料发现，以利用型技术研发为战略导向的跨国投资占比较小。具体分析如下：2015 年我国正处于汽车行业快速发展时期，上汽在利用型技术研发战略导向下，对汽车零部件制造商 SDCmaterials 进行了投资，此时高性能汽车催化剂材料已实现突破，尤其是底层铂族金属性能效率得到提升。上汽在这一技术领域已有积累，且进行投资的轮次较晚，投资的结果比较明确，与该技术及标的企业有关的关联关系也较少。因此，投资不确定性和复杂性都很低。

（3）探索型市场战略导向。探索型市场战略导向下的投资地形通常具有高复杂性、高不确定性等特征。探索型市场资源的捕捉是 CVC 跨国投资的第二大战略目标。不同于利用型市场资源，探索型资源将为公司增加更多的市场业务线、更丰富的市场端运营模式，如在线租赁、在线叫车等。其中，Getaround 平台作为一家美国汽车共享平台，其主要业务是 P2P 汽车分时租赁服务，这有利于上汽借助其拓展海外市场，尤其是汽车共享化。该平台虽然具有一定的先发优势，但车联网技术仍存在瓶颈，车联网和汽车分时租赁的强绑定模式仍在优化当中，因而技术的不确定性依然较高，加之跨国市场进入的制度压力和竞争压力，导致不确定性更高。同时，线上共享技术涉及供应商、生产商、消费者等多方利益相关者，与共享经济、电子商务相关的法律法规及其未来走势也对各种关联关系产生较大影响，从而导致投资复杂性很高。

公司实施 CVC 跨国投资时，面临主观战略目标和客观投资情境的权衡，进而影响资源获取方式与风险规避途径，公司可以通过不同的松散耦合关系构建，形成不同的投资策略。当跨国投资复杂性较高时，采取公司与被投企业的松散策略，利用独立CVC投资单元（CVC机构）与外部投资机构的联合投资效果更佳；当跨国投资的不确定性较高时，采取内部CVC投资单元（CVC部门）与被投企业的紧密耦合策略，充分利用公司资源的CVC投资策略更好。因此，可以根据具体战略目标和投资情境相匹配的投资模式，提升CVC跨国投资绩效。

公司实施CVC跨国投资的主要战略定位是探索型技术研发和探索型市场开拓，且在探索过程中面临复杂性与不确定性相组合的不同投资地形。相应地，其主要投资策略为：当面对高复杂性、低不确定性的投资地形时，适合采用公司与被投企业松散、与外部投资机构联合的投资策略；当面对高复杂性、高不确定性的投资地形时，适合采取公司与被投企业紧密、与外部投资机构联合的投资策略。

资料来源：

①刘国民. 上汽集团海外业务成绩喜人 [N]. 中国贸易报，2022 - 03 - 01 (007).

②盛兰，张家振. 上海汽车产业向新图强：争夺全球话语权 [N]. 中国经营报，2022 - 01 - 17 (C10).

③齐珏姬. 上汽集团"借船出海"跨国经营战略研究 [D]. 南昌：江西财经大学，2020.

第二，买壳上市或借壳上市。买壳上市与借壳上市是较高级形态的资本运营现象，对于因为不满足公开上市条件而不能直接通过公开上市方式顺利退出投资领域的风险资本，这是一种很好的退出方式。借壳上市是指上市公司的控股母公司（集团公司）借助已拥有的上市公司，通过资产重组将自己的优质资产注入上市公司，并逐步实现集团公司整体上市的目的，然后风险资本再通过市场逐步退出。买壳上市是指非上市公司通过证券市场收购上市公司的股权，从而控制上市公司，再通过各种方式向上市公司注入自己的资产和业务，达到间接上市的目的，然后风险资本再通过市场逐步退出。

第三，并购退出方式。风险资本可以通过由另一家企业兼并收购风险资本所投资的企业来退出，随着对高新技术需求的增加和发展高新技术产业重要性的深刻认识，这种渠道的退出方式会采用得越来越多。因为风险企业发展到一定阶段后，各种风险不断减少，技术、市场优势已培养出来，企业前景日趋明朗，此时想进入这一领域的其他公司将会非常乐意用收购的办法介入。就风险投资家而言，考虑到通过公开上市方式需在一段时间以后才能完全从风险企业中退出，他们也会考虑采用更为快捷的并购方式。在我国采用这种方式退出是目前较为常见的。

第四，风险企业回购。被其他公司并购，意味着原来的风险企业将会失去独立性，公司的经营也常常会受到影响，这是公司管理层所不愿看到的，因此，将风险企业出售给其他企业有时会遇到来自风险企业管理层和员工的阻力。而采用风险企业管理层或员工进行股权回购的方式，则既可以让风险资本顺利退出，又可以避免由于风险资本退出给企业运营带来太大的影响。由于企业回购对投资双方都有一定的诱惑力，因此，这种退出方式发展很快。主要有三种退出方式：管理层收购（MBO），员工收购，卖股期权与买股期权。

第五，寻找第二期收购。通过第一期收购是出售股份的一种退出方式，它指将股权一次性转让给另一家风险投资公司，由其接手第二期收购。如果原来的风险投资公司只出售部分股权，则原有投资部分实现流动，并和新投资一起形成投资组合，如果完全转让，原始风险投资公司全部退出，但风险资本并没有从风险企业中撤出，企业不会受到撤资的冲击。

第六，清算退出。对于已确认项目失败的风险资本应尽早采用清算方式退回以尽可能多地收回残留资本，其操作方式分为亏损清偿和亏损注销两种。并不是所有投资失败的企业都会进行破产清算，申请破产并进行清算是有成本的，而且还要经过耗时长、较为复杂的法律程序。如果一个失败的投资项目没有其他的债务，或者虽有少量的其他债务，但是债权人不予追究，那么一些风险资本家和风险企业家不会申请破产，而是会采用其他的方法来经营，并通过协商等方式决定企业残值的分配。

【章末案例】

摩拜和 ofo 的风险投资决策案例对比

创业企业是经济社会发展的动力，风险投资机构凭借其强大的资金实力和专业化运作能力，成为创业企业生存与发展的重要助推力量。然而，创业企业的发展面临着较高的不确定性和较大的风险，因而风险投资决策表现为高度不确定环境下的多阶段动态决策。以摩拜和 ofo 为例，阐述两家企业的融资历程，探索在企业初创期、成长期和扩张期，风险投资机构的风险投资决策指标的阶段性差异，剖析不同融资阶段风险投资机构的投资决策。

一、摩拜的发展历程及融资历程

2015 年 1 月 27 日，北京摩拜科技有限公司成立，胡玮炜为摩拜项目创始人，李斌是摩拜单车创意的提出者，并为项目注入天使投资。2015 年底，前 Uber 上海总经理王晓峰加盟摩拜。2016 年 4 月 22 日，摩拜单车投放上海市场。2017 年 3 月 21 日，摩拜单车在新加坡投入运营。艾瑞咨询发布的《2017 年中国共享单车行业研究报告》显示，摩拜单车在整体出行用车服务行业中渗透率达 13.9%，其竞争对手 ofo 为 6.7%。2018 年 4 月 3 日，美团全资收购摩拜。

自 2015 年成立至被美团收购，摩拜先后经历了 7 轮以上融资（见表 4－5）。2015 年 3 月，摩拜的天使投资人李斌投资 146 万元；摩拜 A 轮唯一投资人——愉悦资本，在后续融资中跟进，共投资 1 000 多万美元；祥峰投资作为 B＋轮领投方，投资 800 万美元。并购前，腾讯是摩拜的最大股东，持股比例超过 20%。

表 4－5　　　　　　　　　　摩拜融资历程

时间	轮次	融资金额	投资机构
2015 年 3 月 1 日	天使轮	146 万元	李斌
2015 年 10 月 30 日	A 轮	300 万美元	愉悦资本
2016 年 8 月 19 日	B 轮	数千万美元	熊猫资本、愉悦资本、创新工场
2016 年 8 月 30 日	B＋轮	数千万美元	祥峰投资、创新工场

时间	轮次	融资金额	投资机构
2016 年 9 月 30 日	C 轮	1 亿美元	红杉资本、高瓴资本
2016 年 10 月 13 日	C + 轮	5 500 万美元	高瓴资本、华平投资、腾讯、红杉资本、启明创投、BAI 贝塔斯曼亚洲投资基金等
2017 年 1 月 4 日	D 轮	2.15 亿美元	腾讯、弘卓资本、华平投资、携程、华住酒店集团、TPG 德太资本、红杉资本、启明创投、愉悦资本、BAI 贝塔斯曼亚洲投资基金、熊猫资本、祥峰投资、创新工场、鸿海集团、永柏资本、PGA Venture、高瓴资本等
2017 年 1 月 23 日	战略投资	1 亿元美元以上	富士康、华兴资本（财务顾问）
2017 年 2 月 20 日	D + 轮	1 亿元美元以上	Temase 淡马锡、高瓴资本
2017 年 6 月 16 日	E 轮	6 亿美元	腾讯、交银国际、弘卓资本、TPG 德太资本、高瓴资本、红杉资本、中国 Farallon Capital、工银国际、华兴资本（财务顾问）等
2017 年 11 月 15 日	战略投资	未透露	高通 Qualcomm Ventures
2018 年 1 月 25 日	战略投资	10 亿美元	投资方未透露
2018 年 4 月 4 日	并购	27 亿美元	美团（新美大）、华兴资本（财务顾问）

资料来源：前瞻产业研究院。

二、ofo 的发展历程及融资历程

2014 年初，北京大学光华管理学院毕业生戴威与联合创始人张巳丁、薛鼎开启骑行旅游创业项目。在耗尽百万元投资后，2015 年 5 月 12 日创始团队决定转型做共享单车。2015 年 6 月，ofo 共享单车上线，ofo 从北大校园出发，陆续进入中国人民大学、北京航空航天大学、中国农业大学、北京交通大学、中国矿业大学、北京科技大学、中国地质大学（北京）七所高校。2016 年春节后，获得 A 轮融资的 ofo 将业务向北京20 余所高校拓展，并延伸至武汉、上海等城市校园。2016 年 9 月高校开学季，ofo 在21 个省份的 200 多所高校落地。2016 年 11 月 17 日，ofo 启动"城市大共享"计划——从面向校园到面向全国各城市。然而，2018 年下半年起，ofo 形势逆转，遭遇资金链断裂危机，公司利润亏损、财政赤字。

2015～2018 年，ofo 融资超过 7 轮（见表 4 - 6）。2015 年 3 月，唯猎资本为 ofo 提供了数百万元的天使轮投资，助力启动 ofo 项目。此后，唯猎资本与东方弘道一起投资 Pre-A 轮。2016 年，金沙江创投领投 A 轮，并帮助引入真格基金、滴滴出行等其他重要投资机构。后期，滴滴出行、阿里巴巴为 ofo 注入巨额资金，成为 ofo 的重要股东。

表 4 - 6   ofo 融资历程

时间	轮次	融资金额	投资机构
2015 年 3 月 17 日	天使轮	数百万元	唯猎资本
2015 年 12 月 22 日	Pre-A 轮	900 万元	东方弘道（弘合基金）、唯猎资本
2016 年 2 月 1 日	A 轮	1 500 万元	金沙江创投、东方弘道（弘合基金）
2016 年 8 月 2 日	A + 轮	1 000 万元	真格基金、天使投资人王刚

时间	轮次	融资金额	投资机构
2016年9月2日	B轮	数千万美元	经纬中国、金沙江创投、唯猎资本
2016年9月26日	B+轮	数千万美元	滴滴出行、滴滴快的
2016年10月10日	C轮	1.3亿美元	Yuri Milner、滴滴出行、Coatue Management、小米科技、顺为资本、中信产业基金、元璟资本、经纬国等
2017年3月1日	D轮	4.5亿美元	DST、滴滴出行、中信产业基金、经纬中国、Coatue Management、Atomico等
2017年4月22日	D+轮	1亿元美元以上	蚂蚁金服（阿里巴巴）
2017年7月6日	E轮	7亿美元	阿里巴巴、弘毅投资、中信产业基金、滴滴出行、DST等
2018年3月	战略投资		阿里巴巴、灏峰集团、天合资本、蚂蚁金服（阿里巴巴）、君理资本等

三、案例分析

（一）摩拜投资者的决策分析

摩拜的孕育者、天使投资人李斌是易车和蔚来汽车两家上市公司的创始人，深耕出行领域，有连续的创业经验、深入的行业洞察和丰富的投融资经历。A轮投资机构愉悦资本、B轮投资机构创新工场、C+轮投资机构华平投资等投资机构的投资决策均有基于对李斌及摩拜管理团队的认可和双方信任关系的考量。

A轮投资机构愉悦资本主要投资于早期及成长期TMT（数字新媒体产业）及创新消费领域，以汽车出行、房产服务和互动娱乐为三大根据地，在产业链上下游和周边做延伸投资。愉悦资本的投资逻辑包括：其一，与李斌的合作经历及信任关系。愉悦资本曾于2015年9月参与蔚来汽车的B轮投资，此外，愉悦资本创始人刘二海身处联想的君联资本时就经手了对易车的投资。其二，投资领域和投资理念的契合。李斌丰富的创业经历符合愉悦资本"喜欢有经历的创业者"的投资偏好，摩拜所处的共享单车领域符合愉悦资本在出行领域的根据地策略。其三，对企业成长性和盈利性的预判。

B轮领投方熊猫资本定位于投资早期创业项目，重点关注汽车、金融、房产、供应链等与互联网结合领域。其投资逻辑包括：其一，投融资双方的关系。熊猫资本合作人李论和摩拜CEO王晓峰是旧识。其二，对管理团队能力的认可。虽然最初熊猫资本对投资有分歧，但胡玮炜对产品的理解能力、王晓峰对运营的规划、对未来发展的关键假设等说服了投资团队。其三，对企业盈利性和成长性的分析，熊猫资本的投资团队走访城市经理，试骑摩拜单车，访谈摩拜高管，开展市场调研，论证盈利模式，经过深思熟虑后成为摩拜早期的投资机构。B轮投资方之一创新工场也对管理团队的能力予以认可，认为摩拜有富有经验的管理团队。

C+轮共同领投方华平投资花了三周时间进行科学和审慎决策：其一，根据城市公布的出行数、车辆总数估算市场规模；其二，开展市场调研，了解用户花钱用车的意愿；其三，了解成本结构；其四，考虑竞争环境，论证市场演化。进行D轮投资决策时，华平投资的关注点为市场规模与此前预测是否有变化、竞争是否有变化。C+轮投资方之一启明创投认为摩拜符合其所看好的趋势，包括"高频、有益健康、环保、智能物联网络的创新"等。

　　腾讯投资了摩拜 C＋轮、领投摩拜 D 轮和 E 轮融资，携程参投摩拜 D 轮。腾讯和携程的投资均有战略协同的考量：腾讯希望"摩拜＋腾讯"能为用户提供独具价值的城市生活"互联网＋"服务；携程相信"摩拜＋携程"可以合力为城市旅行者打造无缝衔接的城市短途出行体验。

　　（二）ofo 投资者的决策分析

　　天使投资唯猎资本先后为 ofo 的骑游项目、共享单车项目注资 450 万元。唯猎资本的投资逻辑包括：其一，校友关系。唯猎资本创始合伙人肖常兴和 ofo 创始人戴威的北大校友关系，为 ofo 的融资提供了机会。其二，投融资双方的契合。唯猎资本的两大标签——"天使投资机构""投资青年创业项目"，都与 ofo 当时的融资阶段和戴威的标签相匹配。其三，成长性。随着订单数量的增加，唯猎资本看到了 ofo 的成长潜力，于是追加投资。Pre-A 轮投资机构东方弘道在北大孵化器的路演现场与 ofo 团队相遇，北大校友关系及前同事的推荐促成了其对 ofo 的投资。

　　金沙江创投领投 ofo A 轮融资，在金沙江创投的引荐下，投资人王刚和真格基金投资了 ofo A＋轮，ofo 两轮融资合计 2 500 万元。金沙江创投的投资逻辑包括：其一，帮滴滴出行做早期布局、防护侧翼。其二，行业成长性。基于公交出行人次、使用频率、骑行数据估算市场规模和成长空间，基于 GPS、移动支付、智能手机普及等支撑技术分析行业爆发的可能性。

　　经纬中国领投 ofo B 轮融资，并在 C 轮、D 轮继续跟投。在接触 ofo 团队之前，经纬中国曾对国内共享经济、同行业竞争对手、海外类似模型和公共自行车等领域做了深入的研究和分析。经纬中国投资 ofo 的逻辑包括：其一，行业成长性。从干线交通上落客的庞大出行人次，需求足够刚性且高频。其二，ofo 有合理的商业模型支撑其盈利性。"从校园切入，未来再走出校园，进入城市"，经纬中国的投资案例中饿了么、分期乐等都是类似的模型。其三，认同 ofo 创始人戴威及其创业团队。经纬中国认为创业公司的成败99% 在于团队本身，戴威对产品有非常成熟的思考，且创始团队对戴威持有高度的认同。

　　滴滴出行领投 ofo B＋轮融资，并在 C 轮、D 轮、E 轮继续跟投，其认为自身与 ofo 有共性理念，都是"大众创业、万众创新"战略、"共享经济"的受益者和践行者。蚂蚁金服领投 ofo 的 D＋轮，双方在支付、信用、国际化等领域可以协同合作。阿里巴巴等联合领投 ofo E 轮融资，阿里巴巴的投资逻辑主要体现在战略的协同性方面：其一，共享单车的商业模式是移动支付的重要场景，高频使用有助于提升软件打开率和用户黏性；其二，将共享单车作为阿里巴巴生态体系中的一部分。

　　（三）案例比较

　　创业企业的成长性和盈利性决定了投资的预期收益。创业企业的发展充满了不确定性，企业的未来价值也很难量化，企业的成长性决定了企业的发展速度和利润的可持续性。案例显示，投资机构通常会充分评估企业的成长性，如评估共享单车的市场规模、用户需求、技术优势等，预判行业趋势和市场潜力，据此支撑投资决策。企业的盈利性关乎企业的利润创造，影响到风险投资机构的投资收益。多数投资机构会在投资前充分调研成本结构、论证盈利模式、测算投资回报率。

　　创始人和管理团队的能力与经验降低了风险投资的潜在风险。风险投资机构高度重视创始人和管理团队的能力（战略能力、执行能力和管理能力）与经验（创业经验、行业经验和投融资经验）。李斌丰富的创业经验和对出行行业的深入洞察、胡玮炜对产品的理解能力、王晓峰对运营的规划、戴威对产品的成熟思考、创始团队对戴威的高度认同等，都是影响投资机构投资决策的重要因素。创始人出色的能力和丰富的经验可以降低因不确定性而导致的外部风险。

投融资双方的关系与协同影响了投资决策。已有研究虽较少提及这一指标，但本案例中，摩拜投资者与李斌的相识、ofo 天使投资与戴威的校友关系，投融资双方理念和领域的契合、业务和战略的协同，投资机构之间的关系网络等都是投资者在投资决策过程中考虑的重要因素。关系是信息和资源传递的纽带，创业企业的关系网络影响了企业获取资源的数量和质量。校友关系、同事关系增强了情感纽带、增加了身份认同、奠定了信任基础。信任是衡量关系质量的重要指标，有助于降低双方获取信息和资源的成本，减少机会主义成本。信任在市场前景不明朗、财务指标欠缺、商业模型待验证的创业初期很大程度地影响着投资决策。

摩拜和 ofo 同为共享单车行业的早期布局者，企业的成长性和盈利性相似，但管理团队的能力和经验差异明显。李斌有连续成功创业的经验和丰富的资本市场经验、王晓峰曾任 Uber 上海总经理、胡玮炜曾是极客汽车创始人，而 ofo 的创始人和管理团队的创业经验和管理能力略显不足。在投融资双方关系方面，摩拜表现为投资者对管理者的认可、信任等强关系，ofo 则表现为校友等弱关系。上述差异性影响了两家企业早期的融资便利性和融资难度，摩拜较容易获取融资且拥有较强的融资主动权，而 ofo 在早期融资过程中主导权略弱。

创业企业的投资决策是高度不确定环境下的多阶段动态决策，多阶段决策充分利用了市场"发现"信息的功能，在不确定性逐渐降低的过程中，增强风险投资决策的动态适应性。表 4-7 将摩拜和 ofo 各轮投资决策指标进行了比较，并区分了初创期、成长期和扩张期的投资决策指标。

表 4-7　　　　　　　　　　　　　　风险投资的分阶段决策指标

分阶段决策指标	初创期	成长期			扩张期
	天使轮/Pre-A 轮	A 轮	B 轮	C 轮	D 轮/E 轮
摩拜	经验：创业经验、行业经验、投融资经验	关系：信任、老朋友 协同：理念契合、领域契合 成长性：用户需求 盈利性：成本、利润、收入	关系：旧识、认可 协同：领域契合 能力：团队能力 经验：行业老兵 盈利性：年化回报 成长性：高频需求	成长性：高频需求 盈利性：成本结构 关系：认可	协同：战略协同
ofo	关系：校友、前同事 经验：经验积累 成长性：用户需求	协同：战略布局 能力：团队能力 成长性：市场规模、用户需求	成长性：出行人次 能力：产品洞察 盈利性：商业模型	协同：理念契合 能力：执行能力	协同：战略协同 关系：认可
主要指标	关系、经验、成长性	关系、协同、盈利性、成长性、能力、经验			关系、协同
	关系、协同				

在初创期，投资者面临较大的风险和较高的不确定性，投资决策缺少数据支撑，主要基于对创始人和管理团队能力与经验的评估。在成长期，随着运营数据和财务数据等可观测信息的逐步显现，基于市场规模、用户需求、成本结构、利润核算等进行的企业成长性和盈利性分析为 A 轮及以后的投资决策提供了数据支撑，这一阶段投资者同样高度重视对管理团队能力和经验的考察。在扩张期，产业基金或战略投资者高度重视战略协同，摩拜的战略投资者腾讯、携程以及 ofo 的战略投资者滴滴出行、蚂蚁金服（阿里巴巴）都更加关注被投企业与本企业的业务协同和战略协同。

此外，投融资双方的关系和协同性影响着各个阶段的投资决策。在初创期和成长期，投融资双方的协同性主要体现在双方价值理念的契合和行业领域的契合上；在扩张期，双方的协同性主要体现在战略协同和业务协同上。校友、同事、旧识等弱关系为投融资渠道的获取提供契机，信任、认可等强关系直接影响投资决策。

四、启示

风险投资决策是不确定情境下的多阶段动态决策，在不同阶段，风险投资机构的决策所依赖的信息、信号等会有所不同。风险投资的分阶段决策指标研究不仅有助于风险投资机构在针对不同阶段创业企业进行投资决策时关注重点指标，提高决策效率，而且有助于创业企业进行自我诊断，有针对性地提升自身吸引力，提高融资成功率。

（一）创业企业的内功修炼和信号传递

风险投资决策综合考虑创业企业的潜在价值和预期风险。一方面，创业企业要修炼好内功，提升创始人和管理团队的能力与经验，构建社会网络、拓展关系资源，塑造竞争优势，增强企业的成长性和盈利性。另一方面，创业企业要积极显示和传递信号，包括：展示创始人及管理团队的能力和经验，创始团队是风险投资机构进行投资决策时非常重要的考察因素，充分展示自身战略能力、执行能力、管理能力和丰富的经验有助于增强风险投资机构的信心和赢得风险投资机构的认可；为风险投资机构提供市场规模、用户需求、技术优势、商业模型等客观信息，以展示企业的成长潜力和盈利空间；加强沟通和交流，随着企业的经营发展，创业企业的运营数据和财务数据逐步显现，投融资双方的信任也在合作与交流中逐渐建构，通过加强沟通和交流建立信任、传递信息，支撑投资决策。

（二）风险投资机构的信息调查和信号甄别

在风险投资决策之前，风险投资机构对创业企业的项目、技术、创业者能力等方面的信息了解较少，而创业企业相对拥有更多的信息。风险投资决策过程中的信息搜寻与调查有助于减少信息不对称对投资决策的不利影响：广泛建立多层次、多渠道的信息来源，以降低项目搜寻成本、提高信息质量。精心设计较为完备的调查内容，不同风格、不同投资阶段的风险投资机构的调查内容会有所差异，但总体上应围绕市场规模、用户需求、技术优势等企业成长性指标，成本结构、利润空间等盈利性指标，创始人和管理团队的能力与经验指标，投融资双方的协同性等指标；综合采取多样的调查方式，如会见管理层、实地考察、用户调研、联系创业企业的合作伙伴和竞争对手、寻求其他风险投资机构的意见以及咨询银行、会计师、律师和行业专家等。

（三）社会网络关系的维护

风险投资的成败在很大程度上取决于风险投资机构与创业企业之间的互动。在风险投资决策之前，风险投资机构对创业企业及创始团队的认可在很大程度上决定了其投资决策。此外，风险投资机构间的联合投资非常常见，风险投资机构间的互动与合作拓宽了投资项目的渠道，提升了获取信息的数量和质量。因此，建立和维护投融资双方的关系及风险投资网络的关系，有助于获取不同领域的信息资源，得到伙伴带来的外溢资源，从而提升风险投资决策质量。

资料来源：鲁银梭，张月莉. 创业企业的多阶段风险投资决策指标研究——基于摩拜和 ofo 的多案例比较［J］. 财会月刊，2022（5）：10.

【本章小结】

对于一家企业来说，自筹资金是一项长期而且必要的活动，没有筹措的资金就意味着没有抵御风险的能力。企业如果仅仅依靠自筹资金来再投资，那么它将很难在竞争如此激烈的市场中幸存。依照市场发展趋势，只有那些拥有高起点和巨大投资额的企业才能够将他们的产品投入市场。对于大部分企业来说，完全依靠自筹资金来得到巨大的投资额是不可能的。没有资助的筹资往往效率较低。如果局限于产品和管理上所获的部分收益，资金将是相当有限的。为了追求快速发展，他们不得不在筹资上开拓新视野。事实上，许多世界著名的公司都是通过融资来取得快速发展。这就是风险投资的价值体现。首先，本章阐述了风险投资的基本理论，包括风险投资的产生和发展、内涵、特点，并在此基础上对风险投资进行新定义；其次，对风险投资的运作模式进行分析；再次，介绍了风险投资的四个阶段，具体包括筹资阶段、选择投资对象阶段、投资增长阶段、投资退出阶段；最后，介绍了企业吸引投资技巧和退出的渠道设计。希望创业者、管理者及相关读者通过对本章的学习，可以掌握有关风险投资的基本理论，这样有利于对后续章节的理解和学习。

【问题思考】

1. 从京东的案例看企业吸引风险投资应该注意哪些因素？
2. 什么是风险投资？风险投资的特征和作用有哪些？
3. 简要分析风险投资四个阶段的特点。
4. 企业常见的吸引风险投资方式有哪些？
5. 如何设计企业的风险投资退出渠道？

【参考文献】

［1］薛芳，丁晓莉. 风险投资在中国的发展现状与前景［J］. 新西部，2012（13）.

［2］邹艳飞. 探讨风险投资项目中风险的识别、评估与防范［J］. 现代营销，2012（10）.

［3］郑鸿，徐勇. 互联网企业扩张动因及实现条件——基于 BAT 的案例研究［J］. 管理案例研究与评论，2016，9（6）.

［4］任海崎. 发展我国风险投资业的若干思考［J］. 会计之友，2010（23）.

［5］尹光辉. 风险投资运行机理的思考［J］. 西南石油大学学报（社会科学版），2009（3）.

［6］徐晓红，潘峰华，夏亚博，梁进社. 空间视角下国外风险投资的研究进展及启示［J］. 地域研究与开发，2016，35（2）.

［7］成果，陶小马. 政府背景风险投资会促进企业创新吗——基于创业板企业的实证分析［J］.

科技进步与对策，2018，35（23）．

　　[8] 李鹏．中外风险投资运作的比较研究 [J]．中国物价，2011（3）．

　　[9] 孙勇，樊杰，张亚峰，乔琴．中国风险投资的时空格局及其演进 [J]．软科学，2021，35（11）．

　　[10] 成思危．论风险投资 [M]．北京：中国人民大学出版社，2008．

　　[11] 肖玲利．浅析我国风险投资存在的问题及对策 [J]．金融证券，2012（9）．

　　[12] 王芳．风险投资与我国高新技术产业化 [J]．河北金融，2007（7）．

　　[13] 贾红斌．试论风险投资运作中管理风险的控制 [J]．中国科技信息，2010（23）．

　　[14] 谈毅．2013 中国风险投资发展报告 [M]．上海：上海交通大学出版社，2010．

　　[15] 方少华．中国式风险投资 [M]．北京：企业管理出版社，2011．

　　[16] 孔淑红．风险投资和融资 [M]．北京：对外经济贸易大学出版社，2011．

　　[17] 吴田峰，谢向英．现阶段中国风险投资发展探讨 [J]．当代财经，2008（3）．

　　[18] 杜枫．钱途—就这样拿到风险投资 [M]．北京：北京大学出版社，2009．

　　[19] 胡海峰，胡松明．风险投资学．北京：北京师范大学出版社，2011．

　　[20] 胡雪．风险投资与新经济 [M]．北京：经济管理出版社，2008．

　　[21] 皇甫玉婷，刘澄，王未卿．风险投资与企业创新成长：基于中小板和创业板上市公司的研究 [J]．改革，2018（9）．

　　[22] 刘树胜．高科技产业风险投资运行现状及对策探讨．财经界 [J]，2010（9）．

　　[23] 陈昌智．大力发展风险投资加快培育战略性新兴产业．中国流通经济 [J]，2010（8）．

　　[24] 理查德．派克，比尔尼尔．公司财务与投资 [M]．北京：人民出版社，2004．

　　[25] 安迪·樊．融资——奔向风险投资市场 [M]．北京：石油工业出版社，2012．

　　[26] 陆瑶，张叶青，贾睿，李健航．"辛迪加"风险投资与企业创新 [J]．金融研究，2017（6）．

　　[27] 孙德峰，范从来，胡恒强．风险投资阶段选择对企业创新能力提升的影响 [J]．商业研究，2020（8）．

　　[28] 孙勇，樊杰，张亚峰，乔琴．中国风险投资的时空格局及其演进 [J]．软科学，2021，35（11）．

　　[29] 董静，张骞．战略导向与公司风险投资的跨国投资策略——基于汽车制造业的多案例研究 [J]．经济管理，2021，43（11）：70－88．

　　[30] 鲁银梭，张月莉．创业企业的多阶段风险投资决策指标研究——基于摩拜和 ofo 的多案例比较 [J]．财会月刊，2022（5）：95－104．

第5章　企业上市

【学习要点】

☆ 了解资本运营与资本市场的关系；

☆ 理解企业上市的动因与操作程序；

☆ 知晓企业上市地点的选择理念；

☆ 重视上市公司在企业资本运营中存在的问题与解决方法。

【开章案例】

匆忙提出上市的林业集团：xxx 林业投资集团

福建省将乐县金森公司的纯森林资源上市在我国竖起了标杆，A 市市委看到了森林资源上市的广阔前景。因此 A 市市政府整合全市森林资源，促成林业上市，并组建 xxx 林业投资集团公司，同时为了做好上市工作，做了具体部署。

一、组建方案的选择

经多方考虑，该市最终提出了三种可行方案。

方案一：先整合部分优质资源成立股份公司，上市后再逐步参股收购其他县林场资源。为尽快满足上市公司对企业经营业绩上的要求，拟选择在 cy、dy、xf、gx 等资源较好的县中筛选部分国有林场的部分林地，以森林资源评估作价入股，市本级以现金入股，组建×××林业股份公司。经论证，该市政府认为该方案有如下优点：第一，从上述县中选择 40 万亩林地，可分散降低县股权的比重，减少市本级对资金的投入，有利于市本级的相对控股。第二，可从资源较好的林场中选择林地，保证幼、中、成熟、过熟林和宜林地的比例科学合理，以满足今后每年的商品材生产和新造林用地。第三，因资源基础好，通过 3 年左右科学经营，基本达到连续每年采伐 2 万亩，年生产 10 万立方米的商品材，实现 1.3 亿元左右的产值，实现 3 000 万～5 000 万元的公司净利润，满足上市公司对现金流和净利润的要求。第四，暂时规避对国有林场的股份制改造，因为我们只要林场部分资源经评估后入股，按股份制公司运作，林场还保留原经营管理体制，人、财、物不变。这样林场职工和当地政府也较容易接受。第五，成立×××林业股份公司或公司上市后，再通过设置一定的门槛，逐步的参股、收购其他的国有林场，最终达到整合全市国有林场资源，发展壮大我市林业产业的目的。

同时，也认为该方案存在以下问题：第一，市本级已成立的×××林业投资有限责任公司资产有限，要实现相对控股，市政府至少要投入现金约 5 亿元，市财政筹资压力太大；第二，市本级相对控股，这几个县政府和公司（林场）是否愿意参与整合。即便是愿意参与整合，由于涉及市级和县级等方面的利益，资源管辖权不统一，上市会遇到很多阻碍因素。

方案二：先整合全市林业资源成立集团公司，再从中选择优质资源股改上市。该方案的优点：将全市林业资源整合成一个整体上市，更符合市委、市政府有关整合森林资源，促成林业上市的工作部署，辐射带动全市林业跨越式发展。但该方案面临诸多困难：第一，因涉及适于整合的 12 个县 55 个国有林场，近 100 万亩森林资源的评估、股权设置、债权债务、人员安置等大量工作，整合难度大；第二，因涉及的单位多，林地面积大，市本级要相对控股，市财政需增加更多的启动资金；第三，因林场资源质量差异悬殊，会将单位面积的林木蓄积量从 6.8 立方米/亩拉低到 5.0 立方米/亩，难以保证公司年产量和净利润的实现；第四，因林地不集中，有的林场可能只有几千亩，不利于公司经营，会增加公司管理成本；第五，因林场全部资产进入集团公司后，要再从中选择资源较好的林场上市，会涉及对各县林场的股份制改造，涉及人、财、物等一系列问题。股份公司的组建将会耗时、耗财、耗力，各纷争难以协调解决。

方案三：将部分优质国有森林资源管理权上划市政府，整合成立集团公司，上市后再逐步参股收购其他林业资源。按照"一个集中"原则，将 cy 林业股份有限公司、dyls 木业股份有限公司、xf 林场、gx 林场的森林资源管辖权收归市政府，整合上述公司（林场）组建×××林业投资集团公司。市政府通过"五个不变、两个优惠"保证县政府、公司（林场）的既有利益和未来收益，对于林场或企业存在的私人股份一并纳入进行股权激励。成功上市后，考虑引入战略投资者，再逐步参股收购其他县林业资源，最终实现全市林业资源整合发展壮大。

根据伊春、黑龙江农垦等地区的改革经验，目前我国林业资源政府化趋势明显，是一种成本最低的改革方案。因而该方案除了有"方案一"的优点外，由于组建上市公司的林业资源管理权上划市政府，市财政可以不用财政注资就能将公司控制权掌握在市政府手中，可以减轻财政负担。由于市里掌握了林业资源管理权，从长远看也能避免县与县（子公司与子公司）之间的恶性竞争，实现主营业务的规模经济，有利于提升竞争力和森林资源的保护。同时，由于保证了县政府、公司（林场）的既得利益和未来收益，也能提高县政府、公司（林场）参与整合上市的积极性。该方案的缺点在于：市场化能力相对较弱，对组建的林业集团董事长素质要求较高。

经过对上述三个方案的论证分析，最后该市选择了第三个方案：先将部分优质国有林业资源管理权上划市政府后组建集团公司，成功上市后参股、收购其他林场，更符合×××市林业实际，也更有利于×××林业上市。

二、上市的目标定位

整合林业资源，形成林业资产的区块整体，打造政策特色和资源特色两张牌，根据集团公司现金流及收入、利润情况，以整合全市森林资源资产、培育壮大森林资源为上市目标，定向培育高效商品林，同时，做强做大油茶、毛竹、苗木花卉等特色产业。通过 5 年的培育经营，将股份公司打造成产值 5 亿元以上、年创净利润 0.6 亿元以上的林业上市企业，力争到 2018 年在创业板上市。

（注：此案例为笔者在工作中亲身接触的实例，为保密起见，文中隐去了相关信息）

5.1　资本运营与资本市场的关系

资本运营是市场经济的范畴，在市场经济条件下，市场机制对社会资源（其中包括资本）的配置起决定性作用。市场是企业进行资本运营的客观环境，完善的市场体系是企业有效地开展资本运营的基本条件。市场体系包括商品市场、金融市场（包括货币市场和资本市场）、劳动力市场、房地产市场、技术市场和信息市场等。各类市场之间相互联系、相互制约、相互促进，形成一个完整的有机系统。

5.1.1　投资银行是资本运营专业化服务的提供者

投资银行是从事证券发行、承销和交易以及企业兼并、收购和重组等业务的非银行金融机构。资本经营专业性强，企业要充分利用中介机构的人才和技术，以达到资本的最优配置和最大效益。投资银行是以证券承销为本源，其他投资银行业务都是在这一业务基础上形成和发展起来的。投资银行的业务主要有以下几项。

第一，证券承销。承销者是指联系发行主体和投资主体的金融中介机构，它们本身并不从事投资业务，仅仅是协助政府或企业发行证券，并帮助投资者获得这些证券。投资银行从事证券承销业务，其承销过程包括：投资银行对证券发行者提出发行证券种类、时间和条件等方面的建议；当证券发行申请经国家证券管理机关批准后，投资银行与证券发行者签订证券承销协议；协议签订后，投资银行组织销售网络，将证券销售给广大社会公众。

第二，证券交易。这是指证券持有人依照交易规则，将证券转让给其他投资者的行为。证券交易是一种已经依法发行并经投资者认购的证券的买卖，是一种具有财产价值的特定权利的买卖，也是一种标准化合同的买卖。证券交易的方式包括现货交易、期货交易、期权交易、信用交易和回购。证券交易形成的市场为证券的交易市场，即证券的二级市场。证券交易一般分为两种形式：一种形式是上市交易，是指证券在证券交易所集中交易挂牌买卖。凡经批准在证券交易所内登记买卖的证券称为上市证券；其证券能在证券交易所上市交易的公司，称为上市公司。另一种形式是上柜交易，是指公开发行但未达上市标准的证券在证券柜台交易市场买卖。

第三，私募发行面向少数特定的投资人发行证券的方式。私募发行的对象大致有两类，一类是个人投资者，如公司老股东或发行人机构自己的员工（俗称"内部职工股"）；另一类是机构投资者，如大的金融机构或与发行人有密切往来关系的企业等。私募发行有确定的投资人，发行手续简单，可以节省发行时间和费用。私募发行的不足之处是投资者数量有限，流通性较差，而且也不利于提高发行人的社会信誉。我国境内上市外资股（B 股）的发行几乎全部采用私募方式进行。我国法律对证券私募发行活动的规范正在逐步完善。

第四，企业兼并与收购的中介服务。企业并购是企业产权交易的重要内容，投资银行在企业产权交易双方中充当中介，为企业并购双方提供服务。投资银行参与企业并购的主要方式是：寻找兼并与收购的对象；向并购者和被并购者提供买卖价格或非价格条款的咨询；帮助并购者采取行动抵御恶意性吞并；帮助并购者筹措必要的资金，以实现并购计划。

第五，基金管理。投资银行在基金管理方面的业务包括：投资银行可以作为基金发起者发起和建立基金，并管理自己建立的基金；投资银行可以作为承销者帮助其他基金发起者向投资者发售投资受益凭证，也可以接受基金发起者的委托，帮助其管理基金，从基金发起者处获得一定报酬。

第六，风险投资。此外，投资银行还有项目融资、衍生产品、租赁、咨询服务、现金管理、证券保管与抵押等业务。

5.1.2 专业化的资本运营必须以市场为基础

在社会主义市场经济条件下，市场对资源配置起决定作用，资本作为生产要素是一种非常重要的资源，当然也要以市场为主来配置。因此，一个成熟的市场经济体系不仅要有高度发达的商品流通市场，而且还必须有比较完备的资本市场。加速资本市场的发展已成为完善我国社会主义市场经济体系的客观要求。

第一，通过资本市场可以提高资源配置的效率。其逻辑关系在于：一是资本市场是比较直接配置经济资源的一种方式。它可以通过资本资源价格的波动而使资本资源直接在不同的企业和行业分配。二是它降低了资本资源的交易成本。资本交易成本一般包括寻找费用、信息费用和签订投资合同费用。寻找费用有直接费用和间接费用，直接费用是指为出售或购买金融资产而支付的广告费用，间接费用是指为进行资本交易而耗费的潜在价值。信息费用是指对所要投资的金融资产的价值评估所需的费用，即为估计金融资产所能带来未来收益大小进行一切信息收集和处理活动所支付的费用。签订投资合同费用一般是有明确规定的，但在银行信贷市场是不用支付这一费用的。在发达的资本市场中，尤其是在交易所市场中，为数众多的金融工具的供给者和需求者在一起进行竞价交易，减少了寻找成本和信息成本，提高了资本资源的配置效率。而在一个有效率的资本市场中，资本资产的价格反映了所能收集的所有信息。

第二，资本市场的健全与否成为衡量一国市场经济与金融发展是否成熟的标尺之一。资本、土地、劳动力是市场经济的三大基本要素，资本产生利息，土地产生地租，劳动力产生工资。但是，在现代市场经济中，土地和劳动力这两大要素必须与资本有机结合才能产生合理效益，无论是企业的成长，还是国民经济的发展，货币资本始终是"第一推动力"和持续动力。资本市场作为反映社会化生产规律的一种生产要素子市场，最典型地体现了社会资源配置的高效快捷原则。因此，资本市场的健全与否成为衡量一国市场经济与金融发展是否成熟的标尺之一。

第三，资本市场在现代市场经济中的特殊作用。世界经济发展的历史说明，经济高速增长离不开资本经营，如果单纯靠生产经营只能按常规速度发展，如果进行资本经营，把产业资本和金融资本很好地结合起来，经济就可以呈几何级数增长。

企业上市专栏1：

中信泰富市值倍增计划

中信泰富的前身泰富发展有限公司由香港"炒股大王"香植球成立于1985年。1986年通过新景丰公司而获得上市地位，同年2月，泰富发行2.7亿股新股予中国国际信托投资（香港集团）有限公司，使中信（香港集团）持有泰富64.7%股权。自此，泰富成为中信子公司。而后，中信（香港集团）通过百富勤把部分泰富股份配售，使中信（香港集团）对泰富的持股量下降至49%，现已降至41.92%。1991年泰富正式易名为中信泰富。中信（香港集团）收购泰富发展有限公司，不是通过股权转让来实现的，而是通过泰富发展向中信（香港集团）定向发行2.7亿股新股来实现的。1991年9月，中信泰富与李嘉诚、郭鹤年等合组财团收购恒昌企业（大昌贸易行），其中中信泰富占恒昌企业36%的股份。1992年1月，中信泰富向其余股东收购剩余的64%恒昌企业股份，实现全面收购。

2014年中信泰富（00267－HK）公布，其对母公司中信集团价值2 270亿元（人民币。下同）的资产收购建议，获得股东会通过。中信泰富称，于昨日举行的股东特别大会，关于向中信集团收购中信股份权益之议案，获99%或以上的赞成票通过。中信泰富主席常振明于股东会后向媒体表示，交易原定于8月底完成，如果收购审批顺利，会争取提前至7月完成。他称，可能于本月中公布第二批战略投资者名单。中信泰富于4月提出收购中信股份全部权益，其后确定最终转让对价为2 269.96亿元。交易完成后，中信泰富将易名为中国中信股份，标志着中信集团即中信泰富实现整体。

中信股份（SEHK：00267）是中国最大的综合性企业集团，也是恒生指数成分股公司之一。公司的业务主要涵盖金融、资源能源、制造、工程承包及房地产等。中国经济在稳增长、调结构的过程中，逐步向消费和服务驱动转型。中信在夯实现有消费业务的同时，进一步加强在该领域的布局，以更好地把握这一趋势所带来的机遇。

中信泰富从买壳上市以来，通过收购、配售新股等一连串的资产运作，使股票市价从1990年的7亿多港元，增长到1997年的近1 500亿港元，短短七年股票市值长了200多倍。中信独特的平台、多元化的业务组合以及协同规模，能让我们更好地把握中国及世界经济发展带来的机遇，为股东创造长期价值。截至2021年12月31日，中信股份的总资产达港币106 855亿元，归属于普通股股东权益为港币7 514亿元。

资料来源：

①佟雪菲．中信泰富特钢收购兴澄特钢事件及行业影响分析［J］．冶金经济与管理，2021（1）：22－27．

②刘燕．中信泰富反向收购中信集团动因及绩效分析［D］．南京：南京信息工程大学，2018．

③李硕．中信集团借壳上市绩效案例研究［D］．广州：广州大学，2018．

5.2 为什么要上市

上市对于一个公司长远发展的重要性，相信绝大多数企业的决策者都已经有了共识。但因为上市过程的复杂性，政策、市场法律等各种因素又在不断地变化，很多企业家对上市望而生畏。还有一些企业家认为，企业上市就是为了圈钱。事实并非如此，企业上市可以从以下几点来体现价值。

第一，上市融资可以带来大量资金，提高企业净资产，降低负债率，改善资本结构，提高抗风险能力。资金常常被形象地比喻成公司的"血液"，但这种血液的补给常常会遭遇瓶颈，这已经成为妨碍中小企业发展的世界性难题。据世界银行所属的国际金融公司的研究成果表明，中国私营企业的发展资金绝大部分来自业主资金和内部留存收益，两者占50%～60%，包括信用社在内的金融机构贷款只占20%左右，公司债券和外部股权融资不到1%。这可能和企业家传统的经营理念有关。而今世界经济增速放缓，中国经济也面临着深层次的结构调整，银行贷款愈发谨慎，企业融资变得更为困难。上市为企业开辟了一个新的直接融资渠道，它具有融资量大、长期性、无负担性和不可逆转性等特点。中小企业通过发行股票进行直接融资，不仅可以获得长期和稳定的资金，打破融资瓶颈束缚，而且可以改善企业的资本结构，最大限度地分散企业风险，缓解通过银行等金融机构间接融资造成的风险累积。借助"风险共担、收益共享"的机制，中小企业发行股票上市，不仅能够获得大量资金，解决企业当前的发展问题，而且还可以通过配股、增发以及发行可转债实现持续融资，上市无疑是最佳的融资平台和融资方式之一。

第二，上市可以规范法人治理结构，确立现代企业制度，提高企业管理水平，降低经营风险。在中国，70%～80%的民营企业都曾经是家族式的小作坊。随着经济的发展，企业的不断壮大，小作坊变成了一定规模的企业，而家族式的管理模式却逐渐露出弊端，主要体现在组织机制的障碍，人力资源的限制，还有不科学的决策程序导致的失误等。这种管理模式已无法适应越来越快的市场变化和越来越激烈的市场竞争，淘汰会是这类企业的最终命运。企业上市是走出这个困局的有效方式，通过上市建立和完善企业的内控制度，提高企业管理水平，提高生产效率，缩减成本，降低经营风险。

第三，上市可以构建全方位的融资平台，增强金融机构对企业的信心，贷款和其他金融成本会较低。股票市场结构本身决定了上市公司在资本市场中处于较有利的地位，上市公司除了公开发行股票进行募集资金外，还可以通过配股、定向增发、可转债等方式来募集资金。上市后企业获得了更强的政治影响力，它在社会上的声誉比一般企业高，金融机构更愿意与之合作，大大增强了企业的融资能力。

企业上市专栏 2：

大有能源借壳欣网视讯上市

大有能源控股股东为义马煤业集团股份有限公司（以下简称"义煤集团"）。义煤集团前身系义马矿务局，2008年整体变更为股份有限公司，资产规模122亿元，年产原煤

2 143 万吨，是河南省属重点企业，国有特大型煤炭企业。多年来，义煤集团融资渠道单一，主要依赖于银行贷款负债经营，企业在扩张及技改上面临较大的资金瓶颈，同时债权比例过高，生产经营面临较大的财务风险。为了尽快使企业做大做强，同时优化和提升管理能力，2008 年义煤集团决定启动 IPO 上市工作，但由于美国次贷危机影响以及股票市场的低迷，2008 年 9 月 16 日，证监会决定暂停 IPO 新股发行，在这种情况下，义煤集团决定改变上市模式，选择借壳上市。借壳上市的第一步是选择合适的壳资源，义煤集团先后组织考查过泰山石油（000554）、ST 钛白（002145）、ST 安彩（600207）、ST 科健（000035）、东方银星（600753）、吉林制药（000545）和欣网视讯（600403）等多家上市公司，这些公司的基本情况如表 5 - 1 所示。

表 5 - 1　　　　　　　　　　　上市公司基本情况

名称	总股本（亿股）	流通股本（亿股）	资产（亿股）	负债（亿股）
ST 钛白	1.90	1.89	6.16	3.26
ST 科健	1.50	0.85	5.95	17.90
ST 安彩	4.40	4.40	18.90	14.00
东方银星	1.28	1.28	2.34	10.29
泰山石油	4.81	3.63	9.49	0.77
欣网视讯	1.27	0.70	3.60	0.41

通过比较可以看出：欣网视讯股本最小，负债少，市值小，而且是沪市上市公司，按照壳公司市值最小，借壳成本最小，最有利于审批，优选沪市壳公司等原则，义煤集团最终选择了欣网视讯。

2009 年 12 月 31 日，欣网视讯停牌开始筹划重大资产重组事项，2010 年 3 月 25 日，欣网视讯与其控股股东富欣投资签订《重大资产出售协议》，与义煤集团签订《发行股份购买资产协议》，根据协议内容，欣网视讯向富欣投资出售截至基准日除货币外的全部资产及负债，同时向义煤集团发行股份购买其拥有的煤炭业务相关资产，两个内容互为前提，同步实施。各方确定上市公司拟出售资产作价 1.4 亿元，由原控股股东富欣投资一次性现金回购；拟购买资产作价 82.19 亿元，由上市公司向义煤集团定向增发股份作为支付对价，发行股份为 7.06 亿股，价格为本次重组停牌前 20 个交易日的交易均价，并经除权、除息调整后为 11.64 元/股。本次重大资产重组完成后欣网视讯控股股东由富欣投资变更为义煤集团，持股比例为 87.41%，主营业务由通信工程服务、软件开发和无线增值业务变更为煤炭生产与经营。2010 年 10 月 15 日，本次重大资产重组获中国证监会上市公司并购重组审核委员会有条件审核通过，并于 2010 年 12 月 6 日获中国证监会核准复。2011 年 2 月 24 日，大有能源在上交所 A 股上市交易。

义煤集团上市的目的：一是拓宽企业融资渠道，加快企业发展；二是促进企业规范管理，实现可持续发展。企业上市后能否达到这两个目的成为此次借壳上市成功与否的判断标准，因此，在整个借壳上市方案的设计上必须考虑企业上市后的快速融资和后续发展问题。

借壳上市过程中，目标壳资源的选择不仅关系着交易成本的大小，还关系着后续再融资的情况。总的来看，壳公司的选择要注意以下两点：一是经营状况和有无法律纠纷。被动沦为壳资源的 ST 类上市公司，由于亏损经营，通常会存在债务和法律纠纷，借助于此类壳公司虽然有利于收购方在重组交易中占据主动地位，选择有利于自己的交易途径和模式，但在实际操作时不得不考虑债务和法律问题，从而增加交易的难度和不确定性。相当多的借壳上市失败都是缘于无法有效解决债务和法律纠纷。此外，在借助此类壳上市成功后，还需要养壳，培育再融资能力，这也会增加交易的成本。对于借助不存在经营问题、无亏损、因为找不到新的发展方向而沦为壳资源的上市公司时，由于无债务问题和法律纠纷，虽然在重组交易中不利于收购方占据主动地位，但有利于借壳上市操作和借壳成功后的再融资，从而实现双赢。二是股本规模与股权结构。借壳上市首先要取得壳公司的控制权，无论是协议收购还是二级市场要约收购，均需要持有壳公司一定比例的股份才能达到控壳目的。取得控股权的成本与股本规模成正比，股本规模越大则成本越大。另外，股权集中则可以减少谈判成本，提高收购效率。因此，选择股本小、股权相对集中的壳公司，不仅可以降低收购成本，提高收购效率；也有利于上市后的公司股本扩张和再融资。欣网视讯总股本 1.27 亿股，流通股本 0.7 亿股，公司在 2008 年末、2009 年末、2010 年上半年末现金及现金等价物余额分别为 2.96 亿元、3.5 亿元和 3.54 亿元，各期末均有较大的资金结余，形成资金闲置；而同期投资性活动产生的现金流量净额分别为 −526.05 万元、349.41 万元和 −251.38 万元，资本性支出较少，公司难以在软件、通信行业找到新的投资项目，公司需要寻找新的经营突破口。由于义煤集团实力雄厚，拟上市资产优良，而欣网视讯无亏损，无债务和法律纠纷，无历史遗留问题，是一个质地优良的壳资源，双方在借壳上市重组中以最小成本获取了最大收益。本次重组，原大股东富欣投资持股数未变，股价由重组前的 10 元左右涨到最高近 40 元，市值增长了近 4 倍，上市公司资产质量、盈利能力也得到了大幅的改善。

由于壳资源选择正确，股本扩张能力强，大有能源上市 1 年后，开始着手第一次定向增发再融资，并于 2012 年 6 月通过中国证监会审核，同年 10 月实施发行股份 3.6 亿股，融资 75 亿元，此次定向增发的成功，在煤炭行业 2012 年处境艰难的情况下，为大有能源提供了宝贵的发展资金。2013 年以后全国煤炭消费量连续三年下降，2016 年下半年由降转升，2017 年以来，随着经济回暖，电力、化工、建材等高耗煤行业复苏的影响，煤炭消费持续上升。国家统计局数据显示，2017 年中国煤炭消费量增长 0.4%。由于大有能源上市目的明确，根据多方考察、论证，最终选择了最有利于实现上市后再融资和后续发展的壳公司，并根据壳公司的特点设计选择了最有利于上市操作的交易模式，从而最大限度地体现了借壳上市简捷、有效、成本低的优势。截至 2021 年 12 月 31 日，公司营业收入总额 7 910 549 035.87 元，本期比上年同期增长 15.88%。河南大有能源股份有限公司将根据企业发展要求，用 3~5 年的时间，通过多种形式的资本运营融资 300 亿元以上，从而带动千亿元以上的投资规模，实现企业不断增值，打造千亿级企业集团，为建设中原经济区以及推进中原崛起、河南振兴做出更大的贡献。

资料来源：孙春甫. 借壳上市的动因及交易模式分析——以大有能源借壳欣网视讯为例 [J]. 征信，2013, 31 (3)：90−92.

第四，上市可以运用更有效的员工激励机制，实现员工股份价值，吸引并留住人才，提高员工工作积极性。企业的竞争，本质上是人才的竞争。对市场上的人才，上市公司有天然的吸引力，对公司的员工，则可以大大提升他们的归属感和荣誉感，增强对企业的信心。对于公司的核心人才，给予股权激励，让他们直接或间接拥有上市公司的股份，这种模式不仅有利于吸引和留住人才，缓解公司薪酬压力，而且还可以激发员工的积极性和主动性，使他们紧紧地和公司的发展与利益捆绑在一起；同时完善股权结构，能更好地防止因外在或内在因素带来的各种风险。

第五，上市增加公众对企业的信任度，提高企业形象，有利于企业的品牌建设和市场开拓。上市可以帮助企业获得知名度和信任度，企业上市的宣传效应对于其产品和服务的营销非常有效，公众的信任度越高，越容易建立品牌和开拓市场；同时，企业也会受到更多的关注，使企业有了更好的发展机遇，常常会促进新的商业或战略合作的形成，使企业更容易走向国际市场。

第六，上市创造财富，股价使股东的财富增加。正如企业资产通过发行上市在一夜间巨幅增值一样，拥有股份的企业原始股东、高管及员工也会在企业上市的过程中获得财富的巨大增值，有人形象地称，企业上市是打造"富翁的流水线"。

第七，上市企业较高的社会声誉以及对当地经济的巨大推动作用，容易获得地方政府的补贴和支持。资本市场发展的快慢与一个地区经济发展有着密切的关系，尤其是代表着优秀企业的上市公司的发展对当地经济发展起到相当的推动作用，是当地经济持续健康发展的基础。它不仅是地方税收的主力军，带动着地方经济的发展，还能帮助政府解决就业问题，政府与上市企业之间有着千丝万缕的联系，因此，当地政府会积极营造有利于加强上市公司在整个资本市场的竞争力的环境，全力支持上市公司，从而促进地方经济的发展。

企业上市专栏3：

盐业集团的"朱雀计划"

一、"朱雀计划"实施的背景

古代食盐价值昂贵。在西非，食盐曾经价比黄金，一斤金子才能换一斤盐。如今食盐仍是涉及民生的物资，是人们日常生活中常用的调味品，每人每天摄入一定量的食盐才能保持人体心脏的正常活动、维持正常的渗透压及体内酸碱平衡。

古人曾说，有盐，则国富。在中国历史中，食盐一直是国富民强的战略物资。由于食盐在生产力低下的农耕时代有着非同一般的重要意义，历代王朝都将其划为禁商，确立了国家专卖的不易之规。盐业专卖始于春秋时的齐国，汉代后盐业官卖制度（成品盐由政府定价收购、设官贩运）就成为一种基本国策，盐税就成为最为稳定和重要的财政收入来源。据史料记载，在唐朝时期，盐政的税收实际上已经达到了中央实际总收入的2/5左右，成为当时唐朝的主要经济来源。一直到1950年，盐税还占到国家税收的5.5%左右。

大盐商们都是朝野巨富。苏州许多私家园林的建造者，都是富甲一方的大盐商。乾隆六下江南，就接见过当时的"八大盐商"，仅在扬州一地，徽州盐商的资本就相当于当时国库存银的一大半。

中华人民共和国成立以来我国一直对盐业实行计划管理，1994年，国务院决定对食盐进行专营，发改委盐业办是国务院盐业主管机构，全国各地市、县均设有盐务局和盐业公司。各省、自治区、直辖市的食盐生产由国务院盐业主管机构指定的食盐定点生产企业生产,其年度生产计划由国务院计划行政主管部门下达。

但是食盐计划管理体制,没有完全起到优化资源配置的作用。2006 年 7 月,经过一系列实证调研,国家发改委经济体制与管理研究所完成了《我国盐业体制改革研究》的报告。报告称,当时中国食盐生产能力约 1 700 万吨,而每年的计划指标仅为 700 万 ~ 800 万吨,食盐产能明显供大于求。

而实际上,我国盐业体制改革从 2001 年就已经开始推行,但直到 2011 年,不同部委提出过 6 次盐业体制改革方案,都因种种原因没有形成最后的草案。

直到 2016 年 4 月 22 日,国务院印发《盐业体制改革方案》,拉开了盐业体制改革的大幕。盐改新政自 2017 年 1 月 1 日起正式实施,取消了食盐准运证,放开了食盐生产批发区域限制,允许现有食盐定点生产企业进入流通销售领域,食盐批发企业可开展跨区域经营。

2018 年,新的《食盐专营办法》向公众发布,明确"食盐价格由经营者自主确定""食盐定点批发企业在国家规定的范围内销售食盐,任何单位或者个人不得阻止或者限制"。实施了 28 年的《盐业管理条例》同时宣告废止。原来在超市只能买到一种盐——碘盐,现在超市货架上的食盐品类已经繁多到令人眼花缭乱。

二、"朱雀计划"

针对上述改革内容,触及利益涉及的两大集团——盐业专营集团和盐业生产集团,尤其是盐业专营集团的既得利益必然会受到影响,与中盐集团 2009 年的净利润 6 亿元相比,食盐专营贡献的净利润为 4.3 亿元,占比达 7 成左右。但如果以保证专营体制提供的利益渠道为目的,对改革进行阻挠,对国家发展来看是短视行为。只有积极应对改革,研究未来发展路径,才是远见卓识。

中盐公司公布的数据显示,在现有盐业体制下,中盐发展突飞猛进。我国盐行业龙头企业、唯一中央企业和唯一全国性企业,世界第二、亚洲最大的盐业企业和国内重要化工企业——中国盐业股份有限公司(以下简称"中盐股份")增资项目签约仪式在北京产权交易所举行。此次,中盐股份引入投资者 13 家,包括国新控股、兴业银行、建信(北京)投资基金管理有限责任公司、广西北部湾股权投资基金、太钢投资、温氏投资等,总投资额 30.6 亿元。其年报显示,中盐股份 2015 ~ 2017 年营业收入分别为 212.47 亿元、208.68 亿元、250.22 亿元,利润总额分别为 1.68 亿元、4.46 亿元、9.06 亿元。

在中国盐业体制改革的大背景下,中盐的混改一直备受关注。2017 年,中盐股份被列为国家第二批混合所有制改革试点企业。2018 年,中国盐业总公司正式更名为中国盐业集团有限公司。中盐股份此次混改通过资产重组、增资引战、公开上市"三步走"来实施。中盐股份董事长李耀强向媒体透露,下一步将尽快启动中盐股份 IPO 上市。

中盐股份对投资者提出较高准入门槛,根据中国证券报报道,李耀强在接受采访时表示,2018 年 9 月,中盐股份开始公开征集和接洽投资者,共会见各类投资者近 80 家,最终才确定 13 家投资者。实际上,中盐自 2011 年便正式启动"朱雀计划"(整体上市计划),到 2012 年叫停兰太实业、增发和发起设立中盐股份、挂牌出让雅布赖盐化股权,一系列的资本运作主要是为上市做整合。

中盐集团下属有 2 个上市公司兰太实业和南风化工,在实施整体上市战略之前,中盐曾选择以子公司增发收购母公司资产的模式上市，2011 年 7 月，兰太实业定向增发 8 亿元用于收购中国盐业总公司旗下中盐吉兰泰盐化集团有限公司所属的吉兰泰碱厂和吉碱制钙有限公司 100% 股权。2012 年 5 月，兰太实业公告，中止非公开发行股票事项。不过在当时，由于大量投入的下游盐化工行业如氯碱和烧碱等业务亏损，外加管理费用较高等原因，其业绩乏善可陈。为了突破集团整体上市最主要的障碍——盈利水平，中盐不断优化优化资产结构。2012 年 6 月 7 日，南风化工将旗下的盈利主力江苏南风化工有限责任公司 54% 的股权以 5.02 亿元的作价转让给实际控制人中国盐业总公司，目的很明显是为了提高中盐总公司的盈利指标。

三、朱雀计划的动因分析

（1）朱雀计划直接来自政策的推动。国家各级政府部门相继出台了多项政策措施，支持鼓励大型国有企业整体上市。由证监会、国资委、财政部、央行、商务部五部委于 2005 年 8 月 23 日联合发布的《关于上市公司股权分置改革的指导意见》中明确提出，可以在解决股权分置问题后，继续支持大型绩优企业实现整体上市。2006 年 12 月国资委又发布了《关于推进国有资本调整和国有企业重组的指导意见》。在该意见中，国资委积极支持具备条件的国有大中型企业实现整体上市。在两份意见中，国资委都按照"成熟一家、推动一家"的原则，更积极地推动央企整体上市。而现在在"十二五"规划中，"整体上市"又再次提上了日程。国资委的两份意见体现了我国政府对于集团或国有企业整体上市的决心，对改革国有大型企业相关制度的信心。这不仅为集团企业整体上市指引了方向，更为集团企业如何整体上市提出了具体的指导意见，成为我国集团企业整体上市的"行动指南"。因为有了如此巨大的政策的推动，一场关于整体上市的改革深入人心。

（2）优化资本结构。正如中盐总公司总经理茆庆国所说："……切实提高盈利能力……"朱雀计划实施的另外一个动因在于：通过重组和优化集团公司内部的生产要素资源，可以凸显主业，以增加上市公司的规模效应，有利于加强企业的市场竞争力。通过优化结构后的集团企业，规模更加壮大，产业链更加完整，有利于提高上市公司质量。实现整体上市后，集团公司与上市公司可以通过资源整合，进而使该上市公司的经营范围更加专一和明确，经营效果更加显著，同时，由于整体上市，将促使企业上下游范围更加完整。同时，这样也就有效减少了上市企业与母公司企业之间可能的同类竞争，由于整体上市，集团的统一，也就减少了上市公司与母公司之间的关联交易。

资料来源：

①王哲. 中盐集团：在保障民生服务国家战略中实现高质量发展［J］. 中国盐业，2022. 418（19）：6 - 10.

②梁辰. 迈向高质量发展 创造中国盐业更加美好的明天［J］. 中国盐业，2021（1）：18 - 20.

③2019 年中国盐业十大新闻［J］. 中国盐业，2020（1）：13 - 17.

第八，上市有利于企业做强做大，企业可以以股份收购其他公司，无须太多的收购现金进行并购重组。在激烈的市场竞争中，企业只有不断发展壮大才能生存下去。早期的企业，主要是通过内部投资、资本的自身积累等方式获得发展，但这种模式的发展不仅缓慢，而且带有局限性，已不适应快速变化的市场经济，尤其在经济转型升级的时代，中国企业面临更大的挑战。同时我们也看到了机遇，并购重组时代已在不知不觉中到来。

因为有众多企业面临亏损与破产，上市公司可以通过吸收股权的方式完成并购重组，即被兼并企业的所有者将被兼并企业的净资产作为股金投入兼并方，成为兼并方企业的股东。这种方式不仅可以迅速做强做大，而且还保障了企业现金流的充沛，更好地抵御风险。

第九，上市为公司股份建立一个市场，有利于股权增值的同时，也是股东及其战略投资者退出的良好途径。上市为企业的股票创造了一个流动性很好的公开市场，股东或战略投资者可以通过抛售股票进行套现。非上市公司的股权通常不具备流通性，而且很难出售。我国第一代创业成功的民营企业家大多到了退休的年龄，倘若他们的子女不愿意或不适合接班，他们的股权较难以合理的价格退出，这也是很多企业家选择上市的一个比较重要的原因。

5.3　企业上市分类

根据不同的标准，证券上市可以分为不同的类型。

第一，根据企业上市的程序不同，企业上市可以分为授权上市与认可上市。授权上市，又称核准上市，指证券交易所根据证券发行人的申请，按照法定条件和程序核准其证券进入证券交易所上市交易的证券上市方式。股票、公司债券、证券基金等都采取授权上市途径上市。认可上市，指经证券交易所认可后，证券即可进入证券交易所上市交易的上市方式，主要适用于各种政府债券。

第二，根据证券上市与证券发行之间关系的不同，企业上市可以分为普通上市与首次发行上市。普通上市，指在证券发行人于股票或公司债券发行后，发行人另择日期申请并获准上市。首次发行上市，指公司发行人在公开发行股票或者公司债券的同时，就已确定近期上市计划，并于发行成功后的合理时间内申请股票或公司债券的上市交易。

第三，股票上市和债券上市。股票上市，指符合规定条件的公司的股票在证券交易所挂牌交易。股份有限公司申请股票上市交易，应当向证券交易所提出申请，由证券交易所依法审核同意，并由双方签订上市协议。同时，应聘请有保荐资格的机构担任保荐人，依法进行保荐。股票上市又可细分为股票境内上市和股票境外上市。债券上市，主要是指经证券交易所依法审核同意的公司所发行的债券在证券交易所上市交易。此外，证券交易所根据国务院授权的部门的决定安排政府债券上市交易。债券上市又可分为普通公司债券上市以及可转换公司债券上市两种。

第四，按照企业上市途径的不同，可以将企业上市分为直接上市和间接上市两种。直接上市，即企业以自己的名义直接提出申请并获准在证券交易所上市。直接上市常见的方式为 IPO 首发上市。间接上市，又称重组上市，常见的类型有买壳上市和借壳上市。

5.4　企业上市（IPO）操作程序

5.4.1　IPO 发行制度改革

IPO 全称 initial public offerings（首次公开募股），指某公司（股份有限公司或有限责任公司）首次向社会公众公开招股的发行方式。有限责任公司 IPO 后会成为股份有限公司。我国 IPO 发行制度改革经历了以下阶段。

第一阶段：审批制（1993～1999 年）。1993 年 4 月中央政府颁布的《股票发行与交易管理暂行条例》和 1994 年 7 月实行的《公司法》是规范新股发行最重要的两个法规。其明确新股发行必须经中央政府和地方政府审批同意。政府立法导致政府成为发行制度供给主体，同时也成为制度主体间关系形成的决定要素。

第二阶段：核准制前期（1999～2003 年）。随着中国经济体制从计划经济到市场经济的转变，中国宏观经济政策发生重大改变，即从过去的压缩总需求向扩大内需方向转变，但是产权改革问题、资本市场发展问题不解决将会严重阻碍总需求长期稳定增长，所以国家出台了重大制度安排的调整。作为影响新股发行制度外生变量的变化势必促使制度主体的供求关系发生变化，核准制就是在这种背景下应运而生。核准制下新股发行的重大特点是加强了拟上市公司的信息披露要求。

第三阶段：保荐制（2003～2013 年）。保荐制于 2003 年 12 月正式出台，其特点在于加大了保荐机构和保荐代表人的权利和责任，形成了相互联系、相互制约的"双保荐制"，对于保证上市公司质量，保护投资者利益和提高股票发行市场效率都具有积极的作用。2012 年，第三次新股发行体制改革伴随着《关于进一步深化新股发行体制改革的指导意见》的出台而拉开帷幕。此次改革主要从强化信息披露、调整询价范围和配售比例、引入存量发行、加强发行定价监管、打击炒新及加大对不当行为处罚力度六个方面着手进行改革，但是发行体制改革并未涉及。此次改革并未取得理想效果，"三高"、超募、业绩变脸现象依旧屡见不鲜。

第四阶段：注册制过渡期（2013 年至今）。2013 年，中国股市不仅迎来了历史上最长的一次 IPO "空窗期"，还迎来了一次声势浩荡的在审企业财务核查，近 300 家在审企业终止审查。2013 年 11 月 30 日证监会发布的《关于进一步推进新股发行体制改革的意见》，拉开了第四轮新股发行体制改革的帷幕。此次改革坚持市场化、法制化取向；强调监管部门对新股发行的审核重在合规性审查，企业价值和风险由投资者和市场自主判断；并引入主承销商自主配售方式、存量发行和改良式"市值配售"；完善了事前审核以及突出事中加强监管、事后严格执法；强化了信息披露力度和中介机构责任，体现了对中小投资者的保护。此次市场化改革为我国新股发行制度朝着注册制方向迈进打下了良好基础。

纵观上述四轮发行体制改革，可以看出，改革贯彻了以问题为导向出台针对性政策，与坚持市场化改革目标结合市场发展实际完善体制机制的总体思路，不断发现问题、正视问题、解决问题，一级市场定价的合理性、买卖双方的博弈机制、市场各主体归位尽责的程度、行政干预弱化市场自主意愿体现的程度，都有了显著提升。具体来看，体现出如下特点。

首先，现象治理与理顺市场机制并行。在发行改革的整体思路下，历次发行改革又都有阶段性的重点，如治理报价乱象、缓解企业大比例超募、抑制市场不理性"炒新"等，同时每阶段改革又都在完善定价机制、完善股份发行政策、优化网上发行机制、完善回拨及中止发行机制、加强信息披露及新股认购的风险提示等方面"小步快走"，体现了标本同治的改革意图。

其次，不断强化信息披露要求，加强中介机构责任。从最初的审批制到核准制，再到向注册制过渡，发行改革始终意图推动市场选择前进、监管把关后退，不断强化市场化配置资源的能力。四轮改革探索找准了以信息披露为核心的抓手，明确信息披露责任人、提前预披露时点、细化披露要求，在将权利交给市场主体的同时，也将责任交归市场主体，四轮发行改革以来，中介机构不时感慨"IPO 项目不好做了"或许正是责任强化的一个侧面体现。

最后，监管重心不断向事中事后转移，强化过程监管及过程微调。经过几个阶段的发行改革，市场化改革方向、各主体须归位尽责已被各方认同，这为后续改革做了铺垫。

5.4.2　IPO 上市的一般流程

IPO 上市的一般流程包括四个阶段：改制阶段、辅导阶段、申报材料制作及申报阶段、股票发行及上市阶段，详见图 5－1。

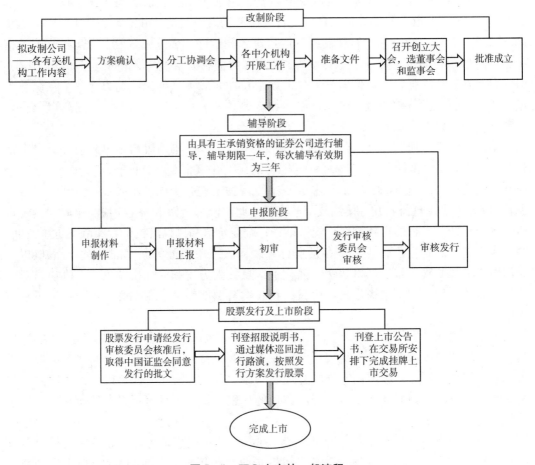

图 5－1　IPO 上市的一般流程

第一阶段：改制阶段。企业改制、发行上市牵涉的问题较为复杂，一般是在企业聘请的专业机构的协助下完成。企业首先要确定券商，在券商的协助下尽早选定其他中介机构。股票改制所涉及的主要中介机构有证券公司、会计师事务所、资产评估机构、土地评估机构、律师事务所。

第一，各有关机构的工作内容。拟改制企业一般要成立改制小组，公司主要负责人全面统筹，小组由公司抽调办公室、财务及熟悉公司历史、生产经营情况的人员组成，其主要工作包括：全面协调企业与各有关部门、行业主管部门、中国证监会派出机构以及各中介机构的关系，并全面督察工作进程；配合会计师及评估师进行会计报表审计、盈利预测编制及资产评估工作；与律师合作，处理上市有关法律事务，包括编写公司章程、承销协议、各种关联交易协议、发起人协议等；负责投资项目的立项报批工作和提供项目可行性研究报告；完成各类董事会决议、公司文件、申请主管机关批文，并负责新闻宣传报道及公关活动。

券商制定股份公司改制方案；对股份公司设立的股本总额、股权结构、招股筹资、配售新股及制定发行方案进行操作指导和业务服务；推荐具有证券从业资格的其他中介机构，协调各方的业务关系、工作步骤及工作结果，充当公司改制及股票发行上市全过程总策划与总协调人；起草、汇总、报送全套申报材料；组织承销团承销 A 股，承担 A 股发行上市的组织工作。会计师事务所对各发起人的出资及实际到位情况进行检验，出具验资报告；负责协助公司进行有关账目调整，使公司的财务处理符合规定；协助公司建立股份公司的财务会计制度、财务管理制度；对公司前三年经营业绩进行审计，以及审核公司的盈利预测。对公司的内部控制制度进行检查，出具内部控制制度评价报告。资产评估事务所在需要的情况下对各发起人投入的资产评估，出具资产评估报告。土地评估机构对纳入股份公司股本的土地使用权进行评估。律师事务所协助公司编写公司章程、发起人协议及重要合同；负责对股票发行及上市的各项文件进行审查；起草法律意见书、律师工作报告；为股票发行上市提供法律咨询服务。特别提示：根据中国证券监督管理委员会有关通知的规定，今后拟申请发行股票的公司，设立时应聘请有证券从业资格许可证的中介机构承担验资、资产评估、审计等业务。若设立聘请没有证券从业资格许可证的中介机构承担上述业务的，应在股份公司运行满三年后才能提出发行申请，在申请发行股票前须另聘有证券从业资格许可证的中介机构复核并出具专业报告。

第二，确定方案。券商和其他中介机构向发行人提交审慎调查提纲，由企业根据提纲的要求提供文件资料。通过审慎调查，全面了解企业各方面的情况，确定改制方案。审慎调查是为了保证向投资者提供的招股资料全面、真实完整而设计的，也是制作申报材料的基础，需要发行人全力配合。

第三，分工协调会。中介机构经过审慎调查阶段对公司的了解，发行人与券商将召集所有中介机构参加分工协调会。协调会由券商主持，就发行上市的重大问题如股份公司设立方案、资产重组方案、股本结构、财务审计、资产评估、土地评估、盈利预测等事项进行讨论。协调会将根据工作进展情况不定期召开。

第四，各中介机构开展工作。根据协调会确定的工作进程，确定各中介机构工作的时间表，各中介机构按照上述时间表开展工作，主要包括对初步方案进一步分析、财务审计、资产评估及各种法律文件的起草工作。

第五，方案确认。取得国有资产管理部门对资产评估结果确认及资产折股方案的确认，土地管理部门对土地评估结果的确认、国有企业相关投入资产的评估结果、国有股权的处置方案需经过国家有关部门的确认。

第六，准备文件。企业筹建工作基本完成后，向市体改办提出正式申请设立股份有限公司，主要包括：公司设立申请书；主管部门同意公司设立意见书；企业名称预核准通知书；发起人协议书；公司章程；公司改制可行性研究报告；资金运作可行性研究报告；资产评估报告；资产评估确认书；土地使用权评估报告书；国有土地使用权评估确认书；发起人货币出资验资证明；固定资产立项批准书；三年财务审计；未来一年业绩预测报告。市体改办初核后出具意见转报省体改办审批。

第七，召开创立大会，选董事会和监事会。主管部门对上述有关材料进行审查论证，如无问题获得省政府同意股份公司成立的批文，公司组织召开创立大会，选举产生董事会和监事会。

第八，工商行政管理机关批准股份公司成立，颁发营业执照。在创立大会召开后30天内，公司组织向省工商行政管理局报送省政府或中央主管部门批准设立股份公司的文件、公司章程、验资证明等文件，申请设立登记。工商局在30日内做出决定，获得营业执照。

企业上市专栏4：

企业改制重组的总体要求

1. 明晰产权关系，转换企业经营机制；

2. 股份公司的设立要与日后公开发行的规模、募集资金投向、资产负债率等因素统筹考虑；

3. 符合国家颁布的法律、法规对资产结构和有关比例的规定；

4. 合理重组资产，保障股份公司形成完整、健全、独立的生产经营体系；

5. 合理分离资产、债务，保障股份公司、控股股东（或集团）的正当权益和发展潜力，合理确立控股股东（或集团）与股份公司的经济关系；

6. 严格禁止控股股东与股份公司的同业竞争；

7. 减少关联交易；

8. 主营业务突出；

9. 保持独立性。

资料来源：《公司法》第七十三条、九十九条。

第二阶段：辅导阶段。在取得营业执照之后，股份公司依法成立，按照中国证监会的有关规定，拟公开发行股票的股份有限公司在向中国证监会提出股票发行申请前，均须由具有主承销资格的证券公司进行辅导，辅导期限为一年。

辅导内容主要包括以下方面：股份有限公司设立及其历次演变的合法性、有效性；股份有限公司人事、财务、资产以及供、产、销系统独立完整性；对公司董事、监事、高级管理人员及持有5%以上（含5%）股份的股东（或其法人代表）进行《公司法》《证券法》等有关法律法规的培训；建立健全股东大会、董事会、监事会等组织机构，并实现规范运作；依照股份公司会计制度建立健全公司财务会计制度；建立健全公司决策制度和内部控制制度，实现有效运作；建立健全符合上市公司要求的信息披露制度；规范股份公司和控股股东及其他关联方的关系；公司董事、监事、高级管理人员及持有5%以上（含5%）股份的股东持股变动情况是否合规。

辅导工作开始前十个工作日内，辅导机构应当向派出机构提交下列材料：辅导机构及辅导人员的资格证明文件（复印件）；辅导协议；辅导计划；拟发行公司基本情况资料表；最近两年经审计的财务报告（资产负债表、损益表、现金流量表等）。

辅导协议应明确双方的责任和义务。辅导费用由辅导双方本着公开、合理的原则协商确定，并在辅导协议中列明，辅导双方均不得以保证公司股票发行上市为条件。辅导计划应包括辅导的目的、内容、方式、步骤、要求等内容，辅导计划要切实可行。辅导有效期为三年。即本次辅导期满后三年内，拟发行公司可以向承销机构提出股票发行上市申请；超过三年，则须按《首次公开发行股票辅导工作办法》规定的程序和要求重新聘请辅导机构进行辅导。

企业上市专栏5：

拟上市公司辅导相关知识

一、辅导的程序

❖ 参与企业改制重组、前期考察工作。

❖ 辅导对象的参与和配合。

❖ 辅导对象提供有关情况和资料。

❖ 签署辅导协议。

❖ 辅导备案登记与审查。

❖ 辅导工作备案报告。

❖ 提出整改意见。

❖ 辅导对象公告接受辅导和准备发行股票事宜。

❖ 辅导考试。

❖ 提出辅导评估申请，监管部门出具辅导监管报告。

❖ 持续关注辅导对象，根据需要延长辅导时间。

二、需重新辅导的情况

❖ 辅导工作结束至主承销商推荐期间发生控股股东变更。

❖ 辅导工作结束至主承销商推荐期间发生主营业务变更。

❖ 辅导工作结束至主承销商推荐期间发生三分之一以上董事、监事、高级管理人员变更。

❖ 辅导工作结束后三年内未有主承销商向中国证监会推荐首次公开发行股票的。

❖ 中国证监会认定应重新进行辅导的其他情形。

资料来源：《首次公开发行股票并上市辅导监管规定》。

第三阶段：申报阶段。股份公司成立运行一年后，经中国证监会地方派出机构验收符合条件的，可以制作正式申报材料。申报材料由主承销商与各中介机构分工制作，然后由主承销商汇总并出具推荐函，最后由主承销商完成内核后并将申报材料报送中国证监会审核。会计师事务所的审计报告、评估机构的资产评估报告、律师出具的法律意见书将为招股说明书有关内容提供法律及专业依据。

第一，初审。中国证监会收到申请文件后在 5 个工作日内做出是否受理的决定。未按规定要求制作申请文件的，不予受理。同意受理的，根据国家有关规定收取审核费人民币 3 万元。中国证监会受理申请文件后，对发行人申请文件的合规性进行初审，在 30 日内将初审意见函告发行人及其主承销商。主承销商自收到初审意见之日 10 日内将补充完善的申请文件报至中国证监会。中国证监会在初审过程中，将就发行人投资项目是否符合国家产业政策征求国家发展计划委员会和国家经济贸易委员会意见，两委自收到文件后在 15 个工作日内，将有关意见函告中国证监会。发行审核委员会审核，中国证监会对按初审意见补充完善的申请文件进一步审核，并在受理申请文件后 60 日内，将初审报告和申请文件提交发行审核委员会审核。

第二，核准发行。依据发行审核委员会的审核意见，中国证监会对发行人的发行申请做出核准或不予核准的决定。予以核准的，出具核准公开发行的文件。不予核准的，出具书面意见，说明不予核准的理由。中国证监会自受理申请文件到做出决定的期限为 3 个月。发行申请未被核准的企业，接到中国证监会书面决定之日起 60 日内，可提出复议申请。中国证监会收到复议申请后 60 日内，对复议申请做出决定。

企业上市专栏6：

拟上市公司申请材料的基本要求

❖ 申请文件包括两个部分：要求在指定报刊及网站披露的，不要求在指定报刊及网站披露的。

❖ 一经申报，非经同意，不得随意增加、撤回或更换材料。

❖ 申请文件应为原件，如不能提供原件的，应由发行人律师提供鉴证意见。

❖ 申请文件的纸张应采用 A4 纸张规格，双面印刷。

❖ 申请文件的封面和侧面应标有"XXX 公司首次公开发行股票申请文件"字样。

❖ 申请文件的扉页应附相关当事人的联系方式。

❖ 申请文件首次报送五份，其中一份为原件。

❖ 应提供与主承销商签订的承销协议。

❖ 同时报送一份标准电子文件。

资料来源：《公司法》第一百五十二条。

第四阶段：股票发行及上市阶段。股票发行申请经发行审核委员会核准后，取得中国证监会同意发行的批文；刊登招股说明书，通过媒体过巡回进行路演，按照发行方案发行股票；刊登上市公告书，在交易所安排下完成挂牌上市交易。

企业上市专栏 7：

拟上市公司招股说明书的基本要求

❖ 招股说明书引用的经审计的最近一期财务会计资料在财务报告截止日后六个月内有效。

❖ 招股说明书的有效期为六个月，自下发核准通知前招股说明书最后一次签署之日起计算。

❖ 关于补充披露：报送申请文件后公开披露前，核准后，公开披露后至刊登上市公告前。

❖ 在首页做"特别风险提示"。

❖ 引用的数据应提供资料来源。

❖ 文字应简洁、通俗、平实和明确，不得刊载任何有祝贺性、广告性和恭维性的词句。

资料来源：《公司法》《证券法》。

5.4.3　科创板上市流程

根据《上海证券交易所科创板企业上市推荐指引》，保荐机构应当准确把握科技创新的发展趋势，重点推荐下列领域的科技创新企业，以及符合科创板定位的其他领域。①新一代信息技术行业。主要包括半导体和集成电路、电子信息、下一代信息网络、人工智能、大数据、云计算、新兴软件、互联网、物联网和智能硬件等。②高端装备行业。③新材料行业。④新能源行业。⑤节能环保行业。⑥生物医药行业。

（1）上市程序。

对科创板定位的把握，原则上由发行人自我评估，由保荐机构进行专业指导，交易所会进行关注。为确定上市可行性的初步尽职调查一般都是在签订保密协议后进行，但是，有关方并没有签订正式的辅导协议，通常是免费进行。初步尽职调查一般都是核查主要问题，相信公司的情况陈述和提供的资料，初步尽职调查清单一般只有两三页纸。只有到正式的尽职调查阶段，才会仔细验证公司在初步尽职调查阶段所做的情况陈述。

如果初步尽职调查的结果表明公司有可能上市，或者在规范、整改、成长一段时间后可以上市，则企业需要组建专业的中介机构团队，并在内部上市小组的配合下发现问题、解决问题，按初步确定的上市方案，进一步推进上市事宜。企业上市是一项系统的工程，一般需要聘请四家中介机构：证券公司、会计师事务所、律师事务所、评估机构。证券机构必须具有保荐机构资格，会计师事务所必须具有证券业务资格，评估机构必须具有证券业评估资格。

对中介机构的选择，首先是考察机构的品牌与口碑，以及团队关键负责人的过往项目成功率，据以判断其专业性。当然，没有最好的机构，只有最适合的机构。有些排名靠前的机构对大项目关注度较高，对小项目的关注度则不高。另外，还有人手不足的问题，比如每年第一季度往往是注册会计师最忙的时间段，忙于为上市公司出具年报。会计师参与上市项目最佳时间段为申报一期第二年的四月或之前，能及时地在当年五月底前来指导处理前一年度所得税汇算清缴工作，且对第二年、第三年的报表进行及时指导，确保纳税申报与上市申报的报表不存在差异。其次，注重多个中介机构之间的协调与内部沟通的顺畅情况。最佳的选择是企业确定券商之后由券商选择合作良好的其他中介机构。这样，其内部协调更为通畅。最后，要注重团队的稳定性，法规对保荐代表人、签字律师和签字注册会计师的更换有着严格的规定。

保荐机构的尽职调查应遵循《保荐人尽职调查工作准则》，律师需要根据《律师事务所从事证券法律业务管理办法》《公开发行证券的公司信息披露编报规则第12号——公开发行证券的法律意见书和律师工作报告》等规定进行尽职调查，会计师需要根据审计准则及《公开发行证券的公司信息披露编报规则第15号——财务报告的一般规定》展开尽职调查。

辅导期间，辅导机构报送的阶段性辅导工作备案报告原则上不得少于二期；辅导期超过六个月的，应每三个月报送一期。最后一期可以与辅导总结报告一并报送。

证监局将以现场检查和非现场检查相结合的方式进行验收。现场检查验收时，辅导机构及其他证券服务机构至少安排签字保荐代表人、签字会计师和主办律师各一名全程配合，介绍执业工作情况，回答检查人员关注的问题。辅导对象的全体董事、监事和高级管理人员、持有5%以上股份的股东（或其法定代表人）和实际控制人在辅导期应当参加证监局组织的书面考试。证监局完成科创板拟上市公司的辅导验收工作并出具辅导验收文件后，保荐机构就可以向上海证券交易所提交科创板上市申请文件。

（2）上市流程。

第一步，股东大会决议阶段。拟上市公司董事会就本次股票发行的具体方案，募集资金使用的可行性及其他必须明确的事项做出决议，并提请股东大会批准。

第二步，提请注册文件阶段。发行人委托保荐人通过上交所发行上市审核业务系统报送发行上市申请文件。

第三步，上交所受理阶段。上交所收到发行上市申请文件后5个工作日内，对文件进行核对，做出是否受理的决定，上交所受理发行上市申请文件当日，发行人在上交所预先披露招股说明书。上交所受理发行上市申请文件后10个工作日内，保荐人应以电子文档的形式报送保荐工作底稿。

第四步，上交所审核问询阶段（6个月）。交易所按照规定的条件和程序，3个月做出同意或者不同意发行人股票公开发行上市的审核意见，根据需要，交易所还要向交易所科技创新咨询委员会进行行业问题咨询、约见问题与调阅资料、现场检查等，在这个过程中，企业回复交易所审核时间总计不超3个月。

第五步，证监会履行发行注册程序。证监会在20个工作日内对发行人的注册申请做出同意注册或者不予注册的决定，主要关注交易所发行审核内容有无遗漏，审核程序是否符合规定，以及发行人在发行条件和信息披露要求的重大方面是否符合相关规定。可以要求交易所进一步问询。

第六步，挂牌上市阶段。证监会做出注册决定，发行人股票上市交易，未通过交易所或证监审核的，自决定做出之日起6个月后可再次提出上市申请。

科创板上市流程如图5-2所示。

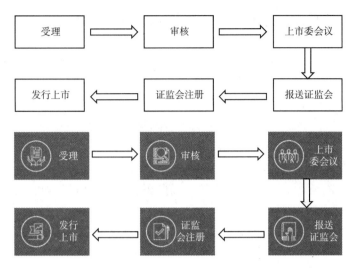

图 5 - 2　科创板上市流程

5.4.4　北交所上市流程

中国资本市场再添一家全国性证券交易所——北京交易所，将进一步深化新三板改革，以现有的新三板精选层为基础组建北交所，进一步提升服务中小企业的能力，打造服务创新型中小企业主阵地。

打算在北交所上市，必须先完成新三板挂牌并进入创新层。挂牌满 12 个月后（基础层与创新层时间都算）才能向北交所提交资料，北交所过会并经证监会注册后方可公开发行股票并上市。

新三板挂牌流程如图 5 - 3 所示。

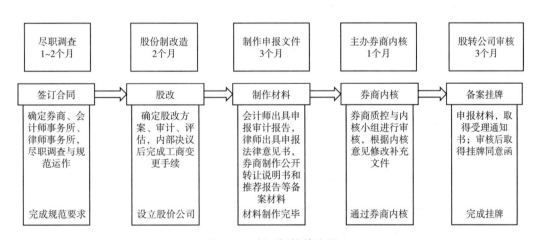

图 5 - 3　新三板挂牌流程

北交所 IPO 上市，其过程跟 A 股的 IPO 完全一样，规范的要求也完全相同，需要经过五个阶段。

第一阶段：辅导阶段，企业需要在中介机构的帮助下，在当地证监局辅导备案，辅导时间在3~6个月。

第二阶段：申报阶段，拟上市的公司准备申请文件和募投项目，进行审计与评估，最后根据要求补充文件。

第三阶段：审核阶段，中介机构会按照IPO的要求，对企业进行各种财务和法律规范。实践中，IPO整改阶段大概率会碰到的主要问题包括：收入确认不准确；进销存账实际不符；料工费分摊不准确；工程行业成本计量不准确；坏账计提不充分；资金占用；资产未入账；银行卡流水异常等。这些问题都需要及早整改解决。

第四阶段：发行阶段，中介机构走访、制作底稿、准备申报材料、内核、申报反馈、定价、配售和发行。

第五阶段：承销阶段并上市。

因此，北交所IPO的时间分为五个阶段，前期整改准备 + 申报材料准备 + 在会审核 + 发行 + 上市。实践来看，前期整改比较费时间，如果碰到比较大的问题，可能整个年度都会作废。因此，前期整改越早越好，一般需要从报告期第一年就聘请中介机构进场整改，才能达到北交所IPO的申报要求。申报材料准备的时间一般在半年以上。从《征求意见稿》的内容看，北交所IPO审核时间为2个月，比其他板块的审核时间缩短一个月。北交所IPO实行注册制，即北交所审核 + 证监会注册，从时间上看，北交所审核两个月，证监会注册20个工作日，中介机构回复反馈的时间不计算在内。因此，从理论上计算，想要在北交所上市，从申报到上市的时间大概率在6~8个月。

北交所上市流程如图5-4所示。

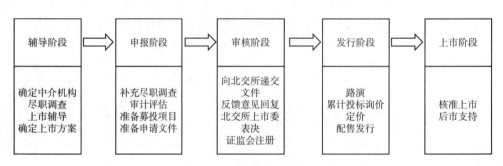

图5-4　北交所上市流程

5.5　企业上市地点选择

我国当前已经形成由沪深主板、创业板、科创板、新三板、北交所以及区域股权交易市场组成的金字塔式多层次资本市场的雏形。各层级市场功能定位各有侧重，上市条件宽严不一。主板市场服务大型成熟企业，上市条件最为严格；创业板服务创新创业企业，上市条件略宽于主板；科创板服务战略性新兴企业，上市条件相比创业板进一步放松；新三板服务创新、创业型中小企业，上市条件最为宽松。企业上市地点有两种选择：一是选择在内地上市；二是境外上市，而境外上市的主要地点是中国香港和美国。

5.5.1　内地上市

内地上市指的是在拟上市企业选择在中国大陆境内上市。根据上市企业的规模、类型和行业特点，在内地上市有三种选择。

第一，主板上市。主板上市又称为第一板上市，是指风险企业在国家主板市场上发行上市。主板市场是指传统意义上的证券市场，是一个国家或地区证券发行、上市及交易的主要场所，这一板块主要在北京、上海、深圳。根据《中华人民共和国证券法》《股票发行与交易管理暂行条例》《首次公开发行股票并上市管理办法》的有关规定，首次公开发行股票并上市的有关条件与具体要求如下。

主体资格：A 股发行主体应是依法设立且合法存续的股份有限公司；经国务院批准，有限责任公司在依法变更为股份有限公司时，可以公开发行股票。

公司治理：发行人已经依法建立健全股东大会、董事会、监事会、独立董事、董事会秘书制度，相关机构和人员能够依法履行职责；发行人董事、监事和高级管理人员符合法律、行政法规和规章规定的任职资格；发行人的董事、监事和高级管理人员已经了解与股票发行上市有关的法律法规，知悉上市公司及其董事、监事和高级管理人员的法定义务和责任；内部控制制度健全且被有效执行，能够合理保证财务报告的可靠性、生产经营的合法性、营运的效率与效果。

独立性：应具有完整的业务体系和直接面向市场独立经营的能力；资产应当完整；人员、财务、机构以及业务必须独立。

同业竞争：与控股股东、实际控制人及其控制的其他企业间不得有同业竞争；募集资金投资项目实施后，也不会产生同业竞争。

关联交易：与控股股东、实际控制人及其控制的其他企业间不得有显缺失公平的关联交易；应完整披露关联方关系并按重要性原则恰当披露关联交易，关联交易价格公允，不存在通过关联交易操纵利润的情形。

财务要求：发行前三年的累计净利润超过 3 000 万元人民币；发行前三年累计净经营性现金流超过 5 000 万元人民币或累计营业收入超过 3 亿元；无形资产与净资产比例不超过 20%；过去三年的财务报告中无虚假记载。

股本及公众持股：发行前不少于 3 000 万股；上市股份公司股本总额不低于人民币 5 000 万元；公众持股至少为 25%；如果发行时股份总数超过 4 亿股，发行比例可以降低，但不得低于 10%；发行人的股权清晰，控股股东和受控股股东、实际控制人支配的股东持有的发行人股份不存在重大权属纠纷。

其他要求：发行人最近三年内主营业务和董事、高级管理人员没有发生重大变化，实际控制人没有发生变更；发行人的注册资本已足额缴纳，发起人或者股东用作出资的资产的财产权转移手续已办理完毕，发行人的主要资产不存在重大权属纠纷；发行人的生产经营符合法律、行政法规和公司章程的规定，符合国家产业政策；最近三年内不得有重大违法行为。

第二，创业板上市。创业板又称二板市场，即第二股票交易市场，是指主板之外的专为暂时无法上市的中小企业和新兴公司提供融资途径和成长空间的证券交易市场，是对主板市场的有效补给，在资本市场中占据着重要的位置。在创业板市场上市的公司大多从事高科技业务，具有较高的成长性，成立时间较短，规模较小，业绩也不突出。创业板于 2009 年 10 月 23 日正式开市。创业板首次公开发行上市的条件与主板相比同样主要体现在财务与股本条件上：（1）股本条件：IPO 后总股本不得少于 3 000 万元。（2）财务条件：发行人应当主要经营一种业务；最近两年连续盈利，最近两年净利润累计不少于 1 000 万元，且持续增长；或者最近一年盈利，且净利润不少于 500 万元，最近一年营业收入不少于 5 000 万元，最近两年营业收入增长率均不低于 30%；发行前净资产不少于 2 000 万元。主板与创业板上市条件对照见表 5 - 2。

表 5 - 2　　　　　　　　　　　　主板与创业板上市条件对照

条件	主板	创业板
主体资格	依法设立且合法存续的股份有限公司	依法设立且持续经营三年以上的股份有限公司
经营年限	持续经营时间应当在 3 年以上（有限公司按原账面净资产值折股整体变更为股份公司可连续计算）	持续经营时间应当在 3 年以上（有限公司按原账面净资产值折股整体变更为股份公司可连续计算）
盈利要求	（1）最近 3 个会计年度净利润均为正数且累计超过人民币 3 000 万元，净利润以扣除非经常性损益前后较低者为计算依据	最近两年连续盈利，最近两年净利润累计不少于 1 000 万元，且持续增长
	（2）最近 3 个会计年度经营活动产生的现金流量净额累计超过人民币 5 000 万元；或者最近 3 个会计年度营业收入累计超过人民币 3 亿元	或者最近一年盈利，且净利润不少于 500 万元，最近一年营业收入不少于 5 000 万元，最近两年营业收入增长率均不低于 30%
	（3）最近一期不存在未弥补亏损	净利润以扣除非经常性损益前后孰低者为计算依据（注：上述要求为选择性标准，符合其中一条即可）
资产要求	最近一年期末无形资产（扣除土地使用权、水面养殖权和采矿权等后）占净资产的比例不高于 20%	最近一年期末净资产不少于 2 000 万元
股本要求	发行前股本总额不少于人民币 3 000 万元	企业发行后的股本总额不少于 3 000 万元
主营业务要求	最近 3 年内主营业务未发生重大变化	发行人应当主营业务突出。同时，要求募集资金只能用于发展主营业务
董事及管理层	最近 3 年内未发生重大变化	最近 2 年内未发生重大变化
实际控制人	最近 3 年内实际控制人未发生变更	最近 2 年内实际控制人未发生变更
同业竞争	发行人的业务与控股股东、实际控制人及其控制的其他企业间不得有同业竞争	发行人与控股股东、实际控制人及其控制的其他企业间不存在同业竞争
关联交易	不得有显失公平的关联交易，关联交易价格公允，不存在通过关联交易操纵利润的情形	不得有严重影响公司独立性或者显失公允的关联交易

条件	主板	创业板
成长性与创新能力	无	发行人具有较高的成长性，具有一定的自主创新能力，在科技创新、制度创新、管理创新等方面具有较强的竞争优势。 符合"两高五新"标准，即： (1) 高科技：企业拥有自主知识产权的。 (2) 高增长：企业增长高于国家经济增长，高于行业经济增长。 (3) 新经济：①互联网与传统经济的结合；②移动通信；③生物医药。 (4) 新服务：新的经营模式。 (5) 新能源：可再生能源的开发利用，资源的综合利用。 (6) 新材料：提高资源利用效率的材料；节约资源的材料。 (7) 新农业：具有农业产业化；提高农民就业、收入的项目
募集资金用途	应当有明确的使用方向，原则上用于主营业务	应当具有明确的用途，且只能用于主营业务
限制行为	(1) 发行人的经营模式、产品或服务的品种结构已经或者将发生重大变化，并对发行人的持续盈利能力构成重大不利影响	(1) 发行人的经营模式、产品或服务的品种结构已经或者将发生重大变化，并对发行人的持续盈利能力构成重大不利影响
	(2) 发行人的行业地位或发行人所处行业的经营环境已经或者将发生重大变化，并对发行人的持续盈利能力构成重大不利影响	(2) 发行人的行业地位或发行人所处行业的经营环境已经或者将发生重大变化，并对发行人的持续盈利能力构成重大不利影响
	(3) 发行人最近一个会计年度的营业收入或净利润对关联方或者存在重大不确定性的客户存在重大依赖	(3) 发行人在用的商标、专利、专有技术以及特许经营权等重要资产或者技术的取得或者使用存在重大不利变化的风险
	(4) 发行人最近一个会计年度的净利润主要来自合并财务报表范围以外的投资收益	(4) 发行人最近一年的营业收入或净利润对关联方或者存在重大不确定性的客户存在重大依赖
	(5) 发行人在用的商标、专利、专有技术以及特许经营权等重要资产或技术的取得或者使用存在重大不利变化的风险	(5) 发行人最近一年的净利润主要来自合并财务报表范围以外的投资收益
	(6) 其他可能对发行人持续盈利能力构成重大不利影响的情形	
违法行为	最近 36 个月内未经法定机关核准，擅自公开或者变相公开发行过证券，或者有关违法行为虽然发生在 36 个月前，但目前仍处于持续状态；最近 36 个月内无其他重大违法行为	发行人最近 3 年内不存在损害投资者合法权益和社会公共利益的重大违法行为；发行人及其股东最近 3 年内不存在未经法定机关核准，擅自公开或者变相公开发行证券，或者有关违法行为虽然发生在 3 年前，但目前仍处于持续状态的情形
发审委	设主板发行审核委员会，25 人	设创业板发行审核委员会，加大行业专家委员的比例，委员与主板发审委员不互相兼任

条件	主板	创业板
初审征求意见	征求省级人民政府、国家发改委意见	无
保荐人持续督导	首次公开发行股票的，持续督导的期间为证券上市当年剩余时间及其后 2 个完整会计年度；上市公司发行新股、可转换公司债券的，持续督导的期间为证券上市当年剩余时间及其后 2 个完整会计年度。持续督导的期间自证券上市之日起计算	在发行人上市后 3 个会计年度内履行持续督导责任
创业板其他要求	无	（1）发行人的经营成果对税收优惠不存在严重依赖。 （2）在公司治理方面参照主板上市公司从严要求，要求董事会下设审计委员会，并强化独立董事履职和控股股东责任。 （3）要求保荐人对公司成长性、自主创新能力作尽职调查和审慎判断，并出具专项意见。 （4）要求发行人的控股股东对招股说明书签署确认意见。 （5）要求发行人在招股说明书显要位置做出风险提示，内容为"本次股票发行后拟在创业板市场上市，该市场具有较高的投资风险。创业板公司具有业绩不稳定、经营风险高等特点，投资者面临较大的市场波动风险，投资者应充分了解创业板市场的投资风险及本公司所披露的风险因素，审慎做出投资决定"。 （6）不要求发行人编制招股说明书摘要

注：除新发行股本一般小于 3 000 万元外，与主板的上市要求没有区别。

第三，新三板上市。2000 年，为解决主板市场退市公司与两个停止交易的法人股市场公司的股份转让问题，由中国证券业协会出面，协调部分证券公司设了代办股份转让系统，被称为"三板"。由于在"三板"中挂牌的股票品种少，且多数质量较低，要转到主板上市难度也很大，因此很难吸引投资者，多年被冷落。

为了改变中国资本市场这种柜台交易过于落后的局面，同时也为更多的高科技成长型企业提供股份流动的机会，有关方面后来在北京中关村科技园区建立了新的股份转让系统，这就被称为"新三板"。

2013 年末，国务院发布《关于全国中小企业股份转让系统有关问题的决定》（以下简称《决定》）。随后，证监会、全国中小企业股份转让系统（"全国股份转让系统"）修改和制定了一系列配套规定（"新规"），新规的颁布标志着全国性证券场外交易市场正式成立，形成了以《证券法》《公司法》和国务院《决定》等法律、法规性文件为依据，以《非上市公众公司监督管理办法》《全国中小企业股份转让系统有限责任公司管理暂行办法》等两个部门规章和 8 个行政规范性文件为基础，以 49 条市场层面业务规则为主体的新三板制度框架体系。本批次业务制度的发布，标志着全国股份转让系统与上位法相衔接并支持市场运行和功能实现的市场制度框架体系已基本形成。

新三板与证券交易所的主要区别在于：一是服务对象不同，主要是为创新型、创业型、成长型中小微企业发展服务，这类企业普遍规模较小，尚未形成稳定的盈利模式；在准入条件上，不设财务门槛，申请挂牌的公司可以尚未盈利，只要股权结构清晰、经营合法规范、公司治理健全、业务明确并履行信息披露义务的股份公司均可以经主办券商推荐申请在全国股份转让系统挂牌。二是投资者群体不同，我国交易所市场的投资者结构以中小投资者为主，而全国股份转让系统实行了较为严格的投资者适当性制度，未来的发展方向将是一个以机构投资者为主的市场，这类投资者普遍具有较强的风险识别与承受能力。三是全国股份转让系统是中小微企业与产业资本的服务媒介，主要是为企业发展、资本投入与退出服务，不是以交易为主要目的。

第四，北交所上市。2021 年设立北京证券交易所（以下简称"北交所"），是中央着眼于构建新发展格局、实施国家创新驱动发展战略、健全我国多层次资本市场体系做出的重要决策部署，有利于更好地发挥资本市场投融资功能、支持中小企业创新发展。深化新三板改革，更好地服务创新型中小企业，拓宽其融资渠道，完善资本市场结构，激发市场活力，更好地服务实体经济高质量发展，设立北京证券交易所。《征求意见稿》明确，企业想在北交所申请 IPO，必须是新三板企业，且是"新三板挂牌满 12 个月的创新层企业"，其中两点值得关注。

（1）申请北交所 IPO 企业，必须首先在新三板挂牌，而且挂牌必须满 12 个月。

（2）申请北交所 IPO 的"时点"，必须是创新层企业，但并非要求在创新层待够 12 个月。按照目前政策，企业可以在挂牌同时申请创新层，但仍然要满足挂牌 12 个月的要求。由于只要求在申报材料的时候是"创新层企业"，所以申报基准日可以在成为创新层之前。

《征求意见稿》明确："鉴于精选层已经形成了公开透明、协同高效的审核机制，以及总体平移的原则，本次改革没有增加北交所的发行上市条件，精选层在审项目将在北交所开市后平移至北交所，按照注册制要求继续履行审核、注册程序。"同时明确，在北交所申请 IPO 上市的发行条件等同于此前已经公布的"精选层公开发行条件"。即应当符合下列条件之一。

条件一：市值不低于 2 亿元，最近两年净利润均不低于 1 500 万元且加权平均净资产收益率平均不低于 8%，或者最近一年净利润不低于 2 500 万元且加权平均净资产收益率不低于 8%。

条件二：市值不低于 4 亿元，最近两年营业收入平均不低于 1 亿元，且最近一年营业收入增长率不低于 30%，最近一年经营活动产生的现金流量净额为正。

条件三：市值不低于 8 亿元，最近一年营业收入不低于 2 亿元，最近两年研发投入合计占最近两年营业收入合计比例不低于 8%。

条件四：市值不低于 15 亿元，最近两年研发投入合计不低于 5 000 万元。

因为创业板 IPO "两年盈利且合计不低于 5 000 万元利润"以及"10 亿元估值＋最近一年营收过亿元＋最近一年利润为正"的条件与北交所 IPO 有衔接的关系。因此，如果申请北交所 IPO 企业市值超过或者接近 8 亿元以上，即也符合了创业板的申报条件。对于利润表现较好的企业，可以选择条件一，一般新三板企业大概率能够达到市值 2 亿元，那么，最重要的就是利润指标，即要求最近两年利润，每年都要不低于 1 500 万元，或者最近一年不低于 2 500 万元利润。如果由于前期研发费用较大，利润指标不理想，可以尝试条件二，即市值 4 亿元，最近两年营收合计 2 亿元以上，且增长率不低于 30%。

北交所 IPO 上市过程跟 A 股的 IPO 完全一样，要求也完全相同，需要经历四个阶段：第一，财务顾问阶段，中介机构会按照 IPO 的要求，对企业进行各种财务和法律规范。第二，辅导阶段，企业需要在中介机构的帮助下，在当地证监局辅导备案，辅导时间在 3～6 个月。第三，保荐阶段，中介机构走访、制作底稿、准备申报材料、内核、申报反馈。第四，承销阶段并上市。

因此，北交所 IPO 的时间分为前期整改准备 + 申报材料准备 + 在会审核 + 发行上市四个阶段，由于前期整改比较费时间，因此，前期整改越早越好，一般需要从报告期第一年就聘请中介机构进场整改，才能达到北交所 IPO 的申报要求。

从《征求意见稿》看，北交所 IPO 实行注册制，北交所审核两个月，证监会注册 20 个工作日，但中介机构回复反馈的时间不计算在内。因此，理论上，想要在北交所上市，从申报到上市的时间需要 6～8 个月。

科创板与北交所上市条件对照见表 5 - 3。

表 5 - 3　　　　　　　　　　科创板与北交所上市条件对照

上市条件	科创板	北交所
企业类型	面向世界科技前沿、面向经济主战场、面向国家重大需求。优先支持符合国家战略，拥有关键核心技术，科技创新能力突出，主要依靠核心技术开展生产经营，具有稳定的商业模式，市场认可度高，社会形象好，具有较强成长能力的企业	发行人为在全国股转系统连续挂牌 12 个月的创新层挂牌公司
经营年限	持续经营 3 年以上	
规范性	会计基础工作规范，财务报表的编制和相关信息披露规则的规定，在所有重大方面公允地反映了发行人的财务状况、经营成果和现金流量，并由注册会计师出具标准无保留意见的审计报告。 内部控制制度健全且被有效执行，能够合理保证公司运行效率、合法合规和财务报告的可靠性，并由注册会计师出具无保留结论的内部控制鉴定报告	具备健全且运行良好的组织机构； 最近三年财务会计报告无虚假记载，被出具无保留意见审计报告； 依法规范经营
独立性	资产完整，业务及人员、财务、机构独立，与控股股东、实际控制人及其控制的其他企业间不存在对发行人构成重大不利影响的同业竞争，不存在严重影响独立性或者缺失公平的关联交易	无
稳定性	主营业务、控制权、管理团队和核心技术人员稳定，最近 2 年内主营业务和董事、高级管理人员及核心技术人员均没有发生重大不利变化；控股股东和受控股股东实际控制人支配的股东所持发行人的股份权属清晰，最近 2 年实际控制人没有发生变更，不存在导致控制权可能变更的重大权属纠纷	无

续表

上市条件	科创板	北交所
持续性	具备持续经营能力，不存在主要资产、核心资产、商标等重大权属纠纷、重大偿债风险、重大担保、诉讼、仲裁等有关事项，经营环境已经或者将要发生重大变化等对持续经营有重大不利影响的事项	具备持续经营能力
合法合规	发行人生产经营符合法律、行政法规的规定，符合国家产业政策。 最近3年内，发行人及其控股股东、实际控制人不存在贪污、贿赂、侵占财产、挪用财产或者破坏社会主义市场经济秩序的刑事犯罪，不存在欺诈发行、重大信息披露违法或者其他涉及国家安全、公共安全、生态安全、生产安全、公众健康安全等领域的重大违法行为。 董事、监事和高级管理人员不存在最近3年内受到中国嫌犯罪被司法机关立案侦查嫌犯罪被司法机关立案侦查或者涉嫌违法违规被中国证监会立案调查，尚未有明确结论意见等情形	发行人申请公开发行并上市，不得存在下列情形： （1）最近36个月内，发行人及其控股股东、实际控制人。存在贪污、贿赂、侵占财产、挪用财产或者破坏社会主义市场经济秩序的刑事犯罪，存在欺诈发行、重大信息披露违法或者其他涉及国家安全、公共安全、生态安全、生产安全、公众健康安全等领域的重大违法行为。 （2）最近12个月内，发行人及其控股股东、实际控制人及其控股股东、实际控制人董事、监事、高级管理人员受到中国证监会及其派出机构行政处罚，或因证券市场违法违规行为受到全国中小企业股份转让系统有限责任公司（以下简称"全国股转公司"）、证券交易所等自律监管机构公开谴责。 （3）发行人及其控股股东实际控制人、董事、监事高级管理人员因涉嫌犯罪正被司法机关立案侦查或涉嫌违法违规正被中国证监会及其派出机构立案调查，尚未有明确结论意见。 （4）发行人及其控股股东实际控制人被列入失信被执行人名单且情形尚未消除。 （5）最近36个月内，未按照《证券法》和中国证监会的相关规定在每个会计年度结束之日起4个月内编制并披露年度报告，或者未在每个会计年度的上半年结束之日起2个月内编制并披露中期报告。 （6）中国证监会和本所规定的，对发行人经营稳定性、直接面向市场独立持续经营的能力具有重大不利影响，或者存在发行人利益受到损害等其他情形
股本要求	公开发行的股份达到公司股份总数的25%以上；公司股本总额超过人民币4亿元的，公开发行股份的比例为10%以上。红筹企业发行股票的，调整为公开发行的股份达到公司股份总数的25%以上；公司股份总数超过4亿股的，公开发行股份的比例为10%以上。红筹企业发行存托凭证的，调整为公开发行的存托凭证对应基础股份达到公司股份总数的25%以上；发行后的存托凭证总份数超过4亿份的，公开发行存托凭证对应基础股份达到公司股份总数的10%以上	公开发行后，公司股本总额不少于3 000万元，公司股东人数不少于200人，公众股东持股比例不低于公司股本总额的25%；公司股本总额超过4亿元的，公众股东持股比例不低于公司股本总额的10%。 公众股东是指除以下股东之外的挂牌公司股东： （1）持有公司10%以上股份的股东及其一致行动人。 （2）公司董事、监事、高级管理人员及其关系密切的家庭成员，公司董事、监事高级管理人员直接或间接控制的法人或者其他组织。关系密切的家庭成员，包括配偶、子女及其配偶、父母及配偶的父母、兄弟姐妹及其配偶、配偶的兄弟姐妹、子女配偶的父母

上市条件	科创板	北交所
市值及财务指标	符合其中一项标准： （1）预计市值不低于人民币 10 亿元，最近两年净利润均为正且累计净利润不低于人民币 5 000 万元，或者预计市值不低于人民币 10 亿元，最近一年净利润为正且营业收入不低于人民币 1 亿元。 （2）预计市值不低于人民币 15 亿元，最近一年营业收入不低于人民币 2 亿元，且最近三年累计研发投入占最近三年累计营业收入的比例不低于 15%。 （3）预计市值不低于人民币 20 亿元，最近一年营业收入不低于人民币 3 亿元，且最近三年经营活动产生的现金流量净额累计不低于人民币 1 亿元。 （4）预计市值不低于人民币 30 亿元，且最近一年营业收入不低于人民币 3 亿元。 （5）预计市值不低于人民币 40 亿元，主要业务或产品需经国家有关部门批准，市场空间大，目前已取得阶段性成果。医药行业企业需至少有一项核心产品获准开展二期临床试验，其他符合科创板定位的企业需具备明显的技术优势并满足相应条件	发行人申请公开发行并上市，市值及财务指标应当至少符合下列标准中的一项： （1）预计市值不低于 2 亿元，最近两年净利润均不低于 1 500 万元且加权平均净资产收益率平均不低于 8%，或者最近一年净利润不低于 2 500 万元且加权平均净资产收益率不低于 8%。 （2）预计市值不低于 4 亿元，最近两年营业收入平均不低于 1 亿元，且最近一年营业收入增长率不低于 30%，最近一年经营活动产生的现金流量净额为正。 （3）预计市值不低于 8 亿元，最近一年营业收入不低于 2 亿元，最近两年研发投入合计占最近两年营业收入合计比例不低于 8%。 （4）预计市值不低于 15 亿元，最近两年研发投入合计不低于 5 000 万元。前款所称预计市值是指以发行人公开发行价格计算的股票市值。最近一年期末净资产不低于 5 000 万元

5.5.2 境外上市

第一，香港上市。从香港股票市场总市值和年融资额在世界市场的地位看已经占据非常重要的位置。香港股票市场总市值和年融资额，在过去 12 年中 7 次登上全球 IPO 集资榜首。尽管 2020 年全球市场波动，香港一级市场仍领先全球 IPO 集资榜，共有 154 家公司在香港交易所上市，集资金额 3 975 亿港元，是 2010 年以来最高。全国绝大部分省份及直辖市在香港均有上市公司。内地企业香港上市程序：

香港证券和期货市场的主要监管者是证券及期货事务监察委员会（SFC），而香港证券交易所（HKEX）则主要负责监管证券交易参与者的交易和上市公司。因此，证监会（SFC）和香港证券交易所（HKEX）都要求意图在香港上市的公司向其提供招股说明。

香港有两个证券市场，即主板市场和创业板市场（GEM）。在主板还是在创业板上市，主要由申请上市公司的经营规模和成熟程度以及该企业所在的行业决定的。主板市场主要面向符合利润和市值要求的所有行业的企业，当然也有例外。

特别是该公司必须开业已三年。一家公司的股票在香港证券交易所上市前必须完成很多程序。除了选择合适的保荐人、会计师及其他顾问外，申请上市的公司必须进行尽职审查，还要准备上市材料，以便潜在投资者能够评价该公司的业务和发展潜力。另外，一家公司在上市前需要进行业务、组织架构和股权结构方面的重组。所有这些工作要谨慎进行以确保符合法律、会计和有关上市的规定，还应聘请专业的顾问对重组过程进行评估认定。创业板市场主要面向所有行业的具有成长潜力但不符合利润要求的公司，该公司的开业可以只有两年。

第二，美国上市。美国证券发行市场是国际性的市场，发行规模和容量都很大，包括全国性与区域性的证券市场。

全国性的证券市场主要包括：纽约证券交易所（NYSE），具有组织结构健全、设备最完善、管理最严格及上市标准高等特点。上市公司主要是全世界最大的公司。中国电信等公司在此交易所上市；全美证券交易所（AMEX），具有运行成熟与规范、股票和衍生证券交易突出的特点。上市条件比纽约交易所低，但也有上百年的历史。许多传统行业及国外公司在此股市上市；纳斯达克股市（NASDAQ），该市场采用证券公司代理交易制，按上市公司大小分为全国板和小板。面向的企业多是具有高成长潜力的大中型公司，而不只是科技股；招示板市场（OTCBB），是纳斯达克股市直接监管的市场，与纳斯达克股市具有相同的交易手段和方式。它对企业的上市要求比较宽松，并且上市的时间和费用相对较低，主要满足成长型中小企业的上市融资需要。

区域性的证券市场包括费城证券交易所（PHSE）、太平洋证券交易所（PASE）、辛辛那提证券交易所（CISE）、中西部证券交易所（MWSE）以及芝加哥期权交易所（CHICAGO BOARD OPTIONS EXCHANGE）等。

纽约证券交易所上市条件：作为世界性的证券交易场所，纽约证交所也接受外国公司挂牌上市，上市条件较美国国内公司更为严格。主要包括：社会公众持有的股票数目不少于 250 万股；有 100 股以上的股东人数不少于 5 000 名；公司财务标准（三选其一：收益标准：公司前三年的税前利润必须达到 1 亿美元，且最近两年的利润分别不低于 2 500 万美元。流动资金标准：在全球拥有 5 亿美元资产，过去 12 个月营业收入至少 1 亿美元，最近 3 年流动资金至少 1 亿美元。净资产标准：全球净资产至少 7.5 亿美元，最近财务年度的收入至少 7.5 亿美元）；对公司的管理和操作方面的多项要求；其他有关因素，如公司所属行业的相对稳定性、公司在该行业中的地位、公司产品的市场情况、公司的前景、公众对公司股票的兴趣等。

子公司上市标准：子公司全球资产至少 5 亿美元，公司至少有 12 个月的运营历史；母公司必须是业绩良好的上市公司，并对子公司有控股权；股票发行规模：股东权益不得低于 400 万美元，股价最低不得低于 3 美元/股，至少发行 100 万普通股，市值不低于 300 万美元；公司财务标准（二选一：收益标准：最近一年的税前收入不得低于 75 万美元；总资产标准：净资产不得低于 7 500 万美元，且最近 1 年的总收入不低于 7 500 万美元）。

美国证交所上市条件：若有公司想要到美国证券交易所挂牌上市，需具备以下几项条件：最少要有 500 000 股的股数在市面上为大众所拥有；市值最少要在 3 000 000 美元以上；最少要有 800 名的股东（每名股东需拥有 100 股以上）；上个会计年度需有最低 750 000 美元的税前所得。

NASDAQ 上市条件：NASDAQ 对非美国公司提供可选择的上市财务标准。满足下列条件中的一条即可：不少于 1 500 万美元的净资产额，最近 3 年中至少有一年税前营业收入不少于 100 万美元；不少于 3 000 万美元的净资产额，不少于 2 年的营业记录；股票总市值不低于 7 500 万美元；公司总资产、当年总收入不低于 7 500 万美元；需有 300 名以上的股东；上个会计年度最低为 75 万美元的税前所得；每年的年度财务报表必须提交给证管会与公司股东们参考；最少须有三位"做市商"的参与此案（每位登记有案的做市商须在正常的买价与卖价之下有能力买或卖 100 股以上的股票，并且必须在每笔成交后的 90 秒内将所有的成交价及交易量回报给美国证券商同业公会）。

OTCBB 买壳上市条件：OTCBB 市场是由纳斯达克管理的股票交易系统，是针对中小企业及创业企业设立的电子柜台市场。许多公司的股票往往先在该系统上市，获得最初的发展资金，通过一段时间积累扩张，达到纳斯达克或纽约证券交易所的挂牌要求后升级到上述市场。

与纳斯达克相比，OTCBB 市场以门槛低而取胜，它对企业基本没有规模或盈利上的要求，只要有三名以上的做市商愿为该证券做市，企业股票就可以到 OTCBB 市场上流通了。2003 年 11 月有约 3 400 家公司在 OTCBB 上市。其实，纳斯达克股市公司本身就是一家在 OTCBB 上市的公司，其股票代码是 NDAQ。

在 OTCBB 上市的公司，只要净资产达到 400 万美元，年税后利润超过 75 万美元或市值达 5 000 万美元，股东在 300 人以上，股价达到 4 美元/股的，便可直接升入纳斯达克小型股市场。净资产达到 600 万美元以上，毛利达到 100 万美元以上时公司股票还可直接升入纳斯达克主板市场。因此，OTCBB 市场又被称为纳斯达克的预备市场（纳斯达克 BABY）。

企业上市专栏 8：

内因外因相结合选择最佳上市地点

企业选择什么地点上市是最合适，主要从国内外股票市场特点的"外因"和企业自身状况的"内因"两个方面加以考虑。

一、外因

从国内外股票市场的特点来看，企业决策者应该从估值水平、上市成本和后续便利性三个角度来判断对自身企业的利弊。

第一，估值水平。估值水平决定了企业上市时一次性募集资金的多少。对于规模相对较小的公司而言，国内 A 股市场最大的优势在于市场估值的整体水平相对国际主要市场偏高，这是国内的资金环境、监管环境、投资者构成等因素造成的，短期内这一格局仍会维持。

第二，上市成本。上市成本包括上市时间和上市费用。就上市时间的可控性而言，海外市场具有明显的优势。由于海外资本市场制度相对成熟，审批机构运作透明、高效，而且独立于其他政府行政部门，所以一般情况下如果企业自身无特殊的重组需要，上市时间在 6～9 个月。相对而言，国内可能慢得多，大多数企业在国内 A 股上市则需要 1～2 年时间，需要经历股改和辅导、审批、排队上市等多个程序。此外，审批机构经常会根据宏观政策和市场情况，控制新股发行节奏。上市时间的延误不仅会增加企业的上市成本，还可能耽误企业的重大业务发展机会。

第三，上市后的便利性。上市是一个开始而并非终点，这一点已经深得公司认同。上市的目的并不是仅仅寻求一次性的集资，而是建立一个高效的、便利的长期资本运作平台。

二、内因

第一，从业务规模角度来看，那些来自传统行业且业务规模小的公司应尽量选择国内创业板和中小板。国外投资人一般认为，成熟行业的中小公司很难再有大的发展机会，不会给很高的估值，而估值低意味着未来的公司流通市值也不会很大，股票的流动性就会降低，纺织、电解铝、水泥、玻璃、造船等受国家产业政策调控的行业的民营企业，他们已经很难在国内上市，即使上市成功，未来的再融资也会非常困难。未来策略方面，如果企业考虑将来在国际市场发展业务的话，海外上市会为公司在国际市场带来知名度，同时为集资（包括银团、发行新股和债券等）和并购（特别是换股并购）带来极大的便利。

第二，企业自身架构也是选择上市地的重要因素之一。国内企业在海外上市主要采取两种方式：H 股方式和红筹方式。H 股方式指上市公司注册于国内，但在境外发行股票，因此，其法律主体仍是一家中国公司，受到基本类似于国内 A 股的监管。国有控股企业一般采用 H 股方式。红筹方式是指上市公司注册于海外，但持有中国境内的业务，而公司的实际控制人也是中国居民。红筹公司基本不受国内监管机构的直接管辖，可以充分享受海外上市的便利，是民营企业海外上市选择最多的方式。红筹方式的架构上需要由境外公司持有境内业务，因此，企业需要看其自身是否已具备这样的架构。如果没有，就需要安排所谓"红筹重组"，即境内股东在境外设立特殊目的公司，收购其境内的业务。

资料来源：作者根据多方资料整理而成。

5.6　买壳上市

5.6.1　买壳上市的含义及优缺点

买壳上市，是指企业通过购买某上市公司一定比例的股权来获得对该上市公司的实质性控制，其后再利用资产置换或重组，向上市公司注入自身的优质资产或强势业务，达到企业间接上市的一种资本运营方式。

具体的买壳上市包含两种不同方向的行为：一是非上市公司通过收购上市公司的股份达到绝对或相对控制上市公司。二是上市公司反向收购非上市控股公司的优质资产，也可以说是非上市控股公司将自己的优质资产和强势业务注入上市公司以实现间接上市的行为。

买壳上市的优点包括：第一，买壳企业具有融资优势。我国上市公司的融资顺序表现为内部融资、股权融资、短期债务融资和长期债务融资。债券融资的成本较高，现在银行体系加大了对风险的控制而导致"借贷"，这一方面提高了上市公司的借贷成本，另一方面形成了一种硬约束，所以国内债务融资的顺序明显排在外部股权融资之后。第二，节省上市时间。我国企业在内地上市，必须经过改制和一年的辅导期后才能上报审批，手续烦琐、周期长且变数大、可预期性差。在香港上市的民企，从拟上市筹备到发行上市一般需要 7 ~ 8 个月的时间。而买壳上市则大大缩减了所需时间，可以迅速完成资本扩张。第三，买壳上市为企业的发展创造了更为宽松、要求更为严格的外部环境，有助于促使企业转换经营机制、优化和改善资产结构。同时，通过买壳上市的新闻效应可以提升企业的知名度。

同时买壳上市的主要风险：第一，选择"壳"资源的风险。企业买壳时，可能"壳"公司故意将信息隐瞒，使买壳公司不能完全了解不利信息，莫名承担了某些债务或者担保等。第二，财务风险。由于壳资源稀缺，因此买壳的成本非常高。在交易过程中，买壳公司需支付各种费用，而且，如果买壳公司在二级市场收购时，投资者发现其意图，会使收购费用成倍增加。单靠企业自有资金难以支撑庞大的并购计划，因而必然涉及资金筹措。因此，企业买壳上市面临着资金运作问题，若资金运作不当，则会引起财务风险，甚至引发破产。第三，重组风险。如果买壳公司的整体实力不济，没有强大的资金、资产、技术、管理等综合实力对壳公司进行实质性支持和重组，则可能存在重组风险。同时，重组方式、方法和策略不当，包括注入资产质量不符合壳公司改善业绩要求、作价过高、支付方式不当等也会引发重组风险。第四，国家政策。国家对买壳上市的政策不断改进，使得买壳上市的难度逐渐加大。同时，某些具体的要求可能使得买壳上市具有某些义务，如可能因受转让股份比例过高而触发要约收购义务。

5.6.2　境内买壳上市操作方法

有买壳上市意愿的企业，通常要在财务顾问的协助下与潜在的出售方谈判。谈判的焦点主要包括"壳"费、股份转让定价、原有资产剥离的方式及其定价、新资产注入的方式及其定价。

第一，上市公司"壳"费及其股份转让。上市公司的大股东由于其拥有对于公司资产和经营的控制权，因此，其股权的价值通常同市价相比有一个溢价。这个溢价可以理解为"控股权"的价值。"壳"费是一个弹性很大的概念。香港股市在"壳"的交易方面有一套比较成熟的程序，"壳"的价格也被称为"海鲜价"。海鲜的价格通常受到如天气、鱼汛、南海禁渔期等诸多因素影响，波动较大。"壳"费比之海鲜的价格，可见其行情也是经常波动的。比如，2007 年股市高潮时，曾经有国内矿业公司在香港以数亿港币的代价收购一个主板上市公司的"壳"。

中国股权分置改革以前，一个上市公司的"壳"费大约是几千万元的概念，而大股东的股权定价则基本上是参照账面价值来确定的。由于当时基本上无法通过定向增发的办法来注入资产，处理原上市公司的资产也有困难。股权分置改革以后，大股东的股权逐步获得流通权，收购一个上市公司大股东的股权代价就大多了。可是，在证监会关于上市公司并购以及定向增发等政策明确并实施以后，上市公司的"壳"交易的可行性更高了。在交易中，"壳"费的成本通常通过原控股股东的股权交易价格来体现。因此，股权交易价格是"壳"交易谈判的重点。

第二，原有资产的剥离及其方式。打算买壳上市的公司在寻找收购对象的时候，很难碰到一个刚好是同行业、资产能为其所用且对方大股东又愿意转让的上市公司。多数情况下，收购方都希望原控股股东能把公司原有的资产和负债一起全部带走——剥离上市公司。由于上市公司是一个独立的主体，原控股股东要带走资产，也必须支付一个对价以完成一个资产的交易。这种情况下，未来的控股股东就要代表上市公司与之就交易方式和价格进行谈判。由于这个交易通常都涉及原公司的债务处置，在剥离原上市公司以前，有关方案通常还需要取得债权人的同意。因为债权人有理由担心，一旦负债的承担者失去了上市公司资格，还本付息的能力就会减弱。很有可能，接受该项资产和负债的股东需要为这些负债未来的偿还提供担保。原有资产转让给原控股股东的定价，通常需要以评估公司的评估价格作为基础。不过，基于操作中的一些灵活性，关于定价的谈判很有可能与股权价格的谈判互有关系。原控股股东出售上市公司控股权所获得对价格收益的全部或者部分，可能会在回购资产的交易中取得。

第三，新资产注入方式与定价。对于上市公司"壳"的收购方，新资产注入是其关注的重点。只有其拟上市的资产注入上市公司才能完成其"买壳上市"的目的。通常的办法就是，通过上市公司向新的控股股东定向发售某个数量的新股，而该股东以其拟上市资产作为对价来认购新股，最终实现资产注入的目的。不过，由于上市公司在把原资产转让给原控股股东的时候，会获得转让资产的收益，因此，上市公司也可能把这一部分的收益用于购买新的控股股东的资产。注入资产的定价也需要以评估公司的评估价为确定基础。尽管注入资产的定价与原控股股东基本上没有直接的利益关系，但因为是"壳"交易过程中的一个部分，通常也是交易双方谈判的一个内容。

第四，定向增发价格的确定。新的控股股东注入资产，如果是以认购上市公司的新股为对价，则其注入资产的定价还与新股的定价水平有直接关系。新股增发价格一般按照不低于增发计划宣布前 20 个交易日平均价格的 90% 来确定。如果当时股价过高，新的控股股东的认购价也过高，这意味着其注入资产的定价过低。新的控股股东最希望的情况是，宣布定向增发以前，股价低迷，这样就可以确定一个比较好的增发价格，降低己方的投资成本，也等于提高己方注入资产的价格。而上市公司的控股权易主伴随的资产重组，通常都会导致股价的大涨。因此，谈判过程中的保密工作是收购方最关注的事情。

在谈判期间，股价涨跌对于控股权出让方来说，利益是相反的。如果在谈判过程中股价上涨，对出让方是有利的。因为这样有机会提高股权收益的价格。不过，收购方也不是傻瓜。如果股价短时间涨得太快，与资产注入的定价有关的定向增发股票的定价就会非常困难，收购方就可能会放弃收购计划。经常有某些公司并购重组传闻，如某某公司的收购谈判中断了。这种情况也许就是因为股价的异常上涨，使收购方决定放弃。当然，这也许是一种策略，逼使对方降低条件，或者让市场行情冷却一下。为了交易顺利成功，出让方也需要尽量保守秘密。

在实际操作中，股权交易、资产剥离、资产注入和定向发售新股尽管是买壳上市操作的重要环节，但很有可能是"一揽子"操作计划的几个方面。

企业上市专栏 9：

新浪天下秀（600556）借壳上市

2019 年 8 月 8 日，中国证券监督管理委员会上市公司并购重组审核委员会 2019 年第 37 次会议召开，ST 慧球吸收合并天下秀的交易获有条件通过，天下秀的估值也由预案时的 45 亿元下调到了 39.95 亿元。

证监会审核意见为：请申请人结合行业发展趋势和竞争格局，进一步披露标的资产的核心竞争力和持续盈利能力。请独立财务顾问核查并发表明确意见。请评估师进一步核实并披露溢余资产计算的准确性。请独立财务顾问核查并发表明确意见。

天下秀"买壳 + 吸收合并"两步走借壳 ST 慧球的交易，引发了市场极大的关注。标的天下秀的实控人之一是新浪集团，主要通过与新浪微博等平台的合作从事互联网营销业务。我们平时在微博上或是其他的自媒体平台看到的推广广告，方案支持方可能就是天下秀。

天下秀的两个主要业务：一是为广告主和新媒体账号提供对接平台"微任务"，收取服务费；二是为广告主提供定制化营销方案，并收取费用。在广告主越发注重转化率的当下，这样的数字营销模式能否盈利，主要看的是广告投放效果能否让广告主满意。

这就要求天下秀提供的新媒体资源，向广告主反映的营销成绩是真实的脱水数据，并且保证一定的转化率。如果天下秀能依靠与新浪微博的关系，取得微博账号的真实粉丝数和阅读量，对其开展营销业务会有不俗的助力。

除了天下秀的业务值得关注，此次借壳交易也十分罕见，是市场首例用"买壳 + 吸收合并"两步走同时采用，进而实现借壳上市的交易，也是市场第二例通过"买壳 + 吸收合并"方式实现借壳上市的交易（不考虑国企的整体上市）。

"买壳 + 吸收合并"两步走的方案设计十分罕见，与一般的方案有较大不同。

标的天下秀先溢价 238% 协议受让上市公司原控股股东持有的 11.66% 的股份；接下来，上市公司再发行股份购买标的天下秀 100% 股权（评估值包括标的受让的上市公司 46 040 052 股股份价值）。交易完成后，前述股份将被注销。这实际上是相当于标的以价格 A 向原控股股东定向回购股份，再按照价格 B 出售给上市公司。

一、标的天下秀新媒体营销集团

（一）业务

天下秀全称是北京天下秀科技股份有限公司，2009 年由李檬创立，目前是中国最大的以社交营销为核心的新媒体商业集团。天下秀总部位于北京，并分别在上海、广州、深圳设立有分支机构。

天下秀主要业务为：提供基于大数据的技术驱动型新媒体营销服务，致力于为广告主提供智能化的新媒体营销解决方案，实现产品与消费者的精准匹配。提供的主要服务包括新媒体营销客户代理服务、新媒体广告交易系统服务。

目前已经整合了包括微博、一直播、映客、喜马拉雅等平台的大数据，并通过云计算的方式，将文字、图片、视频、直播、音频等形式加入到云营销中，覆盖新浪微博、微信、抖音等多个主流新媒体传播平台。

（二）盈利模式

经过多年来对自媒体画像、历史投放效果等数据的丰富积累，结合大数据分析与应用等技术实力的不断提升，天下秀基于新浪微博开发了微任务，并建立了 WEIQ 新媒体大数据系统（以下简称"WEIQ 系统"）。

基于微任务和 WEIQ 系统两个新媒体大数据系统，并结合社会和客户的需求变化，天下秀为客户提供新媒体营销服务。主要从事的新媒体营销服务可以分为两类：新媒体广告交易系统服务和新媒体营销客户代理服务。

1. 新媒体广告交易系统服务。新媒体广告交易系统服务主要通过微任务系统实现收入。基于天下秀与新浪微博签署的合作协议，新浪微博授权天下秀使用微博域名 weirenwu. weibo. com 及相关微博用户数据，天下秀作为"微任务"运营公司，负责"微任务"产品、技术开发和运营维护、拓展以及相关客户服务工作，并收取服务费。

微任务具体服务流程如下：

（1）客户注册。通过微博账号授权即可使用。

（2）账户充值。客户自行在系统上为账户充值。

（3）创建任务。系统提供菜单式选择界面，客户可以根据自身需求对所需新媒体账号进行条件设置，系统根据筛选条件自动为客户推荐自媒体账号，客户自行选择合适的自媒体账号，或者客户根据目标阅读量等效果指标进行下单，由平台自动匹配自媒体账号。同时，客户提供所需发布的推广内容，并点击确认创建任务。

（4）后台审核。任务创建后，该任务会先经过系统审核，再通过人工审核，审核完毕后，系统生成订单至自媒体账号端。

（5）订单执行。自媒体账号如果选择接单，则需按照客户的要求（包括发布时间、内容等）发布实施推广任务（如原发或转发微博等），并保持 24 小时。

（6）订单完成。自媒体账号发布推广任务后 24 小时，该订单状态确认完成。

2. 新媒体营销客户代理服务。新媒体营销客户代理服务主要基于 WEIQ 系统展开。新媒体营销客户代理服务主要实现广告跨平台投放和精准投放的需求，广告主可实现微博、微信、短视频、直播、音频等多个新媒体平台的广告投放需求。此外，天下秀还为客户提供策略制定、方案策划、创意策划、投放策划和实施、社交媒体账户运营、效果监测等一系列新媒体营销服务。

二、上市公司 ST 慧球

ST 慧球成立于 1993 年，2001 年在上交所挂牌上市。自成立以来，ST 慧球业务和控制权多次变更。2015 年，上市公司的主要业务变为智慧城市业务和物业管理业务，物业管理业务近几年发展比较稳定，智慧城市业务自 2016 年起就陷入停滞状态。自 2017 年 1 月 25 日起至今，张琲先生为 ST 慧球的实际控制人。这是一家典型的小市值公司，2018 年 12 月重组预案公布之时，ST 慧球的市值只有 15 亿元，总股本 3.95 亿元。

此前上市公司涉及的几起违规担保案件，在此次重大资产重组交易期间备受关注。其中，重要的一起是上市公司前控制人顾国平未经上市公司董事会、股东大会审议通过，为斐讯数据与中江信托的信托融资提供担保，涉案金额达 1.8 亿元。根据公告信息，上海市高级人民法院一审判决了公司此项违规担保诉讼，明确了相关担保无效，上市公司无须对斐讯数据债务承担担保责任。

三、交易方案

此次交易方案的设计非常有特色，采取了先买壳再借壳"两步走"的方式。天下秀买壳。交易对方：瑞莱嘉誉。收购股份数量：46 040 052 股（占 11.66%）。价格：12.38 元/股。交易作价：57 000.00 万元。溢价率：238%。交易前后股权结构变化：本次交易前，瑞莱嘉誉持有上市公司 11.66% 股份，为上市公司控股股东，张珪为上市公司实际控制人。本次交易完成后，天下秀将持有上市公司 11.66% 的股权，成为上市公司的控股股东，实际控制人变更为新浪集团和李檬。

ST 慧球发行股份吸收合并天下秀。交易对方：天下秀所有股东。发行股份数量：1 331 666 659 股。标的作价：399 500 万元（预案中预估值为 45.48 亿元）。标的资产：天下秀 100% 股权。发行价格：3.00 元/股。摊薄比例：20.75%。

业绩承诺：根据《盈利预测补偿协议》，天下秀全体股东承诺 2019 年度、2020 年度和 2021 年度标的公司实现的扣非归母净利润分别为不低于 24 500 万元、33 500 万元和 43 500 万元。如本次交易未能于 2019 年内实施完毕，各方同意将利润补偿期间顺延至 2022 年，届时各方将根据中国证监会等监管机构的要求另行商定可行的业绩承诺及利润补偿方案并签署补充协议。

2018 年静态 PE：25.28。2019 年动态 PE：16.41。

锁定期：Show World HK、微博开曼、利兹利、永盟通过本次重组所获得的上市公司的股份，自该等股份登记至本公司/本企业证券账户之日起 36 个月内不以任何方式进行转让。澄迈新升、宏远伯乐、上海沁朴、招远秋实、中安润信通过本次重组所获得的上市公司的股份，自该等股份登记至本企业证券账户之日起 24 个月内不以任何方式进行转让。

现金选择权：在本次方案获得中国证监会审核核准后，现金选择权提供方将为上市公司的全体股东提供现金选择权，现金选择权的价格暂定为按本次发行股份吸收合并的定价基准日前 60 个交易日上市公司股票交易均价的 90%，即 3.00 元/股。

股份注销及债务承接安排：上市公司为吸收合并方，天下秀为被吸收合并方，天下秀将注销法人资格，上市公司作为存续主体，将承接（或以其子公司承接）天下秀的全部资产、负债、业务、人员、合同、资质及其他一切权利和义务；同时，天下秀持有的 46 040 052 股上市公司股票将相应注销。

2018 年 12 月 2 日晚间，ST 慧球发布公告称，公司第一大股东瑞莱嘉誉拟将其持有的公司 11.66% 股份，以 5.7 亿元的价格，转让给天下秀，实控人由此变为新浪集团和自然人李檬。2019 年 1 月 24 日，ST 慧球完成了 11.66% 股份的过户。

天下秀借壳 ST 慧球，在吸收合并之前先于 2019 年 1 月 24 日完成了上市公司 11.66% 股份的过户。之所以这么设计，主要是为了满足上市公司原控股股东的退出需求，通过这种方式，原控股股东获得 5.7 亿元的控制权转让资金，实现退出。

2019 年 4 月 30 日，ST 慧球再发公告显示，公司拟向天下秀全体股东发行股份购买天下秀 100% 股权，并对天下秀进行吸收合并。吸收合并完成后，天下秀将注销法人资格，上市公司作为存续主体，将承接（或以其子公司承接）天下秀的全部资产、负债、业务、人员、合同、资质及其他一切权利和义务，天下秀持有的 4 604.01 万股上市公司股票将相应注销。

本次交易完成后，天下秀的全体股东将成为上市公司的股东。本次交易构成重大资产重组，构成关联交易，构成重组上市。2019 年 5 月 21 日，ST 慧球召开股东大会，李檬被正式被推选为 ST 慧球董事长。

交易前后股东持股变化见图 5 - 5。

股东名称	本次交易之前		本次新增股份	本次交易之后	
	持股数量（股）	持股比例（%）	数量（股）	持股数量（股）	持股比例（%）
天下秀	46 040 052	11.66	-46 040 052	—	0.00
新浪集团合计控制	—	—	480 342 364	480 342 364	28.58
其中：Show World HK	—	—	332 615 750	332 615 750	19.79
微博开曼	—	—	147 726 614	147 726 614	8.79
李檬合计控制	—	—	222 697 298	222 697 298	13.25
其中：利兹利	—	—	127 186 438	127 186 438	7.57
永盟	—	—	95 510 860	95 510 860	5.68
嘉兴腾元与厦门赛富合计控制	—	—	199 002 414	199 002 414	11.84
其中：嘉兴腾元	—	—	99 501 207	99 501 207	5.92
厦门赛富	—	—	99 501 207	99 501 207	5.92

图 5 - 5　交易前后股东持股变化

资料来源：ST 慧球公告。

除了买壳、借壳两步走外，此次交易的另一个特色就是还采取了吸收合并的交易方式。通过吸收合并方式实现借壳有哪些好处呢？

（1）可以实现债务转移。吸收合并后，标的不再存续，天下秀将注销法人资格，上市公司作为存续主体，将承接（或以其子公司承接）天下秀的全部资产、负债、业务、人员、合同、资质及其他一切权利和义务。由此可以实现承债主体的转移。

在共达电声吸收合并万魔声学的交易中，就是通过这种吸收合并方式使得万魔声学的买壳成本最终由上市公司承接。有点类似于跨境并购中经常用到的 LBO。

（2）实现股权"下翻"。这种吸收合并的重组上市方案较为高效；子公司、母公司通过换股的形式，实现了母公司原股东直接持有子公司股权，即某种意义上的股权"下翻"，控股股东的原股东直接持有上市公司股份。

在这个交易中，买壳交易的目的是为标的锁定好上市渠道及为原控股股东实现退出渠道。而吸收合并方案的好处在于买壳的费用可以由标的及上市公司共同承担，与标的大股东无关。这就避免了以往常规买壳交易中标的大股东资金链无法闭环的风险。

四、启示

随着交易所上市制度竞争的加剧，很多资产选择境外 IPO，放弃借壳这一方式，借壳标的规模呈降低趋势。而随着借壳标的体量的下降，对于上市公司 EPS 的增厚有限，股价涨幅不明显，所以我们也看到 2019 年以来借壳预案公布后，很多上市公司股价甚至没有明显的增幅。像 ST 慧球这种借壳预案后十连板的交易已经十分罕见。

这种情况下，上市公司原控股股东会希望能够提前退出。此外，随着此前去杠杆的推进，A 股最大特点之一就是上市公司大股东资金链出现问题，原大股东有资金需求，也会寻求现金退出。

上述两点因素共同作用下，上市公司原控股股东会希望借壳前能附带买壳的方案。但借壳标的股东未必有足够的买壳资金，或是不希望出资买壳。这种情况下，原来的直接借壳方案难以协调各方利益，而"买壳+吸收合并借壳"方案则增加了买卖双方的协调弹性问题，更有利于交易的达成。

由于"买壳＋吸收合并借壳"的方案可以采取标的出资买壳，随后上市公司发行股份购买资产吸收合并标的的方案设计，不需要标的的股东出资，可以实现买壳资金的"下沉"，这种方式提高了交易双方的谈判弹性，更有利于交易的达成。所以，共达电声吸收合并万魔声学、ST慧球吸收合并天下秀，都采取了这种"买壳＋吸收合并借壳"的方式。

资料来源：
①张珊珊."天下秀"借壳上市的财务绩效研究［D］.银川：宁夏大学，2022.
②吴沛璇.天下秀借壳上市案例研究［D］.广州：华南理工大学，2021.

5.6.3 境外买壳上市

国内企业通过收购已在境外上市公司的部分或全部股权，购入后以现成的境外上市公司作为外壳，取得上市地位，然后对其注入资产，实现公司海外间接上市的目的。

买壳上市是最方便、最节省时间的一种境外上市方式。它的优越性主要体现在两个方面：它可以避开国内直接挂牌上市有关法规的限制和繁复的上市审批程序；它可以一步到位，缩短上市时间。正因为此，迄今已有20多家国内企业利用买壳上市的方式在境外上市，其中主要集中在香港联交所和纽约证交所。

买壳上市具有手续简便、节省时间等方面的优点，然而，买壳上市也有它的不利之处，具体表现在：首先，买壳成本高，与目前大多数国内企业因融资需要而赴海外上市初衷有违。其次，风险比较大。因为国内企业对境外的上市公司并不熟悉，虽然经过专业化的中介机构的评估，又经过慎重选择，可是收购一旦完成达不到上市的目的或收购失败，代价是很大的。前者如购买了垃圾股票，控股后非但不能从市场筹资，反而背上了债务包袱，就得不偿失了。最后，买壳不能使公司的业务发生重大变化。

【章末案例】

福达合金转板上市案例分析

一、公司简介

福达合金的前身为乐清市福达电工合金材料实业公司，成立于1994年3月，2000年6月进行整体改制，并且在2004年7月升格为全国无区域企业，更名为"福达合金材料股份有限公司"，一直延续至今。公司从事电接触材料的研发、生产、销售、技术咨询以及服务，已发展为国内电工材料行业的领军企业，法定代表人为王达武，注册资本为13 762万元。

公司拥有国内最先进、齐全的工装设备仪器，主要生产触头材料、触头元件以及复层触头，为正泰、宏发、德力西、西门子、施耐德以及ABB等国内外客户提供配套服务，产品销往亚洲、欧洲、美洲等全球20多个国家与地区。公司秉承"质量重于产量、品牌重于利润、责任重于利益"的经营理念，坚持"重品质、求创新、强研发、降成本、进高端、国际化"的工作方针以及"持续超越、唯质取胜、风险预防、顾客满意"的品质方针，致力于成为全球一流的电接触系统整体解决方案供应公司。

福达合金于 2015 年 7 月 1 日在全国中小企业股份转让系统挂牌，股票代码为 "832675"，股票转让方式为协议转让。2015 年 9 月 18 日，公司股票的转让方式变更为做市转让。

2017 年 12 月 5 日，福达合金首发获通过，成为我国第一家过会且曾经含有 "三类股东" 的新三板做市企业。2018 年 5 月 17 日，福达合金成功在上海证券交易所的主板上市，股票代码为 "603045"。

二、福达合金转板上市的动因

福达合金主要是基于以下五点原因选择从新三板转至主板上市：公司上市转型的战略目标、提高股票流动性与价格、应对融资渠道单一缺陷、完善公司治理机制以及增强品牌影响力。

（一）公司上市转型的战略目标

根据企业金融成长周期理论，处在不同发展阶段的企业会由于生产规模、外部环境等因素发生变化而具有不同的资金需求。一般来说，业务增长越多，企业的经营规模越大，信息披露透明度越高，对资金的需求就会越大，那么企业就会结合变化积极寻找合适的筹资机会与方式。福达合金经过多年发展，已经在国内电接触材料行业中处于领先地位，生产经营增长稳定，且通过国际知名企业的供应商体系认证，可以进入国际市场，但竞争力仍有所欠缺，在此时通过转型来获得进一步发展的动力是十分有必要的。

随着国际通用的环保标准日益提高，电接触行业内研发银氧化镉的替代产品的浪潮兴起，是否拥有 "绿色触头" 的研发生产能力将成为企业生存与发展的关键性门槛；如何对白银等储藏量较少的贵金属材料提高利用率一直是业内难题，而能够发明出新型工艺、提升材料性能的企业将有更强的竞争力。福达合金当前的主要研发方向是环保型触头材料、复层触头、集成化组件与用于减少或者替代银合金资源的节约型电接触新材料，以及进一步提升生产加工技术，这就需要引入更多高端人才，提供大量资金的支持。同时，产品的研发难度较大，周期较长，导致公司从开始研发到最终投入生产需要经历较长的等待时间，因而公司面临着较大的资金压力。

在国内低压电器行业中，处于竞争优势地位的企业具有较强的实力，并且正在进行相应的产业整合。由于电接触材料在电器设备中起着关键作用，下游企业的整合将会促使电接触材料行业集中化加剧，竞争格局将发生一定的改变。如果福达合金能够进一步稳固其所拥有的客户关系，以及积累更多的产品市场信息，那么将更容易地发挥出规模化经营的效益，在市场竞争中占据有利地位。

2016 年初，福达合金将未来的五年发展定位为 "实体 + 资本持续赶超"，然而由于新三板的规模较小，公司无法吸收到更多的资源来进行主营业务的产能扩张，这与其目前的发展方向不相匹配。2017 年 1 ~ 9 月，触头材料、复层触头以及集成化组件的产能利用率分别为 103.32%、100.80%、101.48%，表明现有的生产制造机器已经处于高负荷运转的工作状态，需要尽快扩建生产经营场所并且新增先进的生产制造机器。因此，公司希望能够通过转至主板市场上市来凝聚与整合各类资源，突破产能瓶颈，同时引导相关业务的转型与升级，实现进一步发展。

（二）提高股票流动性与价格

股票流动性是指投资者在最短的时间内花费最小的成本实现股票的交付，并且所受到的价格影响最弱的容易程度，主要从四个方面可以体现：即时性、成本低、股票数量多、价格偏离幅度小。在资本市场中，投资者通常愿意接受流动性较高但收益相对较低的股票。公司股票的流动性与价格容易受到其所在的资本市场的影响。2014～2018 年新三板市场的主要统计指标见表 5-4。

表 5-4   新三板市场主要统计指标

	项目	2014 年	2015 年	2016 年	2017 年	2018 年
挂牌规模	挂牌公司家数	1 572	5 129	10 163	11 630	10 691
	总股本（亿股）	658.35	2 959.51	5 851.55	6 756.73	6 324.53
	总市值（亿元）	4 591.42	24 584.42	40 558.11	49 404.56	34 487.26
股票发行	发行次数	330	2 565	2 940	2 725	1 402
	发行股数（亿股）	26.60	230.79	294.61	239.26	123.83
	融资金额（亿元）	134.08	1 216.17	1 390.89	1 336.25	604.43
股票转让	成交金额（亿元）	130.36	1 910.62	1 912.29	2 271.80	888.01
	成交数量（亿股）	22.82	278.91	363.63	433.22	236.29
	换手率（%）	19.67	53.88	20.74	13.47	5.31
投资者账户数	机构投资者（万户）	0.47	2.27	3.85	5.12	5.63
	个人投资者（万户）	4.39	19.86	29.57	35.74	37.75

资料来源：全国中小企业股份转让系统。

由表 5-4 可知，在挂牌规模方面，2014～2017 年新三板市场的挂牌公司数量、总股本以及总市值都处于逐年上升的状态，并在 2017 年达到最大值，而在 2018 年开始下降。在股票发行方面，2014～2016 年发行的次数与数量以及融资金额逐年增长，从 2017 年开始下降，而且在 2018 年下降迅速。在股票转让方面，2014～2017 年成交的金额与数量逐年上升，2018 年开始快速下降，而换手率从 2014 年的 19.67%提高到 2015 年的 53.88%，之后一直下降，并在 2018 年降至 5.31%。由此可知，新三板市场一直被流动性不足的问题所困扰，并且在 2018 年运行出现了较大的下滑情况。除此之外，2015～2018 年新三板市场的机构投资者和个人投资者数量呈现了逐年上升的趋势，但是总数仍然较少，这主要是因为新三板对想要进入的投资者采取了较为严格的条件，并且投资者想要对一家挂牌公司收集较全面的信息需要花费大量时间与精力，减弱了其投资的热情。

综上所述，新三板市场的流动性不足，投资者的数量与交易活跃程度有限，这些因素都抑制了福达合金股票的流动性与价格，不利于其融资与进一步发展。与新三板相比，主板的股票交易非常活跃，流动性较好，同时拥有雄厚资金实力、专业理性的投资者较多，并且在主板上市的股票具有广泛的市场关注度，有利于提升股票的价格。因此，福达合金希望通过转板至主板市场来提高股票的交易活跃程度，寻求更高的估值。

（三）应对融资渠道单一缺陷

由于电接触材料生产用的主要原材料白银、铜以及其他有色金属需要现金购买，随着客户资源的不断增加与生产需求的进一步扩大，企业发展的资金规模要求也越来越高。福达合金自成立以来发展迅速，但是一直受到来自融资方面的压力。虽然公司能够通过发展过程中的自身积累与银行融资筹集到部分资金，但由于该部分资金的财务成本较高，不利于其长期发展，因此需要拓宽融资渠道，提高股权融资的比重。为了解决这个问题，公司于2015年进入新三板市场，但是仍然处于融资渠道单一的困境。

在新三板挂牌期间，福达合金没有进行过定向增发，无法从根本上解决其获取发展所需资金的问题。回顾公司以往的融资历程，其在IPO前的最后一轮融资是来自2010年12月的股权激励，即向福达合金的核心管理技术团队实施合计182万股员工持股计划，发行价格为3.5元/股，而再往前的外部融资，就要追溯到2010年11月，景林创投、乔顿投资、冷杉投资、郑晓超、李成文以6.62元/股的价格分别认购福达合金的634.2万股、453万股、120.8万股、151万股、151万股股份。由此看来，福达合金的融资能力较弱，公司面临融资困难的问题。基于上述情况，福达合金为了满足进一步的发展需要，不得不采取质押股权的形式向银行借款。

三、福达合金转板上市的过程

（一）筹备阶段

2015年7月1日，福达合金正式在全国中小企业股份转让系统挂牌，当日的股东人数为55人。在挂牌的第二年，公司开始进行"转板上市"的准备工作。2016年4月28日，福达合金召开了第五届董事会第九次会议，并且全票通过了《关于公司首次公开发行股票并上市方案的议案》。2016年5月14日，福达合金召开了第二次临时股东大会并且通过了《关于公司首次公开发行股票并上市方案的议案》。华林证券在2016年4～5月对福达合金进行了上市辅导工作，并且认为其符合《公司法》《证券法》等有关法律法规对拟上市公司的要求，已经具备股票发行上市的基本条件。

（二）提交主板申请，证监会受理

2016年6月20日，福达合金首次发布招股说明书。2016年6月21日，福达合金向中国证监会提交了公司首次公开发行A股股票并在主板转板上市的申请。2016年6月24日，中国证监会受理了该公司在主板转板上市的申请。由于申报IPO，福达合金于2016年6月27日暂停转让。

2017年3月29日，福达合金收到了中国证监会下发的《中国证监会行政许可项目审查反馈意见通知书》。证监会要求中介机构核查说明福达合金IPO申报前两年内入股的新自然人股东的基本情况和近五年详细工作经历，以及此等自然人股东与福达合金及其控股股东、实际控制人、董监高、核心技术人员、本次发行中介机构及其负责人、签字人员、福达合金的主要客户和供应商之间是否存在亲属关系、关联关系，是否存在委托持股、信托持股或其他利益输送安排。为配合中介机构核查，福达合金根据中国证券登记结算有限责任公司于2017年5月15日下发的《证券持有人名册》对上述股东进行电话联系。

值得注意的是，福达合金曾经在2015年9月18日将股票转让方式由协议转让变更为做市转让，股东人数出现了明显的增长，在时长135天的做市交易期间中总共增加了86名股东，但是发审会并未对公司的做市交易进行提问，说明发审会认可了新三板做市交易的公允性。

（三）从新三板摘牌，清理"三类股东"

在新三板企业转板上市的过程中，大多数公司都饱受"三类股东"问题的困扰，甚至影响其通过发审会。"三类股东"指信托计划、资产管理计划和契约型基金持股，是基于信托关系的委托理财。如果拟上市公司存在"三类股东"，可能会导致股权不清晰的结果，甚至在 IPO 审核期内产品因为存续期届满清盘进而影响股权结构稳定的情况，此外"三类股东"还可能滋生股份代持、利益输送等问题。

因此，发审部门对"三类股东"的审核非常严格。在福达合金做市期间，总共有两家"三类股东"从二级市场买入公司的股票，其中包含 1 个契约式基金——新方程启辰基金，持有 6 000 股。因为社会各界对"三类股东"是否满足拟 IPO 企业股权清晰、稳定的要求存在一定争议，所以为了确保能够顺利通过发审会，福达合金决定主动对"三类股东"进行彻底清理。通过联系两家"三类股东"负责人并与其协商一致，公司最终以终止挂牌的方式清理"三类股东"。

2017 年 5 月 24 日，公司召开了 2017 年第一次临时股东大会，审议并通过了《关于拟申请公司股票在全国中小企业股份转让系统终止挂牌的议案》。为了保护中小股东的合法利益，公司的控股股东、实际控制人王达武承诺将收购异议股东所持股份。之后，公司向全国中小企业股份转让系统有限责任公司递交了终止挂牌申请材料，自 2017 年 8 月 23 日起终止在新三板挂牌。

在福达合金摘牌期间，控股股东、实际控制人王达武按照股东大会达成的约定，与招商证券股份有限公司、财富证券有限责任公司、申万宏源证券有限公司、上海朗闻投资管理合伙企业（普通合伙）、东方证券股份有限公司、上海新方程股权投资管理有限公司、平安证券股份有限公司签署《股权转让协议》，以 12 元/股的价格受让其（或其管理的基金、资产管理计划）分别持有的 13.9 万股、11.8 万股、10.43 万股、1 万股、0.9 万股、0.6 万股、0.4 万股股份。至此，福达合金清理"三类股东"的股份转让全部完成。

通过上述股权转让后，公司的股权结构清晰且趋于稳定，直到招股说明书签署日，没有再发生变动的情况，其中前十名股东情况如表 5-5 所示。

表 5-5　　　　　　　　　　　福达合金前十名股东情况

序号	股东名称	所持股份（万股）	持股比例（%）
1	王达武	2 589.19	35.12
2	山证投资	616.44	8.36
3	景林创投	609.90	8.27
4	胡晓凯	273.10	3.70
5	林万焕	260.70	3.54
6	安徽齐丰浩瑞投资管理合伙企业（有限合伙）	203.80	2.76
7	安徽森阳鑫瑞投资管理合伙企业（有限合伙）	176.20	2.39
8	周士元	172.50	2.34
9	钱朝斌	153.10	2.08
10	凌文权	152.10	2.06
	合计	5 207.03	70.63

资料来源：福达合金招股说明书。

（四）福达合金成功在上交所主板上市

2017 年 11 月 28 日，福达合金首次公开发行股票招股说明书在中国证监会网站上预先披露更新。2017 年 12 月 5 日，中国证监会发布了《第十七届发审委 2017 年第 60 次会议审核结果公告》，在经过 529 天的排队期间后，福达合金 IPO 申请顺利通过证监会发审会。2018 年 5 月 17 日，福达合金成功在上海证券交易所主板上市。公司本次发行股票的基本情况见表 5-6。

表 5-6　　　　　　　　　　福达合金公司首次公开募股概况

股票种类	人民币普通股票（A 股）
每股面值	1.00 元
发行数量	2 458 万股，占发行后总股本的 25.01%
每股发行价格	9.65 元
发行市盈率	22.76 倍（发行价格除以每股收益，每股收益按照 2016 年度经审计的扣除非经常性损益前后孰低的净利润除以本次发行后总股本计算）
发行市净率	1.36 倍（按照发行价除以发行后每股净资产计算）
发行前每股净资产	6.60 元（按照 2017 年 9 月 30 日经审计的归属于母公司所有者的权益数据除以本次发行前总股本计算）
发行后每股净资产	7.08 元（按照 2017 年 9 月 30 日经审计的归属于母公司所有者的权益数据加上本次发行筹资净额之和除以本次发行后总股本计算）
发行方式	采取线下向询价对象配售与网上资金申购定价发行相结合的方式
发行对象	符合资格的询价对象和已在上海证券交易所开立证券账户的投资者（国家法律、法规禁止购买者除外）
承销方式	余额包销
主承销商	华林证券股份有限公司

资料来源：福达合金招股说明书。

福达合金本次主板上市募集的资金总额为 23 719.70 万元，在扣除必要的发行费用后，计划围绕主营业务来使用本次募集资金，将这些资金投入电接触材料的生产、研发以及偿还银行借款等领域，具体使用项目见表 5-7。

表 5-7　　　　　　　　　福达合金本次发行募集资金运用情况

序号	项目名称	使用募集资金额（万元）	投资总额（万元）	计划建设期	备案文号	环保批文
1	年新增 370 吨电接触材料及 700 吨集成化组件	14 075.10	19 004.53	24 个月	温开经发投资备案〔2016〕4 号	温开环建〔2016〕20 号
2	企业技术中心建设	3 110.60	4 200.00	24 个月	温开经发投资备案〔2016〕5 号	温开环建〔2016〕23 号
3	偿还银行借款	3 703.09	5 000.00	无	无	无

资料来源：福达合金招股说明书。

四、转板上市对福达合金的影响

（一）股权融资规模扩大，资本结构改善

融资规模是指公司在一段时间内所筹措到的资金的总额，公司应该根据自身业务经营的情况与投资项目的实际需要来确定融资的总规模，并且计算自有资金的数额，用前者减去后者所得到的差额就是其应该对外募集的资金数额。筹资不足将会影响融资计划与其他业务的正常开展。一般来说，已具有较大规模和较强实力的公司，可以选择在主板市场公开发行股票进行融资。公司在募集资金的过程中还应该注意资本结构。如果公司的资本结构处于一个较为合理的状态，那么可以减少一定的融资成本，并且让财务杠杆起到有效的调节作用。

福达合金处于电接触材料行业，主要原材料白银、铜及其他有色金属均需要现款购买，对企业的资金规模要求较高，然而下游客户货款结算存在一定账期，导致行业内企业对资金充裕性有较高的需求。在转板上市之前，公司的融资渠道较单一，通过银行借款和票据贴现等方式筹措的资金一直维持在较高水平，较多地采用资产抵押、关联方和第三方担保等方式取得银行借款，并且融入资金均为短期借款，财务费用较大。为了更好地解决发展过程中的资金需求问题，福达合金从新三板转至主板上市，本次募集资金金额与发行费用的具体情况如表5-8所示。

表5-8　　　　　　　　福达合金本次募集资金金额与发行费用情况　　　　单位：元

项目	金额
募集资金总额	237 197 000.00
承销及保荐费用（不含税）	14 150 943.40
审计、验资费用（不含税）	5 980 000.00
律师费用（不含税）	3 500 000.00
用于本次发行的信息披露费用（不含税）	4 481 132.08
发行手续费用（不含税）	196 981.13
发行费用合计（不含税）	28 309 056.60
募集资金净额	208 887 943.40

资料来源：福达合金上市公告书。

根据表5-8的数据可知，福达合金本次转板上市所募集到的资金净额为208 887 943.40元。相较于公司在新三板挂牌期间没有实现定向增发，以及IPO前仅有的两轮融资，即2010年12月股权激励637万元与2010年11月外部融资9 996.20万元，本次融资的金额远远超过了之前的股权融资总额，而且股权融资规模有了明显的扩大。由此可见，福达合金的融资能力出现了显著增强的情况，并且之前所遇到的资金瓶颈问题也得到了有效的解决。

由于公司在转板上市前主要依靠银行借款进行融资，2014年、2015年、2016年及2017年1~9月，各期末公司的短期借款、长期借款与应付票据合计占负债总额的比重分别为81.10%、84.67%、74.32%及72.23%。为了改善资本结构，公司在募投计划中提出"偿还银行借款项目"，利用募集资金5 000万元用于偿还银行借款。截至2018年底，长期借款的期末余额为0，短期借款情况如表5-9所示。

表 5-9   福达合金 2018 年借款情况   单位：元

项目	期末余额	期初余额
长期借款	0.00	47 000 000.00
短期借款	335 515 945.00	379 950 000.00
其中：质押借款	23 000 000.00	16 150 000.00
抵押借款	55 000 000.00	76 000 000.00
保证借款	257 515 945.00	287 800 000.00
信用借款	——	——

资料来源：福达合金 2018 年经审计财务报告。

依据表 5-9 的信息可知，公司偿还了 4 700 万元长期抵押借款，并且对抵押借款和保证借款也进行了一部分的偿还，有效地改善了资本结构，减弱了偿还债务的压力，并且随着银行借款的减少，财务费用相应减少，从而提升了盈利水平和风险抵御能力。

（二）产能与研发投入进一步扩大

在转板上市成功实现融资后，福达合金克服了资金不足的发展瓶颈，根据发展战略，围绕主营业务对募集资金进行投资与使用，除去一部分资金被用于偿还银行借款以外，大部分资金被用于电接触材料生产与研发领域，这对公司的产能与研发情况起到了较大的促进作用。

产能是指在既定的组织结构和技术条件下，公司在计划期内所有参与生产的固定资产能够产出的产品数量或者处理与加工的原材料数量。生产能力不仅反映公司现有的加工能力的强弱，还体现了其生产规模的大小。公司只有不断提升自己的生产能力，使其与市场需求相适应，才能在市场竞争中占据有利地位。因此，福达合金在发展过程中一直十分重视产能情况。面对市场需求持续增长、业务规模日益扩大而公司现有产能不足的问题，公司采取扩建生产经营场所的方式来进行解决，即"年新增 370 吨电接触材料及 700 吨集成化组件项目"。在转板上市之前，截至 2017 年 9 月 30 日，公司已经利用自有资金在该项目的建设上投入了 2 604.16 万元，随着 2018 年转板上市后募集资金的到位，该项目一直在稳步推进。

福达合金的三大主要产品在 2019 年的生产量都比 2018 年有所增长，其中，复层触头生产量的增长速度最快，触头材料生产量的增长速度基本保持不变，而触头元件生产量的增长速度有所放缓，这反映了公司的生产能力有了很大的提高，并且对产品结构进行了优化。产生这些变化的原因主要有两个：一是公司根据募集资金使用计划开展了"年新增 370 吨电接触材料及 700 吨集成化组件项目"，该项目是在原有产品的基础上进行扩产；二是由于市场上复层触头的需求量近年来呈现增加趋势，复层触头的毛利率比另外两个主要产品的毛利率高出 10% 以上，公司根据市场形势扩大了复层触头的生产比例。等到该项目全部建成投产后，产能将实现进一步的扩大，并且形成规模化生产格局，这有利于提升竞争力与扩大市场份额，对公司的盈利与未来发展有很大的帮助。

技术创新是企业可持续发展的生命力，而实现技术创新需要投入大量的研发资金。研发投入指企业在对产品、技术等进行研究与开发的过程中所产生的各种费用。由于电接触材料行业的特点是技术与资金密集型，产品的技术含量较高并且生产的工艺较复杂，但是产品和技术更新换代的速度较快，因此，福达合金一直将持续的研发投入作为其积累大量优质客户的重要因素，认为公司的核心竞争力应该集聚于高品质、高性能的环保型电接触材料及复层电接触材料的系列化研发及产业化，并以此保持竞争优势。针对近年来市场对电接触材料性能的要求越来越高以及需要进一步参与国际市场竞争的情况，公司决定实施"企业技术中心建设项目"，希望通过该项目为现有和未来的产品提供技术和服务支持。在转板上市之前，截至 2017 年 9 月 30 日，公司已经先期投入自有资金 99.97 万元用于该项目建设，而在转板上市之后，公司按照募投计划将该项目所需的资金投入到后续建设中。

福达合金的研发投入从 2015 年到 2019 年一直处于增长趋势，并且研发投入占营业收入的比例始终保持在 3% 以上，这表明公司在这五年一直注重技术研发与创新，并且研发投入随着业务规模扩大而增长。公司研发投入的同比增速在 2016 年扭负为正，但是在 2017 年和 2018 年不断下降，尤其是 2018 年同比增速下降最快，数值为 5.82%，这与公司在新三板市场陷入融资困境有关，而 2019 年研发投入的同比增速显著上升，数值为 14.72%，并且公司在 2019 年的研发投入超过 5 000 万元，这说明转板上市所募集到的资金为技术研发提供了有力的资金保证，并且推动了"企业技术中心建设项目"顺利开展，这有助于公司进行新产品开发、提高产品附加值，掌握核心技术优势，提升生产工艺与产品竞争力，更好地应对下游企业对产品性能要求较高的情况。

（三）股权结构明晰，治理机制完善

公司治理机制包含两个部分：一是公司治理结构，即由公司的所有者、董事会、经理层等之间形成的关系框架；二是专业监管体系，指公司在运营管理、财务以及产品技术研发等方面的监管机制。公司治理机制涵盖了经营管理活动的各个方面，如果想要提高治理能力与水平，就必须从机制设计的角度出发进行完善。公司的股权结构作为治理机制的基础，在股权集中程度、股东行使权力等方面，对治理模式的建立与运行起着较大的作用，因此公司需要选择合适的股权结构。

福达合金为了能够转板上市，积极地配合中介机构，针对在公司提交 IPO 申请之前两年以内入股的新自然人股东，审查与核实其基本情况与近五年的工作经历，并且主动地清了"三类股东"，使自身的股权结构能够清晰明了，也将外部组织结构达到了较为稳定的状态，具体见图 5-6。

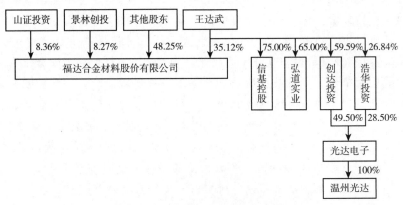

图 5-6　福达合金外部组织结构

在公司治理结构方面，福达合金根据《公司法》《证券法》等法律法规，持续优化治理结构，通过完善股东大会、董事会等相关制度，使各部门之间权责分明、相互制约与监督。在主板上市后，福达合金处于证券监督管理机构、股票投资者等的直接监督范围之内，这样便于其进一步健全治理结构，加强科学管理能力，减少经营决策风险。公司的内部组织结构具体见图5-7。

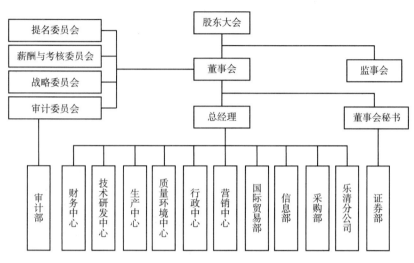

图5-7 福达合金内部组织结构

如图5-7所示，公司实行在董事会领导之下的总经理负责制，并且在总经理下面设置9个一级职能部门，明确划分了每个部门的主要职责，同时设立了证券部和审计部。其中，证券部的职责是处理公司董事会的日常性事务，包括管理与证券有关的工作、信息披露以及联系股东、相关机构。审计部负责公司内部的审计工作，对财务收入、支出与其他相关经济活动是否真实、合理以及具有效益性进行审查，并且评价业务的经营情况和成果，监督内部控制是否发挥作用，从而保护公司财产的安全。

在专业监管体系方面，2017年9月11日，福达合金召开临时股东大会，审议并通过了公司终止挂牌后适用的《公司章程》。公司为了能够有效地使用与管理转板上市所募集到的资金，专门建立了募集资金管理制度，对相关资金的使用、管理以及监督等内容进行了严格的规定，包括分级审批权限、风险控制以及信息披露等。除此之外，福达合金制定了公司在首次公开发行股票并上市后的分红回报规划，以便能够保护好股票投资者的合法权益。

资料来源：彭赟. 新三板企业福达合金转板上市案例分析［D］. 南昌：江西财经大学，2021.

【本章小结】

上市对于一个公司长远发展很重要，最基本的就是可以拥有一条融通资金的通畅途径，同时可以增强公司的公众信誉度，形成良性循环。企业上市需要专业化的投资银行和发达的资本市场协助，上市过程中也会遇到许多的问题。那企业为什么要上市？上市的操作流程是怎样的？上市地点又该如何进行选择？这些都在本章的学习过程中一一获得答案。希望投资者、管理者和相关读者通过本章的学习更加了解企业上市的整个流程，并能够知道每个过程中存在问题的解决方式有哪些。

【问题思考】

1. 结合本章内容，你认为章首案例的三个方案，哪一个方案符合市场逻辑？
2. 上市的基本程序是什么？
3. 买壳上市与 IPO 的差异表现在哪些方面？

【参考文献】

[1] 范苗. "新三板"新规解读 [J]. 首席财务官, 2014 (3).

[2] 郭艳. 爱生药业买壳上市资本运作案例分析 [J]. 合作经济与科技, 2011 (11).

[3] 昝立永. 不上市的吉林首富 [J]. 英才, 2014 (2).

[4] 姚丽艳, 杨颖. 餐饮企业上市难的原因分析及应对策略——基于俏江南的案例研究 [J]. 企业导报, 2013 (13).

[5] 邢会强. 传媒企业上市路径 [J]. 资本市场, 2013 (8).

[6] 蓝裕平, 张卫国. 对国内企业上市地点选择的研究 [J]. 宁夏大学学报, 2010 (6).

[7] 周爱琳. 关于中信泰富买壳上市案例的启示 [J]. 现代经济信息, 2011 (17).

[8] 刘文祥. 国有企业上市公司资本运作的风险问题分析 [J]. 商业经济, 2013 (3).

[9] 曹凤岐. 中国资本市场的改革、创新与风险防范 [J]. 金融论坛, 2018, 23 (9).

[10] 马晓楠, 于清华. 增强我国资本市场功能的对策研究 [J]. 地方财政研究, 2021 (12).

[11] 魏勇强. 海外买壳上市和造壳上市评析 [J]. 金融理论与实践, 2012 (9).

[12] 李培馨, 谢伟, 王宝链. 海外上市地点和企业投资：纳斯达克、香港、新加坡上市企业比较 [J]. 南开管理评论, 2012 (2).

[13] 毕夫. 华为, 为什么不上市？[J]. 中外企业文化, 2013 (7).

[14] 蔡锦锋. 基于阿里巴巴和富基融通比较下的 IT 企业上市路径及效果评价 [J]. 新经济, 2014 (8).

[15] 张少颖. 加快科技企业上市 发展战略性新兴产业——以大连科技企业为例 [J]. 辽宁经济, 2012 (4).

[16] 耿晓媛. 我国多层次资本市场资源配置效率评价 [J]. 中国流通经济, 2021, 35 (10).

[17] 朱元鸳, 孔玉生. 家族企业上市公司治理结构现状分析 [J]. 财会通讯, 2012 (20).

[18] 叶敏, 季国民. 家族企业上市后公司治理结构的研究 [J]. 长春工业大学学报（社会科学版）, 2013 (5).

[19] 刘元园. 浅析 IPO 绿色通道对经济发展和资本市场的影响 [J]. 商业经济研究, 2018 (3).

[20] 王玉梅, 姚晓蓉, 马宇杰. 我国科创板试点注册制 IPO 审计风险研究 [J]. 财务与会计, 2020 (1).

[21] 张磊. 多层次资本市场发展与中国挑战 [J]. 南京社会科学, 2021 (1).

[22] 乔永远, 孔祥, 陈敬. 北交所与多层次资本市场建设 [J]. 中国金融, 2022 (1).

[23] 孙春甫. 借壳上市的动因及交易模式分析——以大有能源借壳欣网视讯为例 [J]. 征信, 2013 (3).

[24] 张森林. 金森上市案例引起的思考 [J]. 中国林业产业, 2012 (7).

[25] 方国兴. 买壳上市相关法律问题探讨 [J]. 法制博览（中旬刊）, 2014 (2).

[26] 刘万琪. 买壳上市中的壳资源分析——以 ST 梅雁为例 [J]. 知识经济, 2011 (15).

[27] 郝智文. 煤炭类上市公司资本运营探讨 [J]. 中国集体经济, 2012 (12).

［28］张耀月．美的集团换股合并整体上市的背后——美的集团换股合并上市动因分析［J］．现代商业，2013（20）．

［29］代备鑫．民营企业海外上市动因及问题研究［J］．东方企业文化，2012（14）．

［30］张森林．南方商品型林场做大做强之路——金森公司上市案例引发的思考［J］．中国人造板，2012（9）．

［31］蓝裕平．内地股市买壳上市操作法［J］．国际融资，2011（1）．

［32］蓝裕平．内地企业选择上市地点要考虑估值差异［J］．国际融资，2010（8）．

［33］邵四华．培育我国房地产企业上市源的经济学分析——以天津市房地产企业上市情况为例［J］．中国房地产金融，2012（1）．

［34］肖大勇，罗昕，邓思雨，董雪．企业分拆上市动因：市值管理还是拓展融资渠道一同方股份分拆上市案例研究［J］．上海管理科学，2013（6）．

［35］曹月，褚旭芳．企业买壳上市风险及对策探究［J］．现代营销（学苑版），2013（6）．

［36］曹凤岐．中国资本市场的改革、创新与风险防范［J］．金融论坛，2018，23（9）．

［37］连立帅，朱松，陈超．资本市场开放与股价对企业投资的引导作用：基于沪港通交易制度的经验证据［J］．中国工业经济，2019（3）．

［38］王储，支晓强，王峰娟．内部资本市场理论前沿与研究展望［J］．科学决策，2019（9）．

［39］钟红，陈玉琳．资本市场开放的历程与方向［J］．中国金融，2020（17）．

［40］杜一华．我国多层次资本市场发展路径分析［J］．中国流通经济，2020（7）．

［41］彭赟．新三板企业福达合金转板上市案例分析［D］．南昌：江西财经大学，2021．

第6章 企业资产重组

【本章要点】

☆ 把握资产重组的概念、类型；

☆ 知晓资产重组的基本程序；

☆ 重视资产重组的模式与风险管理。

【开章案例】

中葡股份资产重组失败

中国中信集团有限公司（原中国国际信托投资公司）是在邓小平同志支持下，由荣毅仁同志于1979年创办的。成立以来，中信集团充分发挥经济改革试点和对外开放窗口的重要作用，在诸多领域进行了卓有成效的探索与创新，成功开辟出一条通过吸收和运用外资、引进先进技术、设备和管理经验为中国改革开放和现代化建设服务的创新发展之路。

2002年中国国际信托投资公司进行体制改革，更名为中国中信集团公司，成为国家授权投资机构。2011年中国中信集团公司整体改制为国有独资公司，更名为中国中信集团有限公司（以下简称"中信集团"），并发起设立了中国中信股份有限公司（以下简称"中信股份"）。2014年8月，中信集团将中信股份100%股权注入香港上市公司中信泰富，实现了境外整体上市。中信集团现已发展成为一家国有大型综合性跨国企业集团，业务涉及金融、资源能源、制造、工程承包、房地产和其他领域。2020年中信集团连续第12年上榜美国《财富》杂志"世界500强"，位居第126位。中信股份（SEHK：00267）是香港恒生指数最大成分股之一。截至2019年12月31日，中信股份的总资产达港币82 899亿元，归属于普通股东的权益为港币5 915亿元。

中信国安葡萄酒业股份有限公司（以下简称"中葡酒业"）于2018年6月8日发出一则终止资产重组消息，此前备受业界关注，金额高达27亿元的购买国安锂业股权案宣告失败。事实上，业绩连年表现不济的中葡酒业，之前跨界重组一度被视为病急乱投医之举，也被认为是寻求新利润点的尝试，也总被解读为是被收购方国安锂业曲线上市的策略。北京商报记者就此电话采访中葡股份，对方则表示一切以公告为准。随着此次重组的终止，业界则指出，面对国内葡萄酒市场愈发激烈的竞争，持续的亏损以及跨界的失败，不仅难以获得资本市场的认可，更让中葡股份未来发展前景更加艰辛。

一、资产重组告吹

据公告显示，中葡酒业 2018 年 6 月 8 日召开董事会，审议并通过了《关于终止重大资产重组事项的议案》等议案，决定终止与青海国安旗下子公司国安锂业之间的重大资产重组事项。议案中指出，中葡酒业决定终止此次资产重组，是因为本次重组面临重大的不确定因素，继续推进本次重大资产重组的条件不够成熟。

据了解，中葡酒业与青海国安旗下子公司国安锂业之间的资产重组事项从 2017 年 7 月执行。彼时中葡酒业发布公告称因重大事项涉及资产重组，企业股票自 2017 年 7 月 10 日起开始停牌。随后 2017 年 10 月 9 日的公告中透露，中葡酒业拟以非公开发行股份的形式购买青海国安持有的国安锂业 100% 股权，并确定国安锂业 100% 股权的交易价格约 27 亿元。不仅如此，青海国安承诺国安锂业于 2017 年 7 ~ 12 月、2018 ~ 2020 年度矿业权口径下的净利润分别不低于 0.87 元、1.86 亿元、2.21 亿元以及 2.37 亿元。

北京商报记者发现，中葡酒业对国安锂业股权购买一事可谓是一场拉锯战。中葡股份公布重组预案后不久，上海证券交易所便于 2017 年 11 月 3 日对中葡股份此次交易下发了问询函。其中，针对此次交易是否构成借壳上市以及标的资产预测期内业绩高速增长的原因、合理性及可实现性等问题，上海证券交易所均予以重点关注。中葡酒业多次在重大资产重组进展公告中表示延期回复后，至今未回复该问询函，直到此次重大资产重组终止消息放出。

北京商报记者试图就此次资产重组事项以及未回复上海证券交易所问询等相关问题向中葡酒业相关负责人进行了解，但对方仅表示一切内容以公告为准。

二、主业持续低迷

值得注意的是，业内有声音指出，国安锂业成为中葡酒业的全资子公司能够实现与资本市场的对接，有助于未来充分利用资本市场融资渠道，提升其融资能力，推动主营业务发展。

然而，北京商报记者查阅中葡酒业业绩数据发现，中葡酒业收购国安锂业的背后却饱受主业疲软的困扰。数据显示，2015 ~ 2017 年，中葡酒业的营业收入分别为 3.03 亿元、2.64 亿元、4.02 亿元；而归属于上市公司股东的净利润为 1 551 万元、1 273 万元、-8 988 万元。在扣除非经常性损益后，中葡酒业则连续亏损，2015 ~ 2017 年的净利润分别为 -2.4 亿元、-1.33 亿元、-1.16 亿元。对此，中葡酒业董事会秘书侯伟此前在说明会上坦言，公司目前现有主营业务盈利能力不佳，主营业务发展面临瓶颈。

中葡酒业曾公开表示，交易完成后，中葡酒业将新增碳酸锂、钾肥为主的盐湖资源综合开发利用业务，而企业也能够以此为基础向新能源产业进行战略转型，更重要的是，提升中葡酒业的财务状况、盈利能力和持续经营能力。

据知情人透露，国安锂业 2003 年注册成立，2015 ~ 2017 年上半年的净利润分别为 -1.33 亿元、4 327.58 万元、1 700.11 万元。扣除当期政府补助，净利润则分别下降为 -1.73 亿元、127.58 万元和 1 012.8 万元，再加上国安锂业面临的环保问题，短期内难以对中葡酒业的业绩实现大幅提振。

三、竞争力不足

业绩表现不佳、资产重组受挫，让资本市场对中葡酒业的信心大减。从 2018 年 6 月

13 日中葡酒业股票复牌开始,连续三个交易日收盘价格跌幅偏离值累计超过20%。

酒类营销专家蔡学飞在接受北京商报记者采访时表示,中葡酒业业绩持续疲软的态势与企业内部战略失衡有重要关系。中葡酒业主打的小产区概念从出发点来看是为了提升产品品质以及品牌形象,但从葡萄酒行业整体的环境来看,目前中国消费者对于小产区概念的认可度并不高,这也导致企业在营销推广层面的发力点不够清晰,进而导致企业的战略推进出现问题。同时,中葡酒业目前的产品难以支撑企业进行大规模营销推广,小产区概念也在一定程度上限制了推广的力度和影响力。

从数据上看,中葡酒业无论是产销量还是覆盖率在业内均不占据优势。企业2017年成品酒与原酒的生产量合计为25 600.36 吨,销售量则合计为8 963.25 吨。而同为国产葡萄酒企业的张裕2017 年葡萄酒板块生产量为97 620 吨,而销售量为104 016 吨。对此,业内人士指出,两家企业产销量之间的差异体现出了中葡酒业在市场覆盖上的弱势地位。

据了解,中葡酒业目前主要市场为华东地区与新疆地区,两区域合计占据中葡酒业营业收入的比重约为82.3%。蔡学飞表示,华东作为葡萄酒消费集中的区域,中葡股份的产品只是二线品牌,竞争力显然弱于一线品牌。

另外,北京商报记者在天猫、京东等电商平台进行查询时也发现,中葡酒业旗下的尼雅葡萄酒的销售量与同价格的竞品有很大差别。长城一款售价198 元的产品与尼雅售价199 元的产品在京东平台上的消费者评价量分别是7.2 万 + 与200 + 。业内人士表示,面对国内葡萄酒市场愈发激烈的竞争,竞争实力的不足让企业颇有腹背受敌之感,未来的发展前景显得更不明晰。

资料来源:刘慧. 中葡股份资产重组失败案例分析 [D]. 桂林:桂林理工大学,2020.

6.1 企业重组概述

6.1.1 企业重组的概念

企业重组,是对企业的资金、资产、劳动力、技术、管理等要素进行重新配置,构建新的生产经营模式,使企业在变化中保持竞争优势的过程。企业重组贯穿于企业发展的每一个阶段。企业重组是针对企业产权关系和其他债务、资产、管理结构所展开的企业的改组、整顿与整合的过程,以此从整体上和战略上改善企业经营管理状况,强化企业在市场上的竞争能力,推进企业创新。

广义的企业重组,包括企业的所有权、资产、负债、人员、业务等要素的重新组合和配置。狭义的企业重组是指企业以资本保值增值为目标,运用资产重组、负债重组和产权重组方式,优化企业资产结构、负债结构和产权结构,以充分利用现有资源,实现资源优化配置。

企业是各种生产要素的有机组合。企业的功能在于把各种各样的生产要素进行最佳组合,实现资源的优化配置和利用。在市场经济条件下,企业的市场需求和生产要素是不断变化的，特别是在科学技术突飞猛进、经济日益全球化、市场竞争加剧的情况下，企业生存的内外环境的变动趋于加快，企业要在这种变动的环境中保持竞争优势，就必须不断地及时进行竞争力要素再组合，企业重组就是要素再组合的一种手段。在市场竞争中，对企业长远发展最有意义的是建立在企业核心竞争力基础之上的持久的竞争优势。企业的竞争优势是企业盈利能力的根本保证，没有竞争力的企业连基本的生存都得不到保证，更谈不上发展。所以，通过企业内部各种生产经营活动和管理组织的重新组合以及通过从企业外部获得企业发展所需要的各种资源和专长，培育和发展企业的核心竞争力，是企业重组的最终目的。

6.1.2　企业重组模式

企业重组一般有业务重组、资产重组、债务重组、股权重组、人员重组、管理体制重组等模式。

（1）业务重组，指对被改组企业的业务进行划分从而决定哪一部分业务进入上市公司业务的行为。它是企业重组的基础，是其重组的前提。重组时着重划分经营性业务和非经营性业务、营利性业务和非营利性业务、主营业务和非主营业务，然后把经营性业务和营利性业务纳入上市公司业务，剥离非经营性业务和非营利性业务。

（2）资产重组，指对重组企业一定范围内的资产进行分析整合和优化组合的活动，它是企业重组的核心。

（3）债务重组，即负债重组，指企业的负债通过债务人负债责任转移和负债转变为股权等方式进行重组的行为。

（4）股权重组，指对企业股权进行调整的行为。它与其他重组相互关联，甚至同步进行，比如债务重组时债转股。

（5）人员重组，指通过减员增效，优化劳动组合，提高劳动生产效率的行为。

（6）管理体制重组，指修订管理制度，完善企业管理体制，以适应现代企业制度要求的行为。

6.1.3　企业重组的分类

从按照资产重组的目的划分看，第一，生产经营性重组，指为改善本身产品的经营状况而进行的重组方式。其目的在于扩张本企业的生产规模，降低成本，提高产品质量和市场占有率。第二，资本经营性重组，指投资者在对资本市场状况进行分析选择后对资产在不同企业之间的重组。这种资产重组，投资人主要追求投资回报，使资本在流动中增值。第三，生产经营与资本经营混合性重组。这种混合性重组的最终目的还是资本经营。第四，体制变革性重组，通过对企业产权制度、管理体制、领导体制的根本性改革，使企业真正成为自主经营、自负盈亏、自我约束、自我发展的经济实体，形成产权清晰、政企分工、权责明确、管理科学的新机制。

从按照行业划分看，第一，横向重组，指两个或两个以上属同一产业、生产同类产品企业进行的资产重组形式。实行横向重组的条件是：市场日趋成熟化，企业规模小而分散，盲目竞争十分激烈，价格战或成本战十分激烈。第二，纵向重组，指有原材料生产、供应和加工及销售，处于不同生产和流通阶段的企业之间的资产重组。它是大企业全面控制原料生产、调和各个环节、建立垂直结合控制体系的基本手段。纵向重组的目的在于控制从初级原料到生产再到销售的全过程，企图获取长远的经济利益。第三，混合重组。它既包括横向重组又包括纵向重组，或重组双方或多方属于没有关联关系的一种资产重组形式。

企业资产重组专栏1：

2021年资产重组大事件：中国稀土集团成立

2021年12月23日，中国稀土集团有限公司正式成立。中国稀土集团是由中国铝业集团有限公司、中国五矿集团有限公司、赣州稀土集团有限公司为实现稀土资源优势互补、稀土产业发展协同，引入中国钢研科技集团有限公司、有研科技集团有限公司两家稀土科技研发型企业，按照市场化、法治化原则组建的大型稀土企业集团。

组建后的中国稀土集团属于国务院国资委直接监管的股权多元化中央企业，股权结构为：国务院国资委持有31.21%；中国铝业集团有限公司、中国五矿股份有限公司和赣州稀土集团有限公司分别持有20.33%；中国钢研科技集团有限公司、有研科技集团有限公司分别持有3.90%。中国稀土集团的组建，是中铝集团、中国五矿集团和赣州稀土集团立足企业自身发展需要、适应行业发展规律进行的有益探索与尝试。

组建中国稀土集团，是遵循稀土产业历史发展规律的必然要求。纵观稀土产业发展历程，在经历过野蛮生长的发展初期，稀土产业都会走上兼并重组、集约发展的道路。我国稀土产业自2003年至今，先后经历了三次正式整合，稀土企业"小、散、乱、弱"无序发展的局面虽然有所改观，但还未能适应高质量发展要求。中国稀土企业也必将遵循市场发展规律，走向兼并重组的集约发展阶段，淘汰落后，实现资源的市场优化配置。

组建中国稀土集团，是稀土行业绿色发展转型的迫切需要。中国是稀土原料供应大国，稀土的快速开发造成了诸多历史遗留问题。绿色低碳是未来的发展趋势，"双碳"目标是中国对全球的庄严承诺，实现"双碳"目标要求、加快推动南方离子型稀土矿的绿色开发和环保治理，已经成为行业持续健康发展的关键。稀土企业集团化可以更好地集成资源、统筹协调、科学规划、统一实施，科技创新协同，为推动相关问题的逐步解决提供坚实基础。

组建中国稀土集团，是稀土产业实现高质量发展的客观需要。在新发展格局下，稀土企业集团化经营、集约化发展，有利于系统深入研究稀土基础特性和元素本征，加大科研投入，提升稀土终端产品附加值，为稀土产业高质量发展提供技术支撑；有利于提升稀土新工艺、新技术、新材料的研发应用能力，承担攻关稀土行业共性难点问题和开展前瞻性研究，提高资源转化效率和高端应用领域发展成果；有利于破解稀土产业链结构失衡、稀土深加工发展严重滞后、新技术新产品应用推广等制约稀土企业高质量发展的难题，进一步畅通稀土产业链上下游以及不同领域之间的沟通衔接，集成创新资源，形成创新合力，加速推进科技成果转化应用，促进高端应用迈上新台阶，更好地保障传统产业提质升级和战略性新兴产业发展。

中国稀土集团将聚焦稀土的科技研发、勘探开发、分离冶炼、精深加工、下游应用、成套装备、产业孵化、技术咨询服务、进出口及贸易业务，致力打造具有全球竞争力的世界一流稀土企业集团。

资料来源：
①本刊讯．中国稀土集团有限公司成立［J］．商业文化，2021（36）：6.
②谭峰．中国稀土集团成立 重塑产业发展新格局［J］．国资报告，2022（1）：103－106.

从按照企业的经营业绩划分看，第一，优—优型重组。即优势企业之间的资产重组。第二，优—劣型重组。即优势企业与劣势企业的资产重组。它是以优势企业的产品、商誉、商标、技术、资金及销售优势和劣势企业闲置的设备或其他资源进行资产重组，它既能使优势企业在较短时间内迅速扩大生产规模，又能使劣势企业尽快地恢复生产。第三，劣—劣型重组。即通过重组使各方面优势得到集中，充分盘活存量资产，使闲置和半闲置的资产得到保值增值。

6.1.4　企业重组的基本原则

第一，合法性原则。市场经济是法治经济，任何交易都必须符合法律规范，企业重组同样不例外。合法性原则就是在涉及所有权、使用权、经营权、抵押权、质权和其他物权，专利、商标、著作权、发明权、发现权、其他科技成果权等知识产权，以及购销、租赁、承包、借贷、运输、委托、雇用、技术、保险等各种债权的设立、变更和终止时，毫无疑问的是只有合法，才能得到法律的保护，才能避免无数来自国家的、部门的、地方的、他人的法律风险。

第二，实效性原则。企业重组的根本目的在于使生产要素和资源的重新组合和优化配置，即在资产、财务和人员等要素整合的过程中获得最大的收益。不论企业采取什么方案、设计、措施和方式，都应该保证资源重组后的最优配置，提升企业市场竞争力和经济社会效益。

第三，可操作性原则。并购整合所涉及的程序和步骤应当是符合重组双方的实际情况下可操作的，或者操作所需要的条件或设施在一定条件下可以创造或以其他方式获得，不存在不可逾越的法律和事实障碍。整合的方式、内容和结果应该便于股东知晓、理解并能控制。

第四，全面性原则。重组本身就是一项系统工程，涉及企业各种要素的整合，缺少任何一个方面，都可能带来整个重组的失败。因此，全面性原则要求企业在资源整合重组的过程中，要综合考虑重组各方的诉求，处理好重组各方的利益。要切实处理好中国企业的九大关系（党、政、群、人、财、物、产、供、销），才能不留后遗症，否则，后患无穷。

6.2　企业重组的动因

从理论上讲，关于资产重组动因主要来自以下理论：协同效应理论、股价信号理论、代理理论等。一是协同效应理论。所谓协同效应理论，就是认为企业的资产重组会引起各种资源的优势互补，产生额外的净效益。该理论的基本论点是指企业的资产重组会形成各个方面的协同效应，如经营、管理、财务及市场规模等。在经营方面，企业通过重组，可以实现相当规模的经济效应。而这种规模经济的效应可能来自研发、制造、营销渠道、人力资源等各个方面的资源共享，提高资源的利用效率，以及节约了外部沟通、谈判等交易成本。而在管理方面，管理效率较高的公司通过并购等方式收购效率低下的公司，通过对被收购方的各种整改，从管理效率上提高被收购方的经营情况。在财务方面，是指通过企业内部现金流动性的调剂余缺，并降低融资成本，例如收购一家现金流通紧张但投资机会较多的公司，可以借以介入相关投资领域，以实现财务上的优势互补。而若收购一家现金流充裕的公司，则可以从某种程度上改善企业集团的现金流通状况。在市场规模方面，是指可以通过兼并收购等方式达到一定程度的市场力量，使得公司在行业中的控制力进一步加强。二是股价信号理论。该理论主要是认为企业之间的收购兼并等资产重组会因由企业在股票市场中的错误定价而产生，如优质公司股价偏低或低股价公司拥有某些优质资产之时，会驱使其他企业前来进行兼并收购。三是代理理论。而在资产重组方面，代理理论主要论点是：公司的经理可能背离股东利益最大化原则，而从自身利益出发进行不适当的资产重组活动。国外学者认为，公司经理可能为了自己能够控制更大规模的资产而进行不适当的过度并购，而同时，在公司规模扩张的过程当中，也会给经理们以追求各种非正当利益的目标创造了机会。公司的经理可能会根据自己擅长的领域进行特定目标的收购，以此方式增加自己在公司中的重要性并提升地位。公司的经理可能会为了分散自己职业生涯的风险而进行不恰当的分业多元并购，而非专注于主营业务。当公司经营情况优良，现金流量充裕的时候，作为公司经营者的经理往往并不是从股东角度来考虑将富余资金作为红利发放，而是会寻求一些投资收益率不高的次等投资项目并进行投资，以此来避免自己控制的资产缩减，并增加自身在公司中的重要性。四是股东控制理论。这一类的理论其实也是根源于代理理论，其主要的观点是指公司内部大小股东对于公司控制能力有所差别，大股东由于相对于小股东有绝对的控制权而导致其有动机从公司内部攫取更多利益，导致公司利润并不是按照股份份额来分配。学者们研究发现，大股东有多种渠道来实现对公司利益的攫取，例如同时兼任公司经理而分得过高的薪酬，对自己的其他公司进行不适当的担保，以及各种关联交易等。

企业资产重组专栏2：

冠豪高新（600433）吸收合并佛山华新包装股份有限公司

广东冠豪高新技术股份有限公司（以下简称"公司"）换股吸收合并佛山华新包装股份有限公司（以下简称"粤华包"）（以下简称"本次合并"）并募集配套资金暨关联交易事项已获得中国证券监督管理委员会《关于核准广东冠豪高新技术股份有限公司发行股份吸收合并佛山华新包装股份有限公司并募集配套资金的批复》核准。公司于2021年8月19日取得中国证券登记结算有限公司上海分公司证券变更登记证明，公司因本次合并涉及的换股事宜新增发行无限售条件的流通股193 054 585股，有限售条件的流通股374 487 148股。本次合并涉及的换股完成后，公司总股本由1 271 315 443股增加至

1 838 857 176 股。本次合并涉及的换股导致的公司股份变化情况见表 6-1。

表 6-1　　　　　　　　　　　股份变动情况

项目	变动前（股）	新增股份（股）	变动后（股）	所占比例（%）
有限售条件的流通股	—	374 487 148	374 487 148	20.37
无限售条件的流通股	1 271 315 443	193 054 585	1 464 370 028	79.63
合计	1 271 315 443	567 541 733	1 838 857 176	100.00

　　根据冠豪高新与粤华包签署的《资产交割确认书》，自交割日起，粤华包所有资产的所有权（包括但不限于所有物业、商标、专利、特许经营权、在建工程等资产）和与之相关的权利、利益、负债和义务，均由公司享有和承担。粤华包同意自交割日起将协助公司办理粤华包所有要式财产（指就任何财产而言，法律为该等财产权利或与该等财产相关的权利设定或转移规定了特别程序，包括但不限于土地、房产、车船、商标、专利等）由粤华包转移至公司名下的变更手续。粤华包承诺将采取一切行动或签署任何文件，或应公司要求（该要求不得被不合理地拒绝）采取一切行动或签署任何文件以使得前述资产、负债和业务能够尽快过户至公司名下。公司须因此办理上述相关资产的变更登记手续，如由于变更登记手续等原因而未能履行形式上的移交手续，不影响公司对上述资产享有权利和承担义务。本次合并完成后公司前十名股东持股情况见表 6-2。

表 6-2　　　　　　　本次合并完成后公司前十名股东持股情况

序号	股东名称	持股数量（股）	持股比例（%）	股东性质	股本性质
1	佛山华新发展有限公司	370 009 058	20.12	国有法人	有限售条件
2	中国纸业投资有限公司	332 406 230	18.08	国有法人	有限售条件、无限售条件
3	广东粤财创业投资有限公司	77 595 101	4.22	国有法人	无限售条件
4	广东冠豪高新技术股份有限公司回购专用证券账户	28 749 998	1.56	其他	无限售条件
5	黄阳旭	14 015 001	0.76	境内自然人	无限售条件
6	广州润华置业有限公司	13 372 720	0.73	国有法人	无限售条件
7	广东粤财实业发展有限公司	12 386 720	0.67	国有法人	无限售条件
8	郭卫臣	11 090 300	0.60	境内自然人	无限售条件
9	湛江经济技术开发区新亚实业有限公司	10 565 481	0.57	境内非国有法人	无限售条件
10	乔通	10 046 242	0.55	境内自然人	无限售条件

　　中国纸业副总经理，冠豪高新、华新包装董事长钟天崎近日接受中国证券报记者采访时表示，冠豪高新和华新包装的合并，协同上可以大做文章，两家公司的整合将产生"1+1＞2"的效果。"新冠豪"在经营规模、产品结构等方面都将得到扩大和优化，致力于打造成为中国纸业南方基地。冠豪高新换股吸收合并华新包装事项近期获中国证监会审核通过。冠豪高新是国内特种纸行业领军企业，吸收合并华新包装之后，公司将剑指市场空间更大的白卡纸产业。

一、整合优质资产

冠豪高新是国内首家大规模生产热敏纸的专业公司，也是拥有先进生产设备及工艺的大型无碳复写纸、不干胶标签材料、热升华转印纸生产基地。公司产品广泛应用于税务、邮政、银行等部门与行业各类单据、票证的制作。凭借领先的研发水平、稳定的产品质量与良好的商业信用，公司与众多客户建立了长期、稳定的合作关系，成为目前国内特种纸的重要供应商。

华新包装以高科技产业为支柱，产品包括高级涂布白纸板和彩色包装印刷等，主导产品高级涂布白纸板年生产能力达 60 万吨，生产工厂设在佛山、珠海两地，年产量位居国内同行前列。彩色包装印刷业务方面，公司拥有高规格的清洁厂房和先进的工艺技术，处于行业领先地位。

根据冠豪高新发布的公告，公司拟以发行 A 股的方式换股吸收合并华新包装。换股吸收合并完成后，华新包装将终止上市并注销法人资格，冠豪高新将承继及承接华新包装的全部资产、负债、业务、人员、合同及其他一切权利与义务。

冠豪高新换股吸收合并华新包装并募集配套资金暨关联交易事项获得中国证监会审核通过。钟天崎介绍，冠豪高新正积极推进换股吸收合并华新包装重组项目，公司将采用市场化方式实现优质资产快速整合，降低管理运行成本，提升企业规模和协同效应，增强核心竞争力和盈利能力；同时，进一步推动资本和产业的深度融合，提升上市公司质量，顺应造纸行业发展趋势。

二、强强联合优势互补

本次重组是强强联合，冠豪高新和华新包装的协同效应比较明显，营销、技术、采购以及生产体系方面，都有很多可以做文章的地方，冠豪高新处于"小而美"的特种纸市场，客户是专业化的，附加值较高，行业增速较快。2019 年，我国特种纸消费量 309 万吨，同比增长 18.38%，远高于行业 2.54% 的增速，但与普通纸相比，市场容量偏小。白卡纸市场容量更大。受益于限塑令和消费升级、富阳白板纸产能关停以及行业集中度提升等因素，白卡纸行业处于高景气周期。吸收合并华新包装后，"新冠豪"将切入体量较大的白卡纸市场。

冠豪高新拥有湛江东海岛优质的土地资源以及得天独厚的区域优势，但仍面临寻找新的利润增长点挑战。而华新包装虽拥有白卡纸行业的优质客户和品牌，但面临珠海、佛山对造纸产业扩张的限制，无法解决自产浆问题。

两家公司合并后，存续公司将在湛江东海岛新建白卡纸、特种纸和纸浆生产线。两家公司核心技术协同效应显著，且地理位置较近，生产原料重叠，本次合并有利于双方在采购、研发、生产及物流渠道等方面发挥规模效应和协同效应。

白卡纸业务方面，公司将逐步改变无自备浆、单一基地规模偏小的现状，未来东海岛基地浆纸配套产能建设将解决目前白卡纸业务的短板。特种纸行业格局较为分散，单一产品规模较小。公司未来将以技术创新驱动产品多元化发展，进一步整合资源，提高产业集中度。

三、打造中国纸业南方基地

换股吸收合并完成后，"新冠豪"将形成 3 地 4 家工厂的格局，销售网络遍布国内外，总资产规模将达到 100 亿元左右，净资产在 65 亿元左右，资产负债率约 30%，资产比较健康，盈利能力较强。

未来"新冠豪"将坚持做优以高档白卡纸、特种纸为主的存量业务，积极谋划湛江东海岛基地产能扩张，并筹划设立新材料研究机构，完善科技成果转化激励机制，提升自主创新能力，做足增量业务；同时，围绕新材料增量业务进行延伸和拓展，包括可降解材料、可水解材料和纸代塑材料等环保新材料产品。

冠豪高新和华新包装同为中国纸业旗下中高端产品业务平台，中国纸业是中国诚通全资子公司。中国诚通作为冠豪高新和华新包装的实控人，将不断推动两家公司优化融合，提升市场核心竞争力，形成"1 + 1 > 2"的整合效应。中国诚通未来将支持"新冠豪"的改革发展，在完善公司治理机制、健全市场化选人用人机制、强化市场化激励约束机制、激发科技创新动能等方面给予冠豪高新充分授权，进一步释放公司的发展动力和活力。未来"新冠豪"将全力打造中国纸业南方基地。作为中国纸业南方基地的载体，公司将充分受益于"粤港澳大湾区建设"等战略。

资料来源：
①李阳. 冠豪高新换股吸收合并粤华包 B 案例分析［D］. 沈阳：辽宁大学，2021.
②万宇. 更大更强"新冠豪"呼之欲出［N］. 中国证券报，2021 - 06 - 28（A04）.

第一，企业重组的外部动因。外部动因主要包括宏观经济周期的变化、技术创新引发的产业结构调整和升级、市场竞争与政府对市场竞争的维护以及资本市场的创新四个方面。

（1）宏观经济周期的变化。对多数企业来说，宏观经济的高涨和萧条无疑是影响企业兴衰的一个重要的因素。企业的投资决策必须适应宏观经济的周期性变化。因而宏观经济的实际变化与人们投资及消费的预期变化往往联结在一起，因果累积、相互影响。

（2）技术创新引发的产业结构调整和升级。新技术、新材料、新设备的发明和广泛运用极大地提高了企业的生产效率，与此同时也推动了产业结构的不断升级和调整。产业结构的调整是通过内部各个企业数量、规模、结构的变化来实现的。因而产业结构的调整既对某些企业的生存产生威胁，同时又为另一些企业的发展提供了机遇。

（3）市场竞争与政府对市场竞争的维护。竞争既是市场的灵魂，又是企业的死亡威胁。逃避死亡的唯一办法是打败对手，主要条件是拥有对手不具备的竞争优势。竞争优势与企业家创新精神、研发投资、人力资本投资和生产规模扩张等因素是分不开的。通过企业兼并重组扩大企业规模、加强资本集中无疑是企业获得这些优势的重要途径。

（4）资本市场的创新。金融工具的创新、中介机构作用的增强一方面降低了企业兼并重组的成本，推动了兼并重组的规模，另一方面也使得企业兼并重组的技术和反并购的技术竞相提高，使兼并重组活动更加复杂、激烈。

第二，企业重组的内部动因。作为市场的微观主体，企业的最终目标是最大限度地创造利润，因而企业进行兼并重组无非是因为并购活动更有利于实现这个目标。具体来说，企业并购的内因主要涵盖最佳生产规模、通过纵向一体化节约交易成本、多元化经营、谋求企业增长、实现优势互补、扩大管理者的控制权利益等方面。

（1）最佳生产规模。对于规模偏小的企业来说，企业通过内部积累和外部扩张都能扩大企业规模，但是与内部积累方式相比，外部扩张的速度更快。

（2）通过纵向一体化节约交易成本。企业通过兼并那些处于同一产业链的上游或下游企业，不仅可以保证原材料的供应，或产品销售渠道畅通，而且可以节约交易过程中由于资产专用化引起的交易成本。

（3）多元化经营。通过兼并其他行业中的企业，实行多角化经营，企业可以获得更加稳定的现金流，从而降低破产概率以及破产成本。

（4）谋求企业增长。特定产品都有其特定的生命周期，具有长远发展战略的企业一般在生产第一代产品的同时会积极开发第二代产品或其他新产品。由于新产品开发无论在技术以及市场开发方面都具有一定的偶然性，因而并购那些处于成长阶段的企业尽管需要多花费一些成本，但是投资风险却小得多。

（5）实现优势互补。在一段时期内，受特定条件的制约，企业可能存在不均衡发展的情况，通过企业间的兼并联合可以实现优势互补。例如，拥有资金优势的企业，通过并购那些拥有特殊技术、无形资产的企业，获得相关行业的技术垄断优势或品牌优势，从而提升企业竞争力，实现企业的快速成长。

（6）扩大管理者的控制权利益。对企业管理者来说，企业规模越大，他们所能获得的权利、声望和社会地位就越高，因而相对于企业的股东而言，管理者可能更希望自己的企业通过兼并重组等方式快速扩张。

企业资产重组专栏3：

中船科技购买资产拓展新能源业务

2022年1月12日晚间，中船科技发布公告，拟发行股份购买中国海装100%股权、凌久电气10%股权、洛阳双瑞44.64%股权、中船风电88.58%股权和新疆海为100%股权，并拟募集配套资金。本次重组完成后，上市公司将直接持有中国海装100%股份和新疆海为100%股权，并将通过直接和间接方式合计持有凌久电气100%股权、洛阳双瑞100%和中船风电100%股权。公告显示，本次标的公司均为中国船舶集团控股的新能源行业资产，主要业务为风力发电设备的制造、风电场和光伏电站的开发与运营、新能源工程建设服务等。

本次重组前，中船科技业务以工程设计、勘察、咨询及监理、工程总承包等业务为主。近年来，公司发展势头良好，强化科技引领，集中优势资源，聚焦重点业务，持续打造船舶工业规划建设的核心能力；同时，上市公司全力培育拓展科技产业化和智慧工厂数字化平台建设新主业，已逐步形成了以设计咨询、工程总承包、城镇化建设（投融资）为基础，科技产业化和智慧工厂数字化平台建设协调发展、相互支撑的战略布局。

具体来看，本次重组标的之一的中国海装主要从事大型风力发电机组及核心零部件的开发研制、生产、销售，是国内知名的风力发电机组系统集成设计及制造厂商，并且已形成围绕风力发电主机为产业核心，包括叶片、控制系统、变桨系统等风电配套产品及风电场工程建设在内的产业体系。中国海装在客户关系稳定、技术积累、产业链一体化等方面均具备了较强的竞争优势。此外，凌久电气、洛阳双瑞、中船风电、新疆海为均为新能源行业产业链公司。

中船科技表示，新能源行业发展是国家实现"碳中和"战略的重要助力及必要举措，国家政策的大力支持给新能源行业带来了良好的发展前景与市场潜力。本次重组完成后，上市公司现有的工程设计勘察等业务与本次注入的新能源资产能够进一步发挥协同效应，在更高层次、更广范围、更深程度上推进新能源业务板块发展。本次重组将有利于上市公司产业结构的优化调整，有利于进一步拓展未来发展空间，进而提升上市公司价值，也有利于更好维护上市公司中小股东利益，也是中船科技持续打造中国船舶集团旗下高科技、新产业多元化发展平台的重要举措。

资料来源：
①杨洁. 中船科技拟注入新能源优质赛道资产 [N]. 中国证券报，2022 – 10 – 10（A05）.
②郑馨悦. 中船科技：重组推进一切正常 [N]. 证券日报，2022 – 02 – 25（B02）.

6.3　企业重组的方式

企业重组方式多种多样，不同重组方式的选择，也影响着企业重组价值的最大化。现阶段，更多的学者将企业重组方式分为以下几种。

第一，合并。合并是指两家或者两家以上相互独立的企业依据契约和相关法律合并成为一家企业的行为。2005 年 10 月 27 日修订通过的《中华人民共和国公司法》第一百七十三条规定，"公司合并可以采取吸收合并或者新设合并。一个公司吸收其他公司为吸收合并，被吸收的公司解散。两个以上公司合并设立一个新的公司为新设合并，合并各方解散"。从中可以看出，广义的合并包含兼并。

第二，兼并。兼并是指在市场竞争中处于优势地位的兼并方采取有偿购买等方式获取被兼并企业的产权，将被兼并企业并入本企业的经济行为。兼并之后，只有兼并方继续保持原有法人地位，被兼并企业丧失法人资格，或者即使保有法人资格，但其投资主体也已经发生变更，被兼并企业不复存在。

第三，收购。收购是指一家企业通过购买目标企业部分或者全部资产、股票等方式以取得对方企业控制权的行为。收购与兼并不同，收购的目标是获得目标企业的实际控制权，当收购发生后，被收购方往往能继续保有其法人地位，而不会消失。

第四，剥离。剥离具体是指企业将其部分闲置的不良资产、无利可图的资产或产品生产线、子公司或部门出售给其他企业以获得现金或有价证券。从广义上来讲，剥离还包括售卖和分立两种企业重组方式。

第五，售卖。售卖是剥离的一种方式，是指企业将不需要的资产整体或者部分出售给其他企业以获取现金或者有价证券的经济行为。

第六，分立。分立也是剥离的一种方式。企业分立可以划分为新设分立和派生分立，依据便是被分立企业是否存在。新设分立是指被分立企业将其全部资产进行分割，并入新成立的公司之中，被分立企业法人资格消失。派生分立是指被分立企业将部分资产分离，成立新公司的行为。分立之后，被分立企业法人资格能够继续保留。分立从其英文"Spinoffs"来看，是指企业将其在子公司中拥有的全部股份按照股东持股比例分配给公司股东的行为，分立之后，形成两家相互独立但是股权结构相同的公司，这本质上属于派生分立。

第七，托管。企业托管是指企业出资者或者实际控制人根据国家法律法规，以契约的形式将企业资产部分或者全部委托给优势企业进行经营管理的行为，以实现企业价值增值。在企业的托管行为中，被托管企业的财产经营权和处置权也实现了转移，一般在签订托管契约时，也会商定在一定时间内优势企业以一定价格兼并该托管企业，这实质上是一种延期兼并。

第八，破产。破产是指企业长期处于亏损状态或者发生财务危机以致丧失偿还企业负债能力的一种企业失败。

企业重组方式除了上述几种之外，还包括接管或接收、标购、租赁、承包、资产置换等方式。合并、兼并和收购是现阶段企业重组通常会采用的三种形式，我们通常所说的并购，一般是指兼并和收购。

6.4 企业重组的模式及要求

企业重组一般有业务重组、资产重组、人力资源重组、管理体制重组等模式。

第一，业务重组。业务重组是指对被改组企业的业务进行划分，从而决定哪一部分业务进入上市公司业务的行为。它是企业重组的基础，是其重组的前提。重组时着重划分经营性业务和非经营性业务、营利性业务和非营利性业务、主营业务和非主营业务，然后把经营性业务和营利性业务纳入上市公司业务，剥离非经营性业务和非营利性业务。根据业务变更前后，企业发生变化的程度以及新旧业务的各种关联程度，可以将重组划分为以下四种类型：一是扩张式重组。该类型只有新业务领域的进入行为，而没有旧业务的退出行为发生，因此，从表面上看是一种多元化（往往是相关多元化）行为，但是其与一般意义上的多元化有着本质的不同。因为拟构建的新业务将局部取代现存某核心业务在企业中的地位，为企业实现更好的发展提供一个新的战略平台。一般采取这类转型的往往是那些具有一定资源剩余且成长愿望较强的企业。二是脱胎换骨式重组。该类转型不仅有进入新业务领域行为发生，同时也有退出现存业务领域行为发生（往往是彻底退出现存核心业务领域），且新建业务将完全取代现存核心业务的主导地位，因此该类是程度最大的一种，同时也是难度较大的一种（往往是跨行/产业转型）。从实际情况来看该类重组常常发生于处于产业全面衰退环境的企业，因此基本上是一种被动行为，从而存在较大的风险。三是中度重组。该类型并不要求彻底退出现有核心业务，只是部分退出，因此与扩张式类似，新建核心业务只是局部取代现存核心业务的地位。该类型往往发生在那些本身已是多元化经营的企业，为了谋求更好发展而对其经营业务链进行优化重构。四是高度重组。该类型更强调通过先适当收缩进而造就条件实现业务重构，以谋求更大的发展。与扩张式所体现的量的扩张不同，该类型往往是通过量的缩减来寻求一种质的提高，因此，该类型更是一种具有艺术性和技巧性的业务重构。

第二，资产重组。资产重组是指企业资产的拥有者、控制者与企业外部的经济主体进行的，对企业资产的分布状态进行重新组合、调整、配置的过程，或对设在企业资产上的权利进行重新配置的过程。资产剥离和购并是资产重组的两种基本形式。资产剥离是指将那些从公司长远战略来看处于外围和辅助地位的经营项目加以出售。购并主要涉及新经营项目的购入，其目的是增强了公司的核心业务和主营项目。企业资产重组过程往往伴随着资产剥离和收购兼并活动的同时进行。具体到我国来说，伴随着国有企业改革的深化，资产重组方式多种多样，归纳起来有公司制改组、承包、租赁、企业兼并收购、托管、外资嫁接改造、破产重组、债务重组、股权重组等。从目前我国的资产重组情况来看，主要表现为四种类型：一是整体改组。整体改组是指本企业以整体资产进行重组，并将比较小的非经营性资产不予剥离而改组设立新的法人实体，原有企业解散。这种重组一般适用于新建企业或"企业办社会现象"较轻的企业。采用这种重组方式，企业不需要对其资产进行剥离，关联交易少，重组过程较为简单，重组时间较短；但是，企业在重组时不能剥离不产生效益或效益低下的资产，不能裁减冗员轻装上阵，如果国有企业整体改组，最大的弊端则可能存在国有资产的潜在流失。二是整体改组分立。整体改组分立是上市公司最为常见的重组方式，主要有两种形式：一种是一分为二重组，即原企业经过重组后分为两个或多个法人，原法人消亡，但新法人仍然属于原所有者；另一种是主体重组模式（原企业法人保留），即从原企业重组中拿出生产经营性资产进行股份制改造，变成上市公司，其余非生产资产作为全资子公司隶属于改组的控股公司。三是新建聚合重组。新建聚合重组是指企业以一定比例资产和业务进行重组，设立一个法人实体，主要适用于集团企业且集团企业中的生产性企业与非生产性企业界限较为清楚。四是共同重组。共同重组模式是指多个企业，以其部分资产、业务、资金债权，共同设立一个新的法人实体，其中的一个或两个企业在新实体中占有较大的份额。这一类型在上市公司极少看到，但对非上市公司而言，各种类型的企业都可以采用。

企业资产重组专栏 4：

西部黄金重大资产重组

2022 年 2 月 11 日，西部黄金股份有限公司（以下简称"公司"）召开第四届董事会第十七次会议，审议通过本次重组相关议案，并于 2022 年 2 月 12 日披露了《西部黄金股份有限公司发行股份购买资产并募集配套资金暨关联交易报告书（草案）》。

2022 年 2 月 25 日，公司收到控股股东新疆有色金属工业（集团）有限责任公司转发的新疆维吾尔自治区人民政府国有资产监督管理委员会（以下简称"新疆国资委"）出具的《关于西部黄金股份有限公司发行股份购买资产并募集配套资金相关事宜的批复》。新疆国资委的批复意见为：原则同意西部黄金股份有限公司董事会提出的发行 244 514 602 股股份用以购买阿克陶百源丰矿业有限公司、阿克陶科邦锰业制造有限公司和新疆蒙新天霸矿业投资有限公司 100% 的股权，同时向不超过 35 名符合条件的特定对象发行股份募集不超过 4 亿元配套资金的方案。

中国西北地区最大的黄金公司西部黄金（601069.SH），再启重组突破单一业务模式。2022 年 2 月 25 日，西部黄金披露重组草案，上市公司拟通过发行股份的方式购买百源丰、科邦锰业和蒙新天霸 100% 的股权，并募集配套资金不超过 4 亿元。长江商报记者注意到，本次交易标的资产合计交易作价为 26.14 亿元，较其净资产总额整体增值 272.68%。事实上，早在四年前，西部黄金就曾计划收购标的中的百源丰、科邦锰业各 51% 的股权，但未能成形。时隔四年重启收购，与西部黄金主营业务模式单一、业绩波动不无关系。特别是 2021 年以来，西部黄金子公司主要矿山停产时间较长，导致全年矿产金产销量大幅下降。此次收购的标的主要产品包括锰矿资源等，西部黄金表示，重组完成后，西部黄金将实现"黄金＋锰矿"采冶双主业经营，降低业务和产品单一带来的经营风险。此次交易还设置业绩承诺，即三家标的公司将在 2022～2025 年合计实现税后净利润不低于 9.74 亿元。西部黄金此次重组，不仅是重启四年前对百源丰、科邦锰业的收购，也是其控股股东新疆有色主导的一次内部资产腾挪。

早在 2017 年 7 月，西部黄金曾计划作价 11.31 亿元，通过发行股份及支付现金相结合方式收购百源丰、科邦锰业各 51% 的股权。当时，西部黄金的交易对手方仅有杨生荣一人。但筹划仅四个月，西部黄金就宣布重组失败，主要原因包括标的公司重要资产权属证照等尚在办理中，需要对生产设备升级改造，预计耗时较长等。

时隔四年，西部黄金再启收购事项。根据重组草案，西部黄金拟通过发行股份的方式购买百源丰、科邦锰业和蒙新天霸 100% 的股权。交易完成后，百源丰、科邦锰业和蒙新天霸将成为上市公司的全资子公司。同时，西部黄金还拟向不超过 35 名特定对象非公开发行股份募集配套资金不超过 4 亿元，全部用于补充上市公司和标的公司流动资金、偿还债务。

以 2021 年 9 月 30 日为评估基准日，百源丰、科邦锰业和蒙新天霸的评估值分别为 18.36 亿元、5.24 亿元、2.53 亿元，较其净资产分别增值 485.5%、2 053.98%、39.43%。最终交易各方确定标的资产合计交易作价为 26.14 亿元，以此计算这一交易价格较标的净资产总额 7.01 亿元增值 272.68%。

值得关注的是，此次重组的交易对手在四年前杨生荣的基础上，新增了西部黄金的控股股东新疆有色。目前，新疆有色分别持有标的公司科邦锰业、百源丰各 65% 股权，为两家公司的控股股东。杨生荣分别持有科邦锰业、百源丰各 35% 股权，还持有蒙新天霸 100% 的股权。而新疆有色则是在 2019 年从杨生荣手中受让科邦锰业、百源丰股权，实现对两家公司控股。与西部黄金相同，三家标的公司也都属于矿产资源开发行业。据西部黄金介绍，百源丰和蒙新天霸所持有的锰矿资源具有储量大、品位高、易开采等优势；科邦锰业具备成熟、高效的电解锰生产能力，生产技术水平较强。实现对科邦锰业、百源丰、蒙新天霸控股后，西部黄金将实现"黄金＋锰矿"采冶双主业经营，降低业务和产品单一带来的经营风险。

受产品价格影响，标的业绩起伏较大。重启关联收购的背后，是主打黄金采选冶炼业务的西部黄金正面临着业务单一、市场走势波动等带来的经营压力。数据显示，2021 年前三季度，西部黄金实现营业收入为 34.62 亿元，同比下降 7.49%；净利润为 -0.19 亿元、扣除非经常性损益的净利润 -0.40 亿元，同比分别下降 159.79%、161.85%。据介绍，西部黄金子公司主要矿山停产时间较长，导致 2021 年前三季度矿产金产销量较上年同期下降，且第三季度末有部分库存产品未销售，上述原因导致前三季度公司净利润发生亏损。

日前西部黄金披露业绩预告，公司预计 2021 年全年实现的净利润与上年同期相比，将减少 360 万～540 万元，同比减少 4.7%～7%。公告披露，西部黄金所属子公司主要矿山停产时间较长，导致本年度矿产金产销量较上年同期下降。但套期保值产生的收益计入投资收益以及公允价值变动收益，本年度套期保值产生的收益较上年同期增加，使得公司全年业绩降幅较前三季度有所收窄。

西部黄金表示，标的资产所处行业与公司现有黄金业务具有明显不同的业绩周期，将在一定程度上平抑公司业绩波动，增强盈利能力的稳定性。重组草案披露，2019 年至 2021 年 9 月，标的公司科邦锰业分别实现营业收入 7.57 亿元、4.52 亿元、7.18 亿元，净利润 749.69 万元、−5 929.8 万元、2.37 亿元。同期，百源丰分别实现营业收入 4.51 亿元、3.73 亿元、3.41 亿元，净利润 1.28 亿元、0.96 亿元、0.9 亿元。而蒙新天霸因尚处于矿区建设阶段，截至 2022 年第一季度未产生营业收入，净利润分别亏损 111.33 万元、303.72 万元、102.53 万元。

本次重组设置了业绩承诺，即科邦锰业、百源丰于 2022～2024 年实现的合计税后净利润分别不得低于 3.31 亿元、2.62 亿元、3.08 亿元。蒙新天霸于 2022～2025 年实现的税后净利润分别不得低于 −348 万元、−726 万元、2 980 万元、5 354 万元。粗略计算，三家标的公司将在 2022～2025 年合计实现税后净利润不低于 9.74 亿元。

但需要注意的是，近年来，进口锰矿石价格总体保持平稳，而电解锰价格在 2021 年受全球通胀、国家能耗双控等多重因素的叠加，价格高位运行，使得标的业绩出现波动。但若未来产品价格波动较大，标的业绩仍存在诸多不确定性。

资料来源：西部黄金重大资产重组项目获证监会并购重组委无条件通过 [J]. 新疆有色金属，2022，45（6）：96.

第三，人力资源重组。人力资源重组就是运用现代化的科学方法，对人力资源进行合理的培育开发和优化整合，使人的思想、心理和行为处于最佳状态，知识、技能、经验、智慧、创造力和主观能动性得到充分发挥，做到人尽其才；使企业人力与物力保持最佳配置，做到人事相宜，人尽其用，以发挥最佳的组织效能，保证企业目标的实现。人力资源重组包含着以下几个方面的基本功能。

人力资源的整合：使员工接受企业的宗旨和价值观念，并内化为员工的价值观念和行为规范，对企业形成强烈的归属感和责任感。

人力资源的激励：提供员工相宜的工作环境和相应的奖酬，满足员工在物质和精神方面的追求，激发和鼓励职工为实现企业目标发挥积极性和创造性。

人力资源的控制和调整：评估员工素质，考核工作绩效，做出相应的奖惩、升迁、解雇、聘用等决策。

人力资源的开发：对员工实施培训和再教育，提供发展机会，结合企业发展战略帮助员工确定个人发展方向和道路。

由此可见，人力资源重组强调人力资源的综合管理、优化组合和平衡发展；注重因人而异，根据人的需要和内在动因，有效激励人的责任感、成就感和事业心；注重群体对成员的吸引力，组织目标与个人发展的一致性；注重人的潜能开发与人力资源的投资强度；注重人与人以及人与工作、人与组织的关系协调。

人力资源重组应遵循以下三条原则。

（1）市场经济的原则。市场经济条件下，包括劳动力在内的全部生产要素都以商品的形式进入市场，市场机制推动着生产要素的合理流动，促进各种资源包括人力资源的优化配置。因此，人力资本的重组也必须遵循市场经济的原则，通过人力市场，在劳动者和企业双方意愿的基础上，依靠竞争机制和价值规律的作用，实现最好的劳动力与最佳的企业结合，实现人力资源与物力资源的优化再配置，使人力资源得到合理利用，企业和个人都得到发展。

（2）个体素质与岗位要求相对应的原则。每一个体的性格、气质、知识、经验、特长、技能各不相同；不同的职级和岗位，对人员的素质和能力有不同的要求。因此，必须根据人的素质和能力，把人放在最合适、最相宜的岗位上，实现人与工作的有效结合，达到人事相宜、各尽其用。

（3）整体结构合理化的原则。所谓整体结构，是指企业各种类型人员的配置及其相互关系。根据这一原则，我们在实施人力资源重组时，把具有不同专业、知识、智能、年龄、性格、气质、志趣的人科学合理地组合在一起，彼此取长补短，发挥每个人的长处。弥补每个人的不足，发挥出整体结构的最佳效能。

（4）管理体制重组。这是指修订管理制度，完善企业管理体制，以适应现代企业制度要求的行为。2013年11月，中央发布《关于全面深化改革若干重大问题的决定》，明确积极发展混合所有制经济，允许非国有资本参股国有资本投资项目。2014年2月，国务院国资委副主任黄淑和在《国有企业改革在深化》一文中也指出，深化国有企业改革，重点是加快国有企业股权多元化改革，积极发展混合所有制经济和深化国有企业管理体制改革，健全完善现代企业制度。

6.5 企业重组中的资产剥离

资产剥离指一个企业出售它的下属部门（独立部门或生产线）资产给另一企业的交易。具体说是指企业将其部分闲置的不良资产、无利可图的资产或产品生产线、子公司或部门出售给其他企业以获得现金或有价证券。资产剥离的实质可以从广义和狭义两个角度进行解释：广义的资产剥离是指部分资产组合脱离企业控制的一种资产重组交易，它包括出售和分立等多种形式；狭义的资产剥离意味着企业将其所拥有的资产、生产线、经营部门、子公司等出售给第三方，以获取现金、股票或现金与股票结合形式的回报的一种商业行为。资产剥离的动因有以下几个方面。

第一，外部环境性原因是资产剥离的诱发因素。在经济高速发展的今天，技术革命日新月异、产品更新换代迅速，全球化的市场经济下竞争日趋激烈，中国作为世界工厂，很多行业产能过剩，迫使企业有必要建立有效的退出机制。

第二，内部性原因是资产剥离的根本因素。其包括三种可能的原因。首先，上市公司进行资产剥离一般是为了亏损的业务从而使企业能降低多元化程度，集中于主要业务的经营，或者是为了企业的其他业务的需要而筹集现金。其次，当公司通过多元化方式进入与其核心业务毫不相关的产业，没有产生有效的协同作用，公司就可以通过出售那些先前购买的业务部门，消除消极的协同作用。再次，管理层更替。前任管理层之所以不剥离业绩很差的业务，是因为外界会认为这是对他最初所作错误投资决定的承认，而这种承认对其能力和声誉来讲都是不利的。但是，新任管理层一般并不关心前任的声誉，所以会主动纠正前任的错误，将会尽快地将其剥离。

第三，特殊目的性原因。例如盈余管理，如果上市公司已经长时间地持有了准备进行长期投资的资产,管理层有时会做出剥离部分资产来获得此前未真正实现的收益,并以此来提高财务业绩,或者在业绩大好时选择出售部分资产,并以此来减少会计盈余,以达到减少上市公司近几年收益波动性的效果。

资产剥离的一般程序而言,可以分为以下五个步骤。

第一,准备阶段。首先要选择操作人员或机构或者聘请外部专业人员为本公司制定资产剥离方案;其次要为资产剥离制作备忘录,其主要内容包括:企业资产剥离的原因,企业的历史和背景,企业目前的状况,企业的未来发展潜力,企业产品生产线状况和财务状况等;最后要对出售资产进行包装,尽可能地扩大利润。

第二,制订剥离计划。准备阶段完成以后,要根据剥离资产的特点、市场效率、管理人员的期望和偏好等因素制订合理可行的剥离计划。出售的方式又可分为广泛拍卖、定向拍卖和协议出售三种方式。在不同的资产剥离中选择恰当的出售方式可以取得较好的效果。对国有资产进行出售时,要遵循相应的法律、规定。

第三,评估剥离资产。制订剥离计划之后,需要对剥离资产进行评估,尤其是国有资产,评估是必经的程序。

第四,与买方进行磋商。买卖双方对剥离资产进行调查、评估、谈判后,就需要聘请律师拟定相应的合同草案,进一步对交易价格、交易程序和交割日期等进行确定。

第五,完成剥离。买卖双方在交割日期完成交割,完成剥离时需提供股票出售和资产出售两方面的文件。股票出售方面:股票买卖协议书,交易合法性评审意见书,转让公司控制权的股权证书,期票和有价证券工具,董事会决议和财产转让证书以及第三方的承诺。资产出售方面:资产买卖协议书,交易合法性评审意见书,卖契,期票抵押和有价证券工具,财产转让证书以及第三方的承诺。

企业资产重组专栏 5:

浙数文化的资产剥离

浙报数字文化集团股份有限公司(以下简称"浙数文化")于 2011 年 9 月 29 日在上海证券交易所通过借壳实现上市,证券代码是 600633。浙报传媒是浙江省内首家国有上市文化企业,也是中国报业集团中第一家媒体经营性资产整体上市的公司,其主营的报纸杂志类业务一直属于区域里的强势媒体或处于独家垄断地位。但公司在 2017 年实施重大资产重组,向控股股东浙报控股剥离旗下 21 家子公司的股权,以将近 20 亿元的剥离收益将属于企业核心业务的新闻传媒类业务出售,引起业内外的强烈反响,同年 4 月,公司名称也从"浙报传媒"更名为"浙数文化",实现从里到外彻底与新闻传媒类业务告别。

一、资产剥离的方案设计

浙数文化此次选择的交易对象是浙报控股,该公司前身是浙报集团,为浙报集团出资设立的全资子公司。到此次剥离交易的协议签订日期为止,浙报控股合共拥有浙数文化 46.93% 的股权,是公司的控股股东。浙报控股与浙数文化的股权关系如图 6-1 所示。

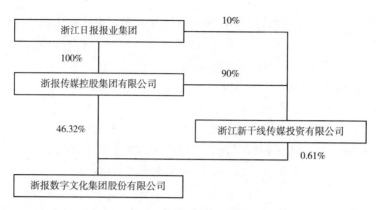

图 6 - 1　浙数文化实际控制人示意

浙数文化在本次资产剥离交易中，将其下属的 21 家一级子公司的股权出售给控股股东浙报控股，并以本次资产剥离为契机，从原先以新闻传媒类业务为核心转变为以互联网数字文化产业为主。具体出售企业如表 6 - 3 所示。

表 6 - 3 　　　　　　　　　　浙数文化交易标的概况

公司名称	股权比例（%）	业务性质
浙江日报新闻发展有限公司	100	出版发行业
钱江报系有限公司	100	出版发行业
浙江智慧网络医院管理有限公司	100	服务业
浙江老年报报业有限公司	100	出版发行业
浙江日报报业集团印务有限公司	100	出版发行业
浙江九星传媒有限公司	100	服务业
浙江在线新闻网站有限公司	70.51	信息传播服务业
浙江法制报报业有限公司	51	出版发行业
浙江《美术报》有限公司	51	出版发行业
浙江《江南游报》社有限责任公司	51	出版发行业
乐清日报有限公司	51	出版发行业
瑞安日报有限公司	51	出版发行业
海宁日报有限公司	51	出版发行业
诸暨日报有限公司	51	出版发行业
东阳日报有限公司	51	出版发行业
上虞日报有限公司	51	出版发行业
绍兴市柯桥日报有限公司	51	出版发行业
永康日报有限公司	51	出版发行业
温岭日报有限公司	51	出版发行业
上海高铁旅游服务有限公司	51	服务业
浙江浙商传媒有限公司	49	出版发行业

如表 6-3 所示，浙数文化此次资产剥离交易的标的资产是 21 家一级子公司的股权，虽有 15 家不是上市公司的全资子公司，但已获得其他股东放弃优先购买的同意书，确保此次资产剥离交易的顺利展开。表 6-3 的子公司中，除了浙江智慧网络医院管理有限公司从事与医疗相关的服务以外，其余子公司均从事报刊发行、印刷、广告发行、文化服务相关的业务。浙数文化此次重大资产重组方案整理如表 6-4 所示。

表 6-4　　　　　　　　　　　　浙数文化资产重组方案

公司名称	浙报数字文化集团股份有限公司
时间	2017 年 1 月 10 日～2017 年 4 月 19 日
形式	资产剥离
交易标的	浙数文化持有的 21 家一级子公司股权
交易对象	浙报传媒控股集团有限公司（浙数文化控股股东）
交易对价	以 2016 年 12 月 31 日为交易定价基准日，交易价格确定为人民币 199 671 万元
交易方式	浙报控股在满足《资产出售协议》第二条先决条件之日起的 3 个工作日内，以现金支付的方式把款项支付至指定账户

二、资产剥离方式及类型

浙数文化此次资产剥离交易是通过资产转让的方式实现的，转售资产指的是企业将其控制的有形资产、无形资产等以其他形式存在的资产的所有权出售给其他企业，并得到资金流入的交易行为。在此次的资产剥离交易中，浙数文化通过向浙报控股出售 21 家子公司的股权，剥离新闻传媒类业务，交易双方在《资产出售协议》中约定以现金支付的方式支付交易对价 199 671 万元，浙报控股于 2017 年 3 月 31 日完成款项支付。在浙数文化资产剥离交易中，21 家子公司的股权购买方是企业的控股股东，所以可以把浙数文化的资产剥离活动定性为关联方交易。

浙数文化此次资产剥离交易类型可以被分为以下几类：（1）自愿性资产剥离。浙数文化的资产剥离行为是公司考虑经营需求后所做出的经营决策，并不是在国家政策的限制下不得不做出的决定。（2）股权类资产剥离。在此次剥离交易中，浙数文化将 21 家子公司的股权出售给控股股东浙报控股，是对外出售子公司股权的行为。（3）经营性资产剥离。在实施资产剥离交易的前几年里，新闻传媒类业务一直都是公司的主营业务，也是为企业带来高额收入的核心业务。（4）部分资产剥离。本次资产剥离交易中，浙数文化只是将企业的部分业务对外出售，剥离了新闻传媒类业务后，企业则以数字娱乐板块、数字体育业务、大数据业务以及文化服务及投资业务的发展为主。（5）纯资产剥离。在此次交易中，浙报控股以现金支付的方式向浙数文化购买 21 家子公司的股权，并没有承担相应的债务减免交易对价。（6）战略性资产剥离。浙数文化的资产剥离是公司在审视和衡量新闻传媒类行业及数字文娱类行业当前的发展情况后做出的战略决策，浙数文化出于长远利益的打算，希望实施资产剥离后能够集中企业资源专注于数字文娱产业的发展，并以此为契机实现战略转型，成为一家真正的互联网数字文化企业。

三、资产剥离的过程

为了应对纸媒行业的发展"寒冬期"及顺应数字文娱行业的发展潮流，浙数文化的管理层决定实施资产重组，采取收缩性资产重组的方法。根据《资产重组管理办法》的规定，浙数文化此次出售的标的资产在 2016 年度的营业收入为 260 749.21 万元，占上市公司 2016 年度经审计的合并营业收入 354 993.18 万元的比例为 3.45%，远大于规定的 50%，因此，此次交易构成上市公司的重大资产重组行为。浙数文化以资产剥离作为实施方式，向控股股东浙报控股出售 21 家一级子公司的股权，此次对外出售使浙数文化彻底剥离新闻传媒类资产，让企业今后专攻数字娱乐板块能够轻装上阵。从浙数文化决定实施资产重组、对外公告停牌、签署交易协议、公布资产评估、通过交易方案到完成资产交割为止，剥离时长近 4 个月。具体资产剥离的过程如表 6 - 5 所示。

表 6 - 5   浙数文化资产剥离过程

时间	事件
2017 年 1 月 10 日	股票停牌，开始资产剥离
2017 年 2 月 10 日	对外公布交易对象、交易方式、标的资产情况
2017 年 2 月 23 日	召开第七届监事会第二十二次会议、第七届董事会第二十二次会议，审议通过《关于〈浙报传媒集团股份有限公司重大资产出售暨关联交易预案〉及其摘要的议案》《关于公司重大资产出售暨关联交易方案的议案》等相关议案
2017 年 2 月 25 日	对外披露董事会及监事会决议公告、《重大资产出售暨关联交易预案》、第三方机构核查意见、出售资产年度审计报告
2017 年 3 月 10 日	股票复牌
2017 年 3 月 14 日	召开第七届董事会第二十三次会议，审议通过《关于批准本次重大资产重组有关资产评估报告及备考财务报告的议案》等相关议案
2017 年 3 月 16 日	披露 21 项标的资产的价值评估报告
2017 年 3 月 31 日	受让方支付交易对价 199 671 万元
2017 年 4 月 6 日	公司名称更改
2017 年 4 月 19 日	交易双方办理工商变更登记，所有过户手续完成

资料来源：根据浙数文化在巨潮资讯网发布的公告整理。

四、浙数文化资产剥离的效应

（一）偿债能力

从图 6 - 2 可以看出，浙数文化的流动比率与速动比率数值较为接近，公司的流动比率、速动比率以及现金比率在 2017 年有了较大幅度的提升，公司的短期偿债能力得到极大的提高，这是因为浙数文化在 2017 年实施了资产剥离行为，将旗下的 21 家子公司的股权全数转让给控股股东浙报控股，并因此获得交易款项 199 671 万元，大大增加了公司流动资产占总资产的比例。

以资产剥离事件作为分界点，将时间线进行分段观察可以发现，在资产剥离事件发生的前三年里，流动比率、速动比率以及现金比率数值处于一个较为平稳的状态，虽然有升有降，但总体而言数值的起伏不大，公司的流动比率数值介于 1 ~ 2，而速动比率除

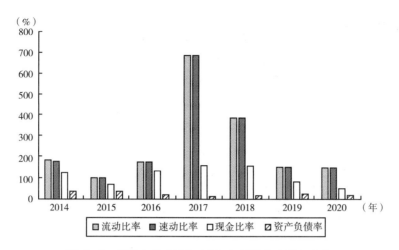

图 6 - 2　浙数文化 2014～2020 年偿债能力指标走势

了在 2015 年稍低于 1 以外，其余两个年份的数值均接近 2，现金比率则一直处于 20% 以上，可以说，公司的货币资金较为充裕，公司的流动资产足以偿还短期债务，企业的短期偿债能力良好。

（二）盈利能力

从表 6 - 6 可以看出，浙数文化的各项指标在 2017 年均有了不同程度的提升，其中，营业利润率和成本费用利润率的上涨幅度最大，数值双双突破 100%，而净资产收益率和总资产利润率的上升幅度虽然不高，但也较前几年有所提升，而在 2017 年之后，各项盈利能力指标则逐渐下降，恢复正常水平。

在浙数文化发生资产剥离事件的前几年里，公司的各项盈利能力指标走势较为平稳，波动幅度并不大，可以得知公司的盈利能力相对稳定，但由于公司主营业务发展乏力、后劲不足，尽管游戏业务经营效益良好，也无法拉动公司营业利润的大幅提升，盈利能力指标也只能在平均水平附近上下浮动，反映出公司赚取利润的能力多年未变。而在进行资产剥离的 2017 年，公司的各项盈利能力指标却呈现出上升的趋势，各项指标取得了较大的进步。

表 6 - 6　　　　　　　　　　　浙数文化盈利能力指标

项目	2014 年	2015 年	2016 年	2017 年	2018 年	2019 年	2020 年
营业利润率（%）	19.98	26.07	25.85	109.60	31.61	27.34	23.22
净资产收益率（%）	13.57	14.44	9.45	21.10	6.15	6.32	6.08
总资产利润率（%）	8.63	11.00	11.00	17.51	5.71	6.17	6.34
成本费用利润率（%）	26.94	32.09	34.12	136.40	44.70	40.46	38.29

资料来源：国泰安数据库。

（三）发展能力

如图 6 - 3 所示，在浙数文化实施资产剥离之前的年份里，净资产增长率、总资产增长率均呈现出递增的趋势，可见公司的发展能力良好，有上升空间，而净资产率在 2016 年出现大幅上升，这主要是因为公司的控股股东浙报控股在当年参与了公司的非公开发行认购，以 2 亿元人民币认购了 11 655 012 股，导致这一年的净资产较上年同比增加了 40.37%，直接拉升了净资产增长率。到了 2017 年，净资产增长率与总资产增长率则出现了下降，这主要是因为公司在当年实施了资产剥离行为，将新闻传媒类资产全数剥离给浙报控股，21 家子公司的财务数据自 4 月起不再纳入浙数文化的财务报表中，因此，公司的资产、负债类科目数值出现不同程度的减少。但即便如此，公司的净资产增长率、总资产增长率在 2017~2019 年依然保持着正向增长。尽管公司的总资产增长率在 2020 年为负值，但这主要是由于公司对外支付项目投资款所致，并不是公司经营出现不良情况。由此可见公司所保留的互联网数字文化产业的成长潜力较大，尽管公司剥离了大量传媒类资产，但经过优化分配有限的企业资源，依然能够依靠核心业务达到发展壮大公司的目标。

此外，从主营业务收入增长率的情况来看，在公司进行资产剥离之前，主营业务收入增长率的走势一路向下，即便一直保持着正增长，但公司的主营业务收入处于下行通道是毋庸置疑的。造成这一结果可能是受到当时主营业务市场环境的影响，自浙数文化上市以来，公司便以新闻传媒类业务作为经营性业务，更是在之后的发展中，一直依靠印刷报刊、发行报刊、经营报刊广告作为收入的主要来源，奈何随着互联网的发展，传统纸媒行业每况愈下，公司为挽救主营业务收入所做出的努力也于事无补，主营业务收入的增长率从 2014 年的 30.15% 骤降至剥离前的 2.67%，下降速度快，下降幅度大，仿佛到了下一年就要进入负增长队列。在此情况之下，浙数文化立刻做出了资产剥离的决定，并将所有的新闻传媒类资产对外转让，这一举动也直接导致公司 2017 年的主营业务收入大幅缩减，同比减少了 188 958.39 万元，主营业务收入增长率跌破临界点。但负增长也只是短暂出现，如图 6-3 所示，自剥离资产后，浙数文化的主营业务收入便开始向上攀升，在 2019 年达到 48.03%，尽管在 2020 年由于子公司的业务结构调整而使得主营业务收入大幅下降，但依然保持着正增长的态势，增长情况高于以前年度水平，可见，公司此次的战略调整行为重新焕发了公司的发展活力。

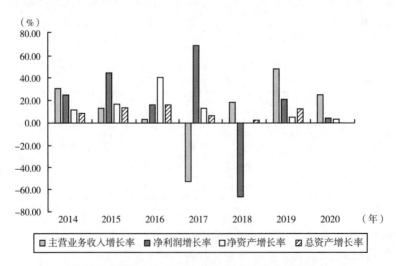

图 6-3 浙数文化 2014~2020 年发展能力指标走势

从浙数文化的净利润增长情况来看，由于公司在剥离当年获得 199 671 万元的业务剥离交易款项，增加了公司利润，令这一发展能力指标在 2017 年得到大幅提升，同比增加了 68.82%。到了 2018 年，净利润增长率的下降，这与政府补助收入大量减少有关，在剥离传媒类资产后，公司的经营利润得到改善，再加上互联网数字文化行业的市场环境良好，可以预见公司未来的成长能力会出现正向的发展。

根据以上的数据分析，可以推测浙数文化的发展能力能够通过此次资产剥离事件得到有效的提升，这次资产重组行为给公司的发展产生积极的影响，能够为公司未来的发展创造财富，随着公司今后加大对核心业务的重视和发展，对游戏业务、电子竞技业务、大数据业务、文化投资业务等业务的进一步投入，公司未来的发展成长能力将会得到源源不断的前进动力。

资料来源：梁曦旸. 浙数文化资产剥离动因及经济效应研究［D］. 广州：广东工业大学，2021.

6.6　企业重组中的风险管理

企业重组有可能成为企业腾飞的契机，也可能给企业带来极大的风险。重组活动是对重组主体经营决策水平、管理素质及自身资源条件的重大考验。按重组风险存在的不同阶段，风险可分为重组前的价值风险、重组中的财务风险和重组后的整合风险。

6.6.1　重组面临的风险

（1）第一阶段：重组前风险。

第一，战略风险。资产重组只考虑战术层次，而没有考虑战略层次，是导致资产重组失败的重要原因。如果企业不能认识重组与企业战略之间的关系，资产重组可能遇到严重的困难。重组项目的远景应该与整个企业的远景相一致，企业的高层管理人员应该提供正确的企业远景。只有当利益相关者、目标延伸、战略定位以及成功的关键因素等战略要素被认知并在资产重组时予以考虑，重组的目标才是与企业整体的战略目标一致的。

第二，重组范围和规模风险。如果计划不当，重组的范围和规模确定不妥的话，有可能给企业的经营活动带来不利影响，可能无法使整个企业集团产生经营协同效应、财务协同效应，难以实现规模经济和经验共享互补。通过重组形成的新企业因规模过于庞大而产生规模不经济，甚至整个企业集团的经营业绩都为被并购进来的新企业所拖累。

第三，信息风险。在资产重组中，信息是非常重要的，知己知彼，百战不殆。真实与及时的信息可以大大提高重组行动的成功率，但实际上因信息不对称而贸然行动导致重组失败的案例不少。由于信息不对称，导致对重组对象的价值判断并不一定是完整和准确的。仅仅从重组对象的财务报表去判断其财务状况和经营成果是不够的，因为其财务报表可能含有虚假的成分。即使它是真实的，也可能因为会计确认基础的主观性以及会计政策的可选择性等主观原因以及未予披露表外事项的存在，造成对重组对象的价值做出错误判断。如果在重组的过程中高估了资产低估了负债而导致对重组收益做出错误判断的话，就会给重组带来风险。

（2）第二阶段：重组中风险。

第一，融资风险。企业的融资渠道一般有自有资金、借款、发行债券、发行股票等。影响融资财务风险的因素有两个：一是融资能力，是影响企业重组融资的最重要因素。融资能力包括内源融资和外源融资两方面。内源融资能力取决于企业可以获得的自有资金水平及有关税收折旧政策等，一般内源融资资金成本较低。外源融资能力债务融资和权益融资等方式，取决于外部融资渠道的多寡、企业的获利能力、资本结构及市场对企业的态度等。二是融资结构，即企业资本中债务资本与股权资本结构。债务资本包括短期债务与长期债务结构等。企业融资结构是否合理，是影响融资风险的主要因素。当重组达不到预期效果时，实际经营利润率小于负债利息时，就会产生利息支付风险和按期还本风险。在以股权资本为主的融资结构中，对外发行新股意味着将企业的部分控制权转移给了新股东，如果普通股发行过多，原股东可能丧失控制权，并购方反而面临被收购风险。

第二，反收购风险。在通常情况下，并购重组中的被收购企业对收购行为往往持不欢迎和不合作态度，尤其在面临敌意并购时，他们可能会宁为玉碎，不为瓦全，不惜一切代价布置反收购战役，其反收购措施可能是各种各样的。这些反收购行动无疑会对收购方构成相当大的风险。

第三，法律风险。各国关于并购、重组的法律法规的细则，一般都通过增加并购成本而提高并购难度。在我国，《证券法》第七十九条规定，"通过证券交易所的证券交易，投资者持有一个上市公司已发行的股份的百分之五时，应当在该事实发生之日起三日内，向国务院证券监督管理机构、证券交易所作出书面报告，通知该上市公司，并予以公告；在上述规定的期限内，不得买卖该上市公司的股票""投资者持有一个上市公司已发行的股份的百分之五后，通过证券交易所的证券交易，其所持该上市公司已发行的股份比例每增加或者减少百分之五，应当依照前款规定进行报告和公告。在报告期限内和作出报告、公告后二日内，不得再行买卖该上市公司的股票"。由此可见，控股收购的成本将随收购股份的比例的增加而递增，收购的难度与收购风险也随之递增，反收购则相对比较轻松。

另外，不同的重组方式，在重组过程中面临的财务风险也有不同。例如，杠杆收购有力地推动了企业间的资产重组，但也伴随着一定的风险，容易助长证券市场的过度投机行为，加剧了证券市场震荡和为谋取差价、获取暴利而进行杠杆收购的行为，扰乱目标企业正常生产秩序，造成社会经济不稳定；托管经营重组面临着由于委托人与代理人在目标、动机、利益、权利、责任等方面存在着差异，委托人具有因将资产的支配权和使用权转让给代理人后可能遭受利益损失的风险；买壳上市往往面临管理不规范、信息披露不及时不充分、对外债务及对外担保数量较多等问题。

（3）第三阶段：重组后风险。

第一，管理风险。为了使员工对资产重组的抵触情绪达到最小，企业除了要找出自身的劣势以外，企业的资产重组还应该使用激励的方式获取企业的高层管理人员和其他领导者自始至终的参与和支持。资产重组失败很重要的一个原因是缺乏持续的管理投入和领导。

第二，企业文化风险。企业之间的资产重组结构整合，必然触动企业文化理念的碰撞。企业文化风险是指资产重组涉及的不同企业文化之间的冲突给企业资产重组带来的风险。一个企业的管理模式和行为有时不能为另一个企业员工所接受，使得企业在内部管理上花费很大的精力和成本，完成重组之后的融合至正常运作经常需要很长的时间，而最终宣告失败的例子也屡见不鲜。许多重组过于注重技术因素，忽略了人的因素，阻碍了人的积极性的发挥，破坏了企业内部员工之间的协调，使得重组未带来预期的绩效。

第三，资产整合风险。经过重组后的企业资产数量必然会发生扩张，资产的存量质量必须要符合企业发展需要，不良资产必须得到剔除，否则重组后后续成本会大大增加。

企业资产重组专栏 6：

蓝帆医疗：关于拟进行内部资产重组的公告

证券代码：002382　证券简称：蓝帆医疗　公告编号：2022 - 006
债券代码：128108　债券简称：蓝帆转债
蓝帆医疗股份有限公司
关于拟进行内部资产重组的公告

本公司董事会及全体董事保证本公告内容不存在任何虚假记载、误导性陈述或者重大遗漏，并对其内容的真实性、准确性和完整性承担个别及连带责任。

蓝帆医疗股份有限公司（以下简称“蓝帆医疗”）于 2022 年 1 月 13 日召开第五届董事会第二十一次会议，审议通过了《拟进行内部资产重组的议案》，同意将公司截至基准日 2021 年 12 月 31 日与健康防护手套业务生产经营相关的部分资产及负债按账面净值预计 125 039.32 万元（未经审计）投资划转至全资子公司淄博蓝帆新材料有限公司（以下简称“淄博新材料”）、淄博蓝帆健康科技有限公司（以下简称“淄博健康科技”），并授权公司管理层办理此次内部资产重组的相关事宜，包括但不限于签订资产重组协议、办理工商变更等事宜。具体情况如下。

一、本次交易概述

为进一步明晰战略布局，完善公司组织架构和管理体系，明确上市公司主体本身的集团控股公司定位，并提高经营管理效率，公司拟以 2021 年 12 月 31 日为基准日，通过资产、负债划转的方式，将公司拥有的与健康防护手套业务生产经营相关的部分资产及负债划转至全资子公司淄博新材料、淄博健康科技。其中，划转至淄博新材料的账面净值为 48 863.10 万元，划转至淄博健康科技的账面净值为 76 176.22 万元。本次划转将按照“人随业务、资产走”的原则，将划转业务相关的人员转移至淄博新材料及淄博健康科技。

本次内部资产重组在公司与合并范围内的全资子公司之间发生，相关数据未进行审计、评估，最终以审计机构审计确认后的数据为准，且不涉及关联交易，亦不构成《上市公司重大资产重组管理办法》规定的重大资产重组。根据《深圳证券交易所股票上市规则》和《蓝帆医疗股份有限公司章程》（以下简称《公司章程》）的规定，本次内部资产重组事项无须提交股东大会审议。

二、交易双方的基本情况

（一）交易相关方的基本情况

1. 划出方。

公司名称：蓝帆医疗股份有限公司

统一社会信用代码：91370000744521618L

类型：股份有限公司（台港澳与境内合资、上市）

法定代表人：刘文静

注册资本：96 403.1086 万元人民币

成立日期：2002 年 12 月 02 日

住所：山东省淄博市齐鲁化学工业区清田路 21 号

营业期限：2002 年 12 月 02 日至无固定期限

经营范围：生产加工 PVC 手套、丁腈手套以及一类、二类、三类医疗器械和其他塑料制品、粒料，销售本公司生产的产品；丁腈手套、乳胶手套、纸浆模塑制品以及一类、二类医疗器械产品的批发业务。（依法须经批准的项目，经相关部门批准后方可开展经营活动，有效期以许可证为准）

2. 划入方。

（1）淄博蓝帆新材料有限公司。

统一社会信用代码：91370305MA94L8J8XE

类型：有限责任公司（非自然人投资或控股的法人独资）

法定代表人：张木存

注册资本：500 万元人民币

成立日期：2021 年 8 月 3 日

住所：山东省淄博市临淄区齐鲁化学工业区清田路 21 号办公楼三楼

营业期限：2021 年 8 月 3 日至无固定期限

经营范围如下。

一般项目：新材料技术研发；第一类医疗器械销售；第二类医疗器械销售；橡胶制品制造；第一类医疗器械生产；塑料制品制造；塑料制品销售；橡胶制品销售。（除依法须经批准的项目外，凭营业执照依法自主开展经营活动）

许可项目：货物进出口；第二类医疗器械生产。（依法须经批准的项目，经相关部门批准后方可开展经营活动，具体经营项目以相关部门批准文件或许可证件为准）

（2）淄博蓝帆健康科技有限公司。

统一社会信用代码：91370305MA94L8HU78

类型：有限责任公司（非自然人投资或控股的法人独资）

法定代表人：张木存

注册资本：500 万元人民币

成立日期：2021 年 8 月 3 日

住所：山东省淄博市临淄区齐鲁化学工业区清田路 21 号办公楼二楼

营业期限：2021 年 8 月 3 日至无固定期限

经营范围如下。

一般项目：健康咨询服务（不含诊疗服务）；第二类医疗器械销售；第一类医疗器械销售；第一类医疗器械生产；橡胶制品制造；橡胶制品销售；塑料制品销售；塑料制品制造。（除依法须经批准的项目外，凭营业执照依法自主开展经营活动）

许可项目：货物进出口；第二类医疗器械生产。（依法须经批准的项目，经相关部门批准后方可开展经营活动，具体经营项目以相关部门批准文件或许可证件为准）

（二）交易相关方的关系

淄博新材料、淄博健康科技系公司的全资子公司。

三、交易涉及的主要内容

（一）资产、负债划转情况

1. 向淄博新材料划转资产、负债情况公司拟将部分与健康防护手套业务相关的资产和负债以 2021 年 12 月 31 日为基准日按账面净值预计 48 863.10 万元划转给淄博新材料。本次交易的划转资产主要归集为：货币资金人民币 1 亿元（其中人民币 500 万元计入淄博新材料的实收资本，剩余计入淄博新材料的资本公积）；与本次重组相关的土地使用权、房屋建筑物、应收账款、预付账款、其他应收款、存货、除房屋和建筑物外固定资产、在建工程、工程物资、应付账款、预收账款等按基准日账面净值计入淄博新材料的资本公积。截至 2021 年 12 月 31 日，公司拟划转至淄博新材料的资产、负债（模拟合并报表，未经审计，最终数据以审计数据为准）情况如下。

单位：万元项目账目价值

资产合计：57 685.05

负债合计：8 821.95

净资产：48 863.10

注：公司对拟划转资产拥有合法的完整权利，不存在重大争议、诉讼或仲裁事项、查封等限制或禁止转让的情形。

2. 向淄博健康科技划转资产、负债情况公司拟将部分与健康防护手套业务相关的资产和负债以 2021 年 12 月 31 日为基准日按账面净值预计 76 176.22 万元划转给淄博健康科技。本次交易的划转资产主要归集为：货币资金人民币 1.50 亿元（其中人民币 500 万元计入淄博健康科技的实收资本，剩余计入淄博健康科技的资本公积）；与本次重组相关的土地使用权、房屋建筑物、应收账款、预付账款、其他应收款、存货、除房屋和建筑物外固定资产、在建工程、工程物资、应付账款、预收账款等按基准日账面净值计入淄博健康科技的资本公积。

截至 2021 年 12 月 31 日，公司拟划转至淄博健康科技的资产、负债（模拟合并报表，未经审计，最终数据以审计数据为准）情况如下。

单位：万元项目账目价值

资产合计：100 198.22

负债合计：24 022.00

净资产：76 176.22

注：公司对拟划转资产拥有合法的完整权利，不存在重大争议、诉讼或仲裁事项、查封等限制或禁止转让的情形。

（二）交易涉及的业务及员工安置

根据"人随业务、资产走"的原则，员工的劳动关系将相应由淄博新材料及淄博健康科技接收，公司将按照国家有关法律法规的规定以及员工本人意愿进行合理安置，在履行必要的程序后，为相关的员工办理相关的转移手续，签订劳动合同和交纳社会保险。

（三）交易涉及的税务安排

公司将与税务部门积极沟通，并根据相关政策进行税务处理。

（四）交易涉及的债权债务转移及协议主体变更安排

对于公司已签订的涉及业务的协议、合同等，将办理协议、合同主体变更手续，合同、协议的权利义务对应转移至淄博新材料及淄博健康科技；专属于公司或按规定不得转移的协议、合同不在转移范围内，仍由公司继续履行。

四、交易对公司的影响

本次内部资产重组完成后，淄博新材料、淄博健康科技将作为公司健康防护事业部的生产经营平台，进而形成以母公司蓝帆医疗作为控股平台，下属健康防护、心脑血管、医疗护理三大事业部独立运营的经营格局。本次内部资产重组系公司内部生产经营的调整，有利于进一步优化公司及各子公司管理职能和业务职能，有利于完善公司组织架构和管理体系，使公司战略布局更加清晰，提升整体管理效率，促进公司持续稳健发展。

本次内部资产重组在公司合并报表范围内进行，不涉及合并报表范围变化，对公司财务状况和经营结果不会产生重大影响，也不存在损害公司及股东利益的情形。

五、交易可能存在的风险

本次划转涉及的债务转移需取得债权人同意，协议主体的变更尚需取得协议对方的同意和配合，最终划转金额可能与上述数据不一致（最终以审计机构审计确认后的数据为准）。

公司将积极关注本次内部资产重组事项的进展情况，及时履行相应信息披露义务。

敬请广大投资者理性投资，注意投资风险。

六、独立董事意见

公司本次将与健康防护手套业务相关资产及负债按照账面净值投资划转至全资子公司，有利于进一步完善公司管理架构，不会对公司的财务状况和经营成果造成重大不利影响。该事项的审议程序符合法律法规及《公司章程》的相关规定，不会损害公司及股东的利益。因此，我们同意此次内部资产重组事项。

七、备查文件

1. 公司第五届董事会第二十一次会议决议；
2. 公司第五届监事会第十九次会议决议；
3. 独立董事的独立意见。

特此公告。

蓝帆医疗股份有限公司董事会

二〇二二年一月十四日

资料来源：严曦梦，宋薇萍，王晓峰．构建新型产业体系 打造空间新格局［N］．上海证券报，2022 - 07 - 06（003）．

6.6.2 企业重组的风险防范

企业进行资产重组首先应从企业发展的战略目标出发，通过对企业面临的外部环境和内部条件的研究，分析企业资源的优势和劣势、能力的长处和短处，明确企业资产重组的动机。

确定重组目的后，企业应收集各个可能的重组对象有关生产经营方面的信息，以避免信息风险。企业应收集和分析的信息包括产业环境信息、财务状况信息、经营能力信息、重组对象高层领导信息等。产业环境信息指重组对象所处产业的基本情况及其发展阶段、在社会经济中的地位和作用等。财务状况信息主要指重组对象的资本结构、现金流、盈利能力等信息。经营能力信息主要指重组对象的经营目的、经营方针、经营计划、研究开发能力、生产规模、销售网络、管理能力、公共关系、人力资源状况及企业文化等。重组对象高层领导信息指重组对象的高层领导能力与品质、性格、气质、工作作风及管理方式与决策方式等。

企业应依据重组目的，在对收集到的各个可能的重组对象的信息进行全面、具体、细致的分析筛选比较之后，最终确定符合企业发展要求的重组对象。整个过程应该主要是市场导向型的，而不是政府导向型的。在目前资本市场有待完善、中介机构尚不发达的情况下，有关部门应该对政府行为空间做出限定，避免政府行为对资产重组过多的干预。这并不是说政府是多余的，事实上企业的资产重组涉及的很多方面，如资金的来源、富余人员的安置、债务包袱谁来背等棘手问题的解决都离不开政府的支持。企业在注意避免政府干预给资产重组带来风险的同时，也要正确地处理好与政府的关系，一个成功的资产重组案例必然是从企业自身的利益出发，同时又是符合政府在一定时期的政策意图的。

资产重组的运作过程主要有以下几个方面：明确重组目的做好重组前的自身审查和重组对象的选择；聘请如投资银行、证券公司、会计师事务所、律师事务所等有实际操作经验和良好社会关系的中介机构；进行重组的可行性分析，要在用合作科学的方法对有关的资产进行正确的评估、选择合理重组方式的基础上，开展成本效益分析；筹措所需的资金进行重组；重组之后的整合。中介机构在资产重组中扮演着越来越重要的角色，选择一个好的中介机构能够为企业提供良好的咨询和建议，促进重组活动的成功。

在并购重组中，资产评估是确定并购价格的一个前提，被并购的企业资产转让底价，应该以资产评估净值为依据。真实可靠的评估结果可以降低资产重组的信息风险。为了防止高估目标企业的价值，并购企业在对目标企业的资产进行评估时应充分贯彻谨慎性原则，尤其是对无形资产的评估要适度，同时要全面深入地对目标公司的债权债务情况进行调查，评估的价值中应该减除不能实现的债权。

合理地选择重组的方式，有利于降低重组的成本，降低重组的反收购风险和法律风险。例如，在并购重组时，企业选择敌意并购的方式，事先并不与目标公司协商，而直接采取并购行为向目标公司股东开出并购价格或收购要约，这种敌意并购的方式有时间短、节奏快的优点，但是通常无法从正常渠道获取目标公司内部营运情况、财务状况等重要的资料，给其估价带来困难，同时会招致目标公司的反抗，导致并购风险的增加。

而善意的并购方式事先与目标公司协商，征得其同意并通过谈判的方式达成重组的协议，并购双方充分地交流、沟通信息，有利于降低反收购风险和法律风险。

企业的资产重组应该制定相关的资金预算，并严格按预算支出，这样可以有效地避免融资风险。企业在实施重组前，首先应对重组各环节的资金需要量做出测算，根据重组过程中资金的支出时间，制定出资金支出预算；在完成重组资金需求及支出预算后，再根据企业财务状况和融资可能，对企业资金使用情况做出合理安排，在保证企业正常经营活动资金需求的前提下，确保企业进行重组活动所需资金的有效供给。企业重组时还可考虑与目标企业债权人协商达成谅解，减轻债务，或以分期付款的方式减轻重组的现金支出，或以杠杆收购减少先期现金流出等方法来降低重组的融资风险。

重组手段完成后，还要对重组后企业的资产、人员进行整合，这可能是一个持续时间较长的过程，并且是一个相对艰巨的任务，在整合的过程中，企业要及时地对重组事项进行检讨，以确定重组的目标是否达到，总结在操作过程中有什么教训，这对今后的重组会很有帮助。

【章末案例】

A 集团物流板块资产重组案例

一、A 集团介绍

A 集团下属供应链公司响应市、区各级政府相关号召与工作部署，结合企业发展实际，构建贸易、物流、供应链金融"三位一体"的战略发展布局。一是围绕贵金属、能源、汽车、建材等主要贸易产品，设立工贸公司及香港公司，建设工贸一体化平台，延伸供应链、打造产业链；二是整合码头、冷链、仓储配送等物流资源，推动建设高端临港物流综合服务体系，助力厦门港口型国家物流枢纽建设；三是践行"一带一路"建设，搭建包含厦门中欧班列、汽车整车进口平台、黄金产业园、进口酒平台、燕窝产业园、跨境电商综合服务平台及海峡两岸青年创业基地平台在内的"一通道六平台"；四是基于产业园区开展招商与运营工作，通过推动商流、物流、信息流与资金流的联动融合，助推区域经济发展，助力打造高素质高颜值一流海湾城区。

二、资产重组实施步骤

总体按五个步骤实施，各步骤在实际操作时可采取并联平行方式推进，以加快整合重组进程，尽快实现项目落地。

1. 第一步，回购国开基金股权，剥离保税港公司与物流无关业务及嘉功物流无产权资产。

（1）A 集团回购国开基金持有股权。由 A 集团适时提前向国开基金要约回购保税港公司 3 400 万元夹层投资股权，使保税港公司成为 A 集团全资子公司。

（2）剥离保税港公司与物流无关的业务。其中，涉及未完结的区财政代建项目由供应链公司及 A 集团建设咨询公司承接。

（3）剥离嘉功物流无产权资产（未纳入合作范围）。嘉功物流公司账上的无产权物流资产（账面净值 98.57 万元），已明确暂不纳入本次合作范围，因其建设用地为供应链公司持有的政府划拨用地，建议由嘉功物流公司以经国资备案的评估价将该资产协议转让给供应链公司。

2. 第二步，A集团对保税港公司增资由A集团以自有经营性不动产（房产）对保税港公司增资（按账面净值无偿划转），增加保税港公司注册资本金10 433.81万元（增资资产为A集团供应链服务中心，土地宗地面积15 103.64平方米，建筑面积33 149平方米，截至2020年12月31日资产账面原值10 848.24万元，净值10 433.81万元）。

3. 第三步，A集团对供应链公司增资由A集团以保税港公司100%股权对供应链公司增资（按账面净值无偿转让），增加供应链公司注册资本金31 268.52万元［保税港公司2021年12月31日账面价值17 434.71万元＋3 400万元（收回国开行股权）＋供应链服务中心增资10 433.81万元］，使保税港公司成为供应链公司全资子公司。

4. 第四步，供应链公司对保税港公司增资一是由供应链公司以合资合作清单内的自有房产和在建工程对保税港公司增资（按账面净值无偿划转），增加保税港公司注册资本金32 004.27万元（房产和在建工程截至2020年12月31日账面原值44 303.76万元，净值32 004.27万元）。二是由供应链公司以控参股公司股权对保税港公司增资（按账面净值无偿划转），增加保税港公司注册资本金5 598.57万元（厦门国际班列有限公司100%股权、厦门A集团物流有限公司60%股权、厦门嘉功物流有限公司65%股权、厦门海沧保税港区集装箱查验服务有限公司52%股权，2021年12月31日账面价值分别是671.66万元、3 618.93万元、406.82万元及901.17万元，合计5 598.57万元）。

5. 第五步，保税港公司剥离"三项资产"中的两项资产（土地性质为划拨且目前无法完成产权登记的资产）。

（1）保税港西集中查验区，土地面积11.48万平方米，建筑面积合计1.95万平方米，2020年12月31日资产原值为20 554万元，净值为20 554万元。

（2）保税港区综合楼，土地面积1.62万平方米，建筑面积1.59万平方米，2020年12月31日资产原值为5 482万元，资产净值为5 482万元。上述两项资产尚未完成竣工验收备案手续，未办产权证，合作方明确建议从保税港公司剥离，拟按账面净值有偿划转给供应链公司。

三、实践成效

对于A集团来说，通过合作可以获得如下成效和发展机会。

（1）在保有经营权的基础上，资产经评估获得大幅增值，再通过股权转让将增值资产变现，从而降低供应链公司和A集团的负债率。本次股权转让预评估价值为9.2亿元（保税港公司51%股权），扣除预估税金3.17亿元后，预计共实现净现金流入为6.03亿元。A集团资产负债率预计由目前的81.42%下降到80.65%，下降了0.77个百分点。

（2）依托中远海运的航线、资金等资源优势，对现有临港物流业务重新规划布局，提升股权及资产经营的综合收益率，并以此为基础拓展国内国际业务，最终做大做强做优。预计项目达产后，可以实现百亿以上产值，年纳税额超过3亿元，择机挂牌上市。同时，A集团供应链凭借不断延伸的临港物流网络，打造具备核心竞争力的产业供应链综合服务企业。

（3）通过引入优势战略合作伙伴，带动海沧整个临港资产实现价值重塑，加快临港经济的发展，谋划打通国际陆海贸易新通道，从而推动海沧临港物流产业"走出去、引进来"，形成双循环，进一步参与国家"一带一路"建设，将海沧区打造为省级对外贸易服务基地、海外仓基地，深度融入全球供应链和产业链协同合作。

综上所述，在"一带一路"背景下，国企改革已成为突破当前经济结构困境、转型升级以及推动企业顺利"走出去"的一步关键棋，进一步激发社会优质生产要素，带动生产方式革新，以及提高企业的国际竞争力，在未来的"一带一路"海外投资、市场拓展中，不仅能够"走出去"，更能进一步"走进去"和"走上去"。

资料来源：曾祥静. A集团物流板块资产重组案例解析［J］. 中国总会计师，2021（11）：174 - 176.

【本章小结】

资本重组是指企业内部或企业之间的债务资本以及权益资本的重新配置与组合，其根本目的在于使资本获得最大的增值。本章思路分为两个部分：理论上从资本重组的概念、分类和动因三个方面介绍，实践上从资本重组的方式、模式以及资产剥离论述，最后列举了企业重组中面临的风险问题，并提出相关的解决措施。合理地选择重组的方式，有利于降低重组的成本，降低重组的反收购风险和法律风险，公司的经营者需要谨慎对待。

【问题思考】

1. 企业重组的基本程序是什么？
2. 企业重组的动因是什么？
3. 企业重组的方式有哪些？模式有哪些？
4. 如何加强企业重组中的风险管理？

【参考文献】

［1］刘娇，刘可. 从战略角度分析柯达破产重组的原因［J］. 行政事业资产与财务，2013（18）.

［2］李韵. 飞鹤退市之谜［J］. 中国经济和信息化，2013（16）.

［3］孙春晓. 公司资产剥离动因和阻碍的研究综述［J］. 新西部（下半月），2008（11）.

［4］赵海龙，马伊安. 关于国有煤炭企业资产重组战略选择风险防范的研究［J］. 中国总会计师，2009（11）.

［5］王国峰. 关于企业改制及资产重组主要内容和模式概览［J］. 中小企业管理与科技（上旬刊），2010（3）.

［6］吕宏灵，张绍辉. 国有商贸流通企业多元化重组模式分析——以江苏省为例［J］. 商业经济研究，2017（7）.

［7］剧锦文. 国有企业重组的动因解析［J］. 天津社会科学，2017（4）.

［8］李丽娜，吴春峰，张昊. 国企改革的发展：宝钢资产剥离分析［J］. 西安石油大学学报（社会科学版），2013（6）.

［9］汪佑想. 国有企业改革及资产重组的具体操作程序及有关政策［J］. 中国勘察设计，2010（9）.

［10］陈瑞，傅强，刁鹏飞，张博. 资管公司支持国有企业重组整合研究［J］. 管理现代化，

2018，38（1）.

　　[11] 张凤敏. 宽松融资环境下企业资产重组的风险［J］. 中国乡镇企业会计，2010（5）.

　　[12] 王小中. 煤炭主业资产重组并购运作模式分析［J］. 煤炭经济研究，2013（2）.

　　[13] 蔡琳. 企业兼并的理论和实践研究［J］. 经营管理者，2010（2）.

　　[14] 梁树广. 企业兼并理论述评［J］. 山东财政学院学报，2011（3）.

　　[15] 崔世娟，孙利，蓝海林. 企业业务重组战略研究——以华立集团为例［J］. 管理案例研究与评论，2010（1）.

　　[16] 严先锋，顾岚敏. 企业重组动因及风险防范［J］. 中国证券期货，2011（10）.

　　[17] 胡勇. 企业重组模式探析［D］. 成都：西南财经大学，2005.

　　[18] 王海宁. 企业资产重组的类型［J］. 中国改革，1998（2）.

　　[19] 马金辉. 企业资产重组运作的风险研究［J］. 经济师，2008（5）.

　　[20] 鲍婷. 浅议公司并购重组的动因、模式与绩效［J］. 企业导报，2012（5）.

　　[21] 李月秋，李新华. 我国企业重组问题趋势分析——以一汽轿车股份有限公司为例［J］. 商业会计，2014（4）.

　　[22] 张欣. 我国上市公司不同资产剥离动因对绩效影响的分析［J］. 商业时代，2014（6）.

　　[23] 张文敏，吴金波. 我国上市公司资产剥离动因的实证分析［J］. 新会计，2012（8）.

　　[24] 张昊，王微. 我国上市公司资产剥离特征与动因分析［J］. 现代商贸工业，2013（8）.

　　[25] 薛有志，西贝天雨，周杰. 企业资产剥离的作用机制与影响因素：研究述评与展望［J］. 管理现代化，2021，41（5）.

　　[26] 红炜. 无锡尚德破产重组深层原因探讨［J］. 中国总会计师，2013（4）.

　　[27] 胡永达. 有色金属兼并重组动因分析［J］. 中国金属通报，2013（36）.

　　[28] 黄敏莉. 有效降低资产重组风险的财务方法论［J］. 上海国资，2012（12）.

　　[29] 岑成德. 中小民企资产重组的必要性初探［J］. 中国民营科技与经济，2006（1）.

　　[30] 王蔚松. 资产剥离：一种有效的退出战略［J］. 上海国资，2012（7）.

　　[31] 廖蔚红. 资产剥离理论分析［J］. 经营管理者，2013（6）.

　　[32] 余景选. 资产重组风险防范［J］. 生产力研究，2004（8）.

　　[33] 刘建勇，董晴. 资产重组中大股东承诺、现金补偿与中小股东利益保护——基于海润光伏的案例研究［J］. 财贸研究，2014（1）.

　　[34] 张文珂，张芳芳，刘淑莲. 企业信息风险如何引致市场资源配置活动？——基于并购重组的视角［J］. 会计研究，2017（11）.

　　[35] 辛伟童. 企业重组税收政策的国际经验借鉴［J］. 财会通讯，2021（23）.

　　[36] 梁曦旸. 浙数文化资产剥离动因及经济效应研究［D］. 广州：广东工业大学，2021.

　　[37] 曾祥静. A集团物流板块资产重组案例解析［J］. 中国总会计师，2021（11）.

第7章　企业兼并收购

【学习要点】

☆ 了解企业兼并收购的内涵与方式；

☆ 理解资本运营与企业经营的关系；

☆ 知晓企业并购决策；

☆ 重视企业并购后的文化等方面的整合。

【开章案例】

国民技术股份公司与深圳斯洛实施的对赌协议

一、对赌协议双方介绍

（一）收购方

中兴集成于2009年4月29日举办股东会议，会议表决通过将中兴集成改名为国民技术股份有限公司。企业以开发大量的通信芯片和信息安全芯片为主，在安全芯片的活动中，通信射频芯片、移动支付芯片、USBKEY安全芯片等是主要内容，企业的信息和通信安全系统在公安、税务、金融等行业大量应用。如图7-1所示，截至2017年12月31日国民技术股份公司收购前，国民技术股份公司前十大股东没有持股超过5%的大股东，股权分散，也没有实际控制人。

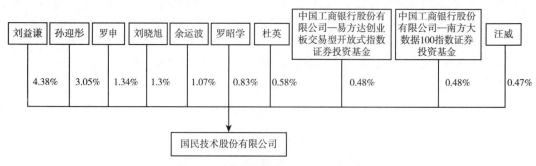

图7-1　国民技术股份公司股权结构

（二）标的企业

深圳市斯诺实业发展有限公司成立于2002年，为国民技术（股票代码：300077）控股子公司。总部位于深圳市南山区高新科技园区，是一家专业从事锂离子电池负极材料研发、生产、销售和服务于一体的国家高新技术企业。企业主要从事人造石墨负极材料的研究与应用，有很多关于石墨整形与造孔和表面改性的探究及使用相关的核心技艺，企业现在已经具备50多项自主知识产权，具备本领域的高端技术的发明和转变水平。特别是在新能源汽车锂离子动力电池负极材料领域，其拥有特别的技艺以确保生产出来产品的高性能。最近新发明的多款负极材料产品也在电动车行业开拓了自己的地盘，市场地位处于国内领先水平，生产出来的产品也符合 OHSAS18001、IATF16949 等体系标准。

深圳市斯诺实业发展股份有限公司股权结构如图7-2所示。

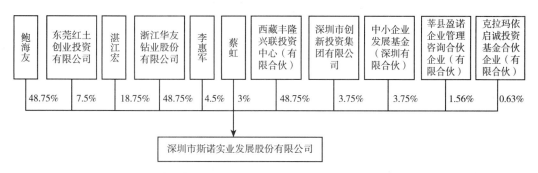

图7-2 深圳市斯诺实业发展股份有限公司股权结构

二、对赌协议条款设计

对赌协议（valuation adjustment mechanism）实际上就是期权，还可以叫作估值调整机制。就是融资双方在协议的同时，在无法确定未来情况的基础上制定的约定条款，多数情况下包括业绩等内容。首先，对赌协议的内容必须清楚明了、语言得当。协议中还要包括资产减值补偿、利润承诺补偿等相关说明，然后条约的内容要符合实际情况，同时要具有针对性。业绩承诺条款必须基于企业当下的运行状态和将来财务的状况制定合理的标准。业绩奖励和利润承诺补偿的算法也要与很多方面的因素相结合。对赌协议要具有普适性，在此基础上根据公司的实际情况设置协议的内容。

根据国民技术表露的一系列告示，国民技术股份公司和深圳斯诺集团签订的《关于现金收购深圳市斯诺实业发展股份有限公司百分之七十股权的公告》《关于深圳市斯诺实业发展股份有限公司之股权收购协议》的细则如下。

业绩承诺及补偿：深圳斯诺企业2018年、2019年度实现的净利润数（净利润数即由国民技术股份有限公司指派的会计师事务审查的标的公司合并财务报表中除去非经常性损失剩余的均是大公司董事的纯利益）为1.8亿元和2.5亿元。如果企业在2018年和2019年度实现的净利润数额低于上述净利润数，深圳斯诺应当以现金方式或者是以补偿金额折算的股权向国民技术股份承担补偿责任。

业绩奖励：若深圳斯诺公司在全部业绩承诺年度内累计实现的净利润数额超过累计承诺的净利润，超出部分净利润金额的60%由标的公司以现金方式奖赏鲍海友。业绩奖赏的规定要以标的资产实际收益额超过预测数的超额部分，奖赏总额不能大于其超额业绩的百分之六十，同时不能大于成交额（即人民币133 615.3846万元）的20%，业绩奖励的现金金额仅来源于标的公司经营性现金流净额。

支付方式：按照《关于深圳市斯诺实业发展股份有限公司之股权收购协议》的内容，本次买卖采取现金支付的方式，从协议生效的 3 个工作日内，国民技术股份支付股权收购款的 10% 作为定金。深圳斯诺事业由股份有限公司改名成有限责任公司之后的三个工作日内完成股权购买总额的 20%；实现股权工商改动后的 3 个工作日内，付清股权购买金额的 30%；于 2018 年 6 月底之前付清股权购买额的 40%；最终完成全部支付。

三、深圳斯诺实业承诺业绩完成情况

深圳斯诺实业公司 2018 年和 2019 年达到的纯收益为 1.8 亿元和 2.5 亿元。2018 年 4 月，由于深圳斯诺实业公司之前的重要合作者深圳市沃特玛电池有限公司发生了偿债危机，致使整个市场的销售未达到预设的理想状态，此外，国家宏观调控和政府政策的制约，对深圳斯诺实业公司的实际运行产生了巨大的消极作用，导致石墨化项目这一基本的利润增长点工程的进度停滞不前。虽然斯诺实业公司对业绩承诺方说明要通过开发新客户、发明新产品等策略保障其业绩，同时获得了不错的成绩，可是受多重因素叠加影响，深圳斯诺实业实际 2018 年和 2019 年通过审核的方式将纯收入纳入母公司。具体情况见表 7 - 1。

表 7 - 1　　　　　　　　　　　对赌期内业绩承诺及完成情况　　　　　　　　　　单位：万元

项目	2018 年	2019 年
实际净利润	- 47 775.73	- 22 728.93
承诺净利润	180 000 000.00	250 000 000.00
差异数	657 757 335.44	477 289 276.37

2018 年除去非经常性损失之后的纯利益是 - 47 775.73 万元，除去非经常性损失之后的净利润为 - 22 728.93 万元，与承诺业绩分别相差 657 757 335.44 万元、477 289 276.37 万元，深圳斯诺公司没有完成《股权收购协议》约定的相关业绩承诺，且差异较大。

四、国民技术股份公司索要对赌失败补偿的困境

对赌协议是一种不能预估未来的、不具备准确性的策略，不能提前对将来可能出现的情况进行预估，因此具有不可预测性和不受制约性的特点。在这种状态下，业绩补偿很有可能出现不作为的现象。虽然制定对赌协议时把将来可能出现的情况都预设了，但还是不能涵盖将来的所有未知性。证监会于 2016 年 6 月 17 日提到，准备上市的企业不可以任意地改动业绩补偿的内容和形式。我国目前关于对赌协议方面的法律条文还有待完善，业绩补偿的相关制度也有待完善，购买者想要拿回自己的补偿资金，多数情况下会采取诉讼的方式。这样使购买者和出售者之间的问题不断放大，还会对上市企业的收购绩效产生负面影响。

计划于 2018 年上半年结束收购任务，3 月对控股子公司深圳斯诺实业公司进行合并计划，然而 2018 年 4 月深圳斯诺实业公司的主要合作商沃特玛就出现严重的危机，资金链断裂，不仅使深圳斯诺实业公司损失了主要的合作商，而且面临巨额的收款不能拿回的可能，很大程度上制约了企业的正常运行，2018 年末国民技术股份有限公司亏损 880 991 883.16 元。详见表 7 - 2。

表 7-2   **2018 年半年报主要资产重大变化**   单位: 元

项目	2017 年 12 月 31 日	2018 年 6 月 30 日	比例（％）
应收账款	365 196 554.65	735 905 731.76	101.51
坏账准备	12 013 073.84	40 594 487.75	327.90
商誉	54 669 856.22	1 082 232 174.01	1 879.58
应付账款	55 801 617.74	281 514 083.16	404.49
净利润	44 961 277.19	22 002 479.44	-51.06

按照协议，鲍海友需要支付巨额的业绩补偿款。截至目前，业绩承诺方鲍海友的主要资产情况仅为斯诺实业 25% 的股权，原给予深圳斯诺实业的借款及斯诺实业尚未支付的应付股利合计为 1 973.52 万元，其余资产有江西新余房产一套、东莞房产一套及乘用汽车三台，合计约 180 万元。而上述 25% 的股权于 2019 年 7 月因业绩承诺方鲍海友个人债务纠纷被司法冻结。在《股权收购协议》没有约定最高补偿限额的情况下，业绩补偿金额已远远超过业绩承诺方鲍海友的履约能力。因业绩补偿款的履行问题，国民电商和国民投资于 2019 年 8 月 22 日将鲍海友诉至法院。

虽然案件胜诉，但因对方一直未履行生效判决，案件进入强制执行程序，鲍海友尚欠公司业绩补偿款 642 252 954.18 元。采取诉讼的方式解决问题，就要按照法律的相关规定执行。正常情况下，采取诉讼的方式拿回赔偿款，既费时又费事，诉讼不光会浪费大量的时间和资金，而且还会对公司产生影响，从而造成收购交易活动的失败。

五、双方最终重新签订对赌协议

斯诺实业公司在《股权收购协议》中规定的日期前顺利结束收购活动，它主要的合作商深圳市沃特玛电池有限公司和旗下公司（以下合并简称"沃特玛"）有大量的应收资金。收购交易结束后，沃特玛出现的债务风险给斯诺实业公司带来了重大的影响，对沃特玛应收资金的拿回存在巨大的风险，加之国家宏观调控和政府政策的制约下，斯诺实业公司的运行状态不断变差，同样也造成《股权收购协议》项下的估值出现巨大的变动，现实的营业绩效不能满足收购时的预估价值，《股权收购协议》制定的股权购买价格明显不够公平，要及时地修改。经与斯诺实业原股东之一的鲍海友、李惠军及谌江宏（鲍海友原系斯诺实业的实际负责人，李惠军是斯诺实业企业的相关负责人，谌江宏是斯诺实业公司的总经理）友好协商，签约《〈关于深圳市斯诺实业发展股份有限公司之股权收购协议〉的补充协议》，对《股权收购协议》和股权收购价格相关的条款进行修订调整，同意将斯诺实业的股权收购对价调整为 66 516.346903 万元；同时，对补偿措施也进行了修改和调整，如果国民技术股份选择要求深圳斯诺以其持有的全部或部分标的公司股权进行业绩补偿，则深圳斯诺用以进行业绩补偿的标的公司的股权价值，应以调整后国民技术股份收购标的公司 70% 的股权对应的收购对价人民币 665 163 469.02 元进行折算，即深圳斯诺用以进行业绩补偿的标的公司股权价值 =（人民币 665 163 469.02 元 ÷ 70%）× A（A = 乙方 1 用以进行业绩补偿的股权比例，A ≤ 25%）。调减方案较原收购协议更有利于维护和保障上市公司及投资者利益。

资料来源：廖丽荣. 国民技术收购深圳斯诺对赌失败的案例研究 [D]. 南昌：江西财经大学，2021.

7.1 并购的概念

7.1.1 并购的内涵

通常来说，并购（merger & acquisition）包括兼并（merger）与收购（acquisition）。兼并是指在竞争中占据优势地位的企业将其他企业并入自身企业或企业集团中的行为，通常是通过产权的有权转让的经济形式进行，若被合并的公司申请解散并由存续公司申请变更等级的，称为吸收兼并或存续兼并；若两家以上的公司同时消失而形成另一家新公司，则称为新设兼并或设立兼并。兼并完成后，兼并方将接收目标公司的所有资产和债权债务，需要履行被兼并方的所有权利、债务以及相关法律责任。

收购是指一家企业的经营控制权所有者改变，原来的投资者丧失了对该企业的经营控制权。根据我国《证券法》的定义，上市公司收购是指收购人通过在证券交易所的股份转让活动持有一个上市公司的股份达到一定比例，通过证券交易所股份转让活动以外的其他合法方式控制一个上市公司达到一定程度，导致其获得或者可能获得对该公司的实际控制权的行为。收购后原目标公司实体资格还保留。收购方成为目标公司的股东后，对目标公司的债务不承担连带责任，只是以自己的出资额作为有限承担承认和风险。

7.1.2 并购的相关理论

第一，效率理论。该理论认为企业并购可以使企业获得某种形式的协同效应，简单地说就是"1+1>2"的效应，有利于提高企业运营效率，降低经营风险和成本，具有潜在的经营效应。效率理论可以细分为以下理论。

一是差别效率理论。该理论是解释公司并购动因最主要原因之一。由于不同公司效率不同，高效率公司收购低效率公司，不仅可以提升被收购公司的经营效率，也能为收购方带来利益。正是这种并购活动，为经济活动注入了活力，提高了整个社会的经济效率。

二是非效率管理理论。该理论认为被并购企业既有的管理层未能充分利用资源或者没有能力致使企业经营业绩下滑或者亏损，而另一控制集团的介入能使目标企业提高经营效率。

三是经营协同效应理论。该理论是指并购给企业生产经营活动在效率方面带来的变化及效率的提高所产生的效益，其含义为：并购改善了公司的经营，从而提高了公司效益，包括并购产生的规模经济、优势互补、成本降低、市场份额扩大、更全面的服务等。

四是多元化经营理论。多元化经营是指企业不只局限于一个产品或一个产业，而是实行跨产品、跨行业的经营扩张。并购双方企业合并后实力大大增强，可以有效地进行多元化经营从而分散风险，提高经营安全性，促进原业务的进一步发展。

五是价值低估理论。该理论认为当目标企业的市场价值由于某种原因未能反映出其真实价值或潜在价值时，其他企业可能将其并购。因此，价值低估理论预言，在技术变化日新月异及市场销售条件与股价不稳定的情况下，并购活动一定很频繁。

六是策略性结盟理论。策略性结盟理论认为，公司的并购活动有时是为了适应环境的变化而进行多角化收购以分散风险，而不是为了实现规模经济或是有效运用剩余资源。多角化互保的形成，可使公司有更强的应变能力以面对改变着的经营环境。

第二，市场势力理论。该理论认为，并购活动的主要动因经常是由于可以借并购达到减少竞争对手来增强对经营环境的控制，提高市场占有率，使企业获得某种形式的垄断或寡占利润，并增加长期的获利机会。通常在三种情况下会导致以增强市场势力为目的的并购活动：一是在需求下降，生产能力过剩的削价竞争状况下，几家企业合并，以取得对自身产业比较有利的地位；二是在国际竞争使国内市场遭受外商势力的强烈渗透和冲击的情况下，企业间通过联合组成大规模企业集团，对抗外来竞争；三是由于法律变得严格使企业间的多种联系成为非法，通过并购可以使一些"非法""内部化"，达到继续控制市场的目的。近些年，许多学者对这种传统理论提出了质疑，认为市场集中度提高往往是激烈竞争、优胜劣汰的结果，而且在实际竞争中，企业串谋几乎不可能实现。他们指出市场一方竞争者的并购扩张行为将迫使其他企业进行并购重组，同时，先发企业往往有很强的动机加快并购步伐，即具有继续并购的动机。引起企业之间的并购重组大战。而且，这种并购有助于提高市场（特别是信息产品市场）的标准化程度，实现企业间的资源互补。

第三，信息与信号理论。该理论认为因并购行为发生的信息将推动资本市场对公司的市场价值重新做出评估。其一是目标公司在得到并购的信息后，努力致力于管理效率和经营业绩的提高，从而增加公司的市场价值，其二是在目标公司无所行动的情况下，市场本身从并购的信息中得到该公司市场价值被低估的信息，即使并购活动并未最终取得成功，市场将会重新评估该公司，从而使该公司的股价上涨。

第四，委托代理理论。该理论的基本假设是委托人与代理人都在追求自身利益最大化，但他们之间又要相互合作。它所隐含的另一个假设是：股东与经理人员之间存在潜在的利益冲突，代理问题的实质是所有权和控制权的分离，委托人与代理人追求的目标并不一致。股东的目标是追求股东财富的最大化，而经理人员往往有自己的追求，与股东所追求的目标并不完全相同。由于委托人与代理人的信息不对称，双方博弈的结果是形成了一套剩余收益的分配机制。如果这套机制能够实现双方理想的激励相容，那么企业的健康发展就有了一个坚实的基础。但是在企业的现实运行中，双方理想的激励相容情况往往难以实现，从而在很大程度上影响了企业的经营效率。

第五，自负假说。该理论认为，企业管理阶层往往高估了自身的管理能力，在规划改造目标企业时过分乐观，以致在资本市场上大规模高价收购其他企业，最后无法成功完成对目标企业的整合，从而导致并购失败，并把财富转移给了目标企业的股东。罗尔的假说在后来的实证研究中被多次验证，即当并购消息传出后，并购方股价不涨反跌。自负假说是以市场是强式效率市场为前提的，但是在现实的经济体系中，强式效率市场是难以存在的，因此自负假说只能在一定程度上部分地解释活动的产生。

第六，自由现金流量假说。自由现金流量假说源于代理问题。在公司并购活动中，自由现金流量的减少可以缓解公司所有者与经营者之间的冲突，所谓自由现金流量是指公司现金在支付了所有净现值（NPV）为正的投资计划后所剩余的现金量。詹森（Jensen，1986）认为，自由现金流量应完全交付股东，这将降低代理人的权力，同时再度进行投资计划所需的资金在资本市场上更新筹集将受到控制，由此可以降低代理成本，避免代理问题的产生。

7.1.3　并购的动因

企业作为一个资本组织，必然谋求资本的最大增值，企业并购作为一种重要的投资活动，产生的动力主要来源于追求资本最大增值的动机以及竞争压力等因素，但是就单个企业的并购行为而言，又会有不同的动机和在现实生活中不同的具体表现形式，不同的企业根据自己的发展战略确定并购的动因。

第一，并购的效应动因。一是韦斯顿协同效应。该理论认为并购会带来企业生产经营效率的提高，最明显的作用表现为规模经济效益的取得，常称为"1＋1＞2"的效应。二是市场份额效应通过并购可以提高企业对市场的控制能力，通过横向并购，达到由行业特定的最低限度的规模，改善了行业结构、提高了行业的集中程度，使行业内的企业保持较高的利润率水平；而纵向并购是通过对原料和销售渠道的控制，有力地控制竞争对手的活动；混合并购对市场势力的影响是以间接的方式实现，并购后企业的绝对规模和充足的财力对其相关领域中的企业形成较大的竞争威胁。三是经验成本曲线效应表明其中的经验包括企业在技术、市场、专利、产品、管理和企业文化等方面的特长，由于经验无法复制，通过并购可以分享目标企业的经验，减少企业为积累经验所付出的学习成本，节约企业发展费用，在一些对劳动力素质要求较高的企业，经验往往是一种有效的进入壁垒。四是财务协同效应。并购会给企业在财务方面带来效益，这种效益的取得是由于税法、会计处理惯例及证券交易内在规定的作用而产生的货币效益，主要有税收效应，即通过并购可以实现合理避税。股价预期效应即并购使股票市场企业股票评价发生改变从而影响股票价格，并购方企业可以选择市盈率和价格收益比较低，但是有较高每股收益的企业作为并购目标。

第二，企业并购的一般动因。企业并购的直接动因有两个：一是最大化现有股东持有股权的市场价值；二是最大化现有管理者的财富。而增加企业价值是实现这两个目的的根本，企业并购的一般动因体现在以下几方面。

一是获取战略机会。并购者的动因之一是要购买未来的发展机会，当一个企业决定扩大其在某一特定行业的经营时，一个重要战略是并购那个行业中的现有企业，而不是依靠自身内部发展。原因在于：直接获得正在经营的发展研究部门，获得时间优势，避免了工厂建设延误的时间；减少一个竞争者，并直接获得其在行业中的位置。企业并购的另一战略动因是市场力的运用，两个企业采用统一价格政策，可以使它们得到的收益高于竞争时的收益，大量信息资源可能用于披露战略机会。财会信息可能起到关键作用，如会计收益数据可能用于评价行业内各个企业的盈利能力，可被用于评价行业盈利能力的变化等，这对企业并购十分有意义。

二是发挥协同效应。主要来自以下几个领域：在生产领域，可产生规模经济性，可接受新技术，可减少供给短缺的可能性，可充分利用未使用生产能力；在市场及分配领域，同样可产生规模经济性，是进入新市场的途径，扩展现存分布网，增加产品市场控制力；在财务领域，充分利用未使用的税收利益，开发未使用的债务能力；在人事领域，吸收关键的管理技能，使多种研究与开发部门融合。

三是提高管理效率。其一是企业现在的管理者以非标准方式经营，当其被更有效率的企业收购后，更替管理者而提高管理效率，当管理者自身利益与现有股东的利益更好地协调时，则可提高管理效率，如采用杠杆购买，现有管理者的财富构成取决于企业的财务成功，这时管理者集中精力于企业市场价值最大化。此外，如果一个企业兼并另一企业，然后出售部分资产收回全部购买价值，结果以零成本取得剩余资产，使企业从资本市场获益。

四是获得规模效益。企业的规模经济是由生产规模经济和管理规模经济两个层次组成的。生产规模经济主要包括：企业通过并购对生产资本进行补充和调整，达到规模经济的要求，在保持整体产品结构不变的情况下，在各子公司实行专业化生产。管理规模经济主要表现在：由于管理费用可以在更大范围内分摊，使单位产品的管理费用大大减少。因此，可以集中人力、物力和财力致力于新技术、新产品的开发。

五是买壳上市。目前，我国对上市公司的审批较严格，上市资格也是一种资源，某些并购不是为获得目标企业本身，而是为获得目标企业的上市资格，通过到国外买壳上市，企业可以在国外筹集资金进入外国市场。中国远洋运输集团在海外已多次成功买壳上市，控股了香港中远太平洋和中远国际。中远集团（上海）置业发展有限公司耗资1.45 亿元，以协议方式一次性购买上海众城实业股份有限公司占股份 28.7% 的发起人法人股，达到控股目的，成功进入国内资本运作市场。

此外，并购降低进入新行业、新市场的障碍。例如，为在上海拓展业务，占领市场，恒通通过协议以较低价格购买上海棱光实业国有股份，达到控股目的而使自己的业务成功地在上海开展；还可以利用被并购方的资源，包括设备、人员和目标企业享有的优惠政策；出于市场竞争压力，企业需要不断强化自身竞争力，开拓新业务领域，降低经营风险。

第三，企业并购财务动因。在西方，对企业并购存在种种理论上的解释。有的理论认为并购中通过有效的财务活动使效率得到提高，并有可能产生超常利益。有的从证券市场信号上分析，认为股票收购传递目标公司被低估的信息，会引起并购方和目标公司股票上涨。综合各种理论，企业产权在买卖中流动，遵循价值规律、供求规律和竞争规律，使生产要素流向最需要、最能产生效益的地区和行业的同时，还要考虑由于税务、会计处理惯例以及证券交易等内在规律作用而产生的一种纯货币的效益，因此，企业产权并购财务动因包括以下几方面。

一是避税因素。由于股息收入、利息收入、营业收益与资本收益间的税率差别较大，在并购中采取恰当的财务处理方法可以达到合理避税的效果。税法中规定了亏损递延的条款，拥有较大盈利的企业往往考虑把那些拥有相当数量累积亏损的企业作为并购对象，纳税收益作为企业现金流入的增加可以增加企业的价值。企业现金流量的盈余使用方式有：增发股利、证券投资、回购股票、收购其他企业。例如，发放红利，股东将为此支付较企业证券市场并购所支付的证券交易税更高的所得税；有价证券收益率不高；回购股票易提高股票行市，加大成本。而用多余资金收购企业对企业和股东都将产生一定的纳税收益。在换股收购中，收购公司既未收到现金也未收到资本收益，因而这一过程是免税的。一方面，企业通过资产流动和转移使资产所有者实现追加投资和资产多样化目的，并购方通过发行可转换债券换取目标企业的股票，这些债券在一段时间后再转换成股票。这样发行债券的利息可先从收入中扣除，再以扣除后的盈余计算所得税。另一方面，企业可以保留这些债券的资本收益直至其转换为股票为止，资本收益的延期偿付可使企业少付资本收益税。

二是筹资。并购一家掌握有大量资金盈余但股票市价偏低的企业，可以同时获得其资金以弥补自身资金不足，筹资是迅速成长企业共同面临的一个难题，设法与一个资金充足的企业联合是一种有效的解决办法，由于资产的重置成本通常高于其市价，在并购中企业热衷于并购其他企业而不是重置资产。有效市场条件下，反映企业经济价值的是以企业盈利能力为基础的市场价值而非账面价值，被兼并方企业资产的卖出价值往往较低，兼并后企业管理效率提高，职能部门改组降低有关费用，这些都是并购筹资的有利条件。当前许多国有企业实施的技术改造急需大量发展资金投入，因此，采取产权流动形式使企业资产在不同方式下重新组合，盘活存量以减少投入，迅速形成新的生产力。举例来说，在香港注册上市的上海实业控股有限公司斥资 6 000 万元收购了上海霞飞日化公司，为我国企业探索一条间接利用外资发展国产品牌的新路，霞飞虽然拥有驰名商标的优势，但是由于缺乏资金，仍然发展缓慢，并购完成后，注册香港的公司作为向海外融资的途径。

三是企业价值增值。通常被并购企业股票的市盈率偏低，低于并购方，这样并购完成后市盈率维持在较高的水平上，股价上升使每股收益得到改善，提高了股东财富价值，因此，在实施企业并购后，企业的绝对规模和相对规模都得到扩大，控制成本价格、生产技术和资金来源及顾客购买行为的能力得以增强，能够在市场发生突变的情况下降低企业风险，提高安全程度和企业的盈利总额。同时，企业资信等级上升，筹资成本下降，反映在证券市场上则使并购双方股价上扬，企业价值增加，并产生财务预期效应。

四是利于企业进入资本市场。我国金融体制改革和国际经济一体化增强，使筹资渠道大大扩展到证券市场和国际金融市场，许多业绩良好的企业出于壮大势力的考虑往往投入资本运营的方向而寻求并购。

五是投机。企业并购的证券交易、会计处理、税收处理等所产生的非生产性收益，可改善企业财务状况，同时也助长了投机行为，在我国出现的外资并购中，投机现象日渐增多，一些企业以大量举债方式通过股市收购目标企业股权，再将部分资产出售，然后对目标公司进行整顿再以高价卖出，充分利用被低估的资产获取并购收益。

六是财务预期效应。由于并购时股票市场对企业股票评价发生改变而影响股价，成为股票投机的基础，而股票投机又促使并购发生。股价在短时期内一般不会有很大变动，只有在企业的市盈率或盈利增长率有很大提高时，价格收益比才会有所提高，但是一旦出现企业并购，市场对公司评价提高就会引发双方股价上涨。企业可以通过并购具有较低价格收益比但是有较高每股收益的企业，提高企业每股收益，让股价保持上升的势头。在美国的并购热潮中，预期效应的作用使企业并购往往伴随着投机和剧烈的股价波动。

七是追求最大利润和扩大市场。企业利润的实现有赖于市场，只有当企业提供的商品和服务在市场上为顾客所接受，实现了商品和服务向货币转化，才能真正实现利润。

与利润最大化相联系的必然是市场最大化的企业市场份额最大化。由于生产国际化、市场国际化和资本国际化的发展而使一些行业的市场日益扩大，并购这些行业的企业以迎接国际开放市场的挑战。

企业兼并收购分析专栏 1：

美的集团换股吸收合并小天鹅

一、背景介绍

美的集团是一家全球性的跨国集团，在全世界拥有 200 多家大大小小的子公司，各个子公司的分布也非常的广泛。美的集团的业务也非常广泛，主要的两大业务是消费电器业务、暖通空调业务。这两个业务板块占据美的集团营业收入的 80% 以上，是美的集团经营的核心。

美的集团虽然已经成为行业的龙头，在家电行业中占据核心地位，但是美的仍然处于快速的增长中，它不满足于现状，积极探索，不放弃任何一丝可以提升自己的机会，一直保持行业的领先。在进行此次并购之前，美的已经经历了很多次并购，美的正是通过并购快速地成长起来，所以对于这次并购美的也非常有信心。

小天鹅公司位于江苏无锡，是一家主要生产洗衣机和干衣机的老牌企业，在国内外家电行业中的洗衣机行业有着很高的地位，小天鹅洗衣机这个品牌在国内外也享有很高的知名度。小天鹅公司为了符合现代消费升级的需求，主动进行转型，由原来的低端产品向中高端产品转型，不断对产品结构进行优化。

公司在 2018 年的营业收入超过了 10%，营业收入提升的主要原因是公司对于产品的优化使得产品的销售量增加。但是公司目前的销售产品类目单一，没有多元化的产品，为了更好地适应这个时代的发展，必须要寻找新的成长点。

二、并购过程

第一次并购是在 2008 年 1 月，小天鹅发布公告，有三家公司对于这次转让有意向。这三家公司在经过一段时间的博弈之后，四川长虹觉得小天鹅溢价太高，宣布放弃。

之后，意大利梅洛尼也宣布退出小天鹅的竞争。这样，小天鹅这次出售的受让方只剩下美的集团一家公司。最后，美的集团和小天鹅将最后的价格确定为 16.8 亿元，收购宣布完成。

第二次并购是在 2019 年，美的运用换股的手段来并购小天鹅，这次并购之后小天鹅的核心技术、销售合同、企业员工等全部换到美的集团。换股完成之后，美的集团这次增发的股票将会上市流通。

美的集团的核心战略是改善其全球布局，促进全球运营的战略愿景。美的不敢停歇，不敢停下前进的脚步。目前行业中的竞争越来越大，如果企业不够大，没有形成规模经济，那么就不具备议价的能力，产品的成本以及销量就会不稳定，在市场中就会站不住脚。

而小天鹅的核心就是它的洗衣机业务，一直处于行业领先的地位，小天鹅每年生产的洗衣机可以达到 2 000 万台，本身就具有一定的规模。美的将它完全吸收了之后，对于自己的规模可以说是带来了质的提升，有了这些的加持，并购之后的美的可以更加持续稳定地增长。

三、并购动机

在当今行业的竞争形势下，一个企业或者是公司仅仅靠一个产品来维持企业的增长和运营是根本行不通的，换句话说也就是企业做不大。现在已经是综合性的大集团横行的时代，弱肉强食，单一的公司、不具备竞争力的公司就会被这个市场所淘汰。

小天鹅是唯一一个一直专注于洗衣机的企业，在洗衣机品牌中的地位可以说是首屈一指，但是现在市场变化了，现在的企业综合性不强，没有多种强势的产品根本没办法在市场中立足。小天鹅也在不断地尝试新的产品但是收效甚微，并且还增加了自己的债务。

但是对于美的来说，小天鹅就是一块天然的拼图，收购了小天鹅，正好可以弥补洗衣机这个产品的不足，将企业的产品实现多元化，并购完成后，美的的支柱业务将不再仅仅是空调和冰箱，洗衣机这个产品也会成为美的的支柱业务。从此美的在这三大业务的加持下，会在这个行业中走得更稳健。

美的是世界500强，要想一直保持在世界500强的榜单中，就必须不断地提高企业的实力。美的一直在冰箱和空调方面有着强有力的竞争力，要是想提高知名度，要成为享誉全球的品牌，在洗衣机方面的竞争力更是不可或缺。这个时候收购小天鹅正好可以弥补自己的不足，小天鹅的市场定位也符合美的集团的需求。小天鹅也可以满足美的需要充实自己对洗衣机产品的要求。

而且小天鹅在洗衣机领域的品牌知名度可以说是非常高，市场份额也大，顾客认可度也高，美的收购小天鹅可以说是一举两得，既补充了自己的短板，又提高了自己的品牌知名度，何乐而不为？

一开始美的虽然控股了小天鹅但是还是会不可避免地产生同业竞争，通过这次换股吸收，可以彻底地消除两个公司在同行业的竞争。从2017年开始，我国家电这一行业逐渐开始向智能化发展。各种家电都在慢慢地将智能化元素融入产品里，这也是未来企业发展的趋势，未来传统的家电必然向智能化转型。

二者融合了之后，在经营方面可以取长补短，双方可以交流各自的经营管理经验。将双方的优势集中起来，对于本来没有攻克的业务实现突破，与此同时还可以使两个公司以前的关联交易完全消失。合并之后，企业的经营协同效果显著。在这次吸收小天鹅之前，美的已经有了许多次并购的经验，对于并购之后管理层的整合可以说是有非常丰富的经验。

四、优势互补

这次并购之后，美的还是任命原本就负责管理小天鹅的管理层去继续对小天鹅进行管理，除了公司名字的改变，其他的业务管理，人员分配基本上保持不变。这样可以让原来小天鹅的管理层与美的的管理层进行一个很好的磨合，出现问题也可以及时处理，而且还有利于小天鹅企业员工的稳定。

两个公司融合以后，美的可以用自己先进的管理经验去管理刚刚并购进来的部门，帮助他们更好地发挥他们的价值。美的集团本来公司人数就不少，管理部门对于人员的管理也很有经验，将两个公司整合好对于美的集团的管理层来说不是一件特别难的事情。

未来的市场都是属于那些真正掌握了核心科技的公司，谁掌握了核心科技谁就掌握了市场的主动权。美的并购了小天鹅，可以得到小天鹅洗衣机的核心技术，在未来家电市场中站稳脚跟。未来的家电市场肯定是一个智能化的市场，谁可以生产出适合消费者需求而且更加智能化的产品，就可以在家电市场中立于不败之地。

通过这次并购，美的不仅可以获得洗衣机产品先进的技术，而且还可以运用小天鹅先进的生产设备提高自己的生产效率，降低产品的成本，降低产品的售后次数以此来节约成本，从而实现更大的价值创造。只有将二者的优点经过整合，不断地发扬光大，取其精华去其糟粕，才能源源不断地实现价值创造，实现这次并购的价值。

企业并购完成之后，不仅仅会得到被并购企业的设备资源，更重要的是还会得到被并购企业的人才，被并购方的企业的资源对于收购方的增益只是一段时间的增益。但是，被并购方里面的科研人才和高级技术人才对于企业的增益才是企业持续增长的内生动力。

美的并购了小天鹅之后，为什么还能够继续稳定地增长，这与美的并购之后的人才整合是分不开的。高级技术人员整合好之后，可以提高美的生产效率。将研发人员开发的新产品落实到实物上面，为以后大规模生产提供条件。

资料来源：于睿超. 美的集团换股吸收合并小天鹅案例分析［D］. 南昌：江西财经大学，2021.

7.1.4　企业并购的发展

企业并购开始于 19 世纪末的美国，接着传播到以英国等资本主义为主的西方国家。主要原因是 19 世纪下半叶，科学技术取得巨大进步，大大促进了社会生产力的发展，为以铁路、冶金、石化、机械等为代表的行业大规模并购创造了条件，各个行业中的许多企业通过资本集中组成了规模巨大的垄断公司。在 1899 年美国并购高峰时期，公司并购达到 1 208 起，是 1896 年的 46 倍，并购的资产额达到 22.6 亿美元。1895 ~ 1904 年的并购高潮中，美国有 75% 的公司因并购而消失。在工业革命发源地英国，并购活动也大幅增长，在 1880 ~ 1981 年，有 665 家中小型企业通过兼并组成了 74 家大型企业，垄断着主要的工业部门。后起的资本主义国家德国的工业革命完成比较晚，但企业并购重组的发展也很快，1875 年，德国出现第一个卡特尔，通过大规模的并购活动，1911 年就增加到 550 ~ 600 个，空着了德国国民经济的主要部门。在这股并购浪潮中，大企业在各行各业的市场份额迅速提高，形成了比较大规模的垄断。

1925 年发生的第二次并购浪潮中，那些在第一次并购浪潮中形成的大型企业继续进行并购，进一步增强经济实力，扩展对市场的垄断地位，这一时期并购的典型特征是纵向并购为主，即把一个部门的各个生产环节统一在一个企业联合体内，形成纵向托拉斯组织，行业结构转向寡头垄断。第二次并购浪潮中有 85% 的企业并购属于纵向并购。通过这些并购，主要工业国家普遍形成了主要经济部门的市场被一家或几家企业垄断的局面。

1950 年下半年各主要工业国出现了第三次并购浪潮。"二战"后，各国经济经过 20 世纪 40 年代后期和 50 年代的逐步恢复，在 60 年代迎来了经济发展的黄金时期，主要发达国家都进行了大规模的固定资产投资。随着第三次科技革命的兴起，一系列新的科技成就得到广泛应用，社会生产力实现迅猛发展。在这一时期，以混合并购为特征的第三次并购浪潮来临，其规模、速度均超过了前两次并购浪潮。

1980 年起兴起的第四次并购浪潮的显著特点是以融资并购为主，规模巨大，数量繁多。1980 ~ 1988 年企业并购总数达到 20 000 起，1985 年达到顶峰。多元化的相关产品间的"战略驱动"并购取代了"混合并购"，不再像第三次并购浪潮那样进行单纯的无相关产品的并购。此次并购的特征是：企业并购以融资并购为主，交易规模空前；并购企业范围扩展到国外企业；出现了小企业并购大企业的现象；金融界为并购提供了方便。

2013 年国家主席习近平提出"一带一路"倡议，中国企业的跨国并购呈井喷状态。商务部、国家统计局、国家外汇管理局联合发布的《2012 ~ 2018 年度中国对外直接投资统计公报》数据显示，我国连续七年是全球前三大对外投资国。2018 年中国对外直接投资流量 1 430.4 亿美元，对外直接投资存量达 1.98 万亿美元，是 2002 年末存量的 66.3 倍，在全球分国家地区的对外直接投资存量排名中由第 25 位上升至第 3 位，仅次于美国和荷兰。此外，我国在全球外国直接投资中的影响力不断扩大，2018 年占 14.1%，较上年提升 3 个百分点；2018 年底存量占 6.4%，较上年提升 0.5 个百分点，皆创历史新高。

7.1.5　企业并购的演变过程

我国并购开始于 20 世纪 80 年代中期，起步落后于西方国家，主要原因是由我国的社会主义市场经济体制决定的，我国企业并购的发展可以分为以下几个过程。

第一，并购探索（1984 ~ 1987 年）。我国最早的并购为 1984 年 7 月河北省保定市的市锅炉厂以承担 42 万元债务的方式对市风机厂进行兼并。之后，保定市政府以国有资产代表者的身份促成 9 家优势企业对 10 家劣势企业的兼并。

第二，第一次并购浪潮（1987 ~ 1989 年）。经过资产重组，保定全市 1987 年全部消除预算内企业的经营性亏损，财政收入年递增 19%，超过了当年工农生产总值的增长速度。继保定之后，武汉、南京、上海、北京等城市为解决企业亏损等问题，也都先后进行了企业产权方面的初步尝试。到 1986 年、1987 年，全国大多数的城市都出现了兼并。

第三，第二次并购浪潮（1992 ~ 2001 年）。1992 年邓小平的讲话正式确立了市场经济的改革方向；直到 2001 年 1 月 23 日，广州石化集团通过先托管后兼并的方式成功地兼并了广州乙烯厂，这次兼并是中国有史以来规模最大的一次兼并案，而且多次受到国家最高领导阶层的关注。通过此次兼并，使一个濒临破产的广州乙烯厂重新焕发了生机，盘活国有资产高达 75 亿元。

第四，第三次并购浪潮（2002 年至今）。2002 年我国加入 WTO 之后，我国经济开始向全球化发展，此举促进了我国与世界经济的接轨，为保障我国企业并购正常稳健地发展，我国政府制定了一系列并购法规，如《指导外商投资方向的规定》《外商投资产业指导目录》《利用外资改组国有企业暂行规定》等。

7.2 企业并购的原则与方式

7.2.1 企业并购的原则

企业在选择并购的时候并不是杂乱无章，完全根据经营管理者的决策走向而进行并购，如何制定正确有效的并购策略是影响企业并购成功与否的关键，因此，企业在制定并购策略的时候应当遵循以下几个原则。

第一，投资有效性原则。企业并购时往往需要支出一大笔费用，可以说是企业的投资，如何保障投资的有效性是关键。投资的有效性如何来衡量，主要是对被并购企业内在价值的判断，企业在并购时，应当对目标企业进行分析和调查，考察目标企业是否拥有本企业所需要的资源或者业务优势，能否保障投资的收益性，在生产经营活动中企业关注的是市场回报率，企业并购的最终目标就是扩大企业规模并且实现规模效益的增长。因此，在并购活动中应当注意目标企业的选择，注重考察目标企业的内在价值，寻求最大的投资收益。

第二，统筹性原则。企业并购的策划是有步骤的，而且是全局性的，因此，企业在实施并购时必须对并购所涉及的各个方面以及每个影响因素进行研究，分别从动态和静态两个方面分析各个因素的相互影响和相互作用，在两种形态中找出一个平衡点，寻找出适合企业的最优策略。企业在进行统筹规划时，主要应该考虑涉及的法律、财务、税收等各个利益相关部门，并购不是简单的企业结合，而是多个方面的融合，寻求企业并购优势的最大化才能够保证企业并购的有效性和降低企业并购的风险。

第三，谨慎性原则。虽然并购是企业快速扩张，得以超常规发展的有效手段，但并购面临的风险也是巨大的，根据美国科尔尼公司的统计，大约只有20%的并购案实现了预期目标，其余80%的并购多以失败而告终。由此可见，并购由"馅饼"变为"陷阱"可能只是一念之差所致。企业在进行并购战略选择时，应根据企业并购的战略目标，既不高估所选战略带来的预期收益而盲目地提高收购成本，也不低估所选战略需要的成本，而导致做出超过企业经济实力的并购战略，以致最终因财力不足半途而废。所以，企业在选择并购战略时，一方面要充分考虑所选战略隐含的种种风险及未来的不确定性，对交易的成本要进行深入的研究，使并购战略成为实现企业并购战略目标的快捷手段。换句话说，企业在确定战略目标时，应以本企业的人力、物力、财力状况为基础，根据企业的财务状况、资源状况以及企业发展战略的需要来确定并购的战略目标。另一方面要对目标企业进行尽职调查，全面、深入地对目标企业进行考察，并购双方之间应存在战略匹配关系，力求保持稳健的态度，借以提高企业并购成功的概率。

7.2.2 企业并购的运作方式

企业并购运作方式根据不同的企业类型和并购主体存在不同的方式，本教材根据企业所处行业等因素进行了企业并购运作方式的研究。

从并购行业划分看，一是横向并购。横向并购是指处于同行业。生产同类产品或生产工艺相似的企业间的购并。这种并购实质上是资本在同一产业和部门内集中，迅速扩大生产规模，提高市场份额，增强企业的竞争能力和盈利能力。二是纵向并购。试制生产和经营过程相互衔接、紧密联系间的企业之间的并购。其实质是通过处于生产同一产品的不同阶段的企业之间的并购，从而实现纵向一体化。纵向并购除了可以扩大生产规模，节约共同费用之外，还可以促进生产过程的各个环节密切配合，加速生产流程，缩短生产周期，节约运输、仓储费用和能源。三是混合并购。混合并购是指处于不同产业部门，不同市场，且这些产业部门之间没有特别的生产技术联系的企业之间的并购。混合并购可以降低一个企业长期从事一个行业所带来的经营风险，另外，通过这种方式可以使企业的技术、原材料等各种资源得到充分利用。

从是否通过中介机构划分看，一是直接收购，指收购公司直接向目标公司提出购并要求，双方经过磋商，达成协议，从而完成收购活动。如果收购公司对目标公司的部分所有权提要求，目标公司可能会允许收购公司取得目标公司的新发行的股票；如果是全部产权的要求，双方可以通过协商，确定所有权的转移方式。由于在直接收购的条件下，双方可以密切配合，因此相对成本较低，成功的可能性较大。二是间接收购，指收购公司直接在证券市场上收购目标公司的股票，从而控制目标公司。由于间接收购方式很容易引起股价的剧烈上涨，同时可能会引起目标公司的激烈反应，因此会提高收购的成本，增加收购的难度。

从购并的动机划分看，一是善意购并。收购公司提出收购条件以后，如果目标公司接受收购条件，这种购并称为善意购并。在善意购并下，收购条件、价格、方式等可以由双方高层管理者协商进行并经董事会批准。由于双方都有合并的愿望，因此，这种方式的成功率较高。二是恶意购并。如果收购公司提出收购要求和条件后，目标公司不同意，收购公司只有在证券市场上强行收购，这种方式称为恶意收购。在恶意收购下，目标公司通常会采取各种措施对收购进行抵制，证券市场也会迅速做出反应，股价迅速提高，因此，恶意收购中，除非收购公司有雄厚的实力，否则很难成功。

企业兼并收购分析专栏 2：

杭州萧山国有资产经营集团有限公司要约收购

一、本次要约收购的基本情况

2022 年 3 月 31 日晚间，杭齿前进（601177）发布公告称，收到公司控股股东杭州萧山国有资产经营集团有限公司（以下简称"萧山国资"）要约收购报告书，收购股份数量为 79 971 900 股，要约价格为 8.13 元/股。在此前，杭齿前进曾于 3 月 24 日开市起停牌，3 月 28 日复牌后涨 9.99%，报 8.7 元涨停。

《要约收购报告书》披露后 30 日内，公司将在《证券时报》和上海证券交易所网站（www. sse. com. cn）发布 3 次要约收购提示性公告。本次要约收购系萧山国资向除萧山国资以外的其他全体股东发出部分要约收购。具体情况如下。

1. 收购人名称：杭州萧山国有资产经营集团有限公司。
2. 被收购公司名称：杭州前进齿轮箱集团股份有限公司。
3. 被收购公司股票简称：杭齿前进。
4. 被收购公司股票代码：601177.SH。
5. 收购股份的种类：人民币普通股（A 股）杭州前进齿轮箱集团股份有限公司。
6. 预定收购股份数量及比例：79 971 900 股，占被收购公司已发行股份总数的 19.99%。
7. 要约收购的支付方式：现金。
8. 要约收购价格：8.13 元/股。
9. 申报方向：预受要约应申报卖出，撤销已预受的要约应申报买入。

二、本次要约收购的目的

本次要约类型为主动要约，并非履行法定要约收购义务。本次要约收购不以终止杭齿前进的上市地位为目的。萧山国资作为杭齿前进的控股股东，基于对上市公司未来发展前景的信心及对上市公司价值的认可，为切实维护广大投资者利益，促进上市公司持续、稳定、健康发展，决定采用部分要约收购的方式增持上市公司的股份，以进一步增强对杭齿前进的控制力，提振投资者信心。

市场分析人士称，综合经营业绩、行业政策以及新能源领域发展趋势等多方面因素，当地国资部门对公司发起要约收购，目的是"进一步增强对杭齿前进的控制力，提振投资者信心"，此消息可视作直接利好。

三、收购意义

根据该公司财务来看，净利润增长较快，盈利性较强。公司 2021 年年度业绩预增公告显示，2021 年年度业绩预计增加 4 200 万 ~6 000 万元，同比增加 50% ~71%；归属于上市公司股东的扣除非经常性损益的净利润与上年同期相比，预计增加 1 440 万 ~3 240 万元，同比增加 42% ~96%。

从行业发展看，2021 年以来全球航运的强劲复苏，带动造船业景气向好。2021 年 1 ~11 月 75 家重点监测企业合计实现利润总额 21.6 亿元，同比增长 27%。2022 年 1 月全球新船订单量环比增加 72%，其中，中国订单量占比 48%，位居全球第一。有券商研报认为，二十年造船景气大周期启动，行业长期盈利中枢有望持续上行，周期底部已显著出清，龙头公司有望持续受益。

在政策方面，今年两会政府工作报告提出，促进工业经济平稳运行，加强原材料、关键零部件等供给保障，实施龙头企业保链稳链工程，维护产业链供应链安全稳定。作为船舶工业上游头部企业，杭齿前进国资控股股东增资，在国家鼓励高端制造、智能制造背景下，或将带来更多政策支持。

此外，该公司业务涉及风能等新能源发电传动产品，头部风电概念股走势较强，也将对股价有一定提振作用。公开报道显示，公司临江生产基地为公司风电增速箱等新能源领域产品的主要生产基地；公司生产的潮流发电齿轮箱作为首台样机落户英吉利海峡；公司的核电齿轮箱产品已配套多台核电机组。

市场分析人士指出，在碳中和、碳达峰等政策落实推进下，新能源领域有持续的发展空间。结合杭齿前进主业正由传统机械设备向新能源设备转型，或将开启二次成长曲线，推动估值提升。同时，航运已纳入欧盟碳排放交易体系，未来随着高运价及老化更新驱动，散货船、油船有望接续增长，而碳中和中长期也将刚性刺激更新换代需求。

资料来源：

①李蔚. 要约收购视角下上市公司外部治理效力研究 [D]. 重庆：重庆工商大学，2022.

②王雨辰，钱元辰. 市场对要约收购的反应：来自中国的证据 [J]. 中国科学技术大学学报，2021，51（12）：894 − 911.

从支付方式划分看，一是现金收购，是收购公司向目标公司的股东支付一定数量的现金而获得目标公司的所有权。现金收购存在资本所得税的问题，这可能会增加收购公司的成本，因此，在采用这一方式的时候，必须考虑这项收购是否免税。另外，现金收购会对收购公司的流动性、资产结构、负债等产生影响，所以应该综合进行权衡。二是股票收购。公司通过增发股票的方式实现收购，公司不需要对外付出现金，因此不至于对公司的财务状况发生影响，但是增发股票，会影响公司的股权结构，原有股东的控制权会受到冲击。三是综合证券收购，指在收购过程中，收购公司支付的不仅仅有现金、股票，还有认股权证、可转换债券等多种方式的混合。这种兼并方式具有现金收购和股票收购的特点，收购公司既可以避免支付过多的现金，保持良好的财务状况，又可以防止控制权的转移。

7.2.3　并购的一般程序

企业并购的程序可以用流程图 7 − 3 表示。

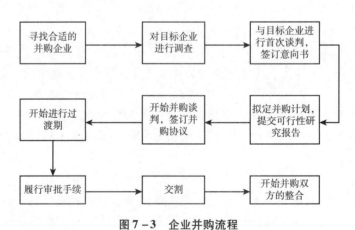

图 7 − 3　企业并购流程

企业在并购过程中的事项较多，应当注意以下几点：并购企业双方应当是在相同的行业中；在进行资产调查过程中应当聘请诚信且有能力的会计师事务所和律师事务所；在寻求双方协议平衡点时，应当考虑企业自身的利益，注重投资与收益的平衡性；并购程序中主要的是策略的制定，策略的有效性和可靠性是关键；公司在准备并购阶段，应当组织并购研究组，对整个并购阶段的事务进行监督和规划。

7.3 企业并购的决策

7.3.1 企业并购价格决策

企业在进行并购的过程中，并购的价格是主要投资费用，如何制定一个有效的价格在并购计划中是关键，本教材在价格决策中采用博弈论进行分析。根据企业并购的方向可以将并购价格决策分为：目标企业价格决策和并购企业价格决策。

第一，目标企业价格决策。被并购企业发现潜在或者是已经有意向并购本公司的企业不止一家时，可以采用博弈论中的拍卖价格模型来拍卖本公司，从而获取最大的利益，根据拍卖投标方式的不同可以分为以下几种类型：一是英式拍卖（English auction），这是我们最常见到的一种公开场合的拍卖形式。拍卖时通常会先规定一个起始价格，然后由投标者开始往上出价，一直到最后只剩下一个人愿意以其最终报价购买时为止。二是荷式拍卖（Ducth auction），这种拍卖方法正好和英式拍卖相反，拍卖是由一个很高的价格开始逐渐下降，一直降到第一个愿意以该价格购买的人出现为止。三是密封式第一价格拍卖（the first-price sealed auction），这是工程招标最常采用的一种方法。拍卖时标价采用保密的方式进行，例如将标价密封在信封之中。在所有的投标者都送出自己的标价之后，再由拍卖人拆阅并出售给标价最高的人。四是密封式第二价格拍卖（the second-price sealed auction），这种拍卖方法是由维克里（Vickrey，1962）所发明，它最主要的好处是能够迫使每个人把自己的私人信息显露出来。目前，第四种方法已是国际性招投标中常用的方法。

目标企业所应该做的是提供给投标者他们所需要了解的财务、前景等各种并购信息（不得为牟利而编造虚假信息）。根据投标者的风险投资偏好以及所处企业的资产购买力，目标企业可以为不同企业提供不同的风险信息，在信息完全相同的资本市场情况下，目标企业是不具有提价能力的，但是这是一种理想的竞价情况，现在的资本市场还是处于信息非对称的情况，并且投标者之间存在一种竞价关系，各自所得到的信息是非公开和流通的，根据纳什均衡中投资者在未知对方策略情况下不会改变自身策略的原理，目标企业能够通过提供不同的信息来达到利益的最大化。

第二，并购企业价格决策。评估目标企业的价值是企业定价的主要依据，对目标企业价值的评估主要有以下几种方法：一是资产评估法。资产评估法主要是根据账面价值对企业的重置成本进行核算，从而得出企业资产的市场价值，企业在对账面价值的真实性和可靠性进行审核之后，对目标企业的资产项目和负债项目进行调整，调整后的资产减去负债所得价值为企业定价的主要依据，企业通过对所处行业的特点、成长性、获利能力等进行综合判定后得出企业最终的并购价格。二是收益基础法。收益基础法主要使用的是贴现现金流法和市盈率模型法。通过对目标企业的股票市值的核算以及预期收益的估计来核算企业的价值，同时，针对通货膨胀率等因素对现有资产进行折算，通过计算获利和折旧及损失的差额来核算企业价值。

贴现现金流法是将企业所有的资产在未来继续经营状况下产生的预期收益，按照企业设定的折扣率贴现，主要是使用拉巴波特模型对未来企业自由现金流量进行预测，再使用资本资产定价模型估计预期股本成本率和其他长期资本要素的资本成本，计算出其加权成本，最后得出企业最终的现金流现值。主要公式如下。

$$V = \sum_{t=1}^{n} \frac{CF_t}{(1+k)^t} + \frac{P_n}{(1+k)^n}$$

其中，V 表示企业价值；CF_t 表示计算期间企业第 t 年的现金流量；k 表示加权平均资本成本；n 表示预测的年限；P_n 表示预期末企业的残值。

市盈率模型法是指以行业平均市盈率来估计企业价值，按照这种估价法，企业的价值得自可比较资产或企业的定价。根据市盈率计算企业价值的公式应为：

企业价值 = (P/EPS) * 目标企业的可保持收益

其中，P 表示每股现行市场价格；EPS 表示每股净利润。目标企业的可保持收益是指目标公司并购（交易）以后继续经营所取得的净收益，它一般是以目标公司留存的资产为基础来计算取得的。

三是期权定价法。企业并购本身就是一种战略投资行为，具有一定的期权特征，表现为并购企业在收购过程中所获得的实物期权。实物期权是项目投资者在投资过程中所拥有的、能根据在决策时尚不明确的因素改变行为的一系列非金融性选择权，如对企业投资决策的推迟与提前、扩大与缩减、放弃、转换等，属于广义的期权。这是一种新的思维方式，除了考虑传统意义下现金流的时间价值外，还充分考虑了项目投资的时间价值和管理柔性以及减少不确定性的信息带来的价值，从而能够完整地对投资项目的整体价值进行科学合理的估价。

企业兼并收购分析专栏 3：

钢铁行业股权收购项目经济评价方法

一、背景

2020 年我国粗钢产量首次突破 10 亿吨，达 10.65 亿吨，同比增长 7.0%；进口铁矿砂及其精矿 11.7 亿吨，同比增长 9.5%。我国铁矿石的对外依存度超 80%，而我国钢企多是分散采购，在与四大矿山巨头采购时议价能力较弱。因此，提高我国钢铁产业集中度、推进铁矿石联合采购，有利于增强我国铁矿石定价话语权。

2020 年 12 月 31 日，工信部发布的《关于推动钢铁工业高质量发展的指导意见（征求意见稿)》提出力争到 2025 年前 10 位钢铁企业产业集中度达到 60%。因此，兼并重组是钢铁行业今后一段时间的工作重点。目前，钢铁企业并购重组是由大型企业出资收购小型企业的全部或部分股权。在收购过程中通过中介评估机构对股权进行估值，然后按照双方协商的股权比例由兼并方支付给被兼并方收购款。在实际案例中，一般由收购方支付几乎全部注册资本，被收购方出资极少而占有远超出出资额比例的股份。从以上收购行为的分析可知，股权收购大多是溢价收购。对于收购方而言面临较大的投资风险，项目的经济效益是否能够支撑巨大的现金流出，是否能够获得期望的收益都有待深入的研究和预测。

二、经济效益评价方法探讨

股权收购项目主要有资产收购、收购部分股权和收购全部股权三种方式，股权收购方式的不同，其经济效益评价方法也不完全相同。以下结合三种股权收购方式分别讨论应如何进行项目效益分析。

（一）资产收购项目

资产收购是指收购目标公司的资产，并成立新公司对收购资产进行生产经营。此类项目可按独资建设项目的经济评价方法进行效益评价。需要注意的是，按照《企业会计准则第 4 号——固定资产》的规定，以一笔款项购入多项没有单独标价的固定资产，应当按照各项固定资产公允价值比例对总成本进行分配，分别确定各项固定资产的成本；如果购买固定资产的价款超过正常信用条件延期支付，实质上具有融资性质的固定资产的成本以购买价款的现值为基础确定。实际支付的价款与购买价款的现值之间的差额，除应予资本化的以外，应当在信用期间内计入当期损益。

（二）收购部分股权项目

如果收购的是目标公司的部分股权，收购方从项目中得到的是公司还本付息后的现金流，此类项目股权投资的效益可在一般项目“资本金现金流量表”基础上调整为“收购股权投资现金流量表”。主要项目有：项目资本金现金流入、项目资本金现金流出、项目资本金净现金流量、收购股权现金流入、收购股权投资、收购股权净现金流量。以此计算项目收购股权投资财务内部收益率和投资回收期等指标。

具体而言，项目资本金现金流入项有：销售收入、补贴收入、回收固定资产余值、回收无形资产余值、回收流动资金等。项目资本金现金流出项有：借款本金偿还、借款利息支付、经营成本、销售税金及附加、所得税、维持运营投资等，被收购公司原有资本金不作为现金流出项。项目资本金净现金流量＝项目资本金现金流入－项目资本金现金流出。收购股权现金流入可根据拟收购股权的比例，以项目资本金净现金流量为基础计算。收购股权净现金流量＝收购股权现金流入－收购股权投资。

（三）收购全部股权项目

收购全部股权项目是收购目标公司的全部股权，并承担相应的债务。此类项目的效益评价可参照一般建设项目资本金现金流量表计算，与一般建设项目计算的主要区别在于，将一般建设项目资本金现金流量表中的“项目资本金”替换成“收购股权投资”。

三、经济效益评价中存在的问题

近些年，我们在完成的多个股权收购项目后评价过程中发现，在进行股权收购可行性研究经济效益测算时，各设计单位仍然按照“全部投资现金流量表”和“资本金现金流量表”计算项目投资内部收益率，无法全面、科学地反映投资方投资收益情况。在《建设项目经济评价方法与参数》（第三版）中，对于股权收购项目应按“投资各方现金流量表”计算投资各方内部收益率，但其对“投资各方现金流量表”中科目的描述比较笼统。

此外，在完成的一些项目后评价经济效益测算中发现，一般项目投资方内部收益率会比项目全部投资内部收益率和资本金内部收益率低很多，其中，比资本金内部收益率低达到50%左右，这种经济评价方法会造成项目投资内部收益率和资本金内部收益率较高，但是投资方内部收益率较低，评价结果不能正确反映投资者的收益，严重影响投资决策的科学性。分析造成这种差异的原因，主要是"资本金现金流量表"中经营期回收的投资和提取的法定盈余公积金，可以用于企业扩大再生产或新项目的建设，从而实现企业的滚动发展，但是股权投资项目经济评价规定生产期不能减少注册资本，因此，"投资方现金流量表"中生产经营期回收的投资和提取的法定盈余公积金只能留存到合作经营期满后再进行分配，从而导致投资方内部收益率会低很多。

资料来源：程欣，张金元. 钢铁行业股权收购项目经济评价方法的探讨 [J]. 冶金财会，2021，40 (3)：46 - 48.

7.3.2 企业并购支付方式的决策

从国外支付方式看，一是现金支付，指并购公司以现金作为支付对价取得目标企业控制权的并购行为，可以分一次或在指定的时间内分几次支付。二是股票支付，也称为换股，指并购企业向目标企业的股东发行股票，换取其对目标企业股权的并购行为。三是杠杆支付，指并购公司以目标公司资产的经营收入来支付并购资金或作为此种支付方式的担保。四是期权支付。期权支付是一种衍生支付工具，主要包括可转换债券、认股权证、职工持股计划等。五是卖方融资，又称延迟支付，指目标企业股东（卖方）同意并购方推迟支付交易对价而取得的未来支付承诺。六是综合证券支付，又叫混合并购支付方式，它是指并购公司的支付对价，既包括现金，也包括股票或者认股权证、可转换证券、公司债券等两种以上的混合支付方式。

从我国主要支付方式看，西方国家资本市场历史悠久，并购支付方式较为丰富，而我国资本市场发展时间短，尚不成熟、不完善，上市公司并购支付方式较为单一，股权分置改革以前主要以现金支付为主，近年来也出现了股权支付、债权支付、资产置换、承债收购、政府无偿划拨等，其中有几种方式为我国特色的支付方式。一是现金支付。我国企业并购主要采用传统支付方式，一般会采取分期付款的方式。二是股票支付。股票支付是指并购公司通过换股（如吸收合并）或定向发行新股的方式，达到取得目标公司控制权的并购目标。股票支付可以说是一种不需动用大量现金而优化资源配置的方法。换股并购在国际上被大量采用，具体分为增资换股、库存股换股和股票回购换股三种形式。三是承债收购。即并购企业以承担目标企业债务为条件接收其资产或股权的方式，除此之外，并购企业并不支付额外的现金及有价证券。在政府扶持下在我国被广泛地采用，尤其是在地方政府要保留壳资源的ST上市公司并购案例或拯救濒临破产的国有企业中。四是无偿划拨，又称无偿划转式支付，是我国特有的具有计划经济色彩的支付方式，指国家通过行政划拨手段将国有企业的控股权在两个国有资产管理主体之间无偿划转的方式，接受方无须向出让方做出现金、有价证券或其他支付等补偿。五是资产置换。交易的买方以自己拥有的实物资产或股权资产作为价款交给卖方，以此取得对卖方部分（或全部）资产的所有权。六是债权支付，即债转股，指购买方以自己拥有的对卖方的债权作为交易的价款。一般是为解决卖方财务困难采取的支付方式。

企业兼并收购分析专栏 4 ：

新劲刚并购宽普科技支付方式案例

一、新劲刚基本情况

广州市新劲刚新材料科技有限公司正式注册成立于 1998 年 12 月，注册资本 10 000.5 万元。经过多年的发展，公司凭借其自身的品牌优势、技术优势和市场竞争优势在行业中发挥了重要作用。企业当前的主要生产经营产品为金属基超硬材料以及相关配套、金属基耐磨复合材料以及相关产品，企业还会结合武器装备承包商的需求和特征研发生产多种特殊材料。该家子公司于 2017 年 3 月 24 日成功在深圳证券交易所创业板上市。新劲刚的实际控制人为王刚先生、雷炳秀女士、王静女士。三人对企业持股 46 637 942 股，占比总计 46.64%，具体控制权如图 7-4 所示。

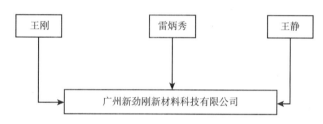

图 7-4　新劲刚实际控制人控股关系

二、并购支付方案介绍

（一）支付工具概述

根据本次交易的价格（65 000 万元），新劲刚计划向包括前述宽普科技实际控制人以及其他 14 位自然人股东和圆厚投资分别发行企业可转债以及股份同时合并现金支付向宽普科技实施并购获得其所有股权。

1. 现金支付方式。

本次并购交易中以现金支付的占总交易价格的 40%，为 26 000 万元。

2. 股份支付方式。

本次并购股份支付部分占总交易价格的 50%，合计为 32 500 万元，根据并购重组协议，本次发行普通股的定价为每股 15.30 元，按照相关规定至少要达到定价基准日前 60 个交易日企业股价交易均值的 90%。根据 2018 年企业配股方案，基于 2018 年 12 月 31 日企业总股本 100 000 050 股，以每股 0.01 元的标准派现，根据重组协议以及调整股份发行价的方式和原则，进一步调整发行普通股的定价为每股 15.29 元。据此得到拟发行普通股的股份总量为 21 255 723 股。

3. 定向可转债支付方式。

本次用于支付的可转债的发行对象为宽普科技所有股东，共计自然人 16 人以及圆厚投资。发行可转债的金额占交易金额的 10%，合计 6 500 万元，定向可转债具体情况如表 7-3 所示。

表 7 – 3   定向可转债具体情况

项目	内容
债券类型	可转换为公司 A 股股票的债券
面值	每张面值为人民币 100 元
票面利率	第一年为 0.30%、第二年为 0.50%、第三年为 1.00%、第四年为 1.50%、第五年为 1.80%、第六年为 2.00%
债券数量	65 万张

（二）支付交易时间表

1. 现金交易。

本次并购交易中的现金来源于通过发行股票和定向可转债募集而来，所以具体交易时间与股票交易和定向可转债交易相同。

2. 股份交易。

本案例针对宽普科技不同的股东锁定期有不同的要求，简单地分为两类，分为文俊、吴小伟等 14 个股东具有相同的股份锁定期和圆厚投资，对于 14 个股东具体的股份锁定期情况如表 7 – 4 所示。

表 7 – 4   股份锁定期具体情况

解锁限售安排	解除限售时间	解除限售比例（%）
首次解锁	本次股票上市期限届满 12 个月	36
第二次解锁	本次股票上市期限届满 24 个月	72
第三次解锁	本次股票上市期限届满 36 个月	100

从表 7 – 4 可以看出新劲刚对宽普科技的股东在股票登记日之后 12 个月内不得转让质押股票，12 个月后按照上表的情况进行解锁。圆厚投资则需要在股票登记之日后 36 个月或者业绩承诺完成日之后，其所拥有的股票才能转化或者质押。

3. 定向可转债。

宽普科技的股东承诺，此次并购中获得的可转换债券和债券转为股份产生的企业股权从结束发行行为当天到开始三年之后或者业绩承诺履行周期结束后（选择较晚的一天）才可以转让或者质押。

（三）交易对价概述

本案的股份发行、转债发行以及现金合并购买形成的交易总额为 6.5 亿元，股权、可转债以及现金的支付占比分别为 50%、10%、40%。当并购实施后宽普科技股东取得的并购交易对价将按照各自原有的占股比例进行分配，宽普科技股东并购交易对价具体情况如表 7 – 5 所示。

表 7 – 5　　　　　　　　　　　宽普科技股东取得并购交易对价情况

股东名称	股权比例（％）	交易对价（万元）	可转债对价		股票对价		现金对价（万元）
			金额（万元）	数量（张）	金额（万元）	数量（股）	
文俊	21	13 650.00	1 365.00	136 491	6 825.00	4 463 406	5 460.00
吴小伟	20.56	13 364.00	1 336.40	133 635	6 682.00	4 370 008	5 345.60
朱允来	11.86	7 709.00	770.9	77 064	3 854.50	2 520 064	3 083.60
胡四章	10.38	6 747.00	674.7	67 446	3 373.50	2 205 556	2 698.80
张文	5.89	3 828.50	382.85	38 258	1 914.25	1 251 074	1 531.40
张天荣	5.27	3 425.50	342.55	34 250	1 712.75	1 120 029	1 370.20
徐卫刚	4.85	3 152.50	315.25	31 556	1 576.25	1 031 925	1 261.00
伍海英	3.74	2 431.00	243.1	24 289	1 215.50	794 267	972.4
周光浩	3.54	2 301.00	230.1	23 034	1 150.50	753 250	920.4
薛雅明	3.07	1 995.50	199.55	19 969	997.75	653 004	798.2
毛世君	3.07	1 995.50	199.55	19 969	997.75	653 004	798.2
圆厚投资	2.22	1 443.00	144.3	14 429	721.5	471 878	577.2
李东星	2.15	1 397.50	139.75	13 978	698.75	457 103	559
葛建彪	0.92	598	59.8	5 991	299	195 901	239.2
向君	0.7	455	45.5	4 528	227.5	148 074	182
欧秋生	0.56	364	36.4	3 652	182	119 414	145.6
王安华	0.22	143	14.3	1 461	71.5	47 766	57.2
合计	100	65 000.00	6 500.00	650 000	32 500.00	212 557.23	26 000.00

三、新劲刚并购宽普科技支付方式的效果分析

（一）提高企业的盈利能力

军工电子信息产业是当前我国市场上发展较快的产业，未来的发展前景颇为宽广，远景较好。宽普科技在报告期内表现出了业绩持续增长的良好态势，完成本次并购交易活动之后，宽普科技进一步发展并且成为上市企业全资子公司，上市公司的行业结构和布局也将得到进一步的改变和优化、业务种类将更加丰富，同时未来几年上市公司与宽普科技的融资和整合优化将有可能为其打造一个新的收益率和增长点，这样也将有助于提高上市公司的实际盈利能力和综合的竞争性，给投资者提供了可以持续、稳定地投入的收益。根据新劲刚发布的财务报告，本次并购前后，上市公司每股净资产及每股收益指标如表 7 – 6 所示。

表 7 – 6　　　　　　　　　上市公司每股净资产及每股收益指标　　　　　　　　　　单位：元

项目	2017 年 12 月 31 日	2018 年 12 月 31 日	2019 年 12 月 30 日	2020 年 6 月 30 日	2020 年 12 月 30 日
每股净资产	5.24	3.51	5.29	6.51	6.63
基本每股收益	0.26	0.08	– 0.25	0.28	0.39
稀释每股收益	0.26	0.08	– 0.25	0.28	0.39

从表 7-6 可以看出，每股净资产、基本每股收益和稀释每股收益在并购完成后都呈现增长。完成本案的交易活动之后，宽普科技正式成为新劲刚旗下的控股企业，其净业绩以及全部净资产都会直接划转给新劲刚的股东。从上表数据分析不难发现完成本案的交易活动之后，对于新劲刚公司作为母公司而言，其归母每股收益和净资产都会有所提升。而成为新劲刚公司全资控股企业之后，作为母公司的新劲刚公司也能够进一步得到宽普科技经营业绩的快速成长给其带来的利润和收益，有利于进一步增强其综合竞争力和其后续发展的能力，提升该公司的盈利能力水平与抵御风险的能力。

（二）偿债能力增加

新劲刚此次并购完成后，公司的盈利能力增加明显，在 2020 年净利润增加多，企业的偿债能力呈现稳步增长，并购前后偿债能力指标具体情况如表 7-7 所示。

表 7-7　　　　　　　　　　　　偿债能力指标分析

项目	2018 年 12 月 31 日	2019 年 12 月 31 日	2020 年 12 月 31 日
流动比率	2.904	2.806	4.444
速动比率	2.245	1.97	3.379
资产负债率	26.78	40	22.06

从表 7-7 可以看出，对于短期偿债能力，新劲刚的流动比率与速动比率整体上呈现上涨趋势，在 2018~2020 年流动比率分别为 2.904、2.806、4.444。2019 年流动比率下降主要是并购宽普科技且应收账款现金回款减少导致流动资产增加，增幅为 37.90%，而流动负债增加同样也是由于宽普科技纳入财务报表所致，增幅为 42.40%，比同期流动资产增幅大，最终导致流动比率下降。2020 年流动资产呈现井喷式上涨，主要是由于新劲刚处置东厂区土地使用权及建筑物和出售金刚石工具所产生的现金流入导致货币资金上涨和新设子公司金刚石工具对其应收的往来款项及出售金刚石工具股权应收的剩余款项致使其他应收款上涨，整体流动资产上涨幅度大，上涨金额达到 1.3 亿元。2020 年由于偿还银行负债导致流动负债降低，因此，2020 年流动比率出现上升。2018~2020 年速动比率分别为 2.245、1.97、3.379。2019 年速动比率的下降，由于合并宽普科技报表，导致存货大幅上涨，增幅达到 80.81%。2020 年存货并没有太大变化，但流动资产增加多，进而速动比率也上涨。这两项指标表明公司目前的财务风险较低，偿债能力增强。2018~2020 年资产负债率分别为 26.78、40.00、22.06。2019 年资产负债率比 2018 年上升了 13.22%，主要是并购项目导致贷款增加。2020 年资产负债率比 2019 年下降 17.94%，主要原因是在报告期已将全部贷款归还。综上这些数据的变化分析，可以看出在并购完成后新劲刚的偿债能力有所增加。

（资料来源：高丹.新劲刚并购宽普科技支付方式案例研究 [D].沈阳：沈阳工业大学，2021）

7.3.3　企业并购融资决策

企业在进行并购的时候，在资金不足的情况下，就需要从外部进行融资来完成并购项目；从外部融资虽然能够尽快地完成并购项目，弥补自身资金的不足，但是必须考虑企业自身并购后企业的财务状况，过多的负债对并购形成的新企业有着不同程度的影响。我国现今存在的并购融资渠道较少，而提供融资服务的中介机构能力有限，无法满足大企业的要求，因此，企业在选择融资的渠道根据风险不同可分为以下几种手段。

第一，内源融资。内源融资是企业并购融资的首选。主要原因有两点：一是内源融资不增加企业的财务负担，财务风险小；二是在信息不对称条件下内源融资不会向市场传递不利于公司价值的影响因素。因此，在企业并购中，一方面应尽可能合理地从公司内部筹集并购支付对价，除公司自有资金外，利用公司除现金以外的其他资产进行产权置换或产权出资，不仅能降低融资成本，减少融资风险，而且可以盘活存量资产，实现某些领域退出，收回债务等，对公司是极为有利的。另一方面在保证并购企业控制权并保证每股收益增长的前提下，换股并购应该是除内源融资外的优先考虑，不仅可以解决资金支付的问题，而且可以降低收购价格被高估的风险和并购整合风险、获得目标企业管理层支持等多方面的好处。

第二，卖方融资、信托等。如果并购企业拥有较高的经营管理水平、并购整合能力和风险控制能力，可以考虑采用卖方融资、信托等新型的融资方式。

第三，其他融资方式。如果上述两种方式仍不能满足并购需求时，应当在借款和发行证券（包括债券、股票和可转换债券）之间进行选择。选择时应考虑并购融资规划的结果，包括融资规模、期限、成本，确定企业的最佳资本结构。

然而，根据不同利益主体，出于不同利益要求的考虑，会采取不同的融资方式和融资方式组合，因此，在做并购融资决策时，必须考虑并购企业和目标公司的实际情况，并结合其做出这一融资决策进行并购后可能产生的市场预期带来的影响，综合判断做出满意的融资决策。

7.4　企业并购后的整合

7.4.1　文化整合

企业文化在企业发展中被认定为企业的灵魂，企业并购可以说是企业灵魂间的碰撞和融合，如何吸收精华去除糟粕是关键，在企业对目标企业的企业文化进行整合时，应当建立一个系统的过程，保证文化整合的顺利进行。

第一，企业文化的整合方面。一是经营宗旨整合。企业在进行并购形成一个新的企业时，应当确立企业自身的宗旨即发展方向，不能被旧的宗旨束缚。二是价值观念整合。这是企业文化整合的核心和难点。目的是去除糟粕，留下精华，只有树立健康的价值观念，才能够在以后的工作生活中给职工以心理和行为上的规范。三是道德行为准则整合。道德规范的整合从一定程度上来说是辅助企业员工行为准则的，法律的硬性要求并不能够很好地约束职工，应该从员工道德素质修养本身着手，提高职工道德观念，促使良好氛围的形成。四是组织机构整合。这是文化整合的保证。组织机构既是文化整合计划的制订者，也是执行者。

第二，企业文化整合的方式。根据并购双方企业文化变化程度及并购方获得的企业控制权深度，企业文化整合方式有三种。第一种，吸纳式文化整合。它是指被并购方完全放弃原有价值观念和行为假设。全盘接受并购方企业文化。它适用于并购方文化非常强大且极其优秀，能赢得被并购企业员工一致认可，且被并购方企业原有文化又很弱。这是较常见的文化整合模式。第二种，渗透式文化整合。渗透式文化整合是指并购双方在文化上互相渗透，都进行不同程度的调整。这种模式适合并购双方企业文化强度相似，且彼此相互欣赏。这种模式操作性强，但并购方将放弃部分控制权，风险增加。例如，德国贝尔并购上海无线通信厂时允许保留双方文化优秀成分。第三种，分离式文化整合。这种模式中被并购方原有文化基本不变。其前提是并购双方均有较强优质企业文化，企业员工不愿文化有所改变。同时，并购后双方接触机会不多，不会因文化不一致而产生大的矛盾冲突。

企业兼并收购分析专栏 5：

HR 公司并购 YS 公司的文化冲突与整合

一、并购双方企业简介

（一）HR 公司简介

HR 公司是世界 500 强企业 HR 集团旗下医药商业集团的省级成员公司，业务范围包括中西药、医疗器械和物流配送等。2011 年 HR 医药商业集团在廊坊成立了 HR 廊坊公司，开始在河北省布局医药商业；2013 年以收购方式设立 HR 医大公司、HR 邯郸公司、HR 唐山公司；2014 年 HR 公司成立它作为省级医药公司，全资持有省内公司的股权。

HR 公司 2017 年总资产 61 亿元，员工人数 1 821 人。公司有严格的人力资源管理制度，员工一律通过公开透明公开招聘上岗，有亲属关系的员工不得在同一公司任职；员工考核频次高，标准较严格；晋升兼顾公平的同时综合考虑业绩、资历、素质、民主评分等因素；下辖子公司领导层以总部调任和内部晋升两种方式形成，并定期轮岗；领导层实行年薪制。

HR 公司有 1 778 家合作的上游供应商，31 043 个产品品规。市场覆盖较广泛，除了涵盖省级大中型医药，进一步渗透到民办私立医院、基层医院卫生所、药房等细分市场领域，在零售终端药品配送领域具有丰富的经验。2017 年 HR 公司年营业额超过 80 亿元，年复合增长率为 40%。

（二）YS 公司简介

YS 公司成立于 2006 年，注册资金 500 万元，是河北省重点医药流通企业之一，肩负河北省医药储备任务。公司近些年发展较快，业绩增长明显，在省内公司排名前五，公司股份由主要领导和部分员工共同持有。

YS 公司有员工约 200 人，其中，执业药师 10 名，主任药师 3 名。因其特殊的成长历程，人事管理较为松散，员工多是领导亲戚朋友或员工介绍入职。员工薪酬构成主要包括极低的基本工资加较高的绩效奖金，每月末对员工业务完成情况进行考核发放奖金，业务激励效果显著，公司销售额连续多年大幅增加。公司员工间的工作沟通多以日常非正式沟通为主，问题能够得到及时的处理，品种竞配等重要事项可越级直接上报协商处理。

YS 公司以药品、医疗器械和原料药销售为主，销售网络覆盖河北省 11 个地市并在当地设有办事处。销售业务范围主要是三级医院，覆盖率达 80% 以上；二级医院、社区、乡镇卫生院等基层市场领域占比较小。原料药销售面向全省医药工业企业，产业链较长，可以向上下延伸。

二、并购动因及过程

HR 公司为了扩大规模，提高大型三甲医院药品配送的市场占有率，借助政策机会积极在省会城市物色业绩较好的民营医药公司。YS 公司凭借特有的历史积淀、员工持股的创业热情和灵活快速的市场应对能力，一跃成为省会中心城市大型三甲医院的主要配送商。但是随着市场环境变化和业务规模扩大，YS 公司管理灵活，人文治理等优势方面越来越成为公司进一步发展的桎梏，公司管理层也是心有余而力不足，试图在公司业绩较好时出手卖个好价钱。两家公司不谋而合，通过高管层多次交涉接洽，2015 年末 HR 公司拟定并购 YS 公司。

并购过程历时三年，HR 公司重点考察了 YS 公司的业务范围、市场占有率和年销售情况，聘请会计师事务所对目标公司财务、资产进行清产核实。最终，HR 公司向 YS 高管层收购全部股权，成功控股 YS 公司。原公司股东作为职业经理人身份由 HR 公司重新安排职务。并购支付方式采用现金支付，按 4∶4∶2 比例分三年支付。并购初期，双方签订对赌协议，对赌条件为 YS 医药销售额从 2017 年起连续三年增加 20%，YS 达不到销售增长率将影响后期并购款项支付。

三、并购后的整合及文化冲突出现

（一）人力资源整合及冲突现象

HR 公司调整 YS 公司管理层，将 YS 原一把手调至总公司任副总，一名副总并购期内退休，一名副总提拔为总经理；同时，将子公司区域经理空降到 YS 担任业务经理。新任经理对大型三甲医院药品配送不熟悉，与医院药剂科、采购处等部门关系空白，在新品种竞配中比较薄弱，员工对新任领导的办事能力颇有微词。并购初期，YS 出台了一系列管理制度，一般由管理层开会商讨决定。公司缺乏正式、顺畅的上传下达渠道，通知规定在不同层级、不同部门随意口头流转，严重扭曲，甚至有些员工一直无法得知新规定如何执行。

梳理员工关系，对有裙带亲属关系的员工进行劝退或能力特别突出者调职到其他单位。这对裙带关系复杂的 YS 公司而言，员工焦躁不安和恐惧感与日俱增，工作环境压抑、沉闷，员工尽量避免与领导直接接触，有想法也仅是私下议论，不会向上汇报。

（二）相关制度整合及冲突现象

绩效考核按照 HR 公司的考核制度重新修订，采用兼顾业绩、资历、职位等内容的综合公式确定，新标准考核下员工绩效工资较之前下降幅度较大，员工对绩效考核标准不甚清楚。部分员工多次就薪酬、绩效考核找人事和财务沟通，多重标准和任意调节标准使得员工怨声载道，甚至个别员工与业务领导、人事员工争吵。薪酬待遇下降和考核标准的多变严重打击了员工积极性，出现消极怠工状况。

人力资源方面的遗留问题迟迟未得到有效的解决。并购期间对赌协议要求销售额连续三年增加 20%，公司管理层为了达到协议条件，严控各项费用开支，员工连续三年没有发放年终奖金，承诺员工并购完成后统一发放。并购完成后，YS 管理层调整，HR 公司不认可原考核标准下的年终奖金，该问题一直悬而未决。YS 公司原薪酬结构包括较低的基本工资（参照城镇居民最低生活保障）加较高的绩效奖金。但是，被并购后绩效考核标准变化，绩效奖金较之前大幅降低，基本工资没有按 HR 公司的标准进行调整，YS 公司人事部门多次提交工资薪酬调整制度，均未获得批准。目前，公司的薪酬考核制度引起员工极大的不满，员工离职率较高。

（三）系统整合及冲突现象

并购后 HR 将公司自有的仓储管理系统（WMS）、ERP 系统应用于 YS 公司，帮助其实现仓储物流和企业运营信息化管理，购销业务的各个环节和资料盖章等都在 OA 系统中审批，日常工作协调沟通需要在 OA 等通信软件中完成，禁止私下使用大众通信软件沟通工作事宜。但是，规范的审批流程对一些临时、紧急事件的处理不及时，客户对应急配送服务不满，一线业务人员疲于应付，工作效率低下，也使部门间责任更清晰，沟通更困难。同时，系统审核层层审批，各项指标设定后不能轻易修改，造成一些紧急情况无法及时处理，如药品预付款无法及时兑付，医院断货后药品不能及时采购等，这对以配送为主的药品供应商来说产生诸多不便，也给客户带来一定影响，业务人员焦虑而急躁。

资料来源：边玉芳. HR 公司并购 YS 公司的文化冲突与整合研究［D］. 石家庄：河北经贸大学，2021.

7.4.2　人力资源整合

由于人力资源整合工作涉及面较广，内容繁多，其整合存在于并购前后的较长一段时间内，针对人力资源整合的特殊性，企业应当成立一个专门进行人力资源整合的团队来保障整合工作的顺利进行，针对人力资源所面临的问题，可以采用以下策略。

第一，建立完善的关键人员挽留和任用机制。现代企业开始以团队合作模式运营，其中，人力资源是团队的核心，负责协调各方面的工作，确保组织的有效运行。核心人力资源的流失不仅会影响整个团队的工作进程，还会对剩下的工作人员产生一定的心理影响，导致组织内部人心涣散，造成人员流失的恶性循环。人力资源整合不成功是造成企业并购失败的主要原因。

为了保证并购的成功，企业就必须确保团队的稳定，而团队中最重要的核心人员是关键，一个队伍只要有核心的存在就能保障队伍的正常运作，核心不散，那么其他人员的替换就不会产生太大的影响。在实践中，参与并购的企业要建立完善的关键人员挽留机制，普遍采用雇员挑选方法，根据并购的方式确定人才整合策略。如果并购后原有公司仍旧独立运作，大多数员工仍然占据原有的岗位，企业必须在第一时间确定高层管理者的位置，明确管理秩序和权责，防止内部的猜忌和涣散；如果是通过收购由一个企业接管另一个企业的模式，通常情况下是收购方的管理层继续留任。不过，若被收购方的管理层十分出色则企业会开出丰厚的条件诚意挽留，以行动证明新的企业并不看重裙带关系，而是遵循"选贤任能"的人才选拔和任用原则，从而稳定住被收购方的人心；若是在并购过程中，双方地位平等，那么针对每一个职位都需要对双方公司的员工进行综合评估，决出优胜者方能服众。由于并购所带来的不确定性因素众多且难以预测，重要的员工在并购后的过渡期容易受到外界的诱惑，有可能并购还未付诸实施，就有猎头公司前来挖墙脚，在你还没来得及发现谁是重要人才时，他们已经离任了，因此，为了留住人才，企业在实施以上用人方案时要遵循"及时、迅速、有效"的原则，尽早开展员工评估挑选工作，通过有效沟通，将人才流失率降至最低。

第二，改变员工的企业文化意识。没有及时与员工进行沟通和反馈，没有根据并购双方企业特点划分不同的群体，并制定相应的群体融合战略。要对企业文化进行有效整合，首先人力资源经理要指派专员对双方文化进行剖析，优化组合和培育新的企业文化内涵，通过宣传和培训等手段，让员工学习并接受新的企业文化。常见的文化整合主要有一体化、吸收、分隔和混沌化四种方式。其中，一体化是指经过双向渗透和妥协，形成包容双方文化要素和优势的混合文化；吸收是指并购方的企业文化取代被并购企业的文化；分隔是指限制双方接触，从而保持各自的独立性；混沌化是指被并购的企业员工抛弃原来的文化个性，同时又不认同并购企业的文化，被处于文化边缘状态。不同的企业要根据自身特点选择适合于自己的方式。

7.4.3 生产经营整合

企业在成功并购目标企业后，面临的问题就是生产资源和商品市场的整合，如何选择一个有效的竞争性市场取决于新生企业的发展方向，即企业未来的生产方向是什么，生产经营整合主要有以下几个方面。

第一，商品生产线整合。企业成功并购目标企业后，获得其原有的生产线，再根据自身所拥有的产品进行对比，选择收益性较高的产品作为企业的主营业务，淘汰较落后的生产线，使用两者间较先进的生产线，提高生产效率，提高经济效益。

第二，市场份额整合。在市场经济体制中，市场占有率是企业能力最直观的表现，企业并购之后的市场份额可能是"1+1<2"，也可能是"1+1>2"，市场份额整合不是简单的数学加法，在完全竞争市场状态下，竞争者的减少会刺激同行业竞争者对市场份额的抢占，企业在进行市场份额整合过程中应当注意目标企业在其业务市场中的份额以及目标企业在市场中的影响力，作为企业应当在并购前就对其做出全方位的调查，在树立新的企业品牌时，应当做出市场铺垫，而非凭空出世，新型的企业在市场中并不能迅速让顾客得知，在相同价格下，顾客会选择较为熟悉的企业进行购买，因此，企业应当加强宣传，在吞并其市场的同时，在保障其市场份额的稳定情况下再扩张生产经营。

第三，销售渠道整合。每个企业有其自身所特有的销售渠道，销售是企业获利的核心部分，并购企业在获得目标企业的销售渠道时，应该将自身销售渠道和目标企业销售渠道进行对比，相同的销售方向选择最优销售渠道（即只能选择其中一种渠道进行销售），不同方向的销售渠道进行兼并，同时在考虑成本与利润方面，放弃较高成本的销售渠道。

7.4.4 资产债务整合

企业并购整合中最关键的是资产和负债的整合，这是企业财务状况最直观的反映。

第一，资产整合。企业整合资产，目的在于增加自身拥有的资产数量，并以资产为载体，更好地开展经营活动。在可用性原则、成本收益原则、协调一致原则的指导下，企业应认真对待存量资产的整合，具体要做到：流动资产整合，重在控制并提升流动资产质量、完善流动资产结构、加速流动资产周转；固定资产整合，应采取资产鉴别、资产吸纳、资产剥离的程序步骤；长期投资整合，本着促进企业战略发展、实现企业财务收益的目的，企业应针对被并购方的长期投资进行价值分析与质量评估，进而选出对被并购公司长期投资的最佳整合方式；无形资产整合，应在专利权整合、特许经营权整合、商标权整合、专有技术整合、土地使用权整合等方面深入进行。

第二，负债整合。企业并购整合能否顺利，并购活动能否取得成功，很大程度上还取决于债务整合的实际状况。企业并购后债务整合应坚持及时性原则、统一性原则、成本效益原则以及结构平衡性原则，明晰企业具体的债务形式，其中包括向银行及金融机构的借款、企业在购销往来中以及开展其他经营活动时所出现企业间的债务、企业内部对职工个人的债务、企业发行债券产生的债务、企业内部一些特殊费用被拖欠发生的债务、企业向社会拆借产生的债务等。对此，并购后企业应积极转换长期债务和流动债务、转换负债和权益、整合并购企业和被并企业的资产负债结构，同时可选取承担债务式并购和将负债转换为股权的债务整合方法。

【章末案例】

汤臣倍健收购澳大利亚 LSG 公司

一、汤臣倍健公司介绍

汤臣倍健公司创立于 2005 年 4 月，于 2008 年 10 月整体变更为股份有限公司并更名为"广东汤臣倍健生物科技股份有限公司"，2010 年 12 月在深圳证券交易所创业板上市（股票代码：300146），2012 年 4 月更名为"汤臣倍健股份有限公司"。目前，该公司及其子公司的主营业务为研发和生产以及销售关节护理、眼部健康、益生菌三大品类的膳食补充剂及其相关延伸产品。目前，该公司拥有超过 200 项专利权、百万级数据库及个性化数据模型算法，建立了营养健康知识图谱与个性化营养素定制平台，正在瞄准人体内稳态、营养与抗衰老、精准营养等创新研究领域，致力于发展成为中国膳食补充剂行业的领导企业。

汤臣倍健本次跨境收购澳大利亚益生菌企业益倍适（Life-Space Group Pty Ltd., LSG）旨在实施横向一体化战略，通过整合销售渠道以及补足在益生菌、综合保健品等系列产品线上的布局，丰富产品谱系；同时，与拟标的公司优势互补，增加海内外交叉销售机会，借机拓展全球业务和开展海外并购，进一步巩固中国膳食补充剂行业领导者地位。

二、标的公司 LSG 基本情况

LSG 注册地在澳大利亚维多利亚州，3 位共同控制人——艾伦·梅瑟（Alan Messer)、艾琳·梅瑟（Irene Messer）、克雷格·西尔贝里（Craig Silbery）系一致行动关系。该公司的主营业务是健康食品和综合保健品生产和销售，澳大利亚、中国为其主要目标市场及销售区域。LSG 自身不从事具体的生产经营业务，旗下主要资产为两家全资子公司 UltraMix 和 Evolution Health。其中，Evolution Health 主要从事销售，Ultra Mix 主要从事生产，Divico 为 LSG 核心商标等无形资产持有方。

标的估值。根据澳洲佰盛与 3 位共同控制人签署的《股份出售协议》约定，总对价将不超过 35.14 亿元人民币，最终实际支付金额将根据购买价格调整条款及实际汇率确定。支付方式：根据《股份出售协议》约定条款，本次交易设计了盈利能力浮动金额支付方案，固定支付占比高达 85%（58 650 万澳元），并将盈利能力浮动金额的上限 10 350 万澳元暂时支付给相关托管机构进行托管。但是，这并未考虑盈利补偿机制。

三、汤臣倍健收购澳大利亚 LSG 公司的交易特点

（一）股权结构采用"上市公司 + PE"基金模式

采用"上市公司 + PE（private equity，私募股权投资）"模式参与境外标的公开竞购并不常见，其主要原因是：一是由于审查与监管核准、报批事项具有不确定性从而导致停牌时间较长。二是给中介机构高效推进项目进程、上市公司信息披露、投资者关系管理等工作带来一系列难度。三是中介机构服务费用、并购贷款财务成本及费用、交易税费等或有费用，不便在上市公司体外消化，通常是由上市公司承担，会影响上市公司业绩。

交易完成后，汤臣倍健将通过控股子公司汤臣佰盛持有 LSG 100% 的股权，上市公司的控股股东和实际控制人未发生变更，详见 2018 年 8 月 2 日《汤臣倍健：发行股份购买资产预案（修改稿）》中披露的股权控制图，详见图 7 - 5。汤臣倍健跨境收购 LSG 采用这一模式的主要目的是：一是并购基金提前锁定战略资源并孵化，退出期较短。二是利用上市公司资信背书，撬动更多社会资本，募集资金比较容易。三是基于股权结构及其稀释比例考虑设计控股方案，便于将标的公司业绩纳入上市公司合并报表范围。

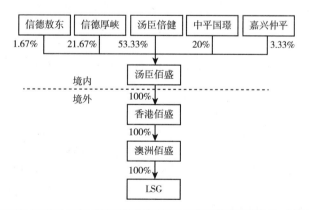

图 7 - 5　汤臣倍健并购 LSG 股权控制结构

（二）高效推进境外竞购与境内发行股份

"两步走"第一步，汤臣倍健与中平国璟、嘉兴仲平等境内投资者联合成立并购基金，设立"特殊目的公司"（special purpose vehicle，SPV），又称"项目公司"，用于收购 LSG 公司。第二步，汤臣倍健向中平国璟、嘉兴仲平等境内投资者定向发行股份收购

其持有的汤臣佰盛少数股权,从而实现对汤臣佰盛的全资控股及100%并表。2019年7月2日,汤臣倍健收到证监会批文同意上述发行股份购买资产方案。其中,在重大资产重组停牌的6个月时间里,顺利完成了SPV组建、筹集收购资金、签订收购协议、发行股份方案获得董事会审批等重要节点事项;从谈判沟通到完成LSG公司资产的交割,仅用10个月时间,这已成为A股市场"上市公司+PE"基金模式境外并购及其推进产业整合的典型案例。

(三)对标的资产估值采用"市场法"导致溢价率高

本次交易标的资产评估时,选取了澳洲本地膳食补充剂以及营养食品类三家公司作为可比公司,选择净利润指标和税息折旧及摊销前利润(earnings before interest, taxes, depreciation and amortization,EBITDA)指标作为市场法评估的价值比率,以LSG为基准对可比公司进行打分、赋权调整、修正系数、测算。据悉,LSG公司2017年利润为6 337.19万元,市盈率(price earnings ratio,"P/E")为52.59倍,估值溢价率较高。对此,汤臣倍健及其中介服务机构在回复深交所问询函、证监会并购重组发审委审核问题反馈中回复的内容主要包括:一是基于快消行业轻资产、重品牌的特性,已参考可比公司的盈利价值比例。二是认为LSG原有业务成长性较好。三是认为LSG看好LSG所在益生菌补偿金行业增长迅速,在中国线下市场的发展潜力较大。上述解释最终得到了证监会并购重组委员会认可,于2019年4月被证监会审核通过。

(四)交易方案未设置业绩承诺

汤臣倍健收购LSG公司过程中未设置业绩承诺。这导致若LSG公司业绩无法达到预期,则会给上市公司经营业绩带来不利影响。标的公司业绩变脸可能导致商誉减值风险提示。根据汤臣倍健在《发行股份购买资产报告书》中披露的涉及商誉确认的内容及其汤臣倍健《2019年年度报告》中披露的信息,鉴于LSG在澳洲市场的业绩未达成预期,当年计提商誉减值准备超过10亿元。受此影响,汤臣倍健2019年度业绩亏损近3.56亿元,给公司经营带来重大不利影响。若后续LSG未来在澳洲市场的经营环境持续恶化或在中国市场业务推广不达预期等,仍将面临计提巨额商誉减值风险及其损失,不排除会对上市公司经营业绩损益产生相应影响,损害投资者利益。

资料来源:程君. 膳食补充剂行业"上市公司+PE"跨境并购案例分析——以汤臣倍健收购澳大利亚LSG公司为例 [J]. 江苏商论,2021 (12):40-43.

【本章小结】

本章主要介绍企业并购,即兼并和收购两个方面,首先从内涵、动因和发展演变过程讲解企业并购的概念,其次大致介绍企业并购的相关理论,再次从企业并购的运作程序和决策两个实践方面描绘并购流程,最后讨论企业并购的整合问题,包括文化、人力资源、生产经营和资产债务四个方面。企业并购可以提高自身的市场竞争力,通过不同企业间的优势互补提高企业间内部资源的利用率及外部资源的利用率。

【问题思考】

1. 为什么企业要兼并收购?
2. 企业并购的动因有哪些?

3. 你如何理解企业并购的过程?

4. 简要分析章末案例企业并购的文化整合、人力资源整合等方面与企业绩效的关系。

【参考文献】

[1] 齐修超. L 公司并购 S 公司支付方式选择研究 [J]. 山东大学硕士学位论文, 2013 (5).

[2] 李达. 并购后的人力资源整合优化探讨——以 KL 信托公司为例 [J]. 人力资源管理, 2014 (5).

[3] 翟育明, 王震, 王春华. 企业跨国并购交易完成的影响因素及模式研究 [J]. 上海对外经贸大学学报, 2020, 27 (6).

[4] 李梦琦. 中国企业海外并购的影响因素 [J]. 山西财经大学学报, 2021.

[5] 王静, 桑忠喜. 并购交易价格的实物期权理论之应用 [J]. 中国市场, 2011 (5).

[6] 杨奎. 银企直联、现金弹性与上市公司兼并收购 [J]. 中国注册会计师, 2018 (1).

[7] 伊志宏, 姜军, 姜付秀. 并购交易方式: 信号还是择时? ——基于中国平安收购深发展的案例研究 [J]. 管理世界, 2010 (8).

[8] 袁钰洁. 并购中的人力资源整合 [J]. 新经济, 2014 (2).

[9] 任家虎. 并购重组市场化定价案例分析 [J]. 新会计, 2013 (8).

[10] 王进虎. 策论企业并购动因及风险防范 [J]. 新财经 (理论版), 2014 (1).

[11] 马亮. 公司并购动因理论述评 [J]. 企业导报, 2013 (21).

[12] 陈豪. 基于并购动因理论的企业并购理论综述 [J]. 环球市场信息导报, 2014 (3).

[13] 宁静. 基于公司财务报告分析的企业并购定价研究 [J]. 南华大学硕士学位论文, 2012 (5).

[14] 赖娇娇. 基于企业并购动因理论的贵州银行并购动因分析 [J]. 商品与质量·建筑与发展, 2013 (10).

[15] 张帅. 基于战略发展的我国企业并购定价问题研究 [J]. 北京化工大学位论文, 2011 (6).

[16] 骆金珏. 论企业并购活动中的文化整合 [J]. 管理观察, 2014 (7).

[17] 朱斌, 宫珂. 企业并购财务整合研究 [J]. 山东行政学院学报, 2014 (2).

[18] 梁威. 企业并购动因研究——以航运企业为例 [J]. 经济视野, 2013 (15).

[19] 李金梅. 企业并购后财务整合路径探讨 [J]. 财经界, 2013 (30).

[20] 谢晓燕, 陈雪娜, 长青. 企业并购后财务整合研究——蒙牛集团并购君乐宝公司案例 [J]. 管理案例研究与评论, 2013 (6).

[21] 朱文莉. 企业并购交易定价问题研究 [D]. 北京: 北京交通大学, 2013.

[22] 赵甜羽. 企业并购协同效应及其实现 [J]. 商, 2014 (6).

[23] 刘钊. 浅谈联想集团并购文化整合 [J]. 经营管理者, 2012 (6).

[24] 杨冰峰. 浅谈企业并购的目标定位及原则 [J]. 新财经 (理论版), 2011 (6).

[25] 杨荣. 文化企业并购动因理论新探 [J]. 企业导报, 2013 (18).

[26] 范瑞娟. 我国企业并购融资问题研究 [J]. 中国连锁, 2014 (1).

[27] 杨西春. 我国企业跨国并购文化整合问题的研究 [J]. 湖北经济学院学报 (人文社会科学版), 2014 (3).

[28] 郭毅, 郝帅. 全球跨国并购网络特征、演变及影响因素研究 [J]. 北京工商大学学报 (社会科学版), 2018, 33 (6).

[29] 林影倩. 我国视频网站并购的动因及启示 [J]. 新闻界, 2013 (19).

［30］汪贵浦，余雷鸣，孔烨俊．现金支付与股票支付选择对并购方绩效影响的实证分析［J］．中国农业银行武汉培训学院学报，2012（3）.

［31］陈涛，李善民，周昌仕．支付方式、关联并购与收购公司股东收益［J］．商业经济与管理，2013（9）.

［32］张建辉．中西方企业并购动因比较［J］．特区经济，2006（5）.

［33］张晶，张永安．主并方股板结构与并购支付方式的选择［J］．金融理论与实践，2011（6）.

［34］郑湘明，关健，闫研．超竞争环境下企业困境并购定价与时机研究［J］．中国管理科学，2018，26（6）.

［35］杨春雷．资产价值动态变化下的企业并购交易价格确定［J］．生态经济，2013（6）.

［36］董平，李冠松．制造业企业横向并购后资源整合对并购价值创造的影响［J］．企业经济，2017，36（8）.

［37］杨勃，张宁宁．新兴经济体企业逆向跨国并购的新型整合战略研究——文献评述与整合框架构建［J］．当代经济管理，2020，42（5）.

［38］廖丽荣．国民技术收购深圳斯诺对赌失败的案例研究［D］．南昌：江西财经大学，2021.

［39］程欣，张金元．钢铁行业股权收购项目经济评价方法的探讨［J］．冶金财会，2021，40（3）：46－48.

［40］高丹．新劲刚并购宽普科技支付方式案例研究［D］．沈阳：沈阳工业大学，2021.

［41］边玉芳．HR 公司并购 YS 公司的文化冲突与整合研究［D］．石家庄：河北经贸大学，2021.

［42］程君．膳食补充剂行业"上市公司 + PE"跨境并购案例分析——以汤臣倍健收购澳大利亚 LSG 公司为例［J］．江苏商论，2021（12）：40－43.

第8章 资本运营中的风险防范

【本章要点】

☆ 了解风险、资本运营风险的概念；

☆ 理解资本运营的管理程序与风险类别；

☆ 知晓资本运营风险的识别与防范；

☆ 熟悉资本运营的风险管理。

【开章案例】

如何理解上市公司并购重组风险——基于北京中小创上市公司并购重组失败案例

一、背景介绍

截至 2020 年 9 月 30 日，北京辖区中小板和创业板上市公司（以下简称"北京中小创上市公司"）共 169 家，占全国中小创上市公司总数的 9.18%。北京中小创上市公司集中于信息技术、软件服务和医药生物等高新技术产业，呈现出重视科技研发、积极资本运作、成长意愿强烈等特点，是首都最具活力的企业群体之一。一些公司通过并购重组实现做大做强，但也有一些公司并购重组交易未达预期，且负面影响不断。调研发现，北京中小创上市公司近年来的并购重组交易主要呈现出以下特点和风险。

二、北京中小创上市公司并购重组交易概况

（一）整体并购重组交易呈现倒"V"波动

2013～2019 年，北京中小创上市公司发起各类并购重组交易累计 1 260 单，交易总金额 3 577.91 亿元，平均每家公司并购 1.21 次，平均每单交易金额 2.84 亿元。交易数量及金额皆呈现倒"V"波动，2013～2016 年逐年增加，2017 年以后逐年减少，平均交易金额在 2016 年达到最高的 4.66 亿元/单，在 2019 年达到最低的 2.04 亿元/单。

（二）重大资产重组交易呈现倒"V"波动

2013～2019 年，北京辖区中小创上市公司发起重大资产重组交易累计 111 单，交易总金额累计 1 628.70 亿元，平均每单交易金额 14.67 亿元。与整体并购重组交易变化趋势一致，重大资产重组交易数量及金额皆也呈现倒"V"波动，即 2013～2016 年逐年增加，2017 年以后逐年减少，并呈现出交易数量减少但交易金额增大的趋势。

（三）商誉规模扩张减速，资产虚化

仍需关注相关会计准则规定，上市公司支付的收购对价高出标的企业净资产的部分

形成了商誉。伴随并购重组市场的蓬勃发展，辖区中小创上市公司的账面商誉规模不断增加，在相关公司净资产中的占比不断提升，最高时超过了净资产的1/4，资产虚化问题日益凸显。2017年以来，上市公司并购重组交易趋于理性，商誉规模扩张速度得到遏制。截至2019年底，辖区123家中小创上市公司存在商誉资产，占辖区中小创公司总数的76.40%，商誉资产合计883.83亿元，占相关公司净资产总额的20.79%。

三、并购重组交易风险识别

辖区中小创上市公司以民营企业为主，是并购重组市场的积极参与者，受益于决策链条相对较短，并购交易推进效率较高，能够把握时机收购优质资产。近年来，辖区中小创上市公司多数并购重组后完成新旧业务转换，平稳过渡，盈利能力显著提升。但同时并购重组交易失败案例也不时出现。表现情形多样：一是并购方案无法落地实施。有的通过董事会审议但未通过股东大会审议，有的报证监会审核后又撤回申请。二是标的企业无法完成业绩承诺。有的被收购第一年就业绩完成困难，有的未完成业绩达承诺值的50%以上，有的甚至亏损停业，还有的拒不履行业绩补偿承诺。三是标的企业在对赌期内完成业绩承诺，但在对赌期后业绩下滑，甚至核心团队集体离职。四是并购双方无法整合发展。有的标的企业未与上市公司形成有效协同，有的上市公司无法控制标的企业，甚至双方对簿公堂。本案例通过对辖区典型失败案例的全面复盘，甄别出并购重组交易各环节存在以下突出风险点。

（一）交易筹划阶段风险点

1. 并购重组目标不清晰。一是未客观评估自身发展需求，盲目"跟风"并购。在并购市场火爆期间，一些公司在无主观意愿的情况下，被中介机构或机构投资者推动，盲目开展交易，未设定明确的并购标的选择标准，带来交易失败隐患。二是偏重短期利益，忽视长期发展战略。一些公司为了短期增厚利润或提升市值，追逐市场"热点"，贸然进军陌生业务领域，并购重组未服务于长期发展战略，缺乏实质意义。三是目标过于宏大，难以落地实施。

2. 交易双方沟通不充分。一是发展理念不一致，为后期矛盾激化埋下隐患。二是公司文化差异大，若双方文化差异过大，未来协同发展的可能性也会大大降低。三是缺少具体合作规划。双方在初步洽谈时对双方心理预期不一致，也是后续实践中产生分歧的主要原因，协同效应难以充分发挥。

3. 现金支付能力预估不足。一般情况下，标的企业的股东希望在并购重组交易中尽快实现资产变现，要求上市公司全部或部分采用现金支付方式。为尽快取得优质企业，上市公司也有意愿增加现金支付规模，提高议价能力和购买竞争力。一些上市公司自身资金不足，主要依赖借贷资金开展并购重组交易，短借长投，资金错配，承担了较高的债务压力。尤其在标的企业经营情况不达预期的情况下，不仅拖累上市公司盈利水平，还对上市公司融资能力、信用水平造成负面影响。

（二）交易实操阶段风险点

1. 尽职调查未充分反映标的企业情况。一是上市公司未充分参与尽调工作。在确定并购标的后，主要委托中介机构开展尽职调查工作，公司人员参与较少，对标的企业的管理风格、核心技术、员工状态、主要客户供应商等关键情况缺乏具象认识，导致风险评估不充分。二是中介机构尽调时间较短、手段有限。受聘请费用、标的企业规模等影响，部分上市公司请中介机构尽调的时间在 1 个月以内。实践中通常无法在 1 个月内有效完成全面尽调工作，不能充分发现标的公司存在的潜在问题。三是标的企业"软"环境调查明显不足。未能向行业专家、咨询机构、行业主管部门等充分了解标的企业所处行业的发展状况及未来趋势，未能合理预判标的企业即将面临的政策风险。

2. 定价不合理埋下系列隐患。一是标的企业估值基于不充分的尽职调查结果，容易造成价格虚高。二是高估值导致高业绩承诺，诱发财务造假动机。三是高估值可能暗含利益输送。有时标的企业的高估值是利益相关人故意而为，中介机构或是上市公司内部人员为谋求个人利益，帮助标的企业隐瞒重要缺陷以促成交易，上市公司股东成为最终受害者。四是高估值伴随高商誉，造成业绩波动。在并购交易中，上市公司收购的不仅包括已经在标的企业财务报表中确认的有形资产和无形资产，还包括标的企业拥有的但未在其财务报表中确认的无形资产。

3. 合同约束不足导致维权不畅。一是同业竞争条款模糊，不易取证。大多数上市公司在并购重组协议中未进一步说明相同、相似、相竞争业务的具体表现，导致事后发生同业竞争问题难以维权。二是关于核心技术的约定不足。大部分上市公司在并购重组协议中未约定上市公司在约束期内需承接相关核心技术，若承接存在难度的需在对赌期后继续锁定关键研发人员，导致核心技术在对赌期后流失。三是忽视其他缺陷弥补。对于标的企业存在的单一大客户依赖、应收账款规模大和账龄长、知识产权纠纷、土地房屋等产权瑕疵等问题，未充分关注，未在并购重组协议中提出弥补性要求或惩罚性措施，日后滋生大量争议。四是业绩补偿措施欠缺可操作性。从调研情况看，大多数上市公司在并购重组协议中都设计了业绩补偿条款，但是实际追责时发现事与愿违。

（三）整合发展阶段仍然面临诸多考验

1. 过分看重业绩承诺引发短视效应。上市公司完成并购交易后，出于严格考核标的企业盈利能力的目的，在业绩承诺期内与标的企业保持独立，仅派驻董事、财务负责人进行形式管理，这就给原管理层很大的自由度，可能导致原管理层渎职或在体外经营同类业务等风险，标的企业在缺乏有效监督的情况下，还可能为了完成高额业绩承诺采取激进措施，减少研发投入、信息系统建设等必要支出，为了短期利润放弃长期战略，甚至选择财务舞弊弄虚作假，而在承诺期结束后利润大幅下滑，上市公司得不偿失，也丧失了并购重组的真正意义。

2. 管理能力欠缺，无法有效整合。一些上市公司为了尽快实现业绩提升、市值增长等目标，激进并购而忽视了自身内涵式发展，管理能力跟不上扩张速度，无法实现与标的企业的长期互利共赢，突出表现在人员整合和业务整合的不到位。一些上市公司出于业绩考核的考虑，不将标的企业核心人员纳入股权激励范围，更容易导致标的企业关键岗位人员在业绩承诺期后离职。一些上市公司在交易完成后不能管控标的企业的核心技术和关键供销渠道，不能实现双方资源的有效整合，尤其是跨界并购更难实现业务上的有效整合，并购重组的协同效应大打折扣。

3. 忽视法律法规教育，风险频发。并购重组在增厚上市公司业绩的同时，还有可能提高上市公司的违法违规概率，带来合规风险。一些上市公司未充分识别并购产生的新增关联方，未及时履行关联交易审议程序；一些标的企业未严格执行上市公司重大事项报告制度，未及时报告并披露重大诉讼、重大处罚信息等；一些来自标的企业的 5% 以上股东、董监高人员不熟悉资本市场规则，违规操作股票，甚至涉嫌内幕交易；一些标的企业未实现业绩承诺，实际利润甚至不达承诺利润的 50%，上市公司及标的企业皆被采取行政监管措施。

资料来源：北京证监局课题组. 上市公司并购重组风险探究——基于北京中小创上市公司并购重组失败案例 [J]. 财务与会计，2021（11）：7 - 12.

8.1　资本运营风险管理

何为风险？目前国内外学术界尚无统一定论。美国学者海尼斯（Haynes，1895）最早提出了风险的概念，他定义风险是损害的可能性。风险损害可能说从企业经营角度出发，探讨了风险与损害之间的内在联系，强调损害发生的可能性。美国学者威雷特（Willet，1901）将风险理论和保险联系起来进行研究，把风险与偶然及不确定性联系起来。他认为风险是客观存在的，其发生具有不确定性。美国学者佩费尔（Peffer，1995）在其主张的风险因素结合说中认为，风险是每个人和风险因素的结合体。不确定性是主观的，概率是客观的。某事物发生和不发生，其概率相等时，不确定性最大。某事物的概率为 1 或 0 时，不存在不确定性。资本运营风险是由于内外环境各种难以预料或无法预料和控制的因素作用，使资本运营系统运行偏离预期目标而形成的经济损失的机会或可能性。

资本运营风险是资本运营活动本身及其环境的复杂性、多样性和资本运营运作人员认识的滞后性、活动条件的局限性的共同结果。资本运营作为一种资本扩张战略，是企业迅速增强原有核心能力和获取新的核心能力的有效途径。企业的资本运营是一项充满风险的经营活动。企业无论是从开始筹措资本，还是在运营资本阶段，都伴随着大量的不确定因素，这些不确定因素给企业的整个资本运营行为带来巨大的风险。随着我国资本市场的发展，以及新的金融衍生物的产生，资本运营日趋复杂。资本运营活动的难度加大，其风险也越来越大。资本运营的风险来源于多个渠道，既有系统性风险，又有非系统性风险，既有来自外部的风险，又有来自内部的风险。但大部分学者认为，资本运营风险的一个重要来源是由资本运营的特点决定的。

第一，由资本运营的风险性所决定。资本运营是企业高级的经营活动，这一活动的实施存在各种风险。企业进行资本运营，通过兼并、收购、参股、控股等形式，拥有被并购企业的全部或部分产权。这实际上是通过产权交易市场或资本市场购买企业产权的一次巨大的投资活动，而且是一次风险性极大的投资。并购对象选择是否得当，本企业的资源状况是否与所选择的并购对象对于资源的需求相匹配，对企业来说，直接影响其并购活动能否取得成功，因而带有很大的风险性。据有关资料统计，即使是西方国家的企业，并购成功率也仅有 50%。在实践中，这样的例子很多。例如，有的企业在没有弄清楚目标企业的资产、债权、债务状况及其出售动机的条件下，盲目并购，结果背上包袱，跌入了陷阱；还有的企业高估本企业的资源条件，特别是融资能力，结果使并购无法完成，或者虽然完成了交易，却无力进一步投入资源进行消化吸收，企业的资本经营并未达到预期的效果，甚至不但不能把并购企业搞活，反而恶化了本企业的经营状况，可以说是赔了夫人又折兵。

第二，由资本运营的复杂性所决定。资本运营作为企业的一种战略与企业其他战略相比，是一种更为复杂的战略。资本运营战略包括四个方面的内容：企业总体发展战略规划的制定，包括企业经营领域和行业的选择；在总体发展战略规划指导下，选择具体的资本经营战略，如采取兼并、收购，还是控股、参股或其他产权运作方式；对象企业的选择，以及本企业资源的评价、机会、风险分析等；战略的实施，包括资本筹措，对象企业资产评估、谈判、交易及其并购之后的生产、组织、财务、人事等方面的整合。资本运营是一个复杂的系统工程，它需要经过一系列前后相连、环环紧扣的战略过程，每一个战略阶段和战略环节，都必须谨慎操作，否则，稍有不慎，便会满盘皆输。

第三，由资本运营的扩张性所决定。资本运营战略实际上是一种企业的具体发展战略，是一种实现企业发展目标的战略手段。扩张性是这一战略的重要特性。虽然就全社会来说，资本运营并没有增加或减少社会资源总量，只是改变了这些资源的原有配置，提高了这些资源的运营效率；但是就进行资本运营的企业来说，它能控制和推动更多、更大范围的资本，使其为本企业的战略目标服务，企业的原有资本产生出一种放大效应、杠杆效应，从而产生最大限度的利润。当然，扩张性是就资本运营战略的一般特性而言的，有些情况下，特别是当企业外部环境对企业发展不利以及本企业资源约束较大的时候，企业也需要缩小资本规模，实施收缩战略，如将企业资本从不利的行业、企业退出等。实际上，资本运营的过程就是企业不断调整、优化企业资本结构以及实现企业资本最大限度增值的过程。在这一过程中，既有资本扩张，也有资本收缩，而更多的则是对资本的重组和组合。

第四，由资本运营的挑战性所决定。资本运营战略，是企业为了在激烈的市场竞争中求生存、求发展而制定的，或者是企业发现了有利于本企业扩张发展机会，或者是企业为应对外界环境的威胁、压力和挑战所采取的行动方案，因而，它要求企业不仅仅停留在适应外部环境这一层次上，还要强调企业发挥能动性、创造性，主动出击，主动进攻。资本运营如同一个大魔方，变化无穷，奥妙无穷，同时也充满风险，有些企业通过资本运营迅速崛起，而另一些企业却由于资本运营失误而跌入陷阱，一蹶不振。

风险控制具有以下五大原则：一是风险回避原则。如果经过严格的尽职调查与科学研究分析，预测到风险发生的可能性，则应分析和判断风险产生后的条件和因素，在投资过程中设法对其进行回避。二是风险减少原则。即经过严格的尽职调查与严谨的研究分析，通过各种技术手段来抑制风险发生的可能性，减少风险带来的损失。三是风险留置原则。在风险已经发生或者风险已经无法避免和转移的情况下，从长远利益出发，将风险承担下来，并采取各种措施，设法将风险造成的各种损失降到最低程度。四是风险分散原则。即经过严格的尽职调查与严谨的研究分析，在知道风险不可避免但又必须进行该项目资本运营的时候，尽可能地降低投资组合的风险水平，或者找几个合作者共同投资。五是风险转移原则。即经过严格的尽职调查与严谨的研究分析，通过各种技术手段将所面临的风险转移给其他的投资者或投资机构。例如，投资期货时，通过购买期权将期货投资的风险部分转移给期权的投资者。

8.2   资本运营的管理程序与风险类别

8.2.1   资本运营风险的管理程序

第一，确定资本运营风险管理目标。资本运营风险管理目标是通过对资本运营风险的管理，防范和化解风险，尽量减少风险可能造成的损失，努力实现资本运营的预期目标。它是根据企业资本运营的实际情况及其所处的外部环境，在全面分析资本运营环境及其变化可能引起的风险以及采取一定的风险管理措施可能化解和减少的风险影响程度的基础上制定的。制定资本运营风险管理目标必须切合实际，并具有一定的预见性。

第二，全面评估资本运营风险。风险评估主要是确定资本运营可能出现的风险点、可能引起风险的因素以及这些因素可能造成的风险损失。资本运营风险的评估过程实际上是识别风险、计量风险、确定风险承受力的过程。识别风险是资本运营风险管理的前提；计量风险是估计风险的影响程度；确定风险承受力则是根据风险发生的概率、可能造成的损失程度等因素，综合衡量企业承受风险的能力。在风险承受能力范围之内的风险及损失，企业可以采取一定的措施加以补救或忽略不计，而一旦风险所造成的损失超出风险承受能力，则企业可能陷入危机甚至破产。

第三，制定资本运营风险管理对策。风险对策是根据企业资本运营过程中已识别的风险及其风险强度提出的预防性建议。企业资本运营风险具有极大的不确定性，风险对策是为了消除和控制这种不确定性的发生、改变不确定性发生的时间、控制不确定性的影响范围以及减少不确定性可能造成的损失程度。

第四，采取风险防范与管理措施。风险防范与管理是根据资本运营风险管理目标，对资本运营过程中可能或已经出现的风险因素和风险环节，采取相应的风险管理措施，以努力消除潜在的风险、化解已经出现的风险、减少风险所造成的损失程度。同时，资本运营风险是动态的，企业必须随着外部环境的变化不断调整风险管理目标、重新评估风险、拟订新的风险管理对策，努力将资本运营风险控制在可以承受的范围之内。

8.2.2   资本运营的风险类别

企业资本运行中面临的风险主要包括操作风险及环境风险。操作风险包括资本运营的动力不足、进程步伐缓慢的风险，筹资与投资效率低下、融资渠道不畅且单一的风险，资本市场的发展先天不足、发展滞后风险。资本运营风险主要包括经营风险、财务风险、管理风险、信息风险等。资本运营环境风险是指由于外部环境的不确定性和不停的变化引起的风险，包括法律风险、体制风险、社会文化风险等。

第一，经营风险。经营风险是指企业在资本运营过程中，由于经营状况的不确定性而导致的风险。就企业目前的情况看，经营风险主要是由经营方向选择不当和经营行为与市场脱节两方面的原因造成的。企业在资本运营过程中，若资本运营决策者对市场分析不透彻，对自身经营能力把握不准或者目标选择不恰当，那么就有可能导致经营方向失误，这是经营风险的主要原因；企业在经营过程中没能及时、准确地掌握市场需求的变化，导致经营行为与市场脱节，那么企业的资本运营也必然面临风险。例如，当企业实行多元化经营、进入较为生疏领域的时候，更需要把管理能力能否适应新领域的要求放在至关重要的地位。否则的话，企业进行多元化经营借以分散风险的目的非但不能达到，弄不好反受管理风险之累。

第二，财务风险。企业进行资本运营需耗费大量的资金，单靠企业的自由资金难以支撑，为此最终付出的成本可能要远远超过事先预期的成本。企业资本运营所耗费的巨大费用可能造成企业资金周转困难。财务风险在企业资本运营中处于非常重要的地位。小到支付困难，大到企业破产，都与财务风险有关，因为较高的债务结构往往使企业债务负担沉重，无法支付债务资金本息而破产。许多企业希望通过债务杠杆来完成兼并收购，但这样做财务风险很大，特别是在信息不对称、市场发生巨变以及经营决策出现重大失误的情况下，以高负债进行资本经营，其财务风险就更大了。

第三，管理风险。从资本运营的宏观控制来看，管理风险主要来源于国家对企业资本运营的监控系统尚未形成以及政府主管部门的过分干涉。从资本运营的微观过程来看，管理风险主要来源于资本运营主体的管理素质不高及运营后对新企业的管理、协调不好等。目前，我国投资银行的经营运作才刚刚起步，缺乏具有较高素质的人才，制约着整个证券业和并购业务的发展，而一哄而上的大规模重组事件的快速涌现，在缺乏质量保证的前提下，必然会给企业后期的发展埋下潜在的隐患。

第四，信息风险。企业在决定是否进行资本运营以及采用何种方式进行、如何入手方面，应以足够充分的信息为依据。但在资本运营过程中，由于运营主、客体双方掌握的信息不对称，客体方会刻意隐瞒或不主动披露相关信息，致使主体方对客体方了解不够，看不到客体方的真实情况，从而给自身造成风险。信息不对称的风险影响着众多从事资本运营的企业。

第五，法律法规风险。在西方发达的市场经济国家，各国政府都制定了维护公平竞争、限制垄断的反垄断法或反托拉斯法，这些法案使大规模的、有可能形成垄断的并购行为受到了限制，有的并购方案甚至被迫中止，从而使并购企业损失严重。目前，尽管我国还没有完善的反垄断、促进公平竞争的法规，但公司法中含有某些增加交易透明度、维护公平竞争、保护投资者利益的相关法律条例。企业在资本运营中，特别是兼并收购中应仔细研究，以尽量避免受到不必要的法律限制，从而增加交易成本。

第六，体制风险。企业进行资本运营有其自身明确的动因，这个动因必须表现为经济动因，以追求经济效益为前提。但在我国企业资本运营过程中，市场经济体制尚处在逐步完善的阶段，国家在进行资本运营时强调盘活国有资产、促进国有企业改革，带有较大程度的行政色彩，许多企业的资本运营都是出于政府部门的强行捏合而最终实现的，重组双方常常缺乏利益冲动而缺少重组动机，导致管理层对重组后的企业发展和经营管理缺乏了解，并难以适应长期的运作，从而使企业资本运营在一开始便潜伏下风险隐患。

第七，社会文化风险。人们社会价值观念的改变、社会心态的不确定、社会信念的改变，特别是企业文化的差异，都会给企业资本运营带来风险。社会文化风险是企业在资本运营中很容易被忽视的风险。事实上，许多企业资本运营的低效率就是由于其在资本运营过程中不注意企业文化重构所导致的。

资本运营中的风险防范专栏1：

中国平安收购华夏幸福

　　2021年9月9日晚，深陷债务泥淖的华夏幸福发布公告，因控股股东华夏控股持有的公司股票被强制执行，导致持股比例下降，原第二大股东平安人寿及其一致行动人被动成为公司第一大股东。2021年11月23日，华夏幸福（600340）基业股份有限公司（以下简称"华夏幸福"）发布关于控股股东权益变动的提示性公告。在经过从今年年中开始的金融机构几轮强制减持处置后，华夏控股及其一致行动人合计持有公司股份比例减少至23.58%。尽管公告强调了本次权益变动不会导致公司实际控制人发生变化，而这主要是由于平安并不寻求实际控制一家房企，但事实是平安的持股已经超过王文学及华夏控股，占上市公司总股本的25.19%，成为华夏幸福的最大股东方。

　　一、掉进价值陷阱 炒股炒成股东

　　华夏幸福的转折点出现在2018年，也就是在这一年的年报中，王文学用"水逆"这个词来形容公司过去一年的境遇。2018年7月10日，华夏幸福控股与平安资管签订《股份转让协议》，华夏幸福控股向平安资管转让公司总股本的19.70%，转让价格确定为23.655元/股。此后的2019年1月31日，平安资管与华夏幸福控股、王文学再度签下《股份转让协议》，华夏幸福股权转让部分给平安资管，转让价格为24.597元/股，使得中国平安（601318）共计占华夏幸福总股本的25.19%。180亿股权投资，成本在23～25元/股，平安被拖住了，相较于当前3.4元的股价，这笔投资蒸发了85%。此外，还有表内债性投资360亿元，这是目前华夏幸福逾期九百多亿债务中的重要组成部分。无论是股权还是债权，平安成了华夏幸福最大的"冤大头"，而中国平安2018年上半年对华夏幸福也做出减值计提，调整金额高达359亿元，比孙宏斌在贾跃亭处损失的还多。除去债务借贷之外，平安一开始似乎并不想成为股东，按照以往平安在融创、旭辉等房企的投资风格，财务投资才是保险机构的惯例。实际上，平安也做好了一定的风险补偿"安全垫"，在签订股权转让协议的同时，华夏幸福控股和王文学承诺2018年、2019年、2020年华夏幸福需要实现114.15亿元、144.88亿元、180亿元，并预定了补偿措施。如按照2018～2020年30%左右的股利支付率，这三年的利润要是按照30%的分红算，平安可以回收33亿元。再者华夏幸福真若有每年30%的业绩增幅，股价不至于大幅回撤至如今这步田地。当初平安入股华夏幸福，称是看好华夏幸福产业新城的商业模式，但是入股后却在南方搭建了个第二总部，搞起了商业地产。华夏幸福引进平安的理由原本就是缺钱，而平安却拿着钱继续投进了重资产业务，强如中国平安，投资的前后逻辑也是如此混乱。平安炒股炒成了股东，也成了华夏幸福债务重组委员会的一员。

　　二、华夏幸福已"躺平"，持续资产减值

　　华夏幸福的债务重组方案基本是重组了个"寂寞"，整个方案并没有说引入新的投资人，仅仅是计划处理资产，降杠杆偿还债务。但有平安的前车之鉴，很难有新资金进来，若没有"活水"引入华夏幸福，其前景仍不容乐观。近期新增未能如期偿还债务本息金额79.16 亿元，累计未能如期偿还债务本息合计 939.79 亿元。近千亿元的债务赫然在列，而公司的资产却在严重缩水。2018 年上半年，华夏幸福对长期以来饱受诟病的应收账款、其他应收款计提坏账准备合计 81.51 亿元，计提存货跌价准备 14.18 亿元；而在第三季度，又对应收账款、其他应收款计提坏账准备合计 8.94 亿元，计提存货跌价准备 4.09 亿元。债务利滚利，净资产持续缩水超百亿，华夏幸福的杠杆率越来越高，这种情况下是很难融到资金的，2018 年来公司融资活动流入现金流仅有 4.97 亿元。此外，解决资金的另一条路销售回款也基本"躺平"，1~9 月房地产开发签约额仅有 118.04 亿元，在 2017 年底基数基础上再度同比下滑 63.18%。如果没有新引入资金，后续华夏幸福的出路就只有不停地变卖资产一条路，而走上这条路的房企，如泰禾、福晟等，目前看并没有恢复元气。

三、平安钟爱地产类资产投资收益率有所下滑

平安资产管理负责接受委托管理公司保险资金的投资资产，也提供第三方资产管理服务。3 季报显示，截至 9 月底，中国平安保险资金投资组合规模近 3.9 万亿元，但组合年化净投资收益率为 4.2%，年化总投资收益率为 3.7%，均为近些年的新低。2021 年的投资收益率数据较 2020 年的 5.1%、6.2% 大幅下滑，这个收益率的背后是什么资产配置呢？我们需要翻开平安今年的半年报。半年报显示，平安 9.89 万亿元的总资产中，3.79万亿元被用于投资。投资组合的资产类别分别为现金及等价物（2.1%）、定期存款（5.8%）、债券型金融资产（72%）、股权型金融资产（13.5%）、长期股权投资（4.2%）、投资性物业（1.8%）、其他投资（0.6%）。先看债权类金融资产。债券投资未能披露行业和具体公司，从附注中合计看，应多数为政府债券，还有部分金融债以及理财产品。而在债权计划投资及理财产品中，主要集中在基建、不动产等领域。再看股权类金融资产。附注也未能披露具体的行业分布。但就目前 A 股公布的十大持仓来看，中国平安股票类资产的重头在银行。从长期股权投资方面看，联营企业主要集中在陆金所、平安好医生、京沪高铁（601816）、长江电力（600900）、旭辉集团、华夏幸福、中国金茂、上海怡滨置业等公司。合营企业主要包括 5 家公司：昆玉高速、南京名万置业、北京昭泰房地产、武汉地安君泰房地产、西安蓝光房地产。加上投资性物业，和此前重整的北大资源的地产业务，平安除了在政府债券、银行、基建之外，在地产行业的布局不可谓不多。在经济增速更快的中国，成长投资的机会更多，而平安还聚焦在传统领域，收益率也面临考验。

资料来源：
①徐万怡. 资产重组与企业财务危机化解研究［D］. 成都：西南财经大学，2022.
②敖文雅. 中国平安保险举牌对华夏幸福的绩效影响研究［D］. 北京：北京交通大学，2020.

8.3　资本运营风险的识别与防范

8.3.1　资本运营风险的识别的技术与方法

资本运营风险识别的技术，是指企业在搜寻资本运营风险来源、分析企业资本运营风险的性质和特征时，所采用的专门识别手段和识别方法。资本运营风险的复杂性使得资本运营风险的识别具有较高的难度，需要运用相应的识别技术，才能达到预期效果，具体有以下几种方法。

第一，头脑风暴方法。头脑风暴法（brainstorming）从20世纪50年代开始流行。常用在决策的初级阶段，以解决组织中的新问题或重大问题。头脑风暴法一般只用来产生方案，而不是进行决策。当人们想起新观点时，他们就在房间里大声说出观点。告诉人们不必拘束，任何观点都不会被评判，这样他们就能自由地大声说出任何观点，而此时没有感到任何不舒适，在提出的众多观点中会有一些非常有价值。在这个自由思考的环境中，头脑风暴会帮助促进产生那些突破普通思考方式的激进的新观点。但是这种方式依然存在一定缺陷。

第二，德尔菲法，又称专家调查法。它主要依靠专家的直观能力对风险进行识别，即通过调查意见逐步集中，直至在某种程度上达到一致，故又叫专家意见集中法。由于需要数轮反复收集与反馈意见，采用德尔菲法识别企业资本运营风险会持续一段时间，故该法适用于允许有较长的准备期限、无其他竞争方参与竞争的企业资本运营，以免由于多轮反馈征询意见拖长风险识别期限而丧失资本运营恰当机会。主要包括四个基本操作步骤：拟定风险因子调查表—专家填写调查表—收集整理专家意见—匿名反馈。

第三，分段识别法。该方法是指按照资本运营过程的阶段特征，根据不同阶段风险的成因与特点，采取相应的步骤和措施查找风险因子。企业资本运营可以分为三个阶段：运营前的准备阶段、运营中谈判和操作阶段以及运营后的整合阶段。由于不同阶段有不同的运营小目标、特点和工作内容，其风险产生机理和特征也不尽相同。

以上市公司并购为例的分段识别法流程如图8-1所示。

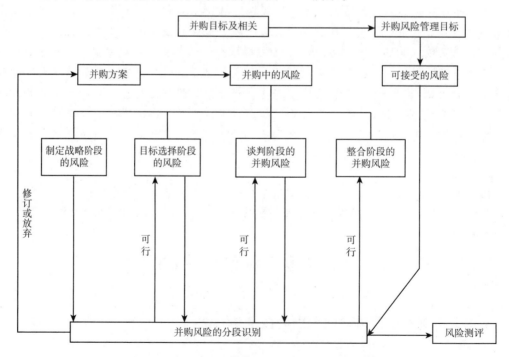

图8-1 分段识别法流程：以上市公司并购为例

结合图 8 - 1，分段识别流程图具体步骤为：第一步，根据并购目标及相关信息，制定并购方案，明确并购风险管理目标；第二步，根据并购方案识别企业并购中的风险因子，根据并购风险管理目标，设定可以初步接受的并购风险种类与性质；第三步，按并购的四个阶段依次识别并购风险，并与可接受的并购风险进行对照；第四步，根据对照结果，若初步判定可以接受，即可继续下一阶段的风险识别，直至完成整个并购中的风险识别；若风险识别结果不符合要求，可根据情况修订并购方案，重新进行下一轮的风险识别或停止并购。

第四，风险树识别法。风险树识别法是指并购企业先按照风险产生的载体，将并购方的风险、目标方的风险和并购环境的风险视作并购风险树三个分枝的节点；然后，将各个分枝中的风险因子视作风险树亚分枝的节点，如图 8 - 2 所示。

将并购风险逐层予以分解，以便顺藤摸瓜，找到可以承受的风险的具体形态。采用风险树识别法，并购企业并购风险管理企业可以清晰地判断风险的具体形态及其性质，适用于规模较小、风险因子易于查找的企业并购。风险树识别法的步骤是：第一步，根据并购目标及相关信息，确定可接受的并购风险；第二步，从弧分枝节点入手，收集并购信息，识别并购中的风险因子，与可接受的并购风险进行比较；第三步，综合所对应的亚分枝节点的风险，形成分枝节点的风险，并与可接受的风险进行比较；第四步，综合分枝节点的风险，形成整体并购风险，与可接受的风险进行比较并采取行动。

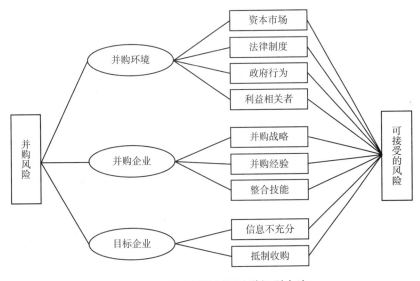

图 8 - 2 风险树识别图这种识别方法

资本运营中的风险防范专栏 2：

2020 年瑞幸事件的风险识别与启示

一、背景介绍

瑞幸咖啡（luckin coffee）总部位于厦门，以"创造幸运时刻，激发美好生活热望"为使命，瑞幸咖啡充分利用移动互联网和大数据技术的新零售模式，与各领域优质供应商深度合作，打造高品质的消费体验，为顾客创造幸运时刻。2020年2月1日，著名调查机构浑水研究（Muddy Waters Research）发布了一份长达89页的研究报告，直指在纳斯达克上市的中概股公司瑞幸咖啡（以下简称"瑞幸"）正在捏造公司财务和运营数据，称其"在2019年第三季度和2019年第四季度，每店每日商品销量分别夸大了至少69%和88%"。4月2日，瑞幸承认虚构交易金额约22亿元人民币，随后其股价暴跌80%，盘中数次暂停交易。4月3日，中国证监会发布公告强烈谴责瑞幸财务造假事件，表示将严格按照国际证券监管合作的有关安排，依法核查相关情况，坚决打击证券欺诈行为，切实保护投资者权益。古语有云，"言而无信则不立"。瑞幸事件对中国企业在国际上的声誉产生极为严重的负面影响，部分投资者甚至对中概股产生天然排斥感，间接促成市场"劣币驱逐良币"现象，波及企业员工、供应链、顾客等利益相关方。本案例将站在环境、社会和公司治理（environment, social responsibility, corporate governance, ESG）视角，详细分析"瑞幸事件"的多方内容，为监管机构、企业与投资者提供警示与借鉴意义。

二、瑞幸事件财务造假风险识别

（一）瑞幸信息披露严重失真，财务审计机制失灵

2019年第二季度至第四季度，瑞幸高层以及部分员工伪造交易价值大约22亿元人民币。截至2020年4月8日，根据Wind数据库中瑞幸各季度的财报信息，瑞幸2019年第二与第三季度的营业总收入分别为9.1亿元与15.4亿元，第四季度财报尚未发布，市场预计2019年第四季度营收在21亿～22亿元，因而财务造假金额占比保守估计将高达48.35%。瑞幸财务造假方式仍处于调查阶段，但根据浑水报告中"欺诈"板块所列示的五项确凿证据与六项危险信号可知，瑞幸采取的财务造假手段可能包括但不仅限于：以"取餐码跳号"等手段凭空增加取件号码，阻断取餐码与每日订单量的直接关联性，从而将在线订单量虚增72%；向现有用户提供免费饮料券以无形中加大促销力度，同时谎称免费项目的比例持续下降，实际销售价格虚增9%（占上市价格比例）；2019年第三季度的广告支出夸大3.36亿元，有理由怀疑用作欺诈收入和伪造店面利润。瑞幸财务信息披露严重失真，同时根本难以通过标准化的审计流程与手段进行识别。具体而言，浑水公司有关瑞幸的调查事件共动用1510名员工，包含92个全职员工和1418个兼职员工，探访瑞幸咖啡981个门店，收集共计25843张购物小票，拍摄11260小时的门店录像，其时间、经济成本之巨大，绝非基本财务审计机制所能够完成。目前，为瑞幸出具审计报告的安永华明会计师事务所究竟是否应当承担责任一事尚未有定论。但即便是会计师事务所已然确实适当履行自身专家义务，"瑞幸事件"的发生都揭示了财务审计面对人为舞弊、造假行为的天然短板。

（二）瑞幸内部控制失效，存在重大缺陷

瑞幸咖啡2019年的招股说明书（美国证券交易委员会表格F-1）文件中列示，截至2018年12月31日的合并财务报表审计结果显示，瑞幸存在财务与内部控制的两个"重大缺陷"。按照美国上市公司会计监督委员会（PCAOB）制定的准则的定义，"重大缺陷"是指对财务报告的内部控制存在缺陷的组合，存在年度或中期财务报表的重大错报未被合理、及时预防或发现的可能性。瑞幸披露自身缺乏足够的会计和财务报告人员，在应用美国公认会计原则和证券交易委员会或证交会的规则方面缺乏必要的知识和经验，

同时缺乏符合美国公认会计原则和美国证券交易委员会（SEC）要求的财务报告程序。瑞幸是美国上市的中概股公司，受 2002 年《萨班斯—奥克斯利法案》约束，其中第 404 条明确要求管理层应承担设立和维持一个应有的内部控制结构的职责，要求上市公司必须在年报中提供内部控制报告和内部控制评价报告。目前，瑞幸尚未披露 2019 年度财务报告以及内部控制报告，但最新信息仍无法证实其内部控制有效性得到令人确信的改善。

（三）瑞幸"投资者保障"制度缺失

股票质押融资的方式是使用所持证券作为抵押物，融资获取贷款的方式，不需要管理层直接出售股权。但当质押股票价值下跌，贷款机构有权要求借款人提供更多现金或抵押物，并在借款人无法履行时可要求强制平仓。大规模的股票质押在面对金融风险时将导致对应证券股价暴跌，殃及市场剩余投资者，形成负循环，因而对于投资者而言是一种关键的负面危险信号。浑水的研究报告显示，瑞幸管理层现已共抵押近 50% 的所持瑞幸股票作为贷款抵押（6 100 万 ADS），占瑞幸总股份的 24%，甚至超过了瑞幸在 2019 年 5 月 IPO 和 2020 年 1 月配售的总股份（5 100 万 ADS），投资者将因此面临严重的金融风险。

三、对市场主体的启示

（一）监管机构：建立健全企业 ESG 信息披露与查核体系

基于此次瑞幸事件，监管层面需加快 ESG 信息披露体系的建设，并逐步建立和完善相应的查核体系与配套机制。通过要求和引导企业进行 ESG 信息披露，来帮助企业完善自身信用品质，提高我国企业的整体质量。当前 A 股市场在 ESG 信息披露发展方面与美股市场还存在一定差距，尚未完全强制 ESG 信息披露，对于上市公司在非财务指标的表现缺乏规范性。同时，尽管近年来我国监管部门对上市公司在环境和治理方面的监管处罚力度有所增大，但整体来看企业违法违规的成本与美股市场相比还是较低，企业受监管的强约束性有待进一步提高。此外，监管部门也要逐步减少境内外市场的监管壁垒，增强对中概股品质的把控和监管，对于境外违规的情况也要增强境内处罚力度。2020 年 3 月 1 日起实施的新《证券法》明确表明，在中华人民共和国境外的证券发行和交易活动，扰乱中华人民共和国境内市场秩序，损害境内投资者合法权益的，依照本法有关规定处理并追究法律责任。对于本次瑞幸事件，4 月 3 日中国证监会声明也表示，中国证监会将按照国际证券监管合作的有关安排，依法对相关情况进行核查，坚决打击证券欺诈行为，切实保护投资者权益。

（二）企业：出具第三方审查的 ESG 咨询评级报告

从企业角度，一方面企业需提高 ESG 信息披露意识，加强自身 ESG 能力建设。中概股的瑞幸，A 股的康美、康得新等事件背后，都暴露出企业的 ESG 问题，只有从根源上解决企业的劣根性，完善自身信用品质，才能够避免此类事件的重蹈。另一方面，企业要出具第三方审查的 ESG 咨询评级报告，增强 ESG 信息披露数据的可信性。企业都有披露对自身有利信息，而规避对自身不利信息披露的动机，因此无论是财务信息还是 ESG 信息，出具具有公信力的第三方审查都尤为重要。同时，第三方审查也是除监管监督外对企业的第二道约束，能够在一定程度上对企业行为进行规范化，增强企业信息披露的合规性。

（三）投资者：关注企业品质与可持续性，规避投机的商业模式

投资者方面，也要更多关注长期价值投资。短期投资的策略模式是短暂不可持续的，要获得长期可持续的回报，投资者应更多地将目光看向企业的内在品质，挖掘企业内生价值。通过将ESG纳入投资策略中，除了可以规避企业的环境风险、道德风险、治理风险等以外，还能够在系统性风险发生时，筛选出抗风险能力强、自身管理能力强的投资标的来缓解市场冲击，进而获得更高回报。此外，如果随着越来越多的投资者将ESG信息纳入到他们的投资决策中，也能够倒逼企业去改善ESG表现，进而推动整个市场的高质量发展。

资料来源：
①厉成程. 瑞幸咖啡财务造假案例研究 [J]. 投资与合作，2022（3）：46-48.
②罗文萱. 公司治理中的商业伦理——基于瑞幸财务舞弊的案例分析 [J]. 新会计，2021（9）：32-37.

8.3.2　资本运营的谈判技巧：以并购为例

一般来说，在并购的不同阶段，沟通与谈判的重点与策略是不一样的：在并购的前期准备阶段，沟通与谈判的重点是围绕如何接触、说服并购目标企业与并购方企业合作。在这个阶段，首先并购方企业要做好充分谈判准备，做到知己知彼，对要谈判的目标企业的基本情况有深入的分析讨论，并形成对策；其次与目标企业的初次接触要学会委婉地表达并购合作意向，尽量不要用并购、兼并这样的词语。如果对方是一个小规模的私营企业，那就通过朋友转介绍或者写亲笔信邮寄等方式直接找到企业的老板本人去谈；如果对方是一个大中型的私营企业，那就应该慎重一些，通过一些圈内的专业中介机构含蓄地表达并购合作的意向，注意要保密，不要声张，一是给并购方企业面子，二是不要惊动其他的竞争对手；如果对方是国有企业，则可以通过行业协会或者相关的政府单位来接触表达并购合作意向；如果是外资企业，一般可以直接登门拜访去谈合作，因为外国人的并购意识很强，容易理解企业买与卖的交易行为。做好了并购谈判的各种准备，也向目标企业表明了并购合作的意向，接下来就是如何说服、打动目标企业与我们合作的问题了，关于这个问题，在我的并购战术体系里，我是这样总结的：动之以情、晓之以理、诱之以利、加之以威。动之以情意思是说并购方企业要用一种真诚、诚恳的态度与热情表达自己与目标企业的合作意向，没有任何以大欺小、以强欺弱的成分，更没有欺骗、忽悠的意思，这是最基本的一点，也是很重要的；晓之以理就是说要给目标企业讲解并购合作的各种道理与好处，客观地分析并购整合的趋势与必然性，通过摆事实、讲道理，让目标企业信服，这个理念引导的过程非常重要；诱之以利是说通过前面的讲道理以后，紧接着通过为目标企业展示各种并购以后的实际利益来进一步说服目标企业，必要的时候可以通过提高并购交易的收购溢价和附加条件来"引诱"目标企业；加之以威是在通过前面的三步不太奏效的情况下，无奈之下采取的一种必要的方法，就是在各种软说服不起作用的时候采用一种"威慑"的硬措施，比如可以告诉目标企业，如果不合作，我们就选择与其他的企业合作，而且会采取一些打压竞争的方法给目标企业造成经营压力，迫使其就范合

作，当然这一招有些阴损，除非不得已，轻易不要这样做，但是我们要知道并购本身就是残酷无情的。在并购交易的执行阶段，沟通与谈判的重点是围绕并购交易的价格与各种框架、条款等。在完成了与目标企业的接触、说服工作以后，这时，并购沟通谈判的重点就转移为并购交易的重心，也就是交易框架、价格、条款等方面，在这个阶段，我们要注意运用以下方法技巧。

第一，做好最充分的谈判准备。一般在正式谈判之前，并购方企业是对目标企业完成了详尽的尽职调查的，在谈判的准备期就要把调查中的各种必要的有利于并购方的事实依据列出来并一一形成谈判方案策略，务必确保在谈判前明确谈判的重点与底线，先谈什么、后谈什么，对方有可能会对那些问题提出反对等各种细节尽可能地要成竹于胸。

第二，注意巧妙运用各种谈判技巧。其实，各种沟通谈判的技巧往往都是相通的，一些通用的沟通谈判技巧并购方企业要学会，多钻研一些各种商务沟通谈判的技巧以及应对技巧对并购谈判将会起到不小的影响，比如常见的谈判策略有多听少说、注意倾听、谋定后动、巧妙地应用开放式的提问方式、尽量少用绝对的词语来回答问题等。

第三，不要着急谈具体价格。没有不合适的价格，只有不合适的条款，要明白价格不是单纯的价格，价格的背后还有许多的附加条款，如支付方式、兑现期限、税收安排、董事会安排、后期的整合安排等，所以在并购谈判的一开始不要太着急谈具体的价钱，先求同存异，谈一些双方比较容易达成一致的条款，等到对目标企业的谈判策略有了一些了解以后再涉及比较敏感、复杂的谈判部分。

第四，注意不要透露重要的商业秘密。在并购的沟通与谈判中，一方面要引导对方露出自己的底牌与商业秘密，利于自己处于主动地位；另一方面也要注意保护自己企业的重要商业秘密不外泄，以免被对方抓住把柄。

第五，要保持一定的谈判耐心。并购谈判是一件耗时费力的事情，尤其是当并购陷入谈判僵局的时候，这时候更需要具备一定的耐心，不要轻易放弃，也不要盲目冲动、头脑发热，以免因急躁造成谈判失误。在并购协议签署以后的整合阶段，沟通与谈判的重点又转向了并购之后的各种整合工作。经过前面的沟通谈判，并购协议的签署预示着并购交易告了一个段落，接下来是更为重要的整合阶段，在这个阶段，沟通与谈判，尤其是真诚、巧妙地沟通更是发挥着巨大作用。

在并购之后的整合阶段，最首要也是最重要的一项工作就是双方企业的人力资源的整合，在人员整合的过程中，沟通是第一原则，没有及时有效地沟通，并购之后的员工必然忧心忡忡、不知所谓，将直接影响企业的经营效率，给企业造成损失。一般在并购之后的整合阶段，沟通的策略技巧主要包括：在整合的初期就拿出一整套的沟通方案，包括各级人员、市场客户、供应商、经销商，特别重大的交易还要制定政府监管部门与舆论公众的公关沟通方案，做到有备无患；无论是与哪个部门的沟通，都要确保真诚、平等、公正的原则；开展沟通工作时要注意营造良好的开放、尊重、友善的氛围，并注意把沟通策略与双方企业的文化整合很好地衔接起来，让沟通发挥更大的整合作用；注意选择合适的沟通工具与方式，针对不同阶层、不同部门的人员要采取不同的沟通工具与方式；针对特别重要的高管与部门要采取特定的沟通方案，必要时要不惜一切代价留住关键人员与部门；在沟通的过程中不但要主动讲解，更要注意用心、有效地倾听，也就是要建立"双向沟通"的沟通机制，做到双方甚至多方互动的良好沟通局面与效果。

资本运营中的风险防范专栏 3：

烟台万华并购 BC 公司谈判始末

烟台万华聚氨酯股份有限公司（以下简称"烟台万华"）成立于 1998 年 12 月 20 日，是山东省第一家先改制后上市的股份制公司。公司主要从事以二苯基甲烷二异氰酸酯（MDI）为主的异氰酸酯系列产品、芳香多胺系列产品、热塑性聚氨酯弹性体系列产品的研究开发、生产和销售，是亚太地区最大的 MDI 制造企业。匈牙利博弈苏化学（Borsod-Chem）公司（BC 公司）位于匈牙利，目前拥有 MDI18 万吨、甲苯二异氰酸酯（TDI）9 万吨和聚氯乙烯（PVC）40 万吨产能。另有 6 万吨 TDI 装置在建，完工率约为 80%。产品主要面向欧洲市场。

2008 年世界金融危机之后，部分外国知名企业陷入资金流断裂、现金短缺的境地，这对于希望走出去的中国企业来说，无疑是一大机遇，将以较小的代价获得参与国际竞争和改变缺乏核心技术、国际品牌及缺乏全球化渠道的机会。在全球金融危机影响下，烟台万华开始了内部竞争力的打造。与 IBM 合作进行集团管控战略规划，目的就是保证整个烟台万华体系的信息透明化，使管理层能够快速了解生产运营过程中的信息，通过对信息的整合，实现卓越运营。为此，需要重新梳理、优化管理体系和业务流程，搭建 ERP 信息平台，设计可推广复制的管理模板，支撑业务拓展和价值链延伸，进行项目管理和培训，将企业业务过程中的知识和经验转移、沉淀下来，推进烟台万华管理的持续改进与提升。与此同时，受金融危机影响，MDI 原料市场主要原料价格从最高点 15 700 元/吨跌到 5 000 元/吨，大宗商品价格也不断下跌，MDI 供求关系深受影响，烟台万华的外部环境极其严酷。随后，烟台万华在内部提出了全球化、差异化、精细化和低成本的"三化一低"改革措施，2008 年就启动了 SAP 的 ERP 项目。这系列措施促使其在金融危机后依然保持较好的发展。但 BC 公司在 2008 年全球金融危机后不堪高负债重负，财务状况恶化，企业估值大大降低，内部管理层不得不做出出售公司的决定。2009 年 8 月，万华做出了要收购 BC 的战略决策。万华总裁丁建生表示，聚氨酯是一个寡头垄断的全球化的产业，业内四大巨头已实现了欧、美、亚三大洲的产能及销售网络的布局。

万华在中国市场取得了竞争的优势，但是，对万华来说，中国市场份额越大，风险越大，只有在寡头垄断行业实现全球战略制约与平衡，才能保证原有优势产能转变为安全可持续的盈利能力。而实现全球化的战略制约必须打入竞争对手的核心盈利区域。欧洲是四大跨国公司的主要盈利区域，市场规模大且靠近中东及东欧和独联体等新兴市场。早在 2002 年，万华就制定了国际化战略，并且从 2006 年开始寻求海外建厂，但金融危机使万华选择了并购。对万华而言，并购能缩短 3~4 年的审批时间，同时获得欧洲的市场通道和销售团队以及有经验的员工队伍。另外，并购将减少一家竞争对手。所以，与国内其他企业以获取技术与资源为目的的并购不同，万华此次收购是中国首例以战略制约作为主要目的的海外收购。

丁建生表示，从历史上看，石化产业周期通常为 7~9 年一个循环。2009~2010 年的周期谷底化工公司估值最低，是并购的最佳时机。BC 公司目前拥有 MDI 产能 22 万吨，PVC 产能 40 万吨，TDI 产能 9 万吨。另外，还有 16 万吨的 TDI 装置已完成 90% 的建设。截至 2009 年底，BC 公司总资产为 16.4 亿欧元，据第三方机构评估 BC 公司的重置价值约为 18 亿欧元。自万华做出决策后，其负责收购交易总操盘的公司高层做了大量的功课。当时，BC 公司资本结构为：股权约为 4.6 亿元，次级债 2.5 亿元，高级债 7.5 亿元，次级债与高级债马上要还，而原股东已无力投入。这时，聚氨酯行业其他跨国公司由于受欧盟反垄断法的限制不能对 BC 公司收购，其他投资者由于不具备产业整合优势危机时期又不敢贸然行动，这为万华收购 BC 公司提供了极好的机遇。但那时万华只能说是一厢情愿。BC 公司原大股东是欧洲最大的私募基金公司 Permira。他们的实力雄厚，很难想象他们会将自己的企业拱手让给万华。

2009 年 8 月 4 日，万华团队第一次前往匈牙利谈判，对方很客气，也很尊重万华，但表示，他们的重组将要完成，欢迎万华过两三年之后再来商谈。为了并购，万华曾找过国际知名的一家投行，然而，当这家投行得知对手是 Permira 公司时，就没有承接这一项目。万华因此背水一战，组成了专门的并购团队，从各方面着手进行研究。第一步，他们购买了 BC 公司部分高级债，直接接触到他们的重组数据库。万华团队发现，如果要并购，关键是要收购和控制它的次级债。当时市场低迷，BC 公司债券价格很低，2.5 亿欧元面值的次级债在市场上以大约 20% 的价格在交易。如果万华控制次级债的 50%，只需投入 3 000 多万欧元，在重组过程中就具有否决权。负责该收购案的公司高层说："对方的博弈额度是 12 亿欧元，我们是 3 000 万欧元，可以说我们是以 1 博 30。"2009 年 8 月 4 日当天，万华在市场上买入 BC 公司约 1/3 的次级债，对方没有察觉。第二天，万华再去与之商谈，对方仍告之过两年后再来。于是，万华紧接着再买入其 1/3 次级债。之后他们乘飞机回国。飞机刚一落地，对方的电话就追了过来。万华如愿成为 BC 公司的利益攸关方。然而，当万华的团队再回来时，他们发现突然间陷入了四面楚歌之境。Permira 公司与银行和地方政府的关系非常好。当地媒体包括西方主流财经媒体出现了大量的不实之词。

许多媒体报道说，万华要偷取技术。此时，虽然万华拥有了 2/3 的次级债，但仍有潜在危机，BC 公司原有股东和高级债持有人在政府配合下可进行事先打包的协议重组，从而撇开万华。当时万华面临欧洲 60 多家态度强硬的银行。尤其是对方请到了摩根士丹利的欧洲兼并总裁亲自操刀，帮助他们进行防御。讲至此，万华团队表示，他们特别感谢驻匈牙利大使馆的支持。无独有偶，中国驻匈牙利商务参赞任鸿斌也经历了类似的事情。万华买了 BC 公司次级债以后，很快派人到匈牙利与中国驻匈大使馆进行沟通。巧合的是，第二天，匈牙利经济部的副部长就紧急约见任鸿斌。任鸿斌表示："我到了他的办公室以后，才发现总理特使、经济管理专员、国家重大项目办主任、投资署的很多官员都在场，而且都是质询的态度，问你们中国人想干什么？"任鸿斌回答说，万华作为投资商，对匈牙利的经济复苏和就业情况会有很大帮助。在此之后，万华与中国驻匈牙利大使馆保持了密切的沟通。他们会见了匈牙利的很多高官，保持了非常密切的联络。匈牙利政府认可了万华的收购团队，匈牙利国务秘书在内部网站上以接受记者采访的形式，提出支持万华并购。至此，万华已经投入了四五千万欧元。"那段时期是最艰苦的，涉及各种各样的商务谈判、法律部分以及社会调查。谈判过程持续了三个月，我们至少去了

9次欧洲。经常是我们提出一个方案,对方讨论两个小时;对方提出一个方案,我们讨论两个小时,寸步不让。经过艰苦的努力,与对方签订了框架协议,以手中持有的次级债换取了对方36%的股权,同时还有很多的小股东保护条款,以及要敞开大门让我们调查,并且在2013年以后,我们还有权依市场价全面收购。"负责该收购案的公司高层说。至此,万华对BC公司已十分了解,而且与原股东、匈牙利政府以及当地金融机构的关系也得到了改善。万华争取到国内银行如中国银行、交通银行的大力支持,开始收购BC公司一些比较便宜的高级债。当再次回到谈判桌前,万华提出全面收购的目标后,双方本已缓和的关系重新僵持起来。万华不复如当初的轻松。他们投入已近百亿元人民币,包袱渐重,心理负担也增加,如果谈判破裂,将会失去辛苦赢来的各方支持和配合。而如果不慎进入破产程序,将有不可测的政治和经济风险。

但是,反过来,Permira公司也承担不起BC公司破产。作为欧洲知名基金,他们也难以承担谈判破裂将贷款银团置于破产重组境地的风险。两军相逢,勇者胜,最后的胜利,往往在再坚持一下之中。万华谈判团队耐心地做对方工作:"你们有很多投资标的,而万华只有这一个。"其实,经过半年的谈判,双方已然有惺惺相惜之意。在此情况下,万华开始各个击破,逐渐获得对方管理层及部分股东的支持。最终,双方签订了协议性的重组方案。

事后,Permira公司认为自己最大的失误是低估了中国的万华。

烟台万华并购相关方谈判关系如图8-3所示。

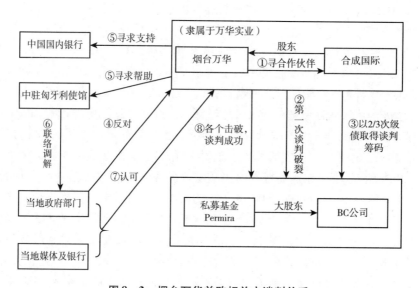

图8-3 烟台万华并购相关方谈判关系

资料来源:贺之杲.中国企业并购欧洲企业的成功案例——烟台万华收购匈牙利宝思德公司 [J].国际融资,2018 (11):47-50.

8.3.3 资本运营中的财务风险防范

第一,知己知彼,合理制定资本运营战略。首先,对自身实力进行准确的分析与定位。企业全方位的分析企业自身核心能力，找到自身的优势与劣势，才能明确并购方向，实现通过并购增加企业核心竞争力的目标，达到资源互补和协同效应，从而获得战略性资源，最大限度降低并购风险。其次，详细分析企业所处环境及其发展现状。对企业所处行业的生命周期、竞争地位等进行全面的分析，考虑行业关联度，避免成本的增加。同时，对于竞争对手也要做到"知己知彼"，充分了解当前市场中的竞争对手，才能知道企业自身所需的企业要素，有利于更准确的定位。最后，通过对企业的定位，制定可行的资本运营战略，同时组建高效的资本运营团队。根据运营战略，对企业进行针对性的调研与分析，综合考虑企业在生产要素、市场、管理技术等方面的相关性。

第二，积极防控融资风险。首先，建立财务风险预警体系。建立财务预警体系是保证企业财务风险控制的重要措施，让风险控制在我们预想的范围内，实现风险的可控化和最小化，减小企业融资风险对企业造成的危害，以保证企业在市场经济条件下得到长足的发展。财务风险预警体系就是要设立一系列敏感性的财务指标，通过指标的变化来预测财务风险的高低，从而起到预警的效果。企业在运行中，要立足于市场，通过财务分析，了解融资中存在的经营管理风险。掌握一定的风险发展规律，才可以防范和避免融资风险对企业发展造成的不良影响。通过观察分析做出判断，根据负债情况计算出偿债保本收益的相关数据，合理安排资金结构，进而有效地防范和控制融资风险。其次，完善企业内部财务管理。企业的发展与壮大离不开科学合理的规章制度，要想让企业做大做强就需要从健全制度、强化制度、提高管理水平着手。建立良好的组织机构，是提高企业经营效率、降低经营风险的基础；引进优秀的管理人才、营造良好的企业文化，是保证企业充满生机和活力的根本；规范财务制度、提高财务信息的质量，是增强融资能力、降低资金成本的源泉。这一切都是为企业树立一个良好的社会形象，让企业的发展成为人们的一种共识，从而得到银行、金融机构和企业员工、社会各界的信任，提高企业的融资能力。最后，拓宽企业财务融资渠道。在具体实践中，采用多种方式、多方位的拓展企业融资的渠道，是降低企业融资风险、提高融资效率的方向，也是提高企业竞争力的根本出路。在企业融资方面，流动资金贷款、银行承兑汇票、商业承兑汇票、信用证、应收账款保理等方式可以满足企业临时经营周转所需短期资金，为扩大资金流量，还可以通过融资租赁和实物租赁进行长期融资，除了银行贷款之外，还可以发行企业内部债券和发行股票，充分利用民间资本来实现企业的发展。可以通过股权融资、债权融资、民间融资等多种形式，使企业融资呈现多元化发展的格局。同时，企业要根据自身需要合理选择融资方式，让资金成为资本，为企业发展提供强有力的保障。只有企业制定了切合实际的融资策略，并充分利用自身优势进行合理的运营，才能实现降低财务中的融资风险，优化企业融资行为，保证企业融资可持续发展。

第三，实行运营分析控制，提升风险的掌控能力。开展运营活动分析的目的是使企业资本运营向着战略目标发展，通过将全面企业控制与资本运营分析控制相结合，找出发生偏差问题所在，并根据实际情况解决问题或修正资本运营状况；建立运营情况分析制度，结合资本经营中各个环节的信息，对企业运营情况进行分析，定期出具分析报告，及时发现和解决问题。

第四，加强人员素质建设和信息化建设。人员素质建设不仅包括了财务管理队伍素质建设，还包括了其他部门管理人员及工作人员队伍的素质建设，加强财务管理队伍素质建设能够加强财务管理具体工作的管理水平，提升其工作主动性，加强财务管理在整个企业经营活动中的主动产参与程度，发挥财务管理工作对企业生产经营决策的积极作用；同时，企业要加强对兼具企业管理、资源管理、信息化管理、办公自动化操作技能等多方面复合型人才的引进力度。在企业内部其他人员的素质提升方面，不仅要为企业员工提供更多提升本职工作技能及理论知识的机会，开展各种有针对性的技能培训课程等，同时还要加强他们对财务管理及风险防控等方面的专业知识学习与掌握程度，提升财务风险防控工作的执行力度。

8.4　资本运营风险管理

资本运营风险管理是指企业研究经营活动的不确定性与可能带来的风险，对这些不确定性进行预测、防范、控制和处理，以最小成本确保企业资本运动的连续性、稳定性和效益性的一种管理活动。

第一，确立资本运营风险观念。资本运营风险的客观存在和巨大作用要求企业负责人和每位员工，特别是财务人员要牢固确立风险观念，既不能无视其存在，也不能畏惧其发生。但是，必须有充分的思想准备。

第二，明确企业发展战略。资本运营的基础是生产经营。一个企业要想通过资本运营赢得市场竞争优势，实现规模经济，就必须通过对宏观经济运行的趋势、市场变动格局、行业发展前景、产品市场占有率、投入产出效果、自身的生产经营素质条件和发展潜力等进行分析，确定企业发展的战略定位，并在此基础上制定企业生产经营、资本运营发展的中长期发展规划，有的放矢地确定资本运营的手段方式，使股份化改造、兼并收购、合资嫁接、联合协作等资本经营方式围绕着一个明确的目标进行。否则，为资本运营而进行资本运转的企业发展将无从谈起，资本运营也将成为无源之水、无本之木。长期以来，企业为了追求所谓的规模经济，通过收购兼并盲目地进行外部扩张，却忽视内部的经营管理，不能形成科学规范的有效内部控制体系。过于追求规模经济而进行的盲目市场扩张，给企业的正常经营带来了额外的风险。多元化经营本来可以在一定程度上分散经营风险，但也会导致企业投资过剩，使运营资金出现短缺的问题，增加了企业的运营风险和经营成本。容易使企业陷入经济效益低下的陷阱，摊子铺得过大使其丧失原有主业的优势竞争地位。片面追求无关联的多元化扩张，不仅不能给企业带来机遇和跳跃性发展，还可能导致企业资金链断裂以致破产，在很大程度上阻碍了我国企业核心竞争力的形成。

第三，灵活运用各种风险管理方法。一是风险规避：在资本运营活动中遇到风险，通过放弃其中一些项目就可以减少或者消除风险带来的损失。风险规避能够在风险事件发生之前完全消除某一特定风险可能造成的损失。而其他方法只能减少损失发生的概率或损失的严重程度。在企业资本运营中，规避风险是尽可能对所有会出现的风险运营活动敬而远之。对风险损失直接设法回避，这不失为最简单易行、全面、彻底的处理方法。二是风险控制：当资本运营风险从潜在的转化为现实时。企业已无法通过风险规避来消除风险带来的损失，只能通过采取一定的措施将风险造成的损失控制在一个适当的范围之内。三是风险隔离：将某一可能的风险因素在时间上或空间上隔离起来以减少这一风险可能造成的损失对整个资本运营过程的影响程度。风险隔离可以比较有效地控制风险，从总体上减少风险所造成的损失程度。只是这种方法增加了风险单位的数量，总体管理费用增加。风险转移：对可能发生的风险采取一定的措施进行转移，以减少风险可能造成的损失。为了资本运营活动的正常进行，将风险转移出去是非常必要的。一般通过合约的形式将风险转移给参与计划的其他人身上。虽然风险转移不能消除风险。但可以减少某一承受者的损失程度。四是风险分散：一般包括选择合适的资本运营方式和扩大资本运营主体的优势覆盖面两种形式，通过不断改善内部条件，加强自身的优势并增加优势覆盖面，从而减少企业在风险面前遭受损失的程度。

第四，高度重视资本运营的尽职调查。在资本运作过程中，信息的作用至关重要。信息不对称是客观存在的。为防范信息风险，避免不慎落入陷阱，企业在资本运营时应高度重视尽职调查。资本运营中的尽职调查包括各方面资料的搜集、真伪的辨识、权责的划分、法律协议的签订、中介机构的聘请等。实际操作中，做好尽职调查。首先要依靠企业自身有关专业人才的力量；其次要充分利用行业专家的力量，聘请他们作为资本运营的顾问；最后要利用经验丰富的中介机构的力量。这些中介机构包括会计师事务所、资产评估事务所、律师事务所以及投资银行等。实践证明，中介机构在为企业设计重组模式，进行可行性分析，协助谈判与签约及协助制定和实施重组具体方案中，能帮助企业提高资本运营的效率。

第五，建立和健全内在的风险规避制度。即加强内部管理，建立健全科学合理的治理结构，建立科学的人力资源管理制度，增强民营企业抵御风险的能力，这是防范资本运营风险的基础性工作；完善政府与民营企业分配制度，处理好对出资者的利益分配、对经营者的利益分配以及对劳动者的利益分配；为民营企业引进懂资本运营、懂管理的高级人才，从多渠道融资，降低资本运营风险；在资本运营对目标企业进行价值评估阶段，做好尽职调查，从而减少资本运营中的不确定性风险；将投资散布于各类资产中，在目标企业发展的若干阶段分批投入资本来分散非系统风险；注重企业主营业务和核心业务的巩固与长远发展，以此为基础开展资本运营。已有的实践证明，资本运营成功的关键在于一切并购业务都必须围绕主营业务而进行，否则，必将本末倒置，使企业发展误入歧途。瑞典的伊莱克斯集团公司是国际上知名的资本经营成功的典范，该公司资本经营成功的秘诀在于：在实行并购战略过程中，始终围绕一个宗旨，就是所有兼并收购活动都必须集中在公司的核心业务上，即家用电器和商用电器。对并购公司中与核心业务无关的部门或分公司经过整顿和包装后将其出售。这样，该公司在搞好生产经营的基础上，以分拆出售所并购的企业这一方式取得了大量的利润，获得了需要的生产要素，不断扩大企业规模，从而使这样一个制造煤油灯的作坊成为世界级的企业巨人。

【章末案例】

从邮政行业特点看江西邮政公司资本运营风险

一、公司简介

江西省邮政公司是中国邮政集团公司的重要组成部分，成立于2007年2月6日，是一家主要经营国内和国际邮件寄递、报刊等出版物发行、邮政汇兑、邮政储蓄、邮政物流、邮票发行等业务的国有独资企业，在保障公民通信权利、保障通信安全的同时，实现社会效益和企业效益的共同增长。江西省邮政公司在中国邮政集团公司的领导下，按照党中央、国务院和江西省委、省政府的总体要求，通过体制机制创新，进一步加快发展步伐，大力推进现代化企业制度的建立和完善，促进江西邮政向信息流、资金流和物流"三流合一"的现代邮政业方向发展。同时，江西省邮政公司主动融入地方经济发展，服务百姓生产生活，不断提高经营和服务水平，切实保障普遍服务和特殊服务质量，更好地满足社会多元化、多层次的用邮需求，为构建"三个江西"、推动江西在中部地区崛起做出积极的贡献。目前，江西省邮政公司开发并建成了邮政综合计算机专用信息网，以及电子汇兑、11185 客户服务、速递跟踪查询、邮政绿卡 POS 消费、报刊发行、邮区中心局生产作业和中间业务平台等 50 多个科技含量较高的系统；建成了 11 个直复营销中心、1 500 个电子化营业网点、1 306 个与全国联网的邮政储蓄网点、1 618 个汇兑网点（其中联网网点 1 405 个）、183 台 ATM 自动柜员机；拥有信函自动分拣机、包裹自动分拣机等机械化、自动化、电子化设备 4 000 多台（套）；建成 13 条省内物流专线、3 条省际物流专线，并连接中邮物流华东网、北方网、西北网、南方网；建成邮政服务"三农"代办点 1.76 万个，精品网点 6 937 个，已经初步建成了集实物传递、信息传输、货币流通于一体，横联国际、纵接城乡的现代化邮政服务网络。

二、资本运营可能产生的风险

但是，在发展的表象后面，江西邮政的发展还是存在一些不容乐观的因素。从现实情况出发，江西省邮政公司开始逐步实施资本运营战略。具体来讲，主要包括：邮政业进一步重组和改革，实现"网业分离"；利用"三产"的资源和优势进行股份制改革；利用邮政储蓄的优势搞好资本的中间业务；拓宽融资渠道，培育和发展多元化的投资主体等。从目前的实际情况来看，可能产生的风险如下。

第一，体制风险。首先，由于邮政企业缺乏资本运营方面的人才，在缺乏质量保证的前提下，必然会给企业后期的发展埋下潜在的隐患。其次，政府依靠行政手段对企业进行重组时所采取的大包大揽的做法，如以非经济目标代替经济目标以及过分强调"优帮劣、强管弱、富扶贫"的解困行为等，背离了市场原则，给邮政企业的长远发展带来了风险。最后，被并购企业人员的安置因体制影响，常常被作为重组时的一项重要附加条件。这种接收或重组本身为重组企业的后续发展埋下了潜在的风险。

第二，财务风险。邮政企业和其他企业的资本经营一样，进行资本运营将耗费大量的资金，为此最终付出的成本可能要远远超过事先预期的成本，资本运营所耗费的巨大费用将可能造成企业资金周转困难。在资本运营中，由于所付代价过高，举债过于沉重而导致公司破产倒闭的事例屡见不鲜。企业资本运营还会降低分配投资资金的灵活性。在邮政企业资本运营的过程中由于打破了原有企业资金收益率的平衡状态，而新的企业格局又使各环节的经营相互依赖，因此企业可能被迫在边际部分投资，以维护企业的整体性，而不能向收益率高的地方分配足够的资金，从而会降低邮政企业的整体收益率。

第三，营运风险。这指邮政企业在资本运营完成以后不能产生协同效应，甚至被并入的某一公司业绩下滑拖累整个邮政企业集团，企业资本运营的目的是想通过扩大规模、前向一体化、后向一体化或是非相关多角化等战略获取竞争优势。但是这些战略行为将使企业面临新的市场环境和新的价值链。当企业忽视资本运营行为后的新领域和新形势的特点，想当然地采用过去适用的、成功的一套战略，认为某一环节中较强的市场地位能自动地扩展到另一个环节中，企业将面临巨大的战略风险。企业资本运营所带来的营运风险是尽管企业意识到各方在联结上的差异，但是为了维护企业的整体性，参与资本运营的各关联企业将被迫与母公司的政策与目标看齐。营运风险还体现在资本运营所构造出的新公司因规模过于庞大而产生规模不经济的问题上。

第四，管理风险。邮政企业进行资本运营，也必然要实现组织结构管理制度、人事等方面的一体化。这种系统的结构性变革，可能会遇到新加入公司的顽强反抗，这在人事变动方面表现得尤其明显。当出现麻烦时，总公司可能不得不为新吸收企业提供一个新的管理当局。如果事先未做好准备，企业将面临优秀管理人员不足的问题，企业整体管理效率下降将不可避免。此外，参与资本运营就意味着双方将通过固定的方式进行内部交易。当向重组体内的另一单位购买产品时，买方单位一般不会像与外界供应商打交道那样去努力压低价格，而且内部交易的合同会更宽松，从而可能导致交货的延期。弱化激励的极端是，两个生产系统都没有懈怠，但是内部交易的有限选择，会激化双方在价格及交货等方面的矛盾。对买方单位而言，卖方高于市场价格的内部价格是那样地令人难以忍受。而对卖方单位而言，由于买方需求量有限且要求苛刻，从而导致自己没有足够的规模降低成本，提高服务水平。

第五，信息风险。资本运营的动因是多元的，企业受这些动因驱使，会采用不同的方式进行资本运营，企业在决定是否进行资本运营、采用何种方式以及如何入手上往往是以足够的信息为依据的。我国许多企业在进行资本运营时，由于对目标企业了解不够，待到重组和并购后，才发现是一个烫手的山芋。这就是交易双方"信息不对称"的结果。"信息不对称"的风险影响着众多的从事资本运营的国有企业在资本运营中，在不知己不知彼的情况下贸然行动而遭受失败的案例不少。因此，邮政企业在进行资本运营活动前，应对目标公司作充分的调查研究，减少信息风险，以谋求发挥双方优势，达成最优资本运营效果。

第六，法律风险。在资本运营中，各国出于维持公平竞争的考虑，制定了一些反垄断法案，这些法案可能会制约资本运营行为，让资本运营者制定的资本运营方案付诸东流。中国也不例外，例如，《证券法》第七十九条对上市公司资本运营有这样一条规定："通过证券交易所的证券交易，投资者持有一个上市公司已发行的股份的百分之五时，应当在该事实发生之日起三日内，向国务院证券监督管理机构、证券交易所做出书面报告，通知该上市公司，并予以公告；上述规定的期限内，不得再行买卖该上市公司的股票。"以后每递增就要重复该过程，持有股份时，继续进行收购的即被要求发出全面收购要约。这套法律程序造成的收购成本之高使得收购困难重重。"宝延风波"就是典型一例。"宝延风波"开了我国股市进行有实质意义的股权并购的先河，其引出的法律风险对我国企业资本运营产生的影响十分巨大。因此，邮政企业在进行资本运营前，必须对相关法律规定做全面和细致的研究。总之，邮政企业资本在运营过程中可能潜伏着多方面的风险，企业的资本运营成功与否，将取决于企业能否在资本运营过程中有效地防范和控制各种风险。

三、资本运营的风险防范

第一，应明确邮政企业资本运营的基础是邮政业务经营。邮政企业要想通过资本经营赢得市场竞争优势，实现规模经济，就必须通过对宏观经济运行的趋势、市场变动格局、行业发展前景、业务的市场占有率、投入产出效果、自身的经营素质条件和发展潜力，确定企业发展的战略定位，并在此基础上制定企业经营、资本运营发展的中长期发展规划，有的放矢地确定资本运营的手段方式，使股份化改造、兼并收购、合资嫁接、联合协作等资本经营方式围绕着一个明确的目标进行。

第二，处理好坚持主业与实施多元化经营战略的关系。处理关系要注意：一方面主业是一个企业的优势所在，另一方面稳固的主业是多元化的基础。因此，企业的资本运营要有利于促进企业主营业务的规模经营，新经济增长点的开拓，而不是简单地变换资本形态。因此，企业在资本运营中要保留有利于扩大未来最具市场扩展潜力的某些资产，同时果断淘汰那些未来没有前景的资产形态，从而使企业资产置换围绕着市场与产业扩张转。

第三，选择和引入符合条件的资本运营主体。符合条件的主体应该是：选择具有较强的经济实力，具有控股和资产置换所需的资金、技术和管理能力，其项目符合国家产业政策支持发展的方向；同时，资本运营、资产重组必须有明确的目的，都是为了企业自身和被控制对象的长期和长远发展；而且，企业本身已形成较强的市场拓展能力和较为齐全的经营管理班子，具有吸收、消化被控资源的能力。这些条件是一组相关联的充分必要条件，缺一不可，否则资本运营将给企业招致更大的风险。

第四，资本运营避免过于行政化。在推进企业运营的过程中，有许多企业是应行政命令而进行资产重组。在市场条件下，有效率的制度必然是能使人们在特定环境、特定条件下以最小成本捕捉住获益机会的某种社会安排，而市场机制的特点，正在于能使人们自愿而主动地针对各自面临的特殊条件积极采取行动。因此，邮政企业资本运营的未来发展方向，是在市场机制作用下的行为。

资料来源：李金良. 用奋斗开启高质量发展新征程［J］. 中国邮政，2019（2）：18.

【本章小结】

企业的资本运营是一项充满风险的经营活动，企业无论是从开始筹措资本，还是在运营资本阶段，都伴随着大量的不确定因素。这些不确定因素给企业的整个资本运营行为带来巨大的风险。不少企业由于在资本运营的过程中忽视了资本运营中可能存在的主要问题，没有进行科学、有效的风险管理。大部分都以效率低下甚至整个企业的倒闭而告终。因此，企业要在激烈的竞争环境中发展壮大，必须加大对这些风险的防范与管理。

【问题思考】

1. 什么是资本运营风险管理？其特征和作用有哪些？
2. 资本运营风险管理程序包括哪些内容？
3. 如何构建有效的风险评估体系？

【参考文献】

［1］蔡恩泽．德隆危机再现中国民营企业家的伤痛［J］．新西部，2004（7）．

［2］蔡昌，黄克立．资本运营［M］．陕西：西安交通大学出版社，2005．

［3］赵颖，金海清．中国民营企业资本运营的风险识别［J］．经济研究导刊，2011（11）．

［4］曹峤．国有企业资本运营风险及防范措施［J］．安徽农业大学学报，2001（6）．

［5］张庆龙．资本运营与风险防范［M］．北京：企业管理出版社，2008．

［6］任秀梅．国有企业资本运营风险机理透析［J］．理论前沿，2007（6）．

［7］王开良．资本运营技巧与风险管理［M］．北京：中国书籍出版社，2013．

［8］王曙光，徐余江．国有资本投资运营平台构建的动机模式与风险规避［J］．新视野，2017（4）．

［9］张爱芝．关于企业资本运营的风险及其对策研究［J］．投资与合作，2011（10）．

［10］施颖，王志辉．湖南中小企业资本运营的现状及障碍分析［J］．沿海企业与科技，2009（4）．

［11］房红．企业资本运营的风险及价值分析［J］．企业资本运营的风险及价值分析，2010（3）．

［12］周敏．浅谈资本运营中的风险管理［J］．商业经济，2011（9）．

［13］师洪发．我国中小企业资本营运存在的问题及分析［J］．中国电子商务，2012（17）．

［14］乔全营．我国中小企业资本运营的原则与影响因素研究［J］．中国证券期货，2012（11）．

［15］马丽娅．中小企业的资本运营探析［J］．商情，2012（32）．

［16］刘浩博．上市公司定向增发再融资问题研究——以京东方科技集团股份有限公司为例［J］．财会通讯，2017（5）：15–20，129．

［17］陈树强，李存英．防范企业资本运营风险的几点对策［J］．财务与会计，2018（14）．

［18］张悦，上官绪红，杨志鹏．公私合作和衷共济：PPP 模式发展格局及资本风险管理综述［J］．征信，2020，38（6）．

［19］张岩，集团公司资金管理探索［J］．财经界，2020（7）．

［20］北京证监局课题组．上市公司并购重组风险探究——基于北京中小创上市公司并购重组失败案例［J］．财务与会计，2021（11）．

第 9 章 公 司 治 理

【学习要点】

☆ 公司治理的内涵；

☆ 公司治理的模式；

☆ 熟悉内部治理机制和外部治理机制。

【开章案例】

鲁南制药身陷股权纷争疑云

一、背景介绍

鲁南制药集团是集中药、化学药品以及生物制品的生产、科研、销售于一体的综合制药集团，国家创新型企业、国家火炬计划重点高新技术企业，成员企业包括鲁南厚普制药有限公司、鲁南贝特制药有限公司、山东新时代药业有限公司、鲁南新时代医药有限公司等，位列中国大企业集团竞争力 500 强，中国民营企业制造业 500 强，连续多年上榜山东省纳税 100 强榜，荣登 2020 年度中国医药工业百强榜第 30 名，2021 年，鲁南制药品牌价值达 121.91 亿元。

从地方衰落国企到中国医药工业百强，在前任董事长赵志全的带领下，鲁南制药集团股份有限公司（以下简称"鲁南制药"）焕然新生。然而，自赵志全在 2014 年去世后，鲁南制药内部发生控股权之争，至 2017 年进入白热化，没有人能拿到实控权，鲁南制药持续的"内斗"已经让其站到了十字路口。

二、董事会决议要卖储备股权

多年前的鲁南制药，仍是一个濒临倒闭、净资产只有 19 万元的小工厂，在赵志全的带领下，"小工厂"目前已发展成为拥有职工 1 万多人、净资产 60 亿元、年缴税 8 亿元的现代化制药集团公司。赵志全在去世前将大权交给了现任董事长张贵民。此后，公司的四位董事分别由该公司副总经理张则平、副总经理李冠忠、副总经理兼总会计师王步强、副总经理张理星担任。

2017 年 3 月 2 日，上述四名董事要求召开董事会罢免张贵民。5 天后，张贵民以公司的名义免除四名董事的副总经理职务以及王步强兼任的总会计师职务。不过，李冠忠、张则平、王步强于 2017 年 3 月 12 日召开临时董事会，做出决议罢免张贵民担任的集团公司董事长、法定代表人及总经理职务。由此，官斗大戏正式爆发，鲁南制药的董事会与企业掌控者正式分立两派。在沉寂了将近一年之后，鲁南制药的"宫斗"，又有了新剧情，并触及核心的股权问题。

"没有一个能够控制公司的大股东，这种情况不利于稳定公司发展。"2018 年 12 月 25 日，在接受《每日经济新闻》记者采访时，王步强如实看待鲁南制药目前最大的问题。针对这一问题，2018 年 12 月 10 日，鲁南制药董事会召开临时会议。董事会成员张则平、王步强、李冠忠出席会议，社会股东代表列席，张贵民、张理星缺席。

"目前张贵民是非法控制公司，他开不了股东大会，做决策是违法的，按照章程，一些重大投资都是需要董事会批准的。"在王步强看来，大股东的缺失是问题的症结所在。公开信息并未出现某个显名股东的名字，该部分股权的不明晰，也正是这起股权斗争爆发的关键原因。工商资料显示，鲁南制药目前股东架构有三类，分别是社会个人股（占比 48.08%）、内部职工股（占比 26.22%）、安德森投资有限公司（以下简称"安德森公司"）（占比 25.70%）。

除了外资股（安德森公司所持股），社会个人股和内部职工股，只有工商登记上是这个数，但是谁持有的哪一块，界定并不清楚。股东人数至少在 3 000 人以上。从公司治理角度来看，鲁南制药股权结构非常不正常，股权不明晰，1 600 多万股公司员工持股没确权登记到员工个人名下，公司还通过个人名下代持的方式非法持有 1 600 多万股自持股，最大的股东外资股处于漫长的境外司法诉讼确定归属的过程中，这是造成公司混乱的根源。

值得注意的是，在临时会议召开十日前，鲁南制药董事会一份通知称："鲁南制药储备股份（约 1 640.56 万股，以统计为准）违法登记在张贵民名下。"要么引入合作方，把这部分股份卖出，要么就是把这部分股份注销。在王步强看来，转让应该是最好的方式，这一块股份形成一个大股东，对鲁南制药将来的发展和稳定是非常有利的。而在 12 月 10 日，鲁南制药董事会形成决议："一致同意对外转让鲁南制药集团股份有限公司原委托张贵民、王步强、刘强、张广政、宋乘鹏、薄文雪、宋山等代持（现均违法登记在张贵民名下）的公司储备股份。"

作为鲁南制药企业实体的掌控者，张贵民对此却未表态。2018 年 12 月 25 日下午，张贵民在给《每日经济新闻》记者的短信中告知："我正在出差，明天（12 月 26 日）安排公司宣传部与您联系。"不过，截至 12 月 26 日 16 时发稿，并未有相关人员与记者联系。在一位社会股东代表看来，"应该在政府的监督下依法公正公平地转让 1 600 多万股自持股，消除违法自持行为，为公司依法治理和稳定发展奠定基础"。

三、利润增长仍在吃老本

一方是在董事会中占据多数席位的元老，另一方则是企业实体的操控者。鲁南制药宫斗双方在对立之时，这家企业却仍在吃着赵志全留下的老本。目前社会股东对公司的管理和财务指标都处于不知情的状态，从公开信息上可以看到，这几年公司没有新的重要药品上市，处于临床阶段的新产品也不多见。

鲁南制药官网显示，公司成员企业包括鲁南厚普制药有限公司、鲁南贝特制药有限公司、山东新时代药业有限公司、鲁南新时代医药有限公司等七家子公司。现有员工 1 万余名，年产值达 100 亿元。2018 年 8 月，在由中国医药工业信息中心主办的 2018 年

（第35届）全国医药工业信息年会上，鲁南制药荣登百强榜第28位，与工信部2016年度中国医药工业百强企业榜单相比，鲁南制药集团在排名上前进了3个位次，首次进入前三十。

2017年卖了83亿元，赵总去世当年（2014年），鲁南制药的销售规模在54亿元。这几年增长是有的，但是缺乏持续性。前述鲁南制药社会股东代表也认为："药企发展依赖的创新能力严重不足，公司的主要盈利品种都是赵志全在世时研发的，公司在国内制药企业的位置是下降的。"在2018年12月10日的董事会临时会议上，董事会直指："鲁南制药及其子公司在重大项目投资、药品质量管理、安全生产管理等方面存在问题，出现决策程序不合法。在应对一致性评价等方面，主要领导决策失误。"

2018年，国家在医药领域开始实施一致性评价。山东一家制药企业人士向《每日经济新闻》记者表示，药品没有通过一致性评价的话，在4个直辖市加7个重点城市不准参加招标进入医院。据招商证券分析，这11个城市的药品市场规模占全国的25%，带量采购针对的都是通过一致性评价的品种，这是对药企积极进行一致性评价工作的鼓励措施。

作为鲁南制药的重要产品，降血脂药物瑞旨（瑞舒伐他汀钙片）还没有通过一致性评价工作。医药资讯门户网站米内网2018年11月30日发布的信息显示，已有京新药业、海正药业、正大天晴、先声药业共4家企业通过瑞舒伐他汀的仿制药一致性评价，鲁南贝特和上海诺华还处于"在审评审批"状态。瑞旨等四个品规销售额，占到鲁南制药全部销售额的60%以上。据米内网数据，虽然阿斯利康仍以54.37%的份额领先市场，但在2013~2017年，鲁南贝特的瑞旨份额从9.27%上升至16.52%。鲁南制药80多亿元销量，过亿元的产品也就十多个鲁南制药生产的药品都是处方药，它的产品必须进入医院才有活路。

资料来源：

①屈丽丽. 百亿富豪"托孤"之患：谁制造了鲁南制药"狸猫换太子"？［N］. 中国经营报，2021-10-18（A05）.

②熊菲，丁可. 鲁南制药股权争夺案落槌 "赵氏信托"映射家族信托隐患［N］. 证券时报，2021-07-28（A04）.

③张婷，侯晓玲. 从鲁南制药信托案看跨境信托的风险及防范［J］. 家族企业，2021（9）：110-112.

9.1 公司治理问题的产生

随着公司制企业的日益发展以及企业制度的变化，现代化公司往往有两个显著特征：其一是股权结构的分散化，随着资本市场的发展，大量的公司股票分散到社会公众手中，而近年来，一些国家的机构持股得到了迅猛发展，尤其是美国，在总量上占美国全部上市公司股本的50%；其二是所有权和控制权的分离，从20世纪30年代开始，现代公司开始由受所有者控制转变为受经营者控制，并且管理者权利的增大逐渐损害了资本所有者的利益，在古典企业中，所有者与经营者合二为一，故二者之间不会产生利益分歧，但如今所有权和经营权的分离，由此产生了两个利益主体的分割问题，因此引起了两种权利与两种利益的竞争和冲突。

于是，如何治理公司逐渐成为现代公司管理的焦点与核心。20 世纪 60 年代以来，公司的所有权与控制权分离的状况日趋严重。在美国，许多公司董事会中公司经理占了多数，甚至在一些公司中首席执行官（CEO）与董事长由同一人兼任，受聘于公司所有者的管理者最终反过来得以控制公司的现象比比皆是，由此引起的由于偏离企业利润最大化目标所造成的各种问题越来越引起人们的关注。从 20 世纪 70 年代中期至 80 年代早期开始，美国开始了关于公司治理问题的讨论，到 80 年代末，英国的不少著名公司，如蓝箭、科拉罗尔等的相继倒闭，引发了英伦三岛对公司治理问题的讨论。

公司治理这一术语在 20 世纪 80 年代正式出现在英文文献中。多年来，它不仅在理论研究中被越来越频繁地提及，还成了实务界关注的焦点。无论是学者、企业家，还是监管机构、新闻媒体，都对公司治理表现出了空前高涨的热情。

实际上，在经济与管理实践中早已存在公司治理中所研究的基本问题，公司治理也已经过几个世纪的演变。应该说，公司治理方法的每一次更新一般都是针对公司失败或者系统危机做出的反应。例如，最早记载的治理失败是 1720 年英国的南海泡沫，这一事件导致了英国商法和实践的革命性变化。1929 年美国的股市大危机又使得美国在其后推出了证券法。1997 年的亚洲金融危机使人们对东亚公司治理模式中存在的问题有了清醒的认识，2001 年以安然、世界通信事件为代表的美国会计丑闻又暴露了美国公司治理模式的重大缺陷。这些治理失败的案件往往都因舞弊、欺诈或不胜任等引起，最终引发了人们对经济微观层面上的公司治理问题的思考，这些事件也促进了公司治理的改进。这些持续的演进造就了今天的各种与公司治理有关的法律、管制措施、机构、惯例，甚至还有市场等。

2008 年由美国次贷危机引发的全球金融危机使人们越发意识到现代公司治理问题已经关乎国家经济的命运。公司治理问题研究在国外（主要指市场经济发达国家）开始得较早。目前，公司治理在一些国家已经成为商业经济研究的一个核心问题。

公司治理专栏 1：

美国 IBM 公司的兴衰：公司治理的影响

美国 IBM 公司从 1984 年左右开始由兴到衰，由年盈利 66 亿美元到 1992 年亏损达 49.7 亿美元。在此 8 年任董事长兼首席执行官的埃克斯被迫下台。新上任的格斯特纳对公司进行了大刀阔斧的改革，包括更换 2/3 的高层经理人员，将公司原来的分权管理改为强调各部门资源、技能和思想的更大程度的共享。公司开始出现转机，并由亏损到 1996 年盈利约 60 亿美元。

IBM 公司的兴起与衰落的原因很多。下面介绍的是企业内部治理、外部治理，包括资本市场、经理市场和产品市场以及激励约束机制的影响。

IBM 公司，其原来的董事会中 3/4 成员基本上只起装饰作用，他们虽然是些知名的人物，如著名大学校长、前政府官员等，但很少真正关心过公司的经营状况，况且 IBM 公司的长期好绩效使他们习惯于"享受"董事长每年一次为他们精心安排的一周海外度假旅行会议。董事会议既已沦为形式，那么，董事会只能依靠其常设的执行委员会来行使职责。在 20 世纪 80 年代初的 IBM 公司执行委员会中，除了大权在握的首席执行董事（由董事长兼任）外，还有 5 个成员。其中 4 位是来自强生制药公司、ABC 广播公司和时代出版公司的前任董事长及一建筑公司的总经理。他们尽管并无计算机企业经营经验，可多年来一直受聘担任 IBM 公司的董事会的执行董事。还有一个执行董事的职位则通常留给本公司的前任董事长。在埃克斯担任董事长期间，这一内部执行董事人选就是其前任奥佩尔，他曾在 20 世纪 80 年代的头 5 年接替卡里当政，虽然那时正处于"二度兴盛"之中，可他本人也明白自己在公司经营中造成了许多问题留待后任去解决，所以要指望他这样的人来行使执行董事的有力监督权是不大可能的。在 1993 年 1 月前后的东京董事会上，最终还是来自 ABC 广播公司的墨菲出来主持局面，撤换了经营无方、改革屡不见成效的前公司董事长埃克斯，并将其手下的总裁库勒提升为董事会副主席，以便给予新任董事长以全面的公司高层经理班子组阁权。同时，鉴于公司当时的首席财务审计官梅茨对 1992 年下半年公司经营状况的预计和对股东红利分配的允诺出现重大偏差，他也被责令辞职。在最后关键时刻，IBM 公司的执行董事促成了公司高层经理人员的更替。但功不抵罪。这些董事在位十年有余，他们对公司的重大经营问题决策负有主要的责任，因而在完成了撤换公司重要经营者的历史使命后，IBM 公司董事会也解散重组。

1960 年，IBM 公司股票价值为每股 20.6 美元，1972 年长到 80.4 美元，紧接着出现大幅度滑落，仅两年时间就跌至 42 美元。进入 20 世纪 80 年代后，局面有所扭转，股价在 1987 年上升到 175 美元，但好景不长，公司在 1991～1993 年连续亏损后股价跌至 17 年来的最低点。在格斯特纳接手公司后的 1993 年底的股价仅为 47 美元，但很快新领导班子便赢得了股民的信任，所以股价很快上升，在随后 3 年里分别达到 73.5 美元、91.4 美元和 158.5 美元。曾一度以 30% 的速度跌落，从而使股民造成重大损失的 IBM 股票，仅隔 3 年时间就使股民的收益增加了约 10 倍。公司的股票投资者正是从切身利益出发，迫切地希望并坚决地监督着企业经营者，使他们很好地行使着全体股东所委托的经营管理权。

IBM 公司在 20 世纪 50 年代跨入计算机行业，首先就是顺应了市场从机械计算向电子计算发展的潮流。20 世纪 60 年代开发出近乎垄断整个市场的大型机也是因为符合了市场和顾客的要求，从而使公司得以迅速发展壮大，但进入 20 世纪 70 年代以后，IBM 的经营者开始变得以企业自身为中心，脱离顾客，不思反思，导致其后来开发出来的新产品只是原来产品线的延伸而没有更大的突破。正是因为脱离了市场的导向，结果大型机业务逐渐衰败。这正是因为看不到计算机市场向低廉、日渐小型化的小型机、PC 机和便携机发展的势头而造成的。IBM 公司在与苹果、康相等后起之秀的竞争中，最终走到了濒临破产和大面积亏损的危机境地，这正是市场优胜劣汰法则起作用的结果。而 20 世纪 80 年代个人电脑的成功开发和新领导的所作所为则说明，顺应市场需求和变化的方向，公司将走向繁荣。

IBM 公司的前董事长埃克斯是近年来继通用汽车公司和康柏计算机公司前董事长之后被解雇的美国商界主要经理人员。埃克斯最初结束飞行员生涯进入 IBM 公司时只是一名推销员，很快因为善于采取果断行动而被提升为管理人员，并迅速升到当时全世界最好的公司之一的高层管理职位。但他不曾料到自己竟成了历史上一直非常成功的"蓝巨人"衰败的主要责任者。埃克斯在得到 300 万美元的解职补偿后于 1994 年离开了 IBM 公司，并在拟合伙创办一家公司，计划失败后悄无声息地离开了商界。深知经理市场对经理人员能力评价的"无情"以及自身"人力资本"价值的宝贵，许多被列为埃克斯继任者的候选人，担心"烂摊子搞不好会引火烧身"，纷纷放弃了尝试念头。而缺乏高技术企业经营经验的格斯特纳，在最初并不是 IBM 公司董事会心目中的最佳人选，据媒体报道，他是毛遂自荐的。但格斯特约在接管 IBM 公司不到 4 年时间里，就使积重难返、被公认只能走"分散化"路子的巨型企业迅速地走出困境，他本人的"人力资本"也很自然地跟着公司绩效的改善而倍增。

在 IBM 公司，对高层经理人员的激励包括与现期绩效相关的激励和与未来绩效相关的激励两大部分。前者主要以高额年薪来体现，后者则反映在股票期权的使用上。例如，对于新上任的董事长兼 CEO 格斯特纳，IBM 公司除了在聘用合同中答应补偿其调离所任 R 烟草公司董事长职务而造成的当年将得到的但现在不得不放弃的约 500 万美元股票期权收益损失，以及保证其已到手股票期权届满时将换得至少 800 万美元收益外，还明确其第一年在 IBM 的薪金为 810 万美元，外加 50 万股 IBM 股票期权。第二年，IBM 公司又赠给格斯特纳 22.5 万股期权股票。截至 1990 年底，格斯特纳的累计期权股票达 77 万股。若 IBM 股票能保持每股 158.5 美元的价格，那么，格斯特纳在不到 4 年的任期中所获得的股票期权将为他带来约 800 万美元的纯收益。

当然，如果企业业绩长期上不去，股价没有比他接受股票期权时的价格有所提高，那么，他手中的股票就无法在期权期满后的交易中获得增值。因此，这是一种与高风险相伴随的激励。另外，除高薪和期权方面的物质激励外，将困境中的公司在这么短时间内迅速扭亏为盈，格斯特纳个人的声望和自我成就感也因此获得提高。这是同人力资本相关的一种更高挑战性的激励力量。

资料来源：王凤彬. 领导者与现代企业组织［M］. 北京：经济管理出版社，1997.

9.2　公司治理的内涵及构成

虽然早在上百年前就有了对于公司治理的研究，国内外学术界也对此做了大量的研究，但是在公司治理的内涵上却意见不一，没有一个统一的定义模式，这一般是由于研究者在进行相关研究时采取的角度不同造成的。公司治理的英文是 corporate governance，国内一般翻译成"公司治理结构""公司治理机制"等。

第一，国外关于公司治理的定义。"公司治理"概念的最早提出是在二十世纪 80 年代初期。威廉姆森（Willionson，1975）曾提出了"治理结构"的概念，这实际上已经很接近公司治理的概念了。

菲利普·科克伦和史蒂文·沃特克（Philip L. Corchran and Steven L. Wa-rtick，1988）认为，公司治理问题包括在高级管理人员、股东、董事会和其他利益相关者的相互作用中产生的具体问题。构成公司治理问题的核心是：（1）谁从公司决策中受益？（2）谁应该从公司决策中受益？当"是什么"和"应该是什么"之间存在不一致时，公司治理问题就会出现。

谢弗和维什尼（Sheifer and Vishny，1997）认为，公司治理要处理的是公司资金的供给者确保自己可以获得投资回报的途径问题。例如，资金供给者如何使得管理者将一部分利润返还给他们，他们如何确定管理者没有侵吞他们提供的资本或将其投资在不好的项目上，资金的供给者如何控制管理者等。

布莱尔（Blair，1999）认为，公司治理可以被归纳为一种法律、文化和制度性安排的有机整合。她认为这一整合将决定上市公司可以做什么，控制权在谁手里，这种控制是如何进行的，如何分配在从事的活动所产生的风险与回报。

我们可以看到，公司治理可以从不同的角度来理解，它是一个内涵非常丰富的概念，不可能用只言片语就将其阐释清楚。而且，随着对公司治理的进一步深入研究，还可能会对公司治理赋予新的含义。

第二，国内关于公司治理的定义。我国学者吴敬琏认为，公司治理结构是主要由三者组成，其中包括所有者、董事会和高管，并且三者之间存在一定的制衡关系。所有者将自己的资产交由董事会托管；公司董事会作为决策机构，对高管具有聘用、奖惩和解雇的权利；高管受雇于董事会，组成董事会领导下的执行机构，在董事会的授权范围内经营企业。

钱颖一（1995）指出，公司治理结构其根本是一套制度安排，用以支配若干在公司中有重大利害关系的团体——投资者、经理人员、员工之间的关系，并从这种联盟中实现经济利益。公司治理结构包括：（1）如何配置和行使控制权；（2）如何监督和评价董事会、经理人员和员工；（3）如何设计和实施激励机制。一般而言，良好的公司治理机制能够利用这些制度安排的互补性质，并实现一种结构降低的代理成本。

林毅夫和蔡昉（1997）认为，公司治理结构是指所有者对一个企业的经营管理和绩效进行监督和控制的一整套制度安排，并且通过从公司内部直接控制和外部竞争实现间接控制两个不同的角度定义公司治理。他们认为内外两个角度的重心就是所有者对经营管理和绩效的监督和控制。

张维迎（1996）认为，公司治理结构在狭义上讲是指有关公司董事会的功能、结构，股东的权利等方面的制度安排；从广义上讲是指有关公司控制权和剩余索取权分配的一套法律、文化、制度性安排，这些安排决定公司的目标、谁在什么状态下实施控制、如何控制以及风险和收益如何在不同企业成员之间分配这样一些问题。而且随着对公司治理的进一步研究，还可能对公司治理赋予新的含义。

所以，公司治理要解决的主要问题有以下三方面：第一，如何在所有权和控制权分离情况下解决经营者和股东之间的委托代理问题，从而保证股东利益最大化的问题；第二，在股权分散的情况下，如何协调各股东之间的关系，特别是保护中小投资者不被大股东侵犯的问题；第三，在股东追求利益最大化的情况下，协调利益相关者之间关系的问题。

综上所述，公司治理（corporate governance），又译为法人治理结构，是现代企业制度中最重要的组织架构。从狭义上讲其主要是指公司的股东、董事及经理层之间的关系；从广义上讲公司治理还应包括公司与利益相关者（如员工、客户、经销商、供应商、债权人、社会公众）之间的关系及相关法律、法规等。

而在实际研究中，我们一般将公司治理分为内部治理和外部治理两大块。内部治理指的是公司通过法人治理实施的治理活动。我们常说的公司治理指的就是法人治理。法人治理的核心内容是公司内部的公司治理机构的设置及其权力分布结构。在现代公司中，公司权力结构配置是确保公司正常经营和科学决策的重要内容。根据权力制衡的思想，现代公司在组织机构的设置时应使其相互制衡，这就是公司治理机构。设立这些公司治理机构的目的是保证公司的健康运作，形成一套健全的激励约束机制。常见的公司治理机构包括股东大会、董事会、执行机构、监事会等。一般认为，内部治理是公司治理的核心。公司外部治理一般指外部力量如证券市场、经理市场、产品市场以及银行、机构投资者等对企业管理行为的监督。外部治理作为内部治理的补充，其作用在于使经营行为受到外界评价，迫使公司管理层自律和自我控制。

公司治理模式由于各国经济、政治、法律和民族文化等方面的差异，形成了不同的治理模式。

根据不同的标准，形成了不用的关于公司治理模式的分类方法，常见的分类包括外部型与内部型、控制型与距离型、基于银行型与基于市场型等。本教材中，我们主要结合中国的特殊情况对公司治理模式从以下角度探讨：第一，英美治理模式，一般也是我们所说的外部型、距离型、基于市场型治理模式；第二，德日治理模式，一般我们也可以称之为内部型、控制型、基于银行型治理模式；第三，亚洲的家族治理模式。

9.3　治理模式

9.3.1　英美治理模式

由于历史的原因，英美两国在文化价值观、政治、经济、法律制度等很多方面存在着千丝万缕的联系，相似度很高。他们在公司治理方面虽然有一定的差异，但其本质是一致的，因此，学术界把两个国家的治理模式合称为英美治理模式。

总体上来讲，英美国家公司治理股权结构高度分散，社会公众持股较为普遍。对投资者利益保护非常重视，外部董事地位突出，并购盛行，非常看重短期利益，强调物质激励。

第一，英美公司内部治理结构的特点。英美公司的股东非常分散，多数股东持有的公司股份份额不大，且治理成本普遍偏高。理论上股东大会是公司的最高权力机构，但它并不是常设机构，由于股东过多，要经常就公司发展的重大事宜召集所有股东开股东大会并做出有关决策显然并不现实。在公司治理中常设机构是董事会，在日常的经营决策中，董事会因得到股东们的授权而拥有较大的权力，但其必须向股东承诺健康经营公司并确保公司的业绩。

为了确保董事会合理履行股东大会授予的权利，英美的董事会内部大都设立不同的委员会，以规范董事会的经营决策，包括审计委员会、薪酬委员会、任免委员会、执行委员会等。与此同时，公司的董事分成内部董事、外部董事和独立董事。内部董事作为公司经营管理的核心成员，一般都在公司中担任重要职务。外部董事不在公司中任职，但拥有一定股权，它在公司董事中所占比例一般较大。独立董事制度首创于美国，后在全球范围内掀起了公司董事会改良的热潮，常由具有较高声望及名誉、与企业管理层关联较少的人担任，独立性是其最大的特点。

从理论上讲，董事会有权将寻找代理人代为执行经营管理公司的权力，这个代理人就是公司决策执行机构的最高负责人，一般称为首席执行官，即 CEO。CEO 在公司中往往拥有较大的权力，一般由董事长或者掌握实权的执行董事兼任。CEO 在公司中不但拥有总经理的全部权力，也拥有董事会的部分职权。它既掌握着公司的最高行政权，又是股东权益的代言人。CEO 作为决策层与执行层的桥梁，其设立标志着原来董事会的部分决策权转移到了经理层手中，实现了公司决策层与执行层的有效衔接。

英美公司内部一般不设立监事会，而是采用单一董事会制度，公司的内部监督主要依靠来自公司外部的非执行董事来完成，并通过外部聘请专门的审计事务所来完成有关公司财务状况的年度审计报告。为了协助董事会或公司监督子公司财务状况和投资状况，公司董事会内部也设立审计委员会，不过这里所说的审计委员会并不负责有关公司财务状况的年度审计报告工作。

第二，英美公司外部治理结构的特点。英美国家提倡民主制度、反对财富和权力过度集中、强调股票在资本市场上的流动性，进而形成了其建立在高度分散、流动的股权结构基础上的股东监控机制，也就是典型的"市场主导型"的外部治理结构。公司中股权结构尤其是大股东的构成状况是公司股东监控机制模式的基础。英美公司股权结构的高度分散性主要由以下几点来体现：第一，资本市场相当发达和完善，股权结构分散化，私人投资者和社会事业机构投资者掌握了大部分股权，银行无法在英美公司的外部治理中发挥作用；第二，机构投资者必须按法律规定分散投资，在外部治理中发挥的作用十分有限；第三，私人投资者"用脚投票"现象普遍。所以总的来说英美股东在对公司监控权上表现得比较消极。

公司治理专栏 2：

安然事件的发生与发展

安然曾经是叱咤风云的"能源帝国"，2000 年总收入高达 1 000 亿美元，名列《财富》杂志"美国 500 强"中的第七。2001 年 10 月 16 日，安然公司公布该年度第三季度的财务报告，宣布公司处于亏损状态，金额总计达 6.18 亿美元，这一消息引起投资者、媒体和管理层的广泛关注，从此，拉开了安然事件的序幕。2001 年 12 月 2 日，安然公司正式向破产法院申请破产保护，破产清单所列资产达 498 亿美元，成为当时美国历史上最大的破产企业。2002 年 1 月 15 日，纽约证券交易所正式宣布，将安然公司股票从道·琼斯工业平均指数成分股中除名，并停止安然股票的相关交易。至此，安然大厦完全崩溃。短短两个月，能源巨擘轰然倒塌，社会舆论一片哗然。

安达信公司作为安然公司多年的审计师，在为安然公司提供审计服务的同时，还为其提供了大量非审计服务，并且用于非审计服务的收费高于审计服务收费。正因为如此，人们对于安达信未能及时发现安然公司的舞弊行为表示疑问。而 2002 年 1 月 10 日，安达信公开承认销毁了与安然审计有关的档案，这就更加证实了人们的疑问。很快，安然公司丑闻转化为审计丑闻。2002 年 10 月 16 日，休斯敦联邦地区法院对安达信妨碍司法调查做出判决，罚款 50 万美元，并禁止它在 5 年内从事相关业务。

但是事情的变化令人难以置信，2005 年 6 月，美国最高法院推翻了 3 年前对安达信公司所作的有罪判决。负责审理此案的全体法官一致认为，当年对安达信"妨碍司法公正"的裁决是不恰当的，原陪审团做出的庭审说明太过含糊。然而，这一裁定对因安达信倒塌而深受打击的 28 000 名员工来说已经没有太大意义了。

美国相继爆出的造假事件，严重挫伤了美国经济恢复的元气，投资者和社会公众也对此失去信心，引起美国政府和国会的高度重视。美国社会各界强烈呼吁美国政府拿出强有力的措施，严厉打击公司造假行为。

萨班斯—奥克斯利法案（Sarbanes-Oxley），即萨班斯法案就是在这样的背景下出台的。法案有两个最为引人注目的地方：一是改进公司治理结构，强化内部控制与责任。萨班斯法案的主要内容之一就是明确公司管理层责任（如对公司内部控制进行评估等），要求管理层及时评估内部控制、进行财务报告，尤其是对股东所承担的受托责任；同时，加大对公司管理层及白领犯罪的刑事责任。二是强化审计师的独立性及监督。法案要求，建立一个独立机构来监督上市公司审计、审计师定期轮换、全面修订会计准则、制订关于公司审计委员会成员构成的标准并独立负责审计师的提名、对审计师提供咨询服务进行限制等。

资料来源：范鸿营."安然"事件引发的企业内部控制思考［J］.产业创新研究，2019（9）：98－99.

9.3.2　德日治理模式

从历史来看，大和民族和日耳曼民族在发展过程中一直面临着较大的生存压力，德日两国的家族传统由来已久，专制统治思想严重，为了更好地生存与发展，他们非常强调集体的力量，重视对集体利益的保护，奉行集体主义思想，凝聚力强，善于合作。而这种观点反映到公司治理上就是股权结构高度集中，银行和实业公司是公司的主要股东，利益相关者的利益能够得到有效保护，内部董事在内部治理中占据主导地位，外部治理力量较弱，一切以公司的稳定为前提，注重精神激励，追求长期利益。

第一，德日公司的内部治理结构的特点。法人之间相互持股是德日公司股权结构最为基本的特征。日本公司在这个方面表现得尤其突出。日本法律不允许控股集团的出现，对法人相互持股则不设任何限制，故企业间交叉持股现象较为普遍。事实上，在日本，实业公司拥有日本全部上市公司股票的比例超过 1/4。

德国和日本公司在表决权方面的特点为高度集中，实行多元投票权和限制最大投票权制度，与英美体系中的同股同权或一股一票截然不同。私人投资者持有的股票占很少一部分，私人投资者和其他投资团体如政府、保险公司等均把股票的投票权委托给银行代理行使。这样，在股东大会上，最有权威的主体是银行，也是真正行使权力的机构。因此，德国和日本的公司很少召开股东大会，即使召开股东大会，也很难看出公司的实际决策是如何做出的。此外，德国和日本的公司还有很多非正式的公司治理机制代替股东大会发挥作用。德国和日本的证券市场不发达，个人股东在公司治理中难有作为。

德日公司的董事会功能与英美公司有着明显的差异。在德国双层董事会制度非常流行，即在公司内设立执行董事会和监督董事会，监督董事会主要行使监督职能，它是在股东代表和员工代表共同决定的基础上构建起来的，这里的股东代表主要是指银行代表和具有特殊技能的专家。内部董事是日本董事会的主要组成力量，董事会的核心职能是负责公司的战略经营。董事会成员分为代表董事和一般董事，分别包括主要银行派出的董事和企业的高、中层经理人员。在紧密银企关系和法人交叉持股基础上形成的会社组织是日本公司的内部治理结构的突出特点。德国和日本企业的董事会并不是股东真正行使监控权力的机构，董事会的运作不是根据代表董事的数量实施控制的，董事并不是作为股东的代表而存在。

第二，德日公司的外部治理结构的特点。与英美公司相比，德日公司的股东监控机制较为积极主动，具体的运作方式是，一般情况下股东并不直接参与公司控制和监督，而是通过一个能依赖的中介组织或股东当中有行使股东权利的人或组织来代替他们控制和监督公司的经营行为。当经理的工作不能令股东们满意时，可以直接"用脚投票"，对经理人员进行惩罚或者撤换经理人员。由于政策限制较为严格，德国和日本的资本市场极不发达，产权交易不频繁，直接融资较为困难，德国和日本公司主要通过向银行借款来扩大生产规模，这种融资方式在二战之后一直占主导地位。同时，由于交叉持股现象普遍，其股权结构相当复杂，难以通过资本市场收购到足够份额的股票，因此，德国和日本公司极少被恶意接管。

9.3.3 亚洲的家族治理模式

家族企业广泛分布在东亚的很多国家和地区，包括韩国、新加坡、马来西亚、印度尼西亚、泰国、菲律宾等国家和我国的台湾、香港地区，企业所处成长环境的差异不可避免地也反映在其治理模式上，因此，各国的家族治理模式既有共性，也存在一定的差异，具体表现如下。

第一，东亚各国的家族企业的所有权与经营权主要掌握在家族成员手中。当企业创办者以及子女、家族其他成员及其子女以及其他亲朋好友等拥有企业所有权绝对的份额时，企业的控制权与经营权自然就掌握在了家族成员手中，而当家族企业为了企业发展不得不向外让出部分所有权时，企业所有权呈现出多元化的特点，但家族成员一般不会丧失对企业的控制权，除了所有权，企业的主要经营管理权也被家族成员牢牢把握着。

第二，家长制决策特征明显。在家族企业中，由于所有权与控制权高度集中，创业者往往处于主导地位，大多数情况下他们就是家族的家长，在企业中，家长万能的集权管治非常明显，具有支配地位的个人或持股家族可以独自做出重大决定，范围涉及公司经营管理的方方面面，如新企业的创办、新业务的开展、人事任免、决定接班人等，董事会成员的任命几乎完全掌握在控制公司的家族手中，在这些决策中中小股东的利益容易受到威胁。另外，由于企业创办者对于企业的创办和发展起到了功不可没的领导作用，他们往往理所当然地担任了家族的家长。即使这些家长已经隐退，不再参与企业的具体经营管理工作，仍然能够间接影响企业实际管理者的决策行为。

第三，经营者往往受到来自家族利益和亲情的双重激励和约束。对于第一代家族创业者而言，企业作为他们一手打拼出来的成果，他们往往非常渴望成功，希望有所作为，企业发展壮大之后，他们就像对待自己的孩子一样珍惜自己的企业，并期望能够基业长青。而对于第二代、第三代经营者来说，他们继承父辈们留下的产业，本身也面临着一定的压力，如何在促进企业持续发展的同时维持亲密的家族关系，把家族的产业和名声发扬光大是对他们的经营行为进行激励和约束的主要机制。因此，与非家族企业经营者相比，家族企业经营过程中发生道德风险和机会主义的概率较低，家族股权与血缘关系纽带对他们起到了双重约束的作用。

第四，在深受儒家文化影响的韩国和东南亚国家，本土家族企业对员工管理会体现出非常明显的家庭化倾向，主要表现在企业管理理念家庭化、员工管理方式家庭化、企业氛围家庭化等几个方面，因此，家族企业内部往往凝聚力高，氛围较为和谐融洽。

第五，来自银行和资本市场的外部监督较弱。家族企业在发展壮大的过程中常常会遇到资金短缺的难题。家族企业建立之初，创业者本人或亲朋好友的积蓄是资金的主要来源，剩下的则来自别的投资者或银行贷款。由于实力强大，大多数家族企业内部就开设有银行，银行只是其企业体系的组成部分，这样一来，与家族其他系列企业一样，内部银行只是实现家族利益的工具，因此，银行为家族的整体利益以及家族内的其他系列企业服务就变成了理所应当的事情。所以，属于家族的银行很难对同属于家族的系列企业起到真正的约束，基本上是一种表面上的软约束。为了获得企业发展所需的资金，部分没有涉足银行业的家族企业一般都采取由自身所属的系列企业之间相互担保的形式向银行融资，这也大大削弱了银行对家族企业的监督力度。

第六，在东亚家族企业的发展过程中，家族企业与政府之间存在着密切的联系，其中，东南亚华人家族企业最为典型，这与华人家族企业为了逃避政府设置的种种障碍以及民族歧视等有着直接的关系，他们认为只有与土著居民或政府官僚相结合，华人家族企业才能更好地生存和发展。而在韩国，政府作为经济发展的主导力量，企业为了取得政府的支持，都会非常重视与政府建立密切的联系。

公司治理专栏 3：

从方太看中国家族治理

方太公司是一个典型的家族所有企业。其创始人、现任公司董事长茅理翔，早年是教书先生。改革开放后，他率先投入商品经济大潮。

1985～1995 年，十年创业，单打独拼，茅理翔靠着自己的智慧和毅力把一个濒临倒闭的镇办工厂发展成世界最大的点火枪生产基地。1996 年，公司已初具规模，一方面，政策环境改善，私有经济社会地位得到法律确认，有利于企业明晰产权；另一方面，发展压力加大，点火枪产品市场囿于恶性竞争，生产厂家竞相压价，市场混乱，利润空间严重缩水。

在此背景下，茅理翔携独子茅忠群创建方太公司，正式明晰家族企业产权，并放弃原主产品点火枪，主攻抽油烟机，很快打开市场。现在，方太已成为中国厨房领域的著名品牌，在厨房电器以及集成厨房技术与产品的研究、开发、生产与销售等领域都颇有建树，更成功进入全球厨房市场，是中国厨卫电器制造的龙头企业之一。

如今茅理翔现已淡出公司管理，将公司悉数交由其子打理。自己周游世界、著书讲学，成为国内家族企业发展研究的专家，在宣讲自己学说的同时也为方太做了很好的推广。

在股权结构和内部管理方面，方太采取了两极的方式，茅理翔将其解读为"坚持家族所有，淡化家族经营，为家族企业嫁接现代企业制度"。

首先，从股权结构上看，方太公司为100%家族所有。茅理翔育有一子一女，其女儿目前拥有14%的公司股权，但仅作为股东享受股东收益，与公司管理事务无关。其余股权为茅氏夫妻和儿子所有。儿子茅忠群为公司总经理，钦定接班人。一方面，方太的股权是绝对家族集中、家族控制，董事长、总经理、财务总监（董事长夫人）掌控企业的人财物、产供销决策大权；另一方面，除此三人外，公司领导层和管理层，不再允许任何茅氏及姻亲家族内的人士进入，而全部通过招聘从外部引进。公司组织机构为事业部制，完全按照股份有限公司的管理模式运行，各主要事业部长，包括总经理助理均由外聘人士担任，其中绝大多数管理人员都曾有过在合资企业和国有企业相关的任职经历。

其次，在子继父业这个家族企业十分敏感的继承问题上，方太的做法同样是相当的传统和独特。在方太公司成立之初，茅理翔即把儿子推上总经理的位置用心培养，自己则置于辅佐地位，而且在实际管理过程中绝非让儿子当木偶，自己幕后遥控，而是真正赋予并尊重儿子的决策权。

一个典型的事例是，接受儿子的建议更改公司名字。方太公司原名"飞翔"，这个名字承载了茅理翔创业的艰辛，也隐含着他和女儿的名字，具有纪念意义。但儿子一上来就认为，一个富有创意又同时能与商标合一的新名字，会比原有的名字对企业发展更有利。茅理翔听后，忍痛割爱，于是"方太"诞生了；再如，转产抽油烟机是儿子决定的，请香港著名烹饪节目主持人方太做广告也是儿子提出来的，茅理翔起初坚决不同意，认为风险太大，但儿子用科学的市场分析说话，在痛苦思索之后父亲决定放手让儿子去尝试，结果成功了。

在继承权方面，茅理翔有他独特的见解。他认为，既然继承人有得天独厚的继承机会，就应该让他尽早尝试、锻炼。若是儿子是人才，他等于尽早培训了自己，拥有了施展才华的空间；若不是，及早发现，换人就是，这是家族企业的优势所在。

试想，一个二十几岁的毛头小伙子，如果不是处于继承人的地位，是不可能得到继承人资格的。当处于平等竞争条件时，老到、经验无疑会使其他资深管理层人士捷足先登，即便创业者认定一位年轻人才华过人，也会由于得不到管理层的认可和拥戴，而不能使其有效开展工作。

但作为所有者之一的继承人，则可以因产权关系而轻易越过这一障碍，但其中存在的问题是在评判继承人的继承资格时，如何能够坚守公正，不被亲情左右。在这个问题上，例如，金庸先生他因为家族内没有合适的接班人，便潇洒放手，将一手创建并陪伴自己近半个世纪的明报集团转让，而后颐养天年。

在研究了多年家族企业的经营之道后，茅理翔给出了自己对家族制的结论。

第一，民营企业创业初期，必然要依靠家族制，绝大多数的民营企业靠血缘、地缘、学缘而共同创业；第二，发展到一定阶段，必须淡化家族制，不淡化就无法建立现代企业制度，也无法引进高层次人才；第三，按中国目前民营企业的情况，要彻底否定家族制还不太可能。

资料来源：张晓茜. 控制意愿还是传承意愿下的治理更有利于推动企业创新活动？[D]. 苏州：苏州大学，2018.

9.4   内部治理机制

9.4.1   内部治理的缘起

1932 年，美国著名法学家伯利和米恩斯合作发表了《现代公司与私有财产》一书，该书对公司治理理论影响深远。书中提到通过作者对美国纽约证券交易所上市的 200 家公司的实证调查，得出一重要结论，即美国公司的经营权已经在很大程度上脱离了所有权，与之相对应出现的新问题便是代理成本问题。

所有权与经营权的分离必然产生代理成本问题——原因是所有者与管理者（所有者的代理人）之间利益最大化目标存在着很大程度的背离。正是这种背离使得所有者额外支付一些成本——对管理者进行监督的成本。

可以说，代理成本问题是所有权与经营权相分离的衍生品，故公司内部治理自诞生伊始即关注于如何减少这一成本。减少这一成本最便捷、有效的方法便是将所有权与经营权合二为一，主要是通过公司管理层收购所有权的方式。这种方式的优势在家族企业中得以显现，安德森（Anderson，2017）等对标准普尔 500 指数选取的上市公司进行了实证分析，发现由家族控制的公司（家族企业）其业绩较之普通公司的表现更为出色。

而所有权与经营权合二为一的缺点是其直接摒弃了现代公司的根本特征，重新回到现代公司产生之前的历史起点——传统公司。传统公司存在着种种困境，如融资困境（现代公司通过分散股权获取资金，而传统公司不愿分散股权）、继承困境（现代公司采用职业经理人制度，职业经理人往往比创始人或其子孙具有更强的经营才能。现代公司的所有权与经营权相分离，使得专业化和集中管理成为可能，这一制度安排为那些不具备经营管理的专业技能但有投资愿望的投资者提供了参与投资公司的机会。公司实行有限责任，降低了投资者进行投资的风险，但大公司在拥有众多投资者的情况下，每个投资者都亲自参与公司的经营管理不太可能，投资者必须让渡其经营权以实现自己的利益最大化。可以说，所有权与经营权的分离保证了现代公司的持久生命力。

所以，上述所有权与经营权合二为一解决代理成本问题的治理方式不适合现代股份公司，特别是对于上市公司而言，公司所有权与经营权的分离已经成为必然，这种分离也是上市公司赖以生存的基础。

9.4.2 内部治理的内容

现代公司制度造成了所有权与经营权的分离，这种分离使得代理成本不可避免地存在。代理成本中最为重要的部分是公司股东对于代理人的监督成本。公司股东对代理人的监督成本主要包括两个方面：一是委托人（即股东）需要建立激励机制，以最大限度地调动代理人（即董事会和管理层）的积极性，使委托人与代理人目标一致；二是委托人需要建立监督机制，以防止代理人道德风险问题的发生，限制代理人与委托人目标的偏离。经济学家厉以宁指出，"在很大程度上，公司内部治理就是公司投资者采取措施防止其权利被管理者剥夺的一套机制"。

换言之，公司内部治理所要解决的核心问题乃是监督制衡，即所有者对经营者的监督制衡，从而实现股东利益的最大化。

公司权力配置中最为重要的一项权利便是公司的经营决策权。经营决策权掌握在谁手中产生了两种配置模式：一是"股东大会中心主义"；二是"董事会中心主义"。

第一，从"股东大会中心主义"到"董事会中心主义"。如上所述，所有权和经营权的分离是现代股份公司制度的根本特征。尽管实现了所有权与经营权分离，但传统公司法理论仍然认为公司的最高权力机关和运行的核心机关是股东大会，股东大会可以决定公司的一切事务，包括公司的经营管理事务，公司设立的董事会只是股东大会的执行者。这种将股东大会的权力看作至高无上、董事会完全听命于股东大会的权力配置被人们称之为"股东大会中心主义""股东大会中心主义"的典型代表国家是日本，例如，在1899年日本颁布的《商法》中规定：股东大会有权任命公司董事、监事；有权审议批准公司决算预算；有权决定公司利益分配；有权对公司的经营权进行支配，并对经营权进行监督；股东大会对法定事项之外的任何事项也有决定权。可以说，日本将股东大会设置为一个可以直接干预董事会的万能机构。

与"股东大会中心主义"权力配置相对应的配置模式便是"董事会中心主义"。"董事会中心主义"强调董事会是公司治理结构的核心，公司的重大经营决策权由董事会掌握，股东大会沦为次要地位，股东大会只拥有法律和公司章程规定的几项基本权力，如修改公司章程、变更公司组织形式。除此之外，公司的所有事务都是由公司董事会来决定，股东大会不得干预董事会的决定。

"董事会中心主义"的典型代表是美国，如《美国公司法》规定"董事会可以行使公司的所有权力，董事会也可将权力进行授权；公司必须在董事会的指导下进行的日常事务的经营管理"。

"董事会中心主义"的权力配置模式已为发达国家所广泛采用。大陆法系国家的公司也采用此模式，可以说，从"股东大会中心主义"到"董事会中心主义"权力配置的转变成为历史的必然。例如，日本，在1899年颁布的《商法》中采取典型的"股东大会中心主义"，而在1950年的《商法》修改中，转而采用"董事会中心主义"，将原来由股东大会决定的事项交由董事会决定。大陆法系的代表国家德国在1937年的《股份公司法》中也摒弃了"股东大会中心主义"的权力配置模式，规定股东大会只对法律和章程中所规定的事项有决定权，与业务经营相关的事项，由董事会加以决定。

实现从"股东大会中心主义"到"董事会中心主义"权力配置的转变并非偶然。经合组织在其《公司治理原则》中对这一现象给予了解释：公司的股东包括个人和机构，他们在利益、目标、投资能力等方面存在差异；商业进程的发展需要公司管理层迅速做出决定；基于高速运转的市场环境使得公司事务复杂多变，公司股东很难胜任管理公司事务；故此，制定公司策略、管理日常事务等权利须从股东手中转移至公司董事会手中。此外，在公司治理发展的进程中需要考虑利益相关者的利益，而要求仅以投资为目的的股东在决议时考虑利益相关者较为困难；尽管董事由股东大会选任，但董事会在其成立后将是一个相对独立的机关，董事会能够从整体利益、从大局出发，独立地为公司和全体股东的利益服务，而不是单纯地、片面地对其提名的股东负责。

第二，我国《公司法》中经营决策权的配置。目前，我国《公司法》依然采取"股东大会中心主义"的权力配置模式。例如，《公司法》关于股东大会职权的规定并未将有限责任公司和股份有限公司加以明显区分，股份有限公司和有限责任公司股东大会职权的法定内容同为十项，股东大会的职权包括：决定公司的经营方针和投资计划；选举和更换非由职工代表担任的董事、监事，决定有关董事、监事的报酬事项；审议批准董事会的报告；审议批准监事会或者监事的报告；审议批准公司的年度财务预算方案、决算方案；审议批准公司的利润分配方案和弥补亏损方案；对公司增加或者减少注册资本做出决议；对发行公司债券做出决议；对公司合并、分立、解散、清算或者变更公司形式做出决议；修改公司章程。

此外，《公司法》还允许章程规定其他职权。而股份公司董事会的职权，也未和有限责任公司加以区别，从其职能来看，亦是主要负责由股东大会批准的事项。

我国《公司法》选择"股东大会中心主义"的权利配置模式的原因在于：我国将对财产所有者的利益保护放在首位是长期的传统意识。我国改革开放的社会实践，贯穿了国家要全力保护公有财产及私有财产合法利益的理念，各项法律制度的设计都应适应这一普适性的社会价值，故《公司法》规定"股东大会中心主义"的公司治理结构符合这种认识状况。将股东大会作为公司经营决策的最高机构，在我国改革开放的初期，具有积极的意义。

但是，随着我国加快推进市场经济，特别是对于上市公司等大型合资性公司而言，若不加区分地仍和那些封闭的小型人合性有限责任公司采用同样的公司治理结构，将限制我国上市公司的进一步发展。可以说，我国《公司法》奉行的"股东大会中心主义"存在着以下弊端：其一，我国加入世界贸易组织后面对日益复杂、瞬息万变的市场竞争，需要公司的经营决策能够快速做出反应，而依靠非常设性的股东大会予以应对显然无法满足需要。其二，上市公司的股东在经营管理大型公司上欠缺经验，随着公司经营活动的扩大化、复杂化，由股东亲自经营更显力不从心。其三，股东大会中心主义使得董事会走向两个极端，要么只是股东大会决议的执行机关无法发挥其积极性，要么在控股股东的庇护下使得董事会的权利行使不受限制，从而出现"内部人控制"现象。

由此可见，我国《公司法》应进行相应修改，将目前采取的"股东大会中心主义"权力配置模式转为"董事会中心主义"，从而让董事会成为经营管理的决策机关，决定公司经营管理事项。

第三，对经营决策权的制衡。从"股东大会中心主义"过渡到"董事会中心主义"，并非意味着赋予董事会不受约束的经营决策权。"董事会中心主义"在强调董事会享有经营决策权的同时，亦需强化对董事会的权力制衡。我国《公司法》对董事会的权力进行制衡的制度设计主要包括两个层面：一是强化股东对董事会的制约；二是强化监事会对董事会的制约。

从股东对董事会的制约看，我国《公司法》中股东对董事会的制约主要体现在股东可以选择或解除董事，同时若董事违法信赖义务，股东可以提起诉讼。要保证股东对董事会的制约和监督能有效行使，必须增加公司信息透明度、保证信息披露。在世界范围内，公司内部治理的焦点主要是强化信息披露。国际公司治理组织制定的《全球公司治理原则》将"披露与透明化"作为公司治理中的首要问题。国际公司治理组织要求公司应当定期披露公司的重大信息，使得投资者在购买股票以及出售股票时能够根据该信息做出正确的决定。信息披露的范围包括公司经营状况、工作目标、公司潜在风险、公司利益相关者、集团公司中各公司的关系、大股东的信息、特别表决权、重大相互持股与相互担保关系以及不同表决权和关联交易信息等。经合组织在其《公司治理原则》同样强调信息披露的重要性，并将其作为与股东权利同等重要的问题来进行处理。经合组织要求公司披露的信息包括公司财务状况、公司业绩状况等重要信息以及公司运营结果、公司目标、主要股份持有情况和表决权情况、董事会具体成员和公司高管的薪酬、董事会成员信息等。

我国《公司法》中针对上市公司的信息披露已做出相关规定，并且中国证监会这些年通过努力，使得上市公司的信息披露取得很大进步。但是对于非上市公司以外的普通股份公司，《公司法》第九十七、第九十八条中仅要求："股份公司应当将公司章程、股东名册、公司债券存根、股东大会会议记录、董事会会议记录、监事会会议记录、财务会计报告置备于本公司。股东有权查阅公司章程、股东名册、公司债券存根、股东大会会议记录、董事会会议决议、监事会会议决议、财务会计报告，对公司的经营提出建议或者质询。"可见，《公司法》并未要求董事会主动、及时、准确披露信息，因此，难以保证对董事会进行有效的监管。为此，在对《公司法》再次修改时，应要求非上市股份有限公司的董事会主动披露重大信息，充分保证公司运营的透明度是非常有必要的。

从监事会对董事会的制约看，监事会是股东大会领导下的公司的常设监察机构，执行监督职能。监事会与董事会并立，独立地行使对董事会、总经理、高级职员及整个公司管理的监督权。为保证监事会和监事的独立性，监事不得兼任董事和经理。监事会对股东大会负责，对公司的经营管理进行全面的监督，包括调查和审查公司的业务状况，检查各种财务情况，并向股东大会或董事会提供报告，对公司各级干部的行为实行监督，并对领导干部的任免提出建议，对公司的计划、决策及其实施进行监督等。

公司治理专栏4

联建光电财务舞弊事件中的内部治理原因分析

深圳市联建光电股份有限公司成立于2003年，2011年成功在深圳交易所创业板上市，股票代码为300269，是国内领先的LED显示屏供应商，为国内外客户提供中高端LED显示设备及显控系统的研发、制造、工程安装和售后服务等整体解决方案。目前已发展成一个员工超 1 300 人，拥有已授权国家专利 400 余项的国家级高新技术企业。公司先后获得安全生产许可证、钢结构施工资质、系统集成资质、建筑机电安装工程专业承包三级、电子与智能化工程专业承包二级，并通过国军标质量管理体系认证。

一、联建光电财务舞弊情况

伴随着中国证券监督管理委员会深圳监管局对于联建光电公司一系列的调查，最后一纸处罚书结束了该上市公司三年来的财务造假行为，这场上市公司急迫转型而产生的闹剧由此破碎，伴随着的也是一连串的不可预计的后果。2014 年，联建光电公司高溢价 8.6 亿元收购了传媒公司四川分时广告传媒有限公司（以下简称"分时传媒"），正式开始了联建光电公司疯狂的收购序幕。2015 年耗资 30 多亿元高溢价全资收购友拓公关、易世达等六个公司，还以 7 000 多万元的高价收购了精准分众 28.4% 的股份。到了 2016 年，其收购的步伐并没有结束，总共豪掷 9 亿多元收购了西安绿一等 4 个公司的股权，并且连同精准分众剩余的 71.6% 的股份一起，达到了全资收购精准分众，这其中还不包括并购 16.02% 股权的树熊网络公司。到了 2017 年，联建光电公司没有意识到自己的疯狂并购会带来什么样的后果，还是在收购的路上一去不复返，这一年全资收购了爱普新媒，并且陆续收购了蓝海购、杭州磐景、Artixium 等部分股权，特别是对于爱普新梅的收购，溢价达到了收购以来的最高。

将近四年的疯狂举动，使得联建光电公司的应收账款和商誉陡坡式增长；商誉甚至站到了总资产的 52% 以上，从 2014 年的 7 亿元直升到 2017 年第三季度最高点的 46 亿元；应收账款亦从 2014 年的 4 亿元飙升至 2017 年第三季度的最高点的 11.53 亿元。

让大家感到震惊的是，这样一家致力于 LED 显示研发与制造的传统公司，为了改变自身的发展现状，扭转日益疲乏的利润增长，竟然不惜铤而走险，在短时间内妄想通过超高的一家疯狂收购十几家公司，来达到自己的业务增长和转型，最终，给自己带来了不可估量的后果，同时也让我们看到了，在数字经济的冲击下，传统行业所面临的前所未有的压力。

但是，在自身所有的压力下，也使得这一系列的操作越发的暴露出自己的不足，在一连串业绩达不到合约水平的时候，也伴随着作假的行为出现，这样的举动不仅没有让联建光电公司在短期内达到自己想要的转型效果，同时也让该上市公司陷入了巨额亏损、商誉减值等困境，甚至在控股股东大量质押转让自己的股份的时候，让主要股东的地位开始动摇。

在证监局下达了处罚书之后，联建光电公司为了让自己摆脱现在的困境，已经开始不断的抛售自己的资产，甚至在持续的时间里抛售自己并购到的公司股份，但是这一举措似乎并没有帮助公司解决高速溢价并购带来的后续影响，而使得更多的麻烦不断地出现。

2017 年末，证监会给联建光电公司下达了调查通知书，随即对于该公司的信息披露违法违规行为立案，并展开了调查，在此过程中，联建光电公司也是非常地配合。2018 年 4 月，联建光电公司召开了一个临时的董事会和监事会，针对 2014～2016 年合并报表的会计差错进行了更正和调整。

调整后的报表有几个指标存在较大的偏差，2016 年和 2017 年的其他应收款、资产减值损失和营业外收入的变化幅度比较大，均超过了 100%，其中，资产减值损失和营业外收入甚至是好几倍的变化，变化幅度相对比较惊人。根据自查报告，联建光电下属的全资子公司分时传媒、远洋传媒、精准分众公司，从 2014 年开始，通过虚构业务收入、跨期确认收入、少计营收成本等方式虚增利润。分时传媒涉嫌金额高达 6 000 万元；远洋传媒和精准分众涉嫌金额分别达到 1 000 万元和 700 万元。

二、联建光电财务舞弊事件的处理结果

联建光电公司在 2014~2016 年财务舞弊案例，是因为在巨大的竞争压力下，由于对赌协议的存在，让被并购公司不得不为了自己的营业收入和利润使出手段，这个实例的发生，是分公司管理层共同的决定，并且总公司的各种监督也没有在自己的职权范围内发挥自己的职责，从而导致这起事件的发生。

2018 年 7 月 13 日，公司收到了证监会对公司及相关人员进行行政处罚和禁入市场通知，并且于 2018 年 12 月 19 日收到了行政处罚决定书，由此，此事的调查和审理终结。2019 年 4 月 2 日证券交易所对联建光电公司及其相关人员下达了纪律处分的公告，具体的处罚结果整理如表 9 - 1 所示。

表 9 - 1 联建光电被证监会行政处罚和证券交易所纪律处分结果

被处罚对象	时任职位	处理	罚款（万元）	处分
联建光电	—	警告	60	公开谴责
何吉伦、周昌文、朱贤洲	何吉伦：分时传媒原实际控制人 周昌文：分时传媒董事、CEO 朱贤洲：董事、副总经理；分时传媒董事长	警告	30	公开谴责
刘虎军、褚伟晋	刘虎军：董事长、总经理 褚伟晋：财务总监	警告	20	公开谴责
黄允炜、姚太平	黄允炜：副总经理、分时传媒法定代表人 姚太平：董事、分时传媒董事	警告	10	公开谴责
熊瑾玉、蒋皓、段武杰、向健勇、马伟晋、李小芬、谢志明、张爱明、肖连启	熊瑾玉：董事、副总经理 蒋皓：董事、监事、副总经理 段武杰：董事、副总经理 向健勇：董事、副总经理 马伟晋：董事、副总经理 李小芬：独立董事 谢志明：监事 张爱明：监事 肖连启：监事	警告	8	通报批评
杨再飞、肖志兴、苑晓雷、钟菊英	杨再飞：副总经理 肖志兴：独立董事 苑晓雷：监事 钟菊英：董事、副总经理、董事会秘书	警告	3	通报批评

资料来源：中国证监会深圳监管局下发的《行政处罚及市场禁入事先告知书》《行政处罚决定书》、深圳证券交易所下发的《关于对深圳市联建光电股份有限公司及相关当事人给予纪律处分的决定》。

三、联建光电财务舞弊的内部治理视角分析

（一）股权结构和财务舞弊分析

联建光电的实际控制人过分自信地追求对赌协议上的进账而忽略了对于子公司的监

督，或者说是为了自己的眼前利益，而主动放弃了对于违法行为的发现和制止。这就导致了从上到下都是"一言堂"的现象发生，这样大股东就在一定的绝对优势上控制了公司的管理层，可以更加直接地操纵上市公司的利润来完成自己的目的。

联建光电公司的大部分股权是掌握在上部分人手里的，这就对于子公司的监管存在一定的盲区，要是控制股东对于财报有一定的理解盲区，会使得子公司的控制人在一定程度上可以违法违规操作。就上述的内容来说，何吉伦就是利用自己在子公司的绝对控制权，指使自己挑选的高管人员进行了一系列的操作，把自己或者公司的钱借给客户，用来交付欠自己公司的广告费，还谎称该笔借款是借出去的注册资本补充资金，而且对于该笔广告业务，分时传媒公司还只是执行了其中很小的一部分业务，分时传媒公司就在报表中确认了全部的业务，最后该笔业务作为虚增业务的一部分虚构业务不了了之，但是作为通过财务报告的股东大会，每次只是流于形式的走一个过场，并没有对于年报的内容提出建设性的意见和建议，也没有提出过质疑。

（二）董事会和财务舞弊分析

联建光电的董事会中存在着严重的内部人控制现象，2013～2017年，除了3～4个独立董事以外，超过剩余董事50%的董事在联建光电公司都有兼任职务的情况发生，这导致董事会的独立性形同虚设。与此同时，2015年时，在联建光电担任董事的朱贤洲，同时还作为分时传媒的董事长管理者分时传媒的大小事务，到了2016年，朱贤洲还多了一个身份，就是联建光电的副总经理。这样的特殊身份，为这段时间内何吉伦、朱贤洲、周昌文虚构业务收入、虚增利润提供了很好的机会，朱贤洲为何吉伦的亲信，而何吉伦又拥有超过10%的联建光电公司股份和分时传媒公司的实际控制权，这样的机会就可以让董事会疏于对分时传媒公司的监管，根据五年的董事会决议，每次的讨论都流于形式，没有发现不同的声音或者反对意见。

联建光电董事会成员情况如表9-2所示。

表9-2   联建光电董事会成员情况

年份	董事会人数	独立董事人数	兼任职务人数	会议次数	持股人数
2013	9	3	4	8	4
2014	9	3	4	11	4
2015	9	4	2	14	5
2016	10	3	5	14	7
2017	11	4	4	13	8

资料来源：联建光电2013～2017年年报。

（三）监事会和财务舞弊分析

监事会没有发挥自身作用的表现在以下几个方面：第一，监事人员配备太少，联建光电监事会成员值达到了我国现行公司法规定的最低线3人；第二，对于董事、经营管理层执行公司职务进行公司经营活动，没有起到监督作用，对于一个合格的监事会成员，要具备相应的财务、会计、营销、法律等企业管理知识和实践经验，否则就无法准确地获取和评价公司管理中的合理性和合法性；第三，从表9-3可以看出，监事会成员的专业性普遍不高，对于行政方面可能还有发言权，但是遇到专业性的问题，比如财务问题，就相对的没有专业知识可以支撑他们去质疑或者去看出财务造假的发生，专业背景的差距，限制了他们在领域中的作用。

表9-3　　　　　　　　　　　联建光电 2013~2017 年监事情况

年份	姓名	学历	职位	任职情况
2013	谢志明	大专	监事会主席	惠州健和行政副总监
	王刚	本科	职工代表监事	本公司研发副总裁助理
	张爱明	高中	监事	未披露
2014	谢志明	大专	监事会主席	未披露
	王刚	本科	职工代表监事	未披露
	张爱明	高中	监事	未披露
2015	谢志明	大专	监事会主席	未披露
	张爱明	高中	监事	未披露
	蒋皓	未披露	未披露	未披露
2016	谢志明	大专	监事会主席	全资子公司深圳市联动文化投资有限公司项目经理
	肖连启	未披露	监事	上海励唐营销管理有限公司执行董事兼总经理 励唐会智（北京）会展服务有限公司执行董事兼总经理 拉萨励唐营销管理有限公司总经理
	苑晓雷	本科	监事	璞提文化传播（上海）有限公司总裁职位
2017	谢志明	大专	监事会主席	全资子公司深圳市联动文化投资有限公司项目经理
	肖连启	未披露	监事	上海励唐营销管理有限公司执行董事兼总经理 励唐会智（北京）会展服务有限公司执行董事兼总经理 拉萨励唐营销管理有限公司总经理
	苑晓雷	本科	监事	璞提文化传播（上海）有限公司总裁职位

资料来源：联建光电 2013~2017 年年报。

　　从表9-3中可以看出来，从 2016 年开始，监事一人身兼数职，监事会主席谢志明一直都在下属子公司的部门担任职位，专职不在于母公司的业务和监管上；肖连启监事一人身兼三个公司的主要岗位，而且三个公司分布在北京、上海、拉萨，这表明他一年中大部分的时间都在不同的地方工作，而联建光电的本部在深圳，也就是说他要尽责做好一个监事的话，要在四个地方不停地走动，而且他所任职的岗位又都是中心职位，所以很难做到对于总公司和公司下属子公司的监督；苑晓雷监事虽然不存在身兼数职，但是作为上海公司的主要负责人，他的大部分时间也都是在上海。2016 年发生了多起子公司财务舞弊的事件，监管缺失。

（四）管理层和财务舞弊分析

高级管理人在日常的经营管理中，在产品市场的上下浮动影响下，面临的业绩和市场压力是巨大的，而联建光电公司作为一个老牌的 LED 传统下游企业，急切地想让自己从传统行业转型，就是这样一个迫切的愿望，让自己的计划赶不上自己的野心，从而导致为了迎合自身暴涨的野心而去造假，以完成业绩。

联建光电公司有着自身的优势和市场，所以在 2011 年的时候选择了上市，但是随着传统市场的逐渐饱和，加上联建光电公司本身处于产业链的下游，在一定的程度上不具有很大的竞争性，虽然在以往的经营中，联建光电公司在其 LED 产品领域具有一定的市场和地位，上市之后，随着 LED 应用设备市场竞争加剧，联建光电处于行业末端的劣势逐步放大，公司经营变得异常惨淡。由图 9-1 和表 9-4 可以看出，2012~2013 年，该公司的盈利能力在不断下降，而且下降的速度非常快，营业利润率从 2012 年的 7.53% 下降到 2013 年的 2.34%。

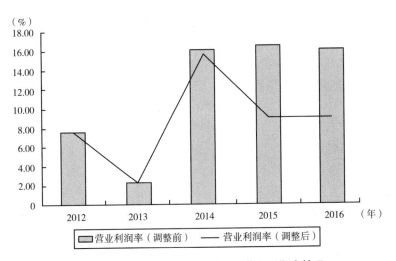

图 9-1　联建光电 2012~2016 年营业利润率情况

资料来源：联建光电 2012~2016 年年报、深圳市联建光电股份有限公司关于前期会计差错及追溯调整的补充说明公告。

表 9-4　　　　　　　　　　　**联建光电 2012~2016 年营业利润率情况**　　　　　　　　单位：%

项目	2012 年	2013 年	2014 年	2015 年	2016 年
营业利润率（调整前）	7.53	2.34	16.27	16.64	16.13
营业利润率（调整后）	7.53	2.34	15.67	8.92	9.14

资料来源：联建光电 2012~2016 年年报、深圳市联建光电股份有限公司关于前期会计差错及追溯调整的补充说明公告。

由于 2017 年的营业利润受到 2016 年的财务造假事件的影响，是负数，对于此次对比没有参考性，就省去了。

为了快速的改变现状，联建光电公司试图用并购相关公司来达到自己打通产业链的目的。联建光电为了完成"数字营销"战略转型，不惜利用下重本的方式，在短时间内运用高溢价的手段，仅从 2014~2017 年的短短四年时间，联建光电在全国各地疯狂并购十余家公司，耗资超过 45 亿元人民币。但可以看出，因为联建光电 2014~2016 年的财报由造假事件的发生，所以对于这三年的数据做了一些调整，可以看出要是不做造假处理，从 2015 年开始盈利能力就是一个断崖式的下跌，这个会给公司带来巨大的影响，就在这样的背景下，公司的管理层睁一只眼闭一只眼，导致下属子公司的控制人在巨大的压力下进行了财务舞弊。这导致了联建光电并购的子公司铤而走险，走上了一条不归路。

资料来源：王莹莹. 公司内部治理视角下联建光电财务舞弊案例研究［D］. 贵阳：贵州财经大学，2021.

9.5 外部治理机制

企业价值不仅受到自身禀赋及内部治理机制的影响，而且还会受到企业所在地区的社会和经济层面制度框架所构成的外部治理环境的影响。事实上，外部治理机制是一系列的制度安排，作为一种制度安排，外部治理机制的有效性与企业内部治理机制是相互联系的，并且内部治理机制内嵌于外部机制之中。公司外部治理机制有很多渠道，综合起来看主要分为市场机制、行政机制和社会机制。

9.5.1 公司治理的市场机制

公司外部治理的市场机制是指公司控制权市场和职业经理人市场。其中，公司控制权市场包括收购和接管，形成对公司高管人员的有效约束。

最早提出公司控制权概念的是伯利（Bede）和米恩斯（Means）。在关于两权分离企业的描述中，遵从了早期企业理论的思路，将剩余索取权等同于所有权，控制权被看作与所有权相对的概念，即实际影响剩余分配的权力，也就等同于经营者掌握的管理权。曼尼（Money）在 1965 年第一次较为系统地阐述了公司控制权市场理论，他认为，公司控制权市场是以兼并、收购等形式表现出来，以获取公司控制权为目的的市场。

公司控制权市场中，争夺控制权是不同的管理团队通过争夺控股权或股东的委托表决权以期获得对董事会的控制权，进而达到更换管理层或修改公司战略的行为。又因为这种接管往往是外部力量介入的结果，所以又经常被称为"外部接管市场"。首先，从微观层面上讲，通过公司控制权市场可以形成对违背股东利益的管理者进行淘汰的持续性外部威胁。这种外部威胁在美英模式的公司治理体制中发挥着非常重要的作用。从财务管理理论角度出发，企业应追求股东利益最大化，股价则是股东利益的最好反映。因为在一个有效的资本市场上，股票价格应当能够真实地反映公司的经营业绩。当企业经营不善业绩下降时，其股价就下降。下降到一定程度时，企业的价值被低估，即低于其市场的正常价值，收购或接管该企业就有利可图，在资本市场上就会有人以高于市场的价格向股东公开收购股权或征集委托权。由于存在着完善、活跃的公司控制权市场，管理层时刻面临有可能被撤换的压力。因为收购兼并往往意味着改组董事会，任命新的经营者，实施新的战略，使企业脱胎换骨重新回到利润最大化的轨道上来。作为管理层，只有通过努力工作，尽可能减少在职消费，向股东证明他们确实是在尽职尽责。因此，一个运作顺畅的公司控制权市场的存在可以防止公司管理层经营低效和不良管理行为。

同时，公司控制权市场的存在大大削弱了所谓的所有权与控制权的分离问题。其次，从宏观层面上讲，公司控制权市场是一国调整产业结构、改善行业结构的主要场所。从资本市场的基本功能来看，基于市场准则的收购兼并有利于资源配置的优化。从总体上看，以代理投票权竞争、收购为代表的外部公司控制权市场在公司治理中有着重要的作用，正是由于它的存在，才给管理者带来不安和威胁感，使其行为不致偏离公司利益太远，从而在一定程度上缓解了代理和经理人的道德风险问题。

中国控制权市场的发展经历了四个阶段：1990 年，上海证券交易所成立，1993 ~ 1995 年可以看作中国控制权市场的起步阶段。控制权市场开始形成是在"宝延风波"之后，尽管在这一阶段控制权交易已经出现了自发性的萌芽，但是由于当时的资本市场处于建设初期，相关的法律法规尚不完善，这个时期的控制权交易市场还未完全形成气候。1995 ~ 1999 年为扩张阶段，这个阶段上市公司的控制权转让数量大量增加，在 1998 年披露出来的就有 70 多家，到 1999 年增加到了 84 家。2000 ~ 2005 年为成长阶段。随着各种规章制度的颁布，公司控制权交易的特征也发生了较为显著的变化，主要表现为：上市公司的治理结构得到较大的改善，具备行业导向性和实业背景条件的战略性并购已形成一定规模；竞争性行业的管理层收购强势起步；以民营企业、外企企业及自然人为主的多元化并购格局逐步形成，真正地实现了管理层作为股东的控制力；而政府的干预方式则由直接参与转变为间接提供制度保障。中国证监会于 2005 年 4 月发布的《关于上市公司股权分置改革试点有关问题的通知》，标志着我国股权分置改革正式启动，从此进入了第四个阶段，这个阶段和国外成熟的控制权市场的差距逐渐缩小，为控制权市场发挥治理效力奠定了基础。

9.5.2 公司治理的行政机制

公司外部治理的行政机制是指政府对发行市场和流通市场的管制。政府管制意味着政府将私人产权或产权中的一部分属性拿走，置于政府名下。政府是由不同等级的政府组织构成的，各级政府组织又是由不同级别的政府官员组成的。政府官员作为管制的直接执行者，他们可以利用手中的自由裁量权来影响政府管制的实际边界。管制越复杂，管制细节就越不可能通过事先的管制法律来规定，执行者的权限就越大。这样，名义上属于政府的管制权利往往会落入巴泽尔式的"公共领域"，引发被管制企业寻租。而被管制企业的寻租行为将激励政府官员利用管制来"设租与护租"，最终结果是进一步侵蚀投资者的私人产权。而完整意义的公司治理，必须以明晰而完整的产权为基础，否则，股东大会、董事会、经理层之间的权力配置将得不到保证，内部治理机制将难以发挥效应。政府管制侵蚀了私人产权，降低了内部治理机制的治理效应。

现阶段，上市公司治理机制中各种问题不断暴露的根源就在于我国公司治理的行政机制的不完善，在公司上市时没有做到严格把关，没能从源头杜绝问题的产生。鉴于此，上市公司治理机制的完善和健全，必须从源头抓起，严格把关，控制好企业募股和上市的标准，不断提升相关行政管理部门的管理水平，加大监察力度，规范各级市场的正常运作，严肃处理违法违规现象。

9.5.3 公司治理的社会机制

公司治理的社会机制是指作为上市公司治理的中介机构，如证券公司、律师事务所、会计师事务所等的信用机制，这一机制属于信息服务与监督机制。

作为信息服务机制，信用要求相关利益主体及专业的信息咨询、信息提供机构与人员必须及时、准确、客观、真实、全面地传递和披露信息。

作为信息监督机制，信用一方面通过信息的享用者对信息的公示、信息的持续公开的监督来促进信息提供者提高信用水平，进而增强整个经济活动的信用度。由于现代社会全方位、多层次、宽领域的开放性，信用的信息化、社会化、公开化已成必然，这样一个人（自然人、法人）在社会经济活动中的信用状况极易被社会公众知悉，从而相应获得一种社会评价。

以上市公司的信息披露为例，首先会在公司内部形成保障信息披露真实的制约机制，其中有股东、股东会对董事、董事会制约，有董事会对经理层行为的制约，有董事会内部各董事之间以及独立董事与非独立董事之间的制约，还有监事会对董事会及经理层的制约等。与此同时，在公司外部还存在着会计师事务所对公司提供的财务报表进行审计，进而实现其对公司的制约。还存在监督机构对公司信息披露的监管。通过相互制约，从而保障最后摆在公众面前的公司所披露的信息达到及时、准确、客观、真实、完整。上述各环节、各主体之间的信息披露的制约机制实质上是信息的公开、服务与监督过程，在这一过程中，在信用制约机制得以正常运转的情况下，即如能充分、有效发挥各相关当事人的制约作用的情况下，是可以防止信息披露的不真实的，上市公司在信息披露方面的信用机制也因此可以得以维护。对公司的外部监督约束来说，通常是通过信息披露的监管机构的日常监督、检查及相应的制度安排来防止或减少外部约束机制不守信用情况的发生。可见，信用的制约机制发挥作用的前提是，相关各方必须切实、忠实履行自己的义务，一旦一方义务履行有瑕疵、一个环节出现问题，就可能导致整个信用制约机制的瘫痪。

为此，中介机构作为市场良性运行的重要一环，必须努力提高其监督和管理水平，秉承诚实信用的原则开展相关活动，发挥应有的作用，防范上市公司违法违规行为。

公司治理专栏5

康得新百亿造假案曝光，瑞华会计师事务所被证监会立案调查

康得新（目前证券简称"*ST康得"）涉嫌虚增利润119亿元事件造成的冲击波已暗流涌动。2019年7月8日，因康得新造假事件，审计机构瑞华会计师事务所（特殊普通合伙）（以下简称"瑞华"）被立案调查。实际上，作为目前国内第二大会计师事务所，此前瑞华在执行审计业务过程中曾因未能勤勉尽责频频被罚，内控质量显露无遗。而在业内人士看来，此次被调查无疑对瑞华业务造成一定影响。

一、立案调查

2019年7月8日下午，证监会已关注到康得新涉嫌信息披露违法案的中介机构，一

些工作正在进行，瑞华已经被立案调查。实际上，根据上述接近监管层人士所述，一般情况下，在调查上市公司造假、涉嫌信息披露违法违规的，会同步关注中介机构责任，若确实涉及未勤勉尽责的情况证监会将立案调查。

证监会 7 月 5 日通报的信息显示，经查，康得新涉嫌在 2015～2018 年，通过虚构销售业务等方式虚增营业收入，并通过虚构采购、生产、研发费用、产品运输费用等方式虚增营业成本、研发费用和销售费用。通过上述方式，康得新虚增利润总额共达 119 亿元。

此外，康得新还涉嫌未在相关年度报告中披露控股股东非经营性占用资金的关联交易和为控股股东提供担保，以及未如实披露募集资金使用情况等违法行为。上述行为导致康得新披露的相关年度报告存在虚假记载和重大遗漏。康得新 2015～2018 年的年报审计机构均为瑞华。

二、屡屡被罚

事实上，对于这家在国内排名第二的会计师事务所而言，可谓"劣迹"斑斑，瑞华此前曾屡屡被罚。根据中国注册会计师协会（以下简称"中注协"）官网公布的瑞华近三年被罚情况，瑞华在 2016～2018 年共被证监会或证监局处罚 5 次。

瑞华最近一次处罚牵涉 7 月 9 日被摘牌的成都华泽钴镍材料股份有限公司（以下简称"华泽钴镍"，目前证券简称"华泽退"）。瑞华作为华泽钴镍 2013 年、2014 年年度报告的审计机构，对上述两年年度报告均出具了标准无保留的审计意见，并收取华泽钴镍年度报告审计服务费用 130 万元。但是华泽钴镍 2013 年、2014 年年报存在虚假记载，瑞华在对华泽钴镍 2013 年度、2014 年度财务报表审计过程中未勤勉尽责，出具了存在虚假记载的审计报告。2018 年 12 月 29 日，证监会对瑞华开出罚单，没收瑞华业务收入 130 万元，并处以 390 万元的罚款。

2016 年、2017 年，瑞华被开出四张罚单。2016 年 12 月 6 日，因在年报审计过程中未勤勉尽责，出具的审计报告存在虚假记载，瑞华被深圳证监局没收业务收入 70 万元，并处以 70 万元的罚款。一个月后，因瑞华在审计亚太实业 2013 年年度财务报表过程中未勤勉尽责，出具的审计报告存在虚假记载，2017 年 1 月 6 日，证监会对瑞华责令改正，没收业务收入 39 万元，并处以 78 万元罚款。

基于上述两次行政处罚，瑞华最终遭到被暂停承接新的证券业务 2 个月的处罚。2017 年 2 月 21 日，财政部发布了瑞华被暂停新证券业务通知。彼时，因瑞华被暂停承接新的证券业务为当年监管层重拳出击的首家会计师事务所曾一度轰动业界。

而瑞华可谓"屡教不改"，不久后瑞华再收罚单。2017 年 2 月 28 日，瑞华因未勤勉尽责，没有按照审计准则的规定进行审计，瑞华被广东证监局没收业务收入 95 万元，并处以 95 万元的罚款。之后，瑞华作为振隆特产 IPO 审计机构，对振隆特产 2012 年、2013 年及 2014 年财务报表进行审计并出具了标准无保留意见的审计报告。瑞华在审计过程中未勤勉尽责，其所出具的审计报告存在虚假记载。2017 年 3 月，证监会责令瑞华改正违法行为，没收业务收入 130 万元，并处以 260 万元罚款。

三、拖累业务

在业内人士看来，瑞华被证监会立案调查无疑对公司业务造成一定影响。中注协公布的 2017 年、2018 年业务收入前 100 家会计师事务所信息显示，瑞华 2017 年、2018 年业务总收入排名均为第六，内资事务所排名第二。

作为国内排名靠前的会计师事务所，瑞华拥有丰富的客户资源。瑞华官网披露的信息显示，瑞华的战略伙伴包括中交集团等 40 多家国务院国资委直属中央企业，中国重工、国电电力等 370 余家 A 股上市公司，鞍钢股份（港股 00347）、大唐发电（港股 00991）等多家 A＋H 股、A＋S 股企业，客户遍布制造、采掘、文化娱乐、银行保险等行业。

东北证券研究总监付立春在接受北京商报记者采访时表示，会计师事务所被调查，涉及的相关服务项目都有可能受到合理性的质疑，现有业务可能会搁置，对公司后续涉及的业务会造成一定影响。

据悉，此前广东正中珠江会计师事务所被查，多家拟 IPO 企业曾中止审查。Wind 数据显示，IPO 审核申报企业中，以瑞华为审计机构的公司除去辅导备案登记受理的 58 家企业，有 36 家公司处于 IPO 受理、反馈或预披露更新状态。

其中，北京万泰生物药业股份有限公司等 8 家公司 IPO 申请状态为预披露更新。中国黄金集团黄金珠宝股份有限公司等 15 家公司的 IPO 申请状态为已受理。6 家企业为已反馈。1 家科创板企业洛阳建龙微纳新材料股份有限公司为已问询。另外，有 4 家已经进行了多轮问询回复的科创板申请企业的审计机构亦为瑞华。此外，已经发行的科创板企业澜起科技以及天准科技的审计机构也为瑞华。

若证监会认定瑞华未能勤勉尽责，瑞华还将面临投资者索赔问题。上海明伦律师事务所律师王智斌表示，证监会认定瑞华未能勤勉尽责之后，投资者可以起诉瑞华会计师事务所，要求瑞华会计师事务所承担连带赔偿责任。根据王智斌团队现在正在代理康得新投资者的索赔事宜，王智斌介绍称，据初步了解的情况，预计最终起诉金额不会低于亿元，在康得新欠缺赔付能力的情况下，瑞华会计师事务所极有可能成为实际赔付者。

资料来源：童杰成，李清波. 上市公司财务舞弊案例研究——以康得新为例 [J]. 湖南省社会主义学院学报，2022，23（1）：92－94.

9.6 经营者的激励与约束

激励和约束机制的通俗说法就是奖励与惩罚机制，这是对于参与者预先设定的一个标准执行与处理方法。激励与约束是有机结合在一起的，相互促进的，它们在企业中是完整和统一的形式。一方面，在企业经营和管理中，激励机制可以通过运用各种管理资源去激发参与者的工作动力，以此来实现组织目标的管理活动；另一方面，约束机制是在企业经营和管理中，通过运用各种管理资源制约参与者做出偏离组织目标行为的管理活动。可以看出，激励与约束是相互制约与促进的，没有激励会导致工作中的无动力，而没有制约又会导致工作中的随意性，它们必须相互影响和作用才能取得最佳的效果。

9.6.1 经营者的激励

总体来看，对经营者激励的方式大致可以分为物质性激励与非物质性激励，具体为：

物质性激励可以是来自薪资、福利或股权方面。非物质激励可以是来自带薪休假、职业发展和工作培训方面，也可以是来自荣誉与情感方式方面，或是来自企业文化方面的激励。

第一，完善薪酬保障体系。很多企业根据效益的好坏来评定管理层和员工层的工资标准。这种薪酬方式不利于提高企业上下的积极性，使经营者陷入被动不利的局面。因此要建立科学的薪酬保障体系，可以建立现代化的年薪制度。它主要针对目前企业经营者激励与约束机制的漏洞而建立的，是斩断激励机制弊端的一把利剑。在实行年薪制的过程中，要注意以下两个问题。一方面，要将经营者的职权、利益和贡献有机结合。在企业面临重创的情况下，经营者肩负起企业的生存与发展的重大使命，对扭转企业发展的局势起到重要的作用。因此，要在薪酬保障上给予经营者更多的优惠政策，从而使薪酬标准与其所做的贡献成正比，充分肯定经营者创造的价值。与普通员工同酬或略高，必然会降低创造的积极性。另一方面，年薪制度要兼顾企业的发展水平，薪酬标准要适度。在提升经营者薪酬水平的同时，还要考虑企业实际的运行情况，不能脱离实际任意调整薪酬的标准，如要考虑各种不可预见的因素和客观条件、要联系企业以往的运行经验以及对存在的问题进行思考和总结。薪酬作为激励机制的重要方面，既要体现效益为先的原则，还要区别对待不同的工作量与难度，保证经营者的收入合理合法。

第二，加大经营者持股优势。扩大经营者的持股数量，会在很大程度上解决企业内部纠纷，缓解所有者与经营者之间的冲突，是一种切实可行的长效激励机制。通过对经营者的股份制激励，可以明确经营者的身份和职能，迅速实现激励的目的。首先，要清楚加大持股的目的，它是为了充分实现经营者的管理才能，留住高素质的人才而进行的。其次，要制定合理的持股比例与方式。好的持股方式会激发经营者的动力，使其有一个可靠的物质保障做支持，还要科学分配股票的持有数量，增强激励的效果。例如，财政部明文规定，企业经营者持股比例不得超过总数的 25%，不能低于总数的 20%。最后，企业经营者购买股票的资金也需要格外关注。在一定的环境下，经营者的固定资产有限，不能有效利用手头的资金进行购股。对此，银行方面可以加大信贷投入力度，经营者可以利用抵押的方式，进行分期付款，从而实现购股的目的，使激励机制进一步得到完善。

第三，开展股票期权制度。股票期权指的是经营者在有效时间里，按照既定价格购买股票的方式。与以上提到的两种激励措施相比，其优势更加的明显。一方面，建立股票期权制度可以有效减少企业流动的资金，既可以避免资金的浪费，还可以调节税收，实现资源的合理配置。另一方面，薪酬制度比较注重企业的短期利益，对经营者的激励还不全面，而股票期权制度具有持久、稳定的特点，可以源源不断地为经营者提供激励保障。此外，在我国市场经济不断发展变化的今天，很多经营者希望拥有足够的股票认购权，作为一项切实的保障。开展经营者的股票期权制度，进一步深化了激励机制，从而提高企业的综合运营能力，使企业在市场竞争中立于不败之地。

第四，建立科学的非物质激励机制。在现代社会，企业员工的需求结构呈现明显的多元化趋势，既注重物质利益的实现又追求精神需要的充分满足。企业单用物质激励不一定能起作用，必须把物质激励和非物质激励结合起来才能真正地调动广大员工的积极性。美国管理学家皮特就曾指出"重赏会带来副作用，因为高额的奖金会使大家彼此封锁消息，影响工作的正常开展，整个社会的风气就不会正"。尤其对于已经具有很高收入的经营者来说更是如此。所以我们还应积极探索建立科学的非物质激励机制，全面满足经营者的精神需要，形成更为强大、持久的激励力。

9.6.2　经营者的约束

约束的方式大致可以按照内部约束和外部约束来划分。内部约束是指通过企业内部的规章制度、组织机构甚至是合同等来进行约束。外部约束是指通过法律、道德、市场甚至是媒体来进行约束。

第一，股东对经理人的股权约束。改进股东大会上的权力配置机制，发挥中小股东监督约束经营者的作用。在股东大会上推行以下表决制度对经理人股权约束是有效的：在选举董事时采用累积表决的权力配置方式；在议决涉及不同类别股东利益的重大事项时，采用双重表决的权力配置方式。所谓双重表决，就是公司的某项决议只有在得到出席股东大会的多数股权持有者同意和各类别股东中多数股权持有者同意时才能通过。

第二，完善独立董事制度。鉴于当前独立董事制度存在弊端，需要进一步完善独立董事制度，主要可以采取以下措施：首先，要改变董事长兼总经理的制度安排，因为两职一人担任时，独立董事是很难约束经营者的；其次，要建立独立董事的任期考评和奖励制度，通过一套考评办法对任期内独立董事的贡献进行考核评价；最后，要进一步完善独立董事工作规范。不仅要明确独立董事的权限，而且要明确其责任。对独立董事参与企业治理的工作要提出规范化的要求，强化独立董事的制度约束，授予监事独立监督权。授予监事独立监督权有利于强化对经营者的日常监督，监事的独立监督权应包括业务执行的监督权、会计核查权、对经营者违规行为的制止权和人事弹劾权。

第三，强化监事会的监督约束功能。首先，适当增加监事会人数，把利益相关者引入监事会的同时，规范监事会的工作制度。监事会工作规范中应明确规定，董事和经理有义务定期向监事会报告公司的重大经营方针、决策和自己的工作情况，监事会有权审查或委托专家核查公司账簿，监事会要制定切实可行的考核标准、程序和方法，定期对公司经营情况进行检查。其次，完善国务院外派监事会制度，强化外派监事会的监督约束功能。实践证明，由国务院外派到国有企业的监事会比企业内部的监事会独立性大得多，其监督作用更明显。

第四，法律约束。市场经济的实质就是法治经济，要依靠法律来构建经营者活动的外部框架，并辅之以一定的政府监管的经济体系。从我国的现状来看，强化企业经营者法律约束的主要措施包括：完善公司法，增加有关规范企业内部各利益主体的条款，即不仅对企业的地位和行为做出明确的法律规定，而且要对企业内部包括经营者在内的各利益主体的地位和行为也做出明确的法律规范；健全体现人力资本约束的专门法律，制定职业经理人法，对职业经理人的地位及责、权、利等做出明确的法律规定等；加强出资人财产保护立法，对侵犯出资人财产的行为，依法严惩不贷。

第五，人才市场的约束。建立经营者人才市场，就是要建立以经营者人才市场供求平衡机制为基础，以公正、公开、公平竞争和双向选择为基本原则，以利益导向机制为价值取向的市场调节机制。一个竞争充分的经营者人才市场对经营者的激励约束是强有力的，它改变了行政任命的企业经营者任职机制，使企业经营者的任命市场化；它能够降低企业内部的代理成本问题，一方面可以促使经营者努力工作，保持自身良好声誉，另一方面，可以刺激经营者不断学习，提高自己的人力资本价值，以获得更高回报。

第六，资本市场的约束。资本市场可以及时反映企业经营结果的市场评价。例如股票市场，若股票价格下降，一些股票持有者就会转让手中的股票，这有可能导致此企业被其他企业接管，对公司经营者形成压力，带来约束。

【章末案例】

京东集团双重股权结构对公司治理的影响

1998 年，刘强东在北京中关村成立北京京东世纪商贸有限公司，主营业务是电子产品销售。2004 年，京东跨行电商领域，凭借提供种类丰富、品质保障的商品，以及高效便捷的物流配送服务，迅速成了知名电商。2010 年，京东的市场份额、交易订单、注册用户急速增长，年销售额已超百亿元。2015 年在国内自营电商市场份额的占比高达56％，位列国内自营式电商平台之首。2014 年 5 月，京东选择双重股权结构于美国纳斯达克交易所上市，是我国首家在美上市的大型综合电商平台，列入全世界十大互联网公司之席。2015 年 7 月，京东入选纳斯达克 100 平均加权指数和纳斯达克 100 指数，成为我国第三个入选的互联网企业。经过多年的发展，京东由一家电脑产品销售企业一跃位居国内电子商务平台前列，业务范围也拓展到了金融、通信等行业。

一、京东集团双重股权结构的设计方案介绍

从京东 IPO 招股说明书不难发现，与第二、第三大股东相比，刘强东仅以略微的持股优势守住岌岌可危的控制地位。当今控制权争夺之战日益激烈，股权结构的设计关乎公司的长期稳定性，设计合理则可有效避免公司股权纠纷、创始人两难困境等问题，有利于公司的良性长远发展。为确保创始人的控制地位，京东采取了以下措施。

（一）投票权委托

"投票权委托"是股东之间签署特定投票权委托事项的协议；"一致行动人"一般是指创始人和投资人签订协议约定在特定事项上相关投资人保持一致投票意见，以此增加创始人的投票权权重。于创始人而言，拥有一致行动人的投票权委托能够获得更多的支持，对于维持控制权很有必要。刘强东及其团队之所以在采用普通股融资后依然能够控制公司，是其拥有包括腾讯、红杉、DST 在内的 11 家一致行动人的投票权委托，致使在持股比例不占绝对优势（18.8％）的前提下，却依然享有多数（51.2％）的表决权。

（二）AB 股计划

为募集更多资金以确保公司持续稳定发展，京东在上市之前实施了 AB 股计划，通过发行高低表决权的 A、B 两类股票，全面保障在公司上市后创始人依然能够继续控制公司，防止受到外来投资者的干预，最终达到既获取巨额资金，又不动摇创始人绝对控制地位的目的。

AB 股计划是将公司的股票设置为不同的投票权，公开发行 A 类普通股，由社会投资者购买，B 类优级股通常不予公开，保留给创始人及其团队专属，B 类股在一定期限及条件下可以单向转换成 A 类股。在企业上市后，创始人大力收购公司股票来巩固控制权，外部投资者出售公司股票来获得收益，二者各得其所。

京东 AB 类股票的分配情况具体是：京东发行 A 类股上市后，A、B 类股的规模分别是 21.78 亿股和 5.56 亿股。其中，机构及公众投资者持有 21.69 股 A 类股，而刘强东通过投票权委托持有 A 类股 921 万股，加上 B 类股之后的股票数量共计 5.66 亿股，在 27.34 亿股总股本中占比 20.5%。从投票权来看，A、B 股表决权比例为 1：20，由此得出刘强东的投票权（113.19 亿股）占比 83.7%，实现了对京东的绝对控制，能够顺利执行京东的重大决策和发展规划。

（三）设立董事会

在市场行为中，投资者向公司投入资金，不亲自管理所以并不了解公司相关情况；而创始团队经历了企业的创立和发展，应在负责公司经营管理活动的董事会中占据大部分席位，使得公司决策效力得到保障，从而贯彻执行实现公司的战略规划。从京东集团来看，刘强东及其团队在董事会的比例过半，且主席由刘强东担任。董事会 5 名成员仅达下限，剔除独立董事和创始人，只剩刘炽平。这样的董事会设定，虽然在管理层方面并未凸显独特之处，但刘强东一人长期掌权管理层，从侧面体现出双重股权结构对维护公司控制权的作用，帮助创始人刘强东在股东大会、管理层和董事会这三大公司治理体系中稳居绝对控制地位。

二、京东集团双重股权结构实施的状况

（一）京东集团上市前后股权情况

由表 9-5 可知，上市前后，各大股东股权变化不大，且创始人所持股权始终位列第一，老虎、腾讯依次位居其后。2014 年之后，京东第一大股东先后是老虎基金、高瓴资本和黄河投资，刘强东的股权虽部分被稀释，但仍在股东席位稳列第二。

表 9-5　　　　　　　　　　　京东 IPO 前后各大股东股权对比情况　　　　　　　　　单位：%

主要股东	2014 年 IPO 前股权比例	2014 年 IPO 后股权比例
刘强东团队	23.70	23.10
老虎基金	22.10	18.10
腾讯黄河投资	17.30	14.30
高瓴资本	15.80	13.00
DST	11.20	9.20
今日资本	9.50	7.80
红杉资本	2.00	1.60

资料来源：京东 2014 年招股说明书。

（二）双重股权结构实施后股东持股比例情况

企业的发展好比拼图游戏，通过拼凑一系列可利用的有限社会资源，不断实现发展壮大。获取上述资源的途径一般是股权置换，也就是所谓的股权融资，在这一过程中必将给创始团队的股权带来稀释效应，历经多轮融资后越发明显。京东 IPO 后各大股东持股比例及投票权如图 9-2 所示。实施双重股权制度之后，京东创始人刘强东所持股权虽然依旧名列前茅，但仅超越第二位的老虎基金5个百分点，与IPO前四大PE机构高达54%的持股比例相比，相差甚远。

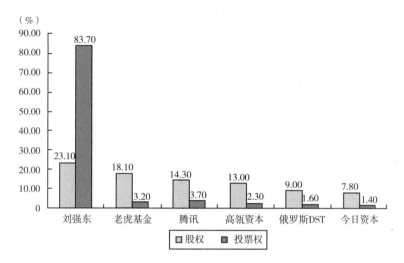

图9-2　京东IPO后各大股东持股比例情况

（三）双重股权结构实施后投票权与控制权的情况

京东IPO后，各大股东的表决权发生了颠覆性转变（见表9-6），位列前三的老虎基金和腾讯投票权比例骤降至不到4%，而刘强东的投票权则激增至83.7%，用双重股权的"杠杆"成功撬动了投票权的"地球"，牢牢掌控京东大局。

表9-6　　　　　　　　　　京东IPO前后各大股东投票权对比情况　　　　　　　　单位:%

主要股东	2014年IPO前投票权比例	2014年IPO后投票权比例
刘强东团队	55.9	83.7
老虎基金	18.1	3.2
腾讯黄河投资	14.3	3.7
高瓴资本	13.0	2.3
DST	9.2	1.6
今日资本	7.8	1.4
红杉资本	1.6	0.3

资料来源：京东2014年招股说明书。

京东的招股说明书提到，上市后，除刘强东外，其他所有投资人仅持有每股1倍投票权的A类股，刘强东的股份全部转换成20倍投票权的B类股，由此计算上市后虽然刘强东及其团队拥有的股权下降3个百分点，但投票权提高近28个百分点高达83.7%，稳坐话语权宝座使得在京东集团的地位不容置疑。

自从2007年采用优先股融得第一笔资金，便开启了京东的融资之路，后续老虎基金、腾讯等各大资本的持续加入，融资几十亿美元的同时也将公司股权分散到各大投资者，在传统"一股一权"模式下公司的控制权必然早已丧失殆尽，然而京东用事实证明，在双重股权结构下 AB 股计划的特殊设置，B 类股高达 20 倍的投票权，使刘强东稳坐京东集团绝对控制地位的宝座。

三、京东集团实施双重股权结构对公司治理的影响

（一）京东集团实施双重股权结构对股权治理的影响

双重股权制度使得创始人再无融资带来股权稀释的后顾之忧，稳坐控制权宝座。双重股权结构的最大特点是现金流权与表决权剥离，使得创始人而非最大股东才是董事会上拥有绝对话语权之人。从契约视角来看，在各取所需的交易下，其他股东深深认同创始人与企业的经营管理与长远发展不可分割，因此自愿以牺牲决策权为代价，来换取资产收益权最大化；而创始人通过掌控投票权而稳操董事会，进而牢牢紧握公司控制权。

京东的定位是建立全球电商生态系统，实现这一战略必须有巨额资金做后盾，因此选择上市融资是明智之举。京东在美 IPO 后，成功融得资金 13.08 亿美元。在双重股权结构的特殊投票权设计下，IPO 后刘强东虽然仅拥有股份 20.5%，其投票权却高达83.7%，稳坐京东控制权宝座。IPO 后历经四年融资，2017 年刘强东拥有的股权继续下跌至 15.5%，投票权依然有 79.5%。由此可见，错失第一大股东的宝座又何妨，在双重股权制度的巧妙设计下，刘强东保持了京东集团的绝对决策权。

（二）京东集团实施双重股权结构对董事会治理的影响

在公司的发展进程中，机构投资者仅提供资金支持，由于缺乏能力与经验，以及不管理公司日常经营存在的信息不对称，可能与创始人对公司的发展方向并不一致，在决议表决时意见不一致产生冲突和矛盾，必然大大降低公司的决策效率。

在双重股权结构下，一方面，京东设置的 AB 股计划赋予了刘强东及其团队 83.7%的表决权，高度集中了公司的决策权，剥夺了普通股股东的权利。上述股权安排，既充分保障了创始人的权益，又确保公司做出决策时不被外部左右，决策成本大大降低，决策效率有效提升，避免了"搭便车"和"理性沉默"的现象。另一方面，因特殊表决权股份的流通设限，大大削弱了各主体思想不一致对集团的影响，公司控制权的绝对集中和长久稳定，促使京东能够严格执行创始人的战略规划实现长远发展。

双重股权制度统一了管理权与控制权，有效避免了因经营权与所有权分离而产生的经理人代理问题。京东实施双重股权结构后，创始人刘强东及其团队拥有的股票具有倍数投票权，实现了公司管理人与创始人身份的统一，能够避免在董事会做出决议时受其他股东意见左右，也不存在创始人与管理层利益产生冲突的问题，杜绝了管理层为追求一己私利而做出短视行为等代理问题。此外，创始人的双重身份还能够减少董事会对经理层的监督成本，避免二者的利益冲突，大大减少了董事会的代理成本。

（三）京东集团实施双重股权结构对经理人激励与约束的影响

京东长远战略布局的实施与巨额资金相辅相成，然而采用传统形式进行股权融资可能导致创始人控制权的丧失，进而重创人力资本投入，不利于京东的长期稳定发展。外部投资者由于缺乏专业的知识技能与丰富的管理经营，加上信息不对称，远不如创始人刘强东及其团队对公司的了解。化解上述矛盾最合理的方式是：外部投资者用控制权换取剩余收益，而创始人则与之相反，掌握控制权且持续投入人力资本。由此激发了创始人的人力资本优势，实现了京东的长远稳定发展。

从京东来看，倍数表决权的 B 股仅由刘强东持有，集团中并无"二把手"与之制衡，当刘强东与其他股东的利益目标不同时，作为理性经济人的他可能置腾讯、老虎基金等其他股东的利益于不顾，一意孤行实施利己决策，引发"独裁"危机，进而带来经理人的代理问题，增加代理成本，不利于公司的整体利益。

（四）京东集团实施双重股权结构对中小股东权益的影响

京东集团利用双重股权结构的巧妙设置，通过持有高投票权的特殊 B 类股而在董事会中拥有绝对的话语权，而社会投资者持有的普通 A 类股不享受对应的投票权，实际上其话语权基本被剥夺。京东 2017 年年报显示，创始人刘强东仅拥有股权 15.5%，而对应的表决权却达到 79.5%；第一大股东黄河投资，股票份额 18% 对应的表决权仅为 4.4%，投票权比例不达股权比例的 1/4，于投资者而言这无疑有失公正。投票权是股东在公司享受的权益与地位的体现，双重股权结构下外部股东拥有的投票权与持有的股权相比微不足道，损害了中小股东的表决权，投票权无足轻重，话语权大大削弱。

创始人刘强东高达 80% 的表决权使其能够绝对控制公司，对京东集团的影响力在上市不降反增，在董事会可以随意独裁。京东的成长倾注了刘强东的全部心血与资本，使其比任何股东更期望获得更大收益来弥补成本，容易引发创始人侵占公司利益和侵占中小股东权益，引发利益分配不均，带来中小股东持股不稳定的问题。

资料来源：杨蓉. 双重股权结构对公司治理影响的案例研究 [D]. 南昌：江西财经大学，2021.

【本章小结】

现代化公司有两个显著特征：一是股权结构的分散化，二是所有权和控制权的分离，由此产生了两个利益主体的分割问题，因此引起了两种权利与两种利益的竞争和冲突。于是，如何治理公司逐渐成为现代公司管理的焦点与核心。本章首先介绍了公司治理的产生、内涵及构成，其次介绍了外国的几种典型的公司治理模式，分别从公司的内部治理机制和外部治理机制两个方面内容详细讲解了公司治理缘起、内容，最后针对公司治理中存在的问题提出对经营者的激励与约束措施，激励与约束是有机结合在一起的，相互促进的，它们在企业中是完整和统一的形式。

【问题思考】

1. 公司治理的内涵及构成是什么？
2. 不同的治理模式有哪些异同？
3. 内部治理机制与外部治理机制的关系是什么？
4. 如何做好经营者的激励与约束？

【参考文献】

[1] 甘培忠. 公司治理专论 [M]. 北京：北京大学出版社，2009.

[2] 何福英. 产权与竞争：对经营者激励的思考 [J]. 吉林工商学院学报，2013（3）.

[3] 刘常国. 刍议不同公司治理模式下的股权激励效应 [J]. 财经界，2014（8）.

[4] 王舟浩，张园. 国外公司治理经验及对我国的启示 [J]. 西安交通大学学报（社会科学版），2014，34（1）.

［5］姚云，于换军．国外公司治理研究的回顾：国家、市场和公司的视角［J］．金融评论，2019，11（3）．

［6］贾英．大型国有企业内部治理缺陷与对策分析——以鲁能集团为例［J］．财经界（学术版），2013（19）．

［7］聂萍，王瑞芳．机构投资者、企业内部治理与慈善捐赠关系研究［J］．湖南大学学报（社会科学版），2017，31（6）．

［8］刘振，孙梦佳．公司内部治理与国际化：综述及展望［J］．财会月刊，2019（15）．

［9］黄文凤．公司内部治理视角下的万福生科造假案例剖析［J］．新会计，2013（10）．

［10］柴美群．公司治理模式再造研究——以信息对称为视角［J］．技术经济与管理研究，2014（3）．

［11］刘晓霞，马建兵．公司治理内涵的反思与层次性解构［J］．甘肃社会科学，2012（1）．

［12］王海清．公司治理内涵探析［J］．商业经济．2012（17）．

［13］韩东京．公司治理视角下上市公司并购模式的选择［J］．会计之友，2013（30）．

［14］马连福，石晓飞，王丽丽．公司治理有效性与治理模式创新——第七届公司治理国际研讨会综述［J］．南开管理评论，2013（6）．

［15］张亚男，孙璐，杨彩．国有企业经营者激励机制分析［J］．合作经济与科技，2014（5）．

［16］彭景．国有企业外部治理机制及其完善［J］．人民论坛，2012（35）．

［17］李维安．公司外部治理：从"演习"到"实战"［J］．南开管理评论，2016，19（2）．

［18］祁怀锦，刘艳霞．管理者自信会影响企业社会责任行为吗？——兼论融资融券制度的公司外部治理效应［J］．经济管理，2018，40（5）．

［19］田楠，傅燕冰，白云生．公司治理结构国外模式的特点及启示［J］．中国核工业，2013（5）．

［20］吴学品，常晶晶．基于多层统计模型的公司外部治理环境研究［J］．浙江树人大学学报（人文社会科学版），2014（1）．

［21］董潇丽．基于公司外部治理的中小股东权益保护体系构建［J］．财会通讯，2013（20）．

［22］顾林，方海珍．基于行业特征的公司治理结构研究——以建筑企业为例［J］．管理观察，2013（34）．

［23］张伟．论公司内部治理的路径［J］．哈尔滨师范大学社会科学学报，2014（1）．

［24］陆云芝．内部治理视角下对担保内部控制失效问题的探究——以南京医药为例［J］．广西财经学院学报，2013（4）．

［25］周子元，付禹铭．企业经营者激励与约束问题研究［J］．中国管理信息化，2014（8）．

［26］尧艳珍，李湛．公司治理存在的问题与对策［J］．中国金融，2021（2）．

［27］邹晓勇．浅论公司治理的内涵及其理论基础［J］．企业改革与管理，2014（4）．

［28］罗虎．论中国特色的现代国有企业管理制度——激励约束机制和业绩评价制度［J］．福建论坛（人文社会科学版），2016（1）．

［29］赵旭东．中国公司治理制度的困境与出路［J］．现代法学，2021，43（2）．

［30］王莹莹．公司内部治理视角下联建光电财务舞弊案例研究［D］．贵阳：贵州财经大学，2021．

［31］杨蓉．双重股权结构对公司治理影响的案例研究［D］．南昌：江西财经大学，2021．